家藏文库

老学庵笔记
入蜀记

〔宋〕陆游 著　李之亮 注解

中州古籍出版社
·郑州·

图书在版编目（CIP）数据

老学庵笔记；入蜀记 /（宋）陆游著；李之亮注解.
郑州：中州古籍出版社，2024.10.--（家藏文库）.
ISBN 978-7-5738-1417-3

Ⅰ.Z429.442

中国国家版本馆 CIP 数据核字第 2024KX2532 号

JIACANG WENKU：LAOXUEAN BIJI　RU SHU JI

家藏文库：老学庵笔记　入蜀记

出 版 人	许绍山
选题策划	卢欣欣
约稿统筹	卢欣欣
责任编辑	张　雯
责任校对	唐志辉
封面设计	王　歌
版式设计	曾晶晶
出 版 社	中州古籍出版社（地址：郑州市郑东新区祥盛街 27 号 6 层　邮编：450016　电话：0371-65723280）
发行单位	河南省新华书店发行集团有限公司
承印单位	河南新华印刷集团有限公司
开　　本	640 mm × 960 mm　1/16
印　　张	24.75
字　　数	315 千字
版　　次	2024 年 10 月第 1 版
印　　次	2024 年 10 月第 1 次印刷
定　　价	73.00 元

本书如有印装质量问题，请联系出版社调换。

前　言

　　陆游字务观,号放翁,越州山阴(今浙江绍兴)人,生于徽宗宣和七年十一月十三日(1125年1月13日),此时正当靖康之际。其父名叫陆宰,当时担任京西路转运副使,因金兵南下势如破竹,陆宰来不及逃避战火,便暂时在荥阳寓居下来,直到高宗即位的建炎元年(1127),他才带着家眷辗转南归,一路上颠沛流离,绍兴二三年间终于回到了山阴老家。绍兴二十三年(1153),陆游赴临安(今浙江杭州)参加乡试,考官转运使陈子茂将他列为第一,谁知事情一波三折,《四朝闻见录》载:"陆务观绍兴间已为浙漕锁厅第一,有司竟首秦埙,置公于末。"次年会试时,情况更加糟糕,就因为陆游"喜论恢复",秦桧对他甚为反感,陆游不幸遭到黜落。秦桧死后,他被朝廷破例授予敕令所删定官,迁大理司直兼宗正寺主簿,总算正式迈入了仕途。绍兴三十二年(1162),高宗禅位给孝宗,年已三十八岁的陆游被赐予进士出身。隆兴元年(1163),陆游担任过短期的镇江府通判,乾道元年(1165),调任隆兴府通判。在隆兴府任上,陆游遭到言官弹劾,称其曾鼓动枢密使张浚进行北伐,致使宋军打了败仗,陆游因此遭到罢免,不得不回到了山阴老家。乾道五年(1169),起为夔州通判,次年到达夔州。乾道八年(1172),孝宗命丞相虞允文前往兴元(今陕西汉中)督军为北伐作准备,身在夔州的陆游得到消息后非常振奋，立即应募前往南郑，担任四川宣抚使司干办公事兼检法官，这成了他一生中最为辉煌，也是他认为最有价值的经历。就在宋军大举进攻长安近在眼前时，朝廷内部发生了很大变化，主和大臣以张浚招惹金人致宋金关系骤然紧张为由，逼迫孝宗放弃北伐，宣抚使王炎等筹备了很久的进攻方略也化为泡影，王炎回朝进了枢密院，陆游则南下蜀中，担任成都府路安抚司参议官。淳熙二年（1175），陆游的旧相知范成大被任命为四川制置使，陆游成了他的幕僚。然而好景不长，范成大命他再度担任嘉州知州时，言官弹劾他以前在嘉州任上荒废州政，陆游再次被罢。淳熙五年（1178），陆游奉召回到临安，被授予提举福建路常平茶盐公事，一年后改提举江西常平茶盐公事，没多久便奉祠离职，直到淳熙十三年（1186），才得到了严州知州的新职。任满回到临安，淳熙十六年（1189），孝宗禅位给其子赵惇（即宋光宗）。陆游被授予礼部郎中，当年十一月再遭罢免，开始了又一轮闲居生活。此后的岁月里，陆游虽然当过几天秘书监之类的官，但很少能站稳脚跟，嘉泰三年（1203）自请致仕，彻底离开官场，回到山阴直至宁宗嘉定二年十二月二十九日（1210 年 1 月 26 日）辞世，享年八十六岁。

陆游一生著作等身，且涉及文史的方方面面，其诗、词的影响不必细谈，散文的成就也卓然可观。他对前朝历史十分熟悉，曾写过一部《南唐书》，在中国史学史上占有很重要的地位。后人编撰《十国春秋》，不少资料便是从这部书里选摘的，直到今天，这部《南唐书》仍是学者研究南唐文史必读的重要参考书。

《老学庵笔记》和《入蜀记》是陆游的两部笔记类著作。笔记这种文学体裁，自汉代便已开端。魏晋以降，此类作品日渐增多，如晋代干宝的《搜神记》，南朝刘义庆的《世说新语》、任昉的《述异记》，唐代段成式的《酉阳杂俎》，五代时期孙光宪的《北梦琐言》等，都深受后人喜爱并得到广泛传播，宋初编纂的《太平广记》《太平御览》，更是集前朝笔记之大成的两部大型类书。由于笔记类作品所涉及内容各有侧重，后人又将其分为志怪、逸事等几大门类。宋朝是个重文轻武的朝代，文人们或出于猎奇，或出于炫耀学识，记录官修史书之外的奇闻奇事、文人逸事、史实考据、诗文品评，乃至域外风土、动物植物、市井民俗、茶酒花草、笔墨纸砚、山川纪闻等不同内容的笔记大量出现。这些作品一方面极大地丰富了传统史书不便记载或不屑记载的许多内容，另一方面也极大地开阔了读者的眼界，且由于这类著作不拘格套，行文自由，文笔活泼生动，深受士人的喜爱，于是写笔记的人越来越多，读笔记的人也越来越多，这种风气一直延续到清朝乃至如今，依旧拥有相当广泛的读者群。

《老学庵笔记》是一部内容丰富、文笔典雅、极具书卷气的文人笔记，成书于孝宗淳熙末年至光宗绍熙初年。陆游之子陆子遹在编辑其父文集时说，这部笔记是"先太史淳熙、绍熙间所作也"。更确切地说，此书最终完稿应该在绍熙初年，但书中很多内容则是陆游多年积攒记录的只言片语，绍熙初汇编成书而已。淳熙、绍熙间，陆游虽然还没有彻底离开官场，但已经有大把时间可以自由支配了，特别是绍熙元年（1190）从礼部郎中任上被罢免之后，他对做官完全失去了兴趣，回到老家闭门读写，成了他最佳也是唯一的选择。"老学庵"是陆游书斋的名字，这座书斋建在镜湖之滨，背靠青山，前临绿水，大环境令人感到惬意，书斋却并不奢华，甚至可以说有点简陋寒酸，然而其中藏书极为丰富，因为其父陆宰就是宋朝有名的大藏书家。这些宝贵的书籍对历尽沧桑的陆游来说，足够满足其精神需求了。他有一首《题老学庵壁》诗说："此生生计愈萧然，架行苦茆只数椽。万卷古今消永日，一窗昏晓送流年。太平民乐无愁叹，衰老形枯少睡眠。唤得南村跛童子，煎茶扫地亦随缘。"

前面说到《老学庵笔记》内容丰富，涉及面非常广泛，是因为陆游一生经历了太多的人和事，这些人和事时间跨度很长，囊括了他大半生的阅历。众所周知，陆游是位力主抗金的爱国志士，是位疾恶如仇的正直君子，故而笔记里大凡涉及政治动向或政治人物的记述和评论，无不透出其爱国的情怀和正义的立场，这种情怀和立场大多不是口号式的疾呼，往往是娓娓道出，内中味道自由读者去体味。如卷一说"张德远诛范琼于建康狱中，都人皆鼓舞；秦会之杀岳飞于临安狱中，都人皆涕泣。是非之公如此"。短短三十几个字，立场却十分鲜明：张浚杀的是背叛朝廷、残害百姓的叛贼，本就人人切齿，故而范琼被诛，鼓舞人心；岳飞乃不可多得的抗金名将，不幸被秦桧设计冤杀，人们只能用眼泪来表达对英雄的悼念和对奸臣的愤恨。陆游之于秦桧，更多的不是私仇而是国恨，如卷二有一则说："秦会之当国，有殿前司军人施全者，伺其入朝，持斩马刀，邀于望仙桥下斫之，断轿子一柱而不能伤，诛死。其后秦每出，辄以亲兵五十人持梃卫之。初，斩全于市，观者甚众，中有一人朗言曰：'此不了事汉，不斩何为！'闻者皆笑。"从字面上看是一段实录，内中却满含着作者对奸臣秦桧的切齿痛恨。义士施全出于义愤刺杀秦桧，然而事到临头，却仅仅砍掉了秦桧轿子的一柱，所以秦桧处死施全时，有个观看者大声说道："如此办不成大事的废物，不杀他杀谁！"读者可以体会到这位观者真实的内心：他巴不得施全完成刺杀秦桧的惊天壮举！这里只是"怒其不争"，而不是真心在咒骂施全，慨叹施全留下了又一个荆轲刺秦王的深深遗憾。更有深意的是，这位观者说完此话后"闻者皆笑"，这种会心之笑，表达了人们与观者完全相同的政治态度，只不过谁都不敢明言而已。对权臣秦桧的记述，在整部笔记中不在少数，其中不乏记其私德阴险的文字，如卷八开篇载："秦丞相晚岁权尤重，常有数卒，皂衣持梃立府门外，行路过者稍顾视謦欬，皆呵止之。尝病告一二日，执政独对，既不敢他语，惟盛推秦公勋业而已。明日入堂，忽问曰：'闻昨日奏事甚久。'

执政惶恐,曰:'某惟诵太师先生勋德,旷世所无,语终即退,实无他言。'秦公嘻笑曰:'甚荷。'盖已嗾言事官上章。执政甫归,阁子弹章副本已至矣。其忮刻如此。"从中可以了解到,生活在那个年代的官员和百姓,过着怎样战战兢兢的日子,连咳嗽一声都算冒犯,连拍他的马屁不中其意,都会招来无妄之灾。读罢这几句,我们是不是也感到后背发凉?

对于本朝的一些重大历史事件,大君子们的态度往往是相当一致的,比如北宋神宗时王安石主持的熙宁变法,当时有不少有政治远见的官员均不赞成,大家熟悉的司马光、欧阳修、富弼、韩琦、苏轼等人,都对这次变法表达了或激烈或隐晦的反对,认为如此变法势必给本已生活困顿的百姓增加沉重的负担,令其生计雪上加霜。遗憾的是当时神宗听不进众多大臣的进谏,醉心于王安石、吕惠卿等人的大忽悠,固执地认为通过变法可以使国家短期内变得富足强盛,便可北收被辽国侵占的燕云十六州,西扩被西夏背叛占有的大片疆土,使自己成为万世流芳的中兴圣主。事实是,这场变法虽然使朝廷增加了不少收入,却严重摧伤了广大农民的根本利益,使得大批民众不得不想尽办法逃避官府,逃离土地。本书卷一记载了一则文人诗话:"张芸叟作《渔父诗》曰:'家住秣江边,门前碧水连。小舟胜养马,大罟当耕田。保甲元无籍,青苗不著钱。桃源在何处?此地有神仙。'盖元丰中谪官湖湘时所作,东坡取其意为《鱼蛮子》云。"什么意思呢?张舜民(芸叟)被贬到湖南郴州后,把他的所见所闻形于诗作,说身在熙宁新法束缚下的贫苦百姓实在受不了官府盘剥,不得不丢弃土地家园,把家搬到船上:在水上漂泊也比受保马法刻剥好受得多,张开渔网捕鱼为生,总不能还按照青苗等法收取租税吧——我已经不再种田了!当时推行的保甲法,也可以合情合理地避开了——我们已经不在村庄,官府还能把我们编在保甲户籍中吗?最后两句看似在为这些逃离土地的农户庆幸,甚至把他们比作"不知有汉,无论魏晋"的桃源神仙,实则恰恰相反:祖祖辈辈离不开土地的农民为求存活,万般无奈抛弃家园、流落水上,思维正常的人,谁会真把这种经受风吹雨打、只能吃鱼不能吃粮的日子当成幸福和享受?张舜民在宋代算不上诗文巨匠,仕途也并不显赫,但他这首切中时弊的小诗,却引起了大文豪苏轼的共鸣,遂根据这首《渔父诗》衍生出一首新诗《鱼蛮子》。陆游将《渔父诗》一字不差地抄录下来,表达了与张舜民和苏轼完全契合的政治态度——变法非但没有使宋王朝变得更加强盛,反而滋生了大面积贪腐并一发不可收拾,自那以后,正人君子屡遭迫害,奸臣贼子恣意祸国,朝廷失去了栋梁之材,看似风光无限的王朝大厦越来越腐朽,到了徽宗宣和年间,终因长期政治路线的错误付出了极其惨痛的代价,好端端的大宋顷刻间丧失半壁江山,只得退到江南苟延残喘。这就是熙宁变法的弊端之一,因为它改变了太祖以来一贯的民本思想。

此类记述在笔记中俯拾皆是,这里仅举数例而已,其余留给读者自去品味。

陆游学识渊博,对当朝甚至前朝很多故实都很熟悉,所以在笔记中,他用了不少篇幅和条目对当时日渐模糊的典章制度、历史事件、人物生平等进行了有理有据的解析和匡正。陈振孙《直斋书录解题》卷十一"小说家类"中说:"《老学庵笔记》十卷,陆游务观撰。生识前辈,年登耄期,所记所闻,殊可观也。"清代亦有学者称其杂述掌故,间考旧文,大都十分严谨,可作为后学者的参考。如本书卷六载:"禁中有哲宗皇帝宸翰四大字,曰'罚弗及嗣',更无他语。此必绍圣、元符间有欲害元祐党人子孙者,故帝书此言。祖宗盛德如此。故老言:大臣尝从容请幸金明池,哲庙曰:'祖宗幸西池必宴射,朕不能射,不敢出。'又木工杨琪作龙舟,极奇丽。或请一登之,哲庙又曰:'祖宗未尝登龙舟,但临水殿略观足矣。'后勉一幸金明,所谓龙舟,非独不登,亦终不观也。"这些小事国史中难有记载,通过陆游的记述,人们可以窥见哲宗爱养官员百姓的仁主风范,同时对北宋后期绍述派复辟后大肆迫害元祐党人亲属子孙的残暴罪行加以批判,一定程度上影射了高宗时期以秦桧为首的奸臣们肆行株连朝野官员亲属的暴戾行径。本条还对哲宗谦逊低调的行事风格给予了正面评价。从整部笔记中可以发现,陆游对北宋哲宗以前的帝王都相当崇敬,几乎没有半句微词,这不但符合历史的真实,也表达了对南宋君主们深沉的希冀。

对当时的一些逸闻趣事,陆游也颇感兴趣,笔记里有些稀见小事的记载,读来也令人耳目一新,如卷七言:"曾子宣丞相家,男女手指皆少指端一节,外甥亦然。或云:襄阳魏道辅家世指少一节。道辅之姊嫁子宣,故子孙肖其外氏。"这种犄角旮旯儿的逸闻趣事,连曾布家传中都未必见到,而陆游把它记下来,除了增广谈资之外,是不是还有什么"微言大义"?毕竟曾布是北宋后期颇有争议的一位宰相。作者还记录了南宋行在所临安逐渐恢复商业之后的市场新貌,卷八说:"大驾初驻跸临安,故都及四方士民商贾辐辏,又创立官府,扁榜一新。好事者取以为对曰:'钤辖诸道进奏院,详定一司敕令所','王防御契圣眼科,陆官人遇仙风药','干湿脚气四斤丸,偏正头风一字散','三朝御裹陈忠翊,四世儒医陆太丞','东京石朝议女婿,乐驻泊乐铺西蜀','费先生外甥,寇保义卦肆',如此凡数十联,不能尽记。"如果仅是泛泛阅览,就很难看出其中奥秘。之所以说这段文字妙趣横生,就在于他把一些朝廷衙门的名称与市肆有机地融为一体:把市场管理部门比作朝廷的进奏院,把市场审批部门比作敕令所;又把各有绝技的门面编成顺口溜,既诙谐又贴切,如治脚气的四斤丸,治头痛的一字散,卖粽子的陈家铺子追溯其祖宗三代,行医的陆郎中赞赏其四世相传,如此等等,都比如今商家的广告高明得太多！还有一句大家熟稔的俗语"只许州官放火，不许百姓点灯"，也在本书中有所记录。卷五云："田登作郡，自讳其名，触者必怒，吏卒多被榜笞。于是举州皆谓灯为火。上元放灯，许人入州治游观。吏人遂书榜揭于市曰：'本州依例放火三日。'"其实这几句话本意并非在说为官者如何霸道，仅仅是出于对州官名字的避讳而已。看完了您有什么感想？是否觉得有些典故传到今日，早已失去了它原本的含义？

书中有些历史人物的传奇未必真实可信，但可以聊备一说，如卷九载蜀中父老传闻太宗时蜀中起义领袖李顺，实乃蜀后主孟昶之遗孤，且起义失败后并没有被官军捕杀，而是化装成僧人逃出了成都："有李顺者，孟大王之遗孤。初，蜀亡，有晨兴过摩诃池上者，见锦箱锦衾覆一襁褓婴儿，有片纸在其中，书曰：'国中义士为我养之。'人知其出于宫中，因收养焉，顺是也，故蜀人感而从之。未几，小旛战死，众推顺为主，下令复姓孟。及王师薄城，城且破矣，顺忽饭城中僧数千人以祈福，又度其童子亦数千人，皆就府治削发，衣僧衣。晡后，分东、西两门出。出尽，顺亦不知所在，盖自髡而遁矣。"又如卷七云："予幼岁侍先君避乱东阳山中，有北僧年五十余，戆朴无能，自言沈相义伦裔孙，携遗像及告身、诏敕甚备。且云义伦之后，惟己独存，欲诉于朝求一官还俗。不知竟何往也。"沈义伦后改名沈伦，是太祖时的宰相。陆游称其亲眼见到沈伦的裔孙在东阳为僧，意在感慨人世变幻、盛衰无常。

本书另一亮点体现在陆游对当朝及前朝典章制度的谙熟。经过靖康之乱，朝廷很多制度都已残损不全，甚至无从考据。在这方面，陆游堪称得天独厚，一是他读书甚多，对当朝仪典一直十分留意；二是他勤于思考，精于考证，所以不少当朝混沌不清的仪典经他辨识，得到了最接近史实的传承和衍续。这里略举数例。卷七记载："高庙驻跸临安，艰难中，每出犹铺沙藉路，谓之'黄道'，以三衙兵为之。绍兴末内禅，驾过新宫，犹设黄道如平时。明日寿皇出,即撤去,遂不复用。"意思是说高宗在临安驻跸后,每次出宫,都命人在经行的路上铺满黄沙,叫作"黄道"。孝宗即位后第一天便不再施行,体现了孝宗对毫无意义的繁文缛节相当厌弃。仅从这件小事,就能让读者对孝宗产生极大的信赖感,因为治理国家和处理小节是一脉相通的,古人说"一屋不扫何以扫天下",就是这个道理。又比如说到进士考试的问题,陆游说:"本朝进士初亦如唐制,兼采时望。真庙时,周安惠公起始建糊名法,一切以程文为去留。"意思是宋朝初年的进士考试仍沿袭着唐朝习惯,除试卷之外,更要考察考生在士林中的影响和声誉。到了真宗时,周起认为这样选拔人才容易出现舞弊现象,建议考卷采取糊名的方式,判卷官无从知道答卷者是何人,可以有效避免舞弊现象。短短几句,却涉及一个非常重要的朝廷选人制度。现如今几乎所有考试都采取糊名的方式,完全没有了"兼采时望"这一环节。还有些特殊的任官制度,也引起了陆游的注意。卷六说:"祥符东封,命王钦若、赵安仁并判兖州,二公皆见任执政也。庆历初,西鄙未定,命夏竦判永兴,陈执中、范雍知永兴,一州二守,一府三守,不知当时如何分职事?既非长贰,文移书判之类必有程式,官属胥吏何所禀承?国史皆不载,莫可考也。"用现在的话说,就是一个市里同时任命两个甚至三个正市长,不知他们如何分工、如何理政。这个问题至今都没有一个可以使人信服的说法,有兴趣的读者不妨脑补一下,试试能否给出令人信服的结论?

《老学庵笔记》不属于专门的诗话著作,但因陆游对诗歌创作和研究均属一流,故书中也出现了不少谈诗论词的条目。除上面谈到张舜民作《渔父诗》,苏轼取其意为《鱼蛮子》之外,还有些更能体现作者诗歌理论、诗源考辨的文字,也很有阅读和思考的价值。如卷一言:"杨廷秀在高安,有小诗云:'近红暮看失燕支,远白宵明雪色奇。花不见桃惟见李，一生不晓退之诗。'予语之曰：'此意古已道，但不如公之详耳。'廷秀愕然，问：'古人谁曾道？'予曰：'荆公所谓"积李兮缟夜，崇桃兮炫昼"是也。'"意谓杨万里的小诗说及桃李，陆游告诉他：此意王安石早已表述过，只不过不如你说得这么详细。可见陆游对古诗之谙熟，达到了信手拈来的地步。又如卷四载张耒《虎图》诗"烦君卫吾寝，起此蓬荜陋。坐令盗肉鼠，不敢窥白昼"。陆游一语道破云："讥其似猫也。"毫无情面地揭示出那些看似猛虎实则类猫的小人之状。卷七言："陶渊明《游斜川》诗，自叙辛丑岁年五十。苏叔党宣和辛丑亦年五十，盖与渊明同甲子也。是岁得园于许昌西湖上，故名之曰'小斜川'云。"则是考据苏过何以名其园为小斜川的由来，苏过对陶渊明崇仰备至之情也就非常明显了。卷七言："今人解杜诗，但寻出处，不知少陵之意初不如是。且如《岳阳楼》诗：'昔闻洞庭水，今上岳阳楼。吴楚东南坼，乾坤日夜浮。亲朋无一字，老病有孤舟。戎马关山北，凭轩涕泗流。'此岂可以出处求哉？纵使字字寻得出处，去少陵之意益远矣。盖后人元不知杜诗所以妙绝古今者在何处，但以一字亦有出处为工。如《西昆酬唱集》中诗，何曾有一字无出处者，便以为追配少陵，可乎？且今人作诗，亦未尝无出处，渠自不知，若为之笺注，亦字字有出处，但不妨其为恶诗耳。"有力地批评了那些作诗唯求出处的迂腐之见。真正伟大的诗人，未必要做到字字有来历，恰恰相反，如杨亿、刘筠、钱惟演等"学院派"诗人，真正做到了字字有来历，但与杜甫相较，一个天上一个地下，其间优劣读者自能辨识。话语虽不多，却道出了何为"诗魂"的关键，这也为后来学诗者指明了诗学的方向和途径。陆游对当朝文学创作的走向也有简明扼要的概括，卷八说："国初尚《文选》，当时文人专意此书。……方其盛时，士子至为之语曰：'《文选》烂，秀才半。'建炎以来，尚苏氏文章，学者翕然从之，而蜀士尤盛。亦有语曰：'苏文熟，吃羊肉；苏文生，吃菜羹。'"大致勾勒出宋代散文创作的变迁和进步，对大文豪苏轼的深远影响用顺口溜的形式表现出来，既符合史实又不显生硬。

陆游是位非常精细的学者，对版本校雠之学也颇多留意。中国古籍的校勘之学始于汉代刘向、刘歆父子，其后大家辈出，形成了一门既有理论又有实践的独立学科。陆游没有专门的校雠著作，但散见在笔记中的一些条目，足见其对古籍理解之独到和对前代善本的尊重。如卷四的一段话："唐拾遗耿湋《下邽喜叔孙主簿郑少府见过》诗云：'不是仇梅至，何人问百忧？'苏子由作绩溪令时，有《赠同官》诗云：'归报仇梅省文字，麦苗含穟欲蚕眠。'盖用湋语也。近岁均州版本，辄改为'仇香'。"仇梅中的仇是汉代人仇览的原名，后又称为仇香，梅指的是汉代南昌县尉梅福。这个问题我在注释中已经说得比较详细。陆游的意思是说，苏辙《赠同官》诗里的仇梅本于唐人耿湋的诗作，近年来均州刻本却把"仇梅"改成了"仇香"，这种自以为聪明的改动，把原本的"仇香"和"梅福"二人变成了仇香一个人，且误解了苏辙用典的初衷，所以《四库全书总目提要》卷一五四肯定了陆游的见解，说他"讥均州刻本辄改作'仇香'之非"。陆游还很注重方言的读音。如卷二的一条说："鲁直在戎州，作乐府曰：'老子平生，江南江北，爱听临风笛。孙郎微笑，坐来声喷霜竹。'予在蜀见其稿。今俗本改'笛'为'曲'以协韵，非也。然亦疑'笛'字太不入韵。及居蜀久，习其语音，乃知泸、戎间谓'笛'为'独'。故鲁直得借用。"意谓黄庭坚在戎州时写的乐府"老子平生，江南江北，爱听临风笛。孙郎微笑，坐来声喷霜竹"。因其前句的"笛"字和后句的"竹"字不押韵，于是有好事者擅自将"笛"改成了"曲"，看起来是押韵了，但意境却差了很多。陆游说他在蜀中待了很久，方知蜀人读"笛"为"独"音，如果按照蜀人读音，则"爱听临风笛"和下句的

"竹"就押韵了，完全不必乱改，使古书失其原貌。《四库全书总目提要》卷一九七肯定了陆游的见解，称"俗本不知其用蜀中方音，改'笛'为'曲'以叶韵。今考此本，仍作'笛'字，则犹旧本之未经窜乱者矣"。今本仍作"笛"字，是否也是采纳了陆游的观点呢？似此之类的还有一些，就不一一列举了。

陆游对当时的民风民俗也颇感兴趣，这为我们今天更多了解宋朝风俗提供了具体而可信的原始资料，如卷十载："今人谓后三日为'外后日'，意其俗语耳。偶读《唐逸史·裴老传》，乃有此语。裴，大历中人也，则此语亦久矣。"意思是说宋朝人称今天之后的第一天为明日，第二天为后日，第三天为"外后日"（犹今言大后天）。陆游原以为仅仅是个民间俗语，读到《唐逸史·裴老传》时突然发现，这种说法早在唐朝就已经出现了。作者并没有否定这种说法出于民间，但印证了一点：即便是俗语，也并非始于当下。卷六提到砂糖（即今白砂糖）的出现："沙糖，中国本无之。唐太宗时外国贡至，问其使人：'此何物？'云：'以甘蔗汁煎。'用其法煎成，与外国者等。自此中国方有沙糖。唐以前书传，凡言及糖者皆糟耳，如糖蟹、糖姜皆是。"给出中土蔗糖出现的时间在唐朝，唐朝以前所谓的糖，其实都是饴糖（如今之糖瓜）之类。又如卷四记载辰、沅、靖州的蛮夷部落，"有犵狑，有犵獠，有犵榄，有犵獀，有山猺，俗亦土著"，又详细记录了这些蛮夷的生活习性、耕种嫁娶、饮酒唱歌，读来很有新鲜感。陆游在蜀中及周边地区待了不少年，也去过不少地方，这段时间里他"处处留心皆学问"，记录了不少蜀地的风土民情乃至方言土语，如卷四记载嘉州荔枝的成熟；卷五载临邛瓦棺的尺寸形制、夔州白帝城自唐以来的迁徙修建；卷六载成都药市开市的准确时间，兼纠正《杨文公谈苑》之误；卷八载每年四月十九日成都"浣花遨头"的游观盛况；卷九载成都士大夫家法甚严，其衣帽皆有定式，条目繁多，就不一一罗列了。

  《老学庵笔记》共十卷，从内容上看，没有什么规律可循，十有八九就是按照字数和条目的多寡划分的，就连"十"这个数，也似乎是当时一念之想而定的，每卷中的各个条目间没有任何联系，这与唐宋以来的大多数笔记是一样的。这就出现了一个问题：按照《家藏文库》的要求，是要对书中条目加以解析，帮助读者更便捷地理解作者意图，而对这部笔记，要作这样解读就显得十分困难：逐条解析，不胜其烦，也不现实；以卷为单位加以解析也不可能，因为卷中内容互不连贯，找不出一个中心，因此在作此书之前，与社里相关领导进行了沟通，最终社里领导同意此书不再逐条解析，只在"导读"部分给出一个总括性的说明即可。遵照这一原则，本书正文中不再出现具体的解析文字，这一点特向读者作出解释。当然，由于本书的内容上天入地，无所不包，想在导读中作出较为全面的说明，也是难以做到的，以上就书中一些具有代表性或典型性的文字加以浅显的解说，不知能不能让读者满意。

  顺便交代一下本书校注所依据的版本。《老学庵笔记》虽然影响甚大，但毕竟与陆游大量诗文的辉煌不能相提并论，加之此书刊印时已到了南宋末年，又是一部家刻本，所以流传不广，《宋史·艺文志》都没有著录。到了明代，山阴人商濬将其收入所刻《稗海》，今称为稗海本，才使这部笔记得以广泛传播。明末清初刻书家毛晋又将稗海本收入其所刻的《津逮秘书》，并进行了一定程度的校勘。后来的学津讨原本、丛书集成本，基本上沿袭了津逮秘书本。二十世纪七十年代末，中华书局陆续出版《唐宋史料笔记丛刊》，也将《老学庵笔记》收入其中。经过比较，我认为津逮秘书本的错谬最少，所以这次注释，选择了津逮秘书本作为底本，这一点向读者略作说明。

  《入蜀记》是陆游从家乡绍兴前往夔州（今重庆奉节）赴通判任途中

所作的一部长篇游记，始于孝宗乾道六年（1170）闰五月，终于当年十月末抵达夔州治所之日，历时五个多月。与《老学庵笔记》一样，这部游记的内容大多前后不相关联，同样无法以统一的"解析"涵盖某卷，故而亦省去"解析"部分。数年前，我应中州古籍出版社之约，作过一本《陆游诗文选》，其中散文部分选取了《入蜀记》的第一卷，并在卷末勉为其难地写了几句"解析"文字。如今既要对《入蜀记》全书进行注释，不妨把曾经写在《陆游诗文选》中的那些文字挪移到这里，起码可以作为一个提要吧。

我在《陆游诗文选》之末这样写道：

孝宗乾道五年（1169）十二月，陆游受命担任夔州通判。当时作者正在病中，无法立即起身赴任，直到第二年闰五月，才从家乡山阴出发。熟悉中国地理的朋友可以看看，从今天浙江的绍兴到重庆的奉节有多么遥远。要知道在那个时代里，人们出行只能靠骑马坐轿，或者走水路。不过这样落后的交通，也有它的好处，能够让行路之人饱览沿途的大好风光。作者这部《入蜀记》，正是记录沿途感受的游记文字。……这部书里，作者将日常旅行生活、自然人文景观、世情风俗、军事政治、诗文掌故、文史考辨、旅游审美、沿革兴废错综成篇，评古论今，夹叙夹议，卓见迭出，寄慨遥深，完全不像今天某些无知的所谓"旅游爱好者"走马观花，甚至连花都看不清。

作者自山阴老家出行写起，沿途所经柯桥、梦笔驿，都作了详略得当的交代，如柯桥，丞相史浩所修，年代并不久远，故而一笔带过，可别小看这一笔，却为后人留下了一个可供查检的典故。至于梦笔驿，故事可就多了，于是作者不但亲身验证数百年前江淹梦笔的传说，而且将此驿相关的掌故悉数记下："有大碑，叶道卿文。寺额及佛殿榜，皆沈睿达所书，有碑亦睿达书，尤精古。又有毗陵人戚舜臣所画水，盖佛后座大壁也。卒然见之，觉涛澜汹涌可骇，前辈或谓之死水，过矣。"您看，短短几句话，涉及多少文人逸事，首先是中书舍人叶道卿的文笔，又有沈辽的书法，接着又是戚舜臣的丹青，且根据自己的观察，证明世人称戚舜臣画的水僵死不生动的看法是错误的。仅此一节，便已对读者产生了强大的吸引力，这就是人们常说的"引人入胜"。

再看二十六日晚，芮晔请作者饮酒的场面。作者交代了与会诸人后，并没有去写场面有多么热闹，因为那是不言自明的，何须浪费笔墨？作者记录的是芮晔在广东时经历的一件小事：有个叫石端义的常平使者，性情残忍，每当捕得人犯，必用"石盐木枷枷之"。要知道石盐木相当重，犯人戴久了根本受不了。芮晔接着说：也是善有善报，恶有恶报，后来石端义犯了罪，也被戴上了这种木枷，大有"请君入瓮"的意味。这段话看似寻常，却表达了作者鲜明的爱憎，残害百姓的人，早晚有一天会得到恶报。

六月二日，又写到了临平。作者记录道，临平乃是奸相蔡京葬其父蔡准的地方，当年蔡京"以钱塘江为水，会稽山为案，山形如骆驼，葬于驼之耳，而筑塔于驼之峰"，目的是想通过风水的调理保持蔡家世代荣华。这里面除了展现出作者丰富的地理堪舆知识外，更寄托了他本人的爱憎，任何蠹国害民的奸臣，不论其采用什么方法，都不可能逃脱历史的严惩。

作者对历史和文学典故谙熟无比，如十五日早，"过陵口，见大石兽偃仆道傍，已残缺"，便知是南朝陵墓，更是立即联想到齐明帝时王敬则谋反的故事。接着又说到梁文帝、武帝二陵："二陵皆在丹阳，距县三十余里。郡士蒋元龙子云谓予曰：'毛达可作守时，有卖黄金石榴、来禽者，疑其盗，捕得之，果发梁陵所得。'"这段话既提及了令人感慨的前朝帝王陵墓，又提供了可供参考的近代历史：毛友当知州时，曾发现有人叫卖黄金石榴和黄金来禽，抓捕审问之后方知，这些宝物果然是盗梁帝陵墓所得。表现出作者对历史兴亡的感喟。接着又说到丹阳的历史：古时候叫作曲阿，又叫云阳。何以为证？"谢康乐诗云：'朝日发云阳，落日到朱方。'盖谓此也。"这些典故被作者储藏在记忆的宝库，只要作者需要，随时都可以将它们调动出来。

似此之类，在《入蜀记》中比比皆是，如果今天我们也能把自己旅游的心得写得如此丰富多彩，那国人的素质就真的无可挑剔了。

以上几个例子均在《入蜀记》第一卷，读者可能已经感受到了陆游的博学与慎知，以下就作者经历的"自然人文景观、世情风俗、军事政治、诗文掌故、文史考辨、旅游审美、沿革兴废"等方面，分别从第二至第六卷各择几个具有典型意义的例证略加缕述。这样做无法避免挂一漏万，但即便是管中窥豹，也能领略到作者丰厚的学术修养和深沉的家国情怀。

第二卷写到了真州（今江苏仪征），停泊在鉴远亭，于是作者从唐代说起，言此处原来是扬子县的白沙镇，五代时杨溥占据淮南，大将徐温从金陵到此觐见杨溥而迎立之，故改名为迎銮镇。又辨析称，相传周世宗柴荣征讨淮南时，诸路将领曾在此处迎谒柴荣，遂将此地改为迎銮镇，是不正确的。宋太祖乾德年间，此地升为建安军。真宗大中祥符中因建玉清昭应宫，在建安军西北小山上铸成玉皇、圣祖、太祖、太宗四尊圣像，派丁谓、李宗谔为迎奉使、副。至京肆赦后再升格为真州。因为此州当南北水陆之冲要，故而朝廷在这里设立了全国唯一的发运机构。南宋后不存在南粮北调的发运职事，所以如今治所已经完全荒废。至此为止缕述的是真州的沿革，接下来还有与文豪相关的大好内容：欧阳修曾写过一篇著名散文《真州东园记》，陆游经此，岂能不到东园游览一番？于是他以《真州东园记》原文与眼前景象进行了详细比对，哪些遗迹尚在，哪些遗迹已经见不到踪影，全都记录了下来。"百亩之园，废为蔬畦者，尚过半也，可为太息"，吊古兴怀之情跃然纸上。从中可以看到，陆游不但对真州的历史沿革、本朝发运司废置了如指掌，对欧阳修散文也记诵如新，全段文字涵盖的内容包括了文、史及朝廷制度（建玉清昭应宫），甚至连当年道观乐章（范金肖像申严奉，宫馆状翚飞。万灵拱卫瑞烟披，堤柳映黄麾）、国史失载的朝廷赐号（瑞应福地）都记录下来，为后学者提供了可信的参考资料。

第三卷写舟船抵达了太平州（今安徽当涂）。众所周知，唐代大诗人李白卒于此郡，作者自然要对他来一番凭吊。当地官员也很通透，索性将阊州大宴安排在青山西北的李白祠堂举行。祠堂后面有李白墓。祠堂中的李白"乌巾白衣锦袍"，一副神仙装束。有意思的是李白塑像旁还有一位"道帽氅裘"的侑食者，乃是自称"李白后身"的北宋诗人郭祥正。其实陆游对郭祥正的诗作并不认可，认为此人不过是有意"炒作"而已。李白的祠堂究竟何时修建、何人修建，已经无从考证，但从现存的郭祥正塑像和蜀人张震所作的《重修李太白祠碑文》看，这座祠堂及李白、郭祥正塑像，时代应该不算久远，这大概会给陆游留下些许遗憾。之后便到了南朝著名诗人谢朓的"故宅基"，这里的景象更加不堪，早成了一个汤姓人的居所，好在不远处山上还有谢公池、谢公亭，可以印证谢朓的确曾在这里居处。之后舟船从姑熟溪解缆进入长江，陆游情绪激荡，油然兴怀，想起李白诗"两岸青山相对出，孤帆一片日边来"、王安石诗"崔嵬天门山，江水绕其下"、梅尧臣诗"东梁如仰蚕，西梁如浮鱼"、徐俯诗"南人北人朝暮船，东梁西梁今古山"。要知道此刻陆游是在西行的船上，并没有待在书斋里，其脱口而出的前人诗句，无疑早印刻在他脑海之中了！吟罢古诗，作者笔锋一转道："水浒小儿卖菱芡莲藕者甚众。"从行文上看，这种大起大落、大雅大俗，可谓神来之笔，妙趣横生。

　　从第三卷末起，作者已经到了江西庐山，此地可说是从经行六朝古都金陵后的第二个重要地点，于是第四卷不厌其烦地记述了太平兴国宫之历史沿革、楼宇殿阁之宏伟。次日又到晋代慧远法师祠堂及神运殿、卓锡泉以及东、西林寺诸处，详细记述了每个历史遗迹的来龙去脉和当今景况，这部分内容几乎占去了全卷之半，而后进入到淮南的黄州，此州"最僻陋少事"，无法与庐山之嵯峨、人文之厚重相提并论，然而这里曾是苏轼谪居数年的所在，从这一点上说，更能引发作者的感怀。陆游首先回顾此地名流：唐朝杜牧、宋朝王禹偁之外，苏门学士之一的张耒亦曾谪此，"遂为名邦"。然而这几位前哲在陆游心中的分量远远比不上苏轼，因此下面的叙述，全都围绕着苏轼的行踪印记，东坡雪堂故地，则是他必欲详记的对象：居士亭"下面南一堂，颇雄，四壁皆画雪，堂中有苏公像，乌帽紫裘，横按筇杖，是为雪堂。堂东大柳，传以为公手植。正南有桥，榜曰'小桥'，以'莫忘小桥流水'之句得名。……旧止片石布其上，近辄增广为木桥，覆以一屋，颇败人意。……又有四望亭，正与雪堂相直，在高阜上。览观江山，为一郡之最"。从这些文字可以看出，陆游对苏轼其文其诗烂熟于心，信手拈来，对苏轼其行其止，记得真真切切，宛如就在昨日。他把这些记忆与眼前之景物细细比照，深叹斗转星移，大多已与前时迥异，好在还有个别景物没有变化，如赤壁矶下五色错杂的奇石，与苏轼《怪石供》中的描写毫无二致。作者对这里的事物景象都有细致入微的观察，似乎漏掉一草一木，都会留下无法弥补的遗憾。随后抵达的鄂州，这又是一座历史名城。作者很在意每个州郡现今的主官姓甚名谁，无意间为后人留下了与其地相关的重要人事档案。会见知州张郯、转运判官谢师稷后，点明此州"市邑雄富，列肆繁错，城外南市亦数里，虽钱塘、建康不能过，隐然一大都会也"。与其他大郡不同的是，这里是大宋水军重要的作战和训练基地，作者有幸赶上一场大规模的水战训练，但见"大舰七百艘，皆长二三十丈，上设城壁楼橹，旗帜精明，金鼓鞺鞳，破巨浪往来，捷如飞翔，观者数万人，实天下之壮观也"，此景在沿江各郡的确很难见到。由此可见，鄂州一直是南宋备御北狄的军事要塞，即便孝宗乾道年间宋金关系并不紧张，战备却一直没有丝毫松懈。鄂州自古以来也是人文荟萃之地，作者不惜笔墨记述了藏殿后面的南齐王简栖碑，"唐开元六年建，苏州刺史张庭圭温玉书，韩熙载撰碑阴，徐锴题额"。经作者考证，此碑立于宋太祖开宝二年（969），彼时南唐大厦将倾，距其亡国还剩六年，而韩熙载却歌颂其主"鼎新文物，教被华夷"，实在是不可思议。碑文中又"穷佛旨、举遗文……夸诞妄谬，真可为后世发笑"。这些文字看似在考据文史，纠正讹误，然而透过纸背，我们却感受到作者凝重而深沉的爱国情怀——他多么希望像韩熙载这样的佞臣少些再少些！

第五卷写到黄鹤楼。"旧传费祎飞升于此，后忽乘黄鹤来归，故以名楼，号为天下绝景，崔灏诗最传，而太白奇句，得于此者尤多"。遗憾的是，"今楼已废，故址亦不复存"。自此往西，就再也没有雄藩巨镇，眼前也全然换了另一幅景象：进入巴陵近郭，"始有二十余家，皆业渔钓，芦藩茅屋"，再往前行，"亦有十余家，多桑柘榆柳"。更有甚者，舟人云："自此陂泽深阻，虎狼出没，未明而行，则挽卒多为所害。"作者亲见舟人们焚香祈神称："告红头须小使头长年三老，莫令错呼错唤。"作者不解何为长年三老，舟人告诉他说："就是艄工。"长读如长幼之长，此时陆游脑海里油然浮现出杜甫"长年三老长歌里，白昼摊钱高浪中"的诗句。在那般险恶的环境中，作者仍不忘前贤诗文之解读与释疑，算不算是苦中作乐呢？

第六卷写自荆门至目的地夔州的沿途见闻，首先写来到峡州，这是欧阳修贬任夷陵县令的所在，自然又有很多故迹可寻。陆游每触一景，必会联想到欧阳修诗文，如甘泉寺的孝妇泉，相传是因东汉孝妇姜诗妻而得名，作者举出欧阳修"丛祠已废姜祠在，事迹难寻楚语讹"两句诗，称欧公认为此乃讹传，不足取信，理由很充分：姜诗是蜀中广汉人，其妻怎么可能在此处"溯流而汲"呢？这本是文人笔墨之辩，从陆游笔下流淌出来，就觉得别有风味。其他如虾蟆碚、黄牛庙等，都是欧阳修诗集中出现过的景观，在此游历，仿佛与欧公面对面欢谈一般惬意。最后至夔州，作者很自然联想到三国刘备的永安宫和诸葛亮的八阵图。"州在山麓沙上，所谓鱼复永安宫也。宫今为州仓，而州治在宫西北甘夫人墓西南，景德中转运使丁谓、薛颜所徙，比白帝颇平旷，然失关险，无复形势。……州东南有八阵碛，孔明之遗迹，碎石行列如引绳。每岁江涨，碛上水数十丈，比退，阵石如故"。寥寥数语，可看出陆游对丁谓之流迁州治于平旷处大为不满，而对八阵图历经沧海桑田依然如故感到格外庆幸——这是一种文人情怀，文人们总是希望一切有意义、有价值的历史遗迹都能历久不衰，供后人凭吊和瞻仰，给人以陶冶和遐思。

自《渭南文集》及《入蜀记》单行本流传以来，人们对这部游记作品的评价都相当高，比较中肯的当推《四库全书》关于此书的提要，这里不妨录入一部分，供读者参看：

（陆）游本工文，故于山川风土，叙次颇为雅洁，而于考订古迹，尤所留意。如丹阳皇业寺即史所谓皇基寺，避唐玄宗讳而改；李白诗所谓新丰酒者地在丹阳、镇江之间，非长安之新丰；甘露寺狠石、多景楼皆非故迹；真州迎銮镇乃徐温改名，非周世宗时所改；梅尧臣《题瓜步祠诗》误以魏太武帝为曹操；广惠寺《祭悟空禅师文》石刻保大九年乃南唐玄宗，非后主；庾亮楼当在武昌，不应在江州，白居易诗及张舜臣《南迁志》并相沿而误；欧阳修诗"江上孤峰蔽绿萝"句，绿萝乃溪名，非泛指藤萝；宋玉宅在秭归县东，旧有石刻，因避太守家讳毁之，皆足备舆图之考证。他如解杜甫诗"长年三老"字及"摊钱"字，解苏轼诗"玉塔卧微澜"句，解南唐以七月六日作七夕之由，辨李白集中《姑孰十咏》、《归来乎》、《笑矣乎》、《僧伽歌》、《怀素草书歌》诸篇，皆宋敏求所窜入，亦足广见闻。其他搜寻金石，引据诗文以参证地理者，尤不可殚数。非他家行记徒流连风景，记载琐屑者比也。

本书以中国书店1986年出版的《陆放翁全集》为底本加以注释，特此说明。注解中如有不妥甚至谬误之处，诚望读者不吝赐教，以便再版时改正。

李之亮

2023年9月写于北京

目　录

老学庵笔记

卷一 …………………………………………………… 3
卷二 …………………………………………………… 33
卷三 …………………………………………………… 57
卷四 …………………………………………………… 79
卷五 …………………………………………………… 106
卷六 …………………………………………………… 128
卷七 …………………………………………………… 148
卷八 …………………………………………………… 169
卷九 …………………………………………………… 192
卷十 …………………………………………………… 211

入蜀记

卷一 …………………………………………………… 237
卷二 …………………………………………………… 265
卷三 …………………………………………………… 287

卷四	307
卷五	329
卷六	347

老学庵笔记

卷 一

徽宗南幸至润①,郡官迎驾于西津②。及御舟抵岸,上御棕顶轿子,一宦者立轿旁呼曰:"道君传语③,众官不须远来。"卫士胪传以告,遂退。

徽宗南幸还京,服栗玉并桃冠、白玉簪、赭红羽衣,乘七宝辇④。盖吴敏定仪注云⑤。

高宗在徽宗服中⑥,用白木御椅子。钱大主入觐⑦,见之,曰:"此檀香椅子耶?"张婕妤掩口笑曰⑧:"禁中用胭脂、皂荚多,相公已有语⑨,更敢用檀香作椅子耶?"时赵鼎、张浚作相也⑩。

建炎苗、刘之变⑪,内侍遇害至多⑫。有秦同老者,自扬州被命至荆楚,前一日还行在⑬,尚未得对,亦死焉。又有萧中道者,日侍左右,忽得罪,绌为外郡监当⑭,前一日出城,遂免。

临安父老言,苗、刘戕王渊在朝天门外⑮,今都进奏院前⑯。然《日历》及诸公记录皆不书⑰,但云"死于路衢"而已。邵彪所录谓"死于第"⑱,尤非也。

鼎、澧群盗如钟相、杨么(乡语谓幼为么)⑲,战舡有车船⑳,有桨船,有海鳅头;军器有拿子(其语谓拿为铙),有鱼叉,有木老鸦。拿子、鱼叉以竹竿为柄,长二三丈,短兵所不能敌。程昌禹部曲虽蔡州人㉑,亦习用拿子等,遂屡捷。木老鸦一名不藉木,取坚重木为之,长财三尺许㉒,锐其两端,战船用之,尤为便习。官军乃更作灰炮,用极脆薄瓦罐,置毒药、石灰、铁蒺藜于其中,临阵以击贼船，灰飞如烟雾，贼兵不能开目。欲效官军为之，则贼地无窑户，不能造也，遂大败。官军战船亦仿贼车船而增大，有长三十六丈、广四丈一尺、高七丈二尺五寸，未及用而岳飞以步军平贼。至完颜亮入寇㉓，车船犹在，颇有功云。初，张公之行，赵元镇丞相以诗送之云㉔："速宜净扫妖氛了，来看钱塘八月潮。"

鼎、澧群盗，惟夏诚、刘衡二砦据险不可破㉕。二人每自咤曰："除是飞过洞庭湖。"其后卒为岳飞所破，盖语谶云。

赵元镇丞相谪朱崖㉖，病亟，自书铭旌云㉗："身骑箕尾归天上㉘，气作山河壮本朝。"

靖康二年，浙西路勤王兵，杭州二千人，湖州九百一十五人，秀州七百一十六人㉙，平江府一千七百三十八人㉚，常州七百八十五人，镇江府六百人，一路共六千七百五十四人，以二月七日起发，东都之陷，已累月矣。

集英殿宴金国人使，九盏：第一肉咸豉，第二爆肉双下角子㉛，第三莲花肉油饼骨头，第四白肉胡饼㉜，第五群仙炙太平毕罗㉝，第六假圆鱼，第七柰花索粉㉞，第八假沙鱼，第九水饭咸豉旋鲊瓜姜㉟。看食㊱：枣䭅子㊲、䬪饼㊳、白胡饼、馒饼㊴（淳熙）㊵。

绍兴辛酉与虏交兵㊶，虏遁，议者谓当取寿、颍、宿三州屯重兵㊷，然后淮可保，淮可保然后江可固，惜其不果用也。

建康城，李景所作㊸。其高三丈，因江山为险固，其受敌惟东、北两面，而壕堑重复，皆可坚守。至绍兴间已二百余年，所损不及十之一。

汉人入仕，有以资为郎者㊹，司马相如、张释之是也㊺；有入钱入谷赏以官者，卜式、黄霸是也㊻。入钱谷则今买官之类，以赀则非也。

秦会之在山东欲逃归㊼，舟楫已具，独惧虏有告者㊽，未敢决。适遇有相识稍厚者，以情告之。虏曰："何不告监军？"会之对以不敢。虏曰："不然，吾国人若一诺公，则身任其责，虽死不憾。若逃而获，虽欲贷，不敢矣。"遂用其言告监军，监军曰："中丞果欲归耶？吾契丹亦有逃归者，多更被疑，安知公归而南人以为忠也？公若果去，固不必顾我。"会之谢曰："公若见诺，亦不必问某归后祸福也。"监军遂许之。

黄元晖为左司谏㊾，论事忤蔡氏，谪昭潭㊿，后复管勾江州太平观(51)。谢表曰："言之未尽，悔也奚追？"

张芸叟作《渔父诗》曰(52)："家住耒江边，门前碧水连。小舟胜养马(53)，大罟当耕田(54)。保甲元无籍(55)，青苗不著钱。桃源在何处？此地有神仙。"盖元丰中谪官湖湘时所作，东坡取其意为《鱼蛮子》云(56)。

张德远诛范琼于建康狱中(57)，都人皆鼓舞；秦会之杀岳飞于临安狱中，都人皆涕泣。是非之公如此！

政和中大傩(58)，下桂府进面具(59)，比进到，称"一副"。初讶其少，乃是以八百枚为一副，老少妍陋无一相似者，乃大惊。至今桂府作此者皆致富，天下及外夷皆不能及。

京师承平时，宗室戚里岁时入禁中，妇女上犊车，皆用二小鬟持香球在旁(60)，而袖中又自持两小香球。车驰过，香烟如云，数里不绝，尘土皆香。

明州江瑶柱有二种(61)：大者江瑶，小者沙瑶。然沙瑶可种，逾年则成江瑶矣。海桧亦有二种(62)：海桧夭矫坚瘦皆天成；又有刻削蟠屈而成者，名土（音杜）桧。海桧绝难致，凡人家所有，大抵土桧也。

晁以道为明州船场㊌，日日平旦，具衣冠焚香占一卦。一日，有士人访之，坐间小雨，以道语之曰："某今日占卦有折足之象，然非某也，客至者当之，必验无疑，君宜戒之。"士人辞去，至港口，践滑而仆，胫几折，疗治累月乃愈。

国初士大夫戏作语云："眼前何日赤，腰下几时黄？"谓朱衣吏及金带也。宣和间，亲王、公主及他近属戚里，入宫辄得金带关子㊍。得者旋填姓名卖之，价五百千。虽卒伍屠酤，自一命以上皆可得㊎。方腊破钱唐时，朔日，太守客次有服金带者数十人，皆朱勔家奴也㊏。时谚曰："金腰带，银腰带，赵家世界朱家坏。"

仁宗赐宗室名，太祖下曰"世"，太宗下曰"仲"，秦王下曰"叔"㊐，皆兄弟行，"世"即长也。其后"世"字之曾孙又曰"伯"，则失之。

淳熙己酉十月二十八日，车驾幸候潮门外大校场大阅。是日，上早膳毕出郊，从驾臣僚及应奉官并戎服撷带子著靴㊑。大阅毕，丞相、亲王以下赐茶。是日，驾出丽正门，入和宁门，沿路官司免起居。

建炎中，平江造战船，略计其费四百料。八橹战船长八丈，为钱一千一百五十九贯；四橹海鹘船长四丈五尺㊒，为钱三百二十九贯。

荆公素轻沈文通㊓，以为寡学，故赠之诗曰："翛然一榻枕书卧㊔，直到日斜骑马归。"及作文通墓志，遂云"公虽不常读书"。或规之曰："渠乃状元㊕，此语得无过乎？"乃改"读书"作"视书”。又尝见郑毅夫《梦仙诗》曰(73)：“授我碧简书，奇篆蟠丹砂。读之不可识，翻身凌紫霞。”大笑曰：“此人不识字，不勘自承(74)。”毅夫曰：“不然，吾乃用太白诗语也。”公又笑曰：“自首减等(75)。”

秘阁有端砚，上有绍兴御书一“顽”字。唐有准敕恶诗(76)，今又有准敕顽砚耶？

潘子贱《题蔡奴传神》云(77)：“嘉祐中，风尘中人亦如此。呜呼盛哉！”然蔡实元丰间人也(78)。仇氏初在民间，生子为浮屠，曰了元，所谓佛印禅师也(79)。已而为广陵人国子博士李问妾，生定(80)；出嫁郜氏，生蔡奴。故京师人谓蔡奴为“郜六”。

绍圣、元符间(81)，汪内相彦章有声太学(82)。学中为之语曰：“江左二宝，胡伸、汪藻(83)。”伸字彦时，亦新安人(84)，终符宝郎(85)。

曾文清夙兴诵《论语》一篇(86)，终身未尝废。

先左丞言(87)，荆公有《诗正义》一部，朝夕不离手，字大半不可辨。世谓荆公“忽先儒”之说，盖不然也。

靖康国破，二帝播迁。有小崔才人与广平郡王（道君幼子，名楗）俱匿民间，已近五十日，虏亦不问。有从官馈以食，遂为人所发，亦不免，不十日虏去矣。城中士大夫可罪至此。

金贼劫迁宗室，我之有司不遗余力。然比其去，义士匿之获免者，犹七百人，人心可知。

国初，《韵略》载进士所习有《何论》一首(88)，施肩吾《及第敕》亦列其所习《何论》一首(89)。《何论》盖如“三杰佐汉孰优”“四科取士何先”之类(90)。

嘉兴人闻人茂德，名滋，老儒也。喜留客食，然不过蔬豆而已。郡人求馆客者(91)，多就谋之。又多蓄书，喜借人。自言作门客牙⑫，充书籍行，开豆腐羹店。予少时与之同在敕局，为删定官⑬。谈经义滚滚不倦，发明极多，尤邃于小学云。

张芸叟过魏文贞公旧庄⑭，居者犹魏氏也。为赋诗云："破屋居人少，柴门春草长。儿童不识字，耕稼郑公庄⑮。"此犹未失为农。神宗夜读《宋璟传》⑯，贤其人，诏访其后，得于河朔，有裔孙曰宋立，遗像、谱牒、告身皆在。然宋立者，已投军矣。欲与一武官，而其人不愿，乃赐田十顷，免徭役杂赋云。其微又过于魏氏，言之可为流涕。

[注释]

①徽宗南幸至润：靖康之变，已禅位的徽宗赵佶仓促南逃，到了润州。润州治今江苏镇江。　②西津：润州渡口名。《嘉定镇江志》卷二："西津渡去府治九里，北与瓜洲渡对岸。"　③道君：政和间徽宗自封的道号，以彰显其对道教的笃信。《宋史·徽宗本纪三》："（政和七年）夏四月庚申，帝讽道箓院上章，册己为教主道君皇帝。"　④并桃冠：装有并列桃形饰物的冠。七宝辇：皇帝所乘以多种宝物装饰的车辇。《宋史·舆服志一》："七宝辇，隆兴二年，为德寿宫所制也。高五十一寸，阔二十七寸，深三十六寸。比附大辇、平辇制度为之。上施顶轮、耀叶、角龙、顶龙、滴子、铎子、结穗球；下施梅红丝裙网，加缀七宝。"这里说七宝辇在南宋孝宗初才出现，可能是陆游一时误记。　⑤吴敏：字元中，真州（治今江苏仪征）人。《宋史·吴敏传》："大观二年，辟雍私试首选。蔡京喜其文，欲妻以女，敏辞。……钦宗既立，上皇出居龙德宫，敏与蔡攸同为龙德宫副使，迁知枢密院事，拜少宰。"　⑥高宗在徽宗服中：高宗为徽宗守孝期间。　⑦钱大主：高宗的姑母，因嫁入钱家，故称

钱大主。大主，皇帝对姑母的称呼。　⑧张婕妤：高宗婕妤，很受宠信，后为孝宗的养母。《宋史·后妃传下》："张贤妃，开封人。建炎初，为才人，有宠，进婕妤。帝欲择宗室子养禁中，辅臣问帝以宫中可付托者谁耶？帝曰：'已得之矣。'意在婕妤。已而伯琮入宫，年尚幼，婕妤与潘贤妃、吴才人方环坐，以观其所向。时贤妃新失皇子，意忽忽不乐，婕妤手招之，遂向婕妤。帝因命婕妤母之。是为孝宗。寻迁婉仪，（绍兴）十二年卒，上为辍朝二日，赠贤妃。"　⑨相公已有语：意谓宰相大人已有话在先。当时宰相为赵鼎和张浚，参下注。　⑩赵鼎：高宗绍兴四年（1134）至八年（1138）在宰相位，因得罪秦桧被罢。《宋史·赵鼎传》："赵鼎，字元镇，解州闻喜人。……高宗即位，除权户部员外郎。……拜尚书右仆射、同中书门下平章事兼知枢密院事。制下，朝士相庆。"张浚：绍兴五年（1135）至七年（1137）在相位。因力主抗金，与秦桧不合而遭贬。《宋史·张浚传》："张浚，字德远，汉州绵竹人，唐宰相九龄弟九皋之后。……（绍兴）五年，除尚书右仆射、同中书门下平章事兼知枢密院事，都督诸路军马，赵鼎除左仆射。浚与鼎同志辅治，务在塞幸门，抑近习。"　⑪建炎：高宗第一个年号，1127至1130年。苗、刘之变：指建炎三年（1129）三月由武官苗傅、刘正彦发动的军事政变。苗、刘二人自以为军功卓著，对朝廷骤赏统制官王渊大为不满，于是在王渊上朝必经的路上将其杀死，随后指挥大军占领杭州，包围宫阙，请高宗诛杀宦官康履、蓝珪、曾择等以谢三军。高宗被迫应允，并授苗傅为御营都统制，刘正彦为御营副都统制。苗、刘愤恨不已，逼高宗逊位于皇子，囚高宗于显忠寺，强令孟太后垂帘。苗傅又逼朝廷改元，刘正彦则逼迫朝廷迁都建康府（治今江苏南京）。当时情况万分危急，赖大将韩世忠率军平乱，朝廷得以恢复。《宋史·苗傅传》："秋七月辛巳，世忠军还，俘傅、正彦以献，磔于建康市。"此事件史称"明受之变"，宋代重要史籍均有详载，因文多故此处不录。　⑫内侍：内廷宦官。《宋史·苗傅传》："（刘）正彦手杀（王）渊，以兵围（康）履第，分捕内官，凡无须者尽杀之。"　⑬行在：古称皇帝临时居处之地为行在所。当时宋朝君臣皆坚持大宋都城仍为汴京，杭州仅为皇帝临时驻跸之地。　⑭绌（chù）：罢黜。监当：宋代称监管各地场、院、库、务、局、监并负责其税收的职事官为监当官。　⑮戕（qiāng）：杀害。王渊：字几道。曾参与平定方腊之乱。靖康元年（1126）为真定府总管。高宗置御营司，以王渊为都统制官。建炎三年（1129），拜签书枢密院事，仍兼都统制官。《宋史·王渊传》："命下，诸将籍籍。帝闻之，乃命免奏事签书，仍解都统制，以慰众心。先是，统制官苗傅自负世将，以渊骤用，颇觖望；刘正彦尝招巨盗丁进，亦以赏薄怨渊。而内侍康履颇用事，及渊入枢府，傅、正彦以其由宦官荐，愈不平。俟渊入朝，伏兵杀之，并杀康履，遂成明受之变。"　⑯都进奏院：宋朝设立在门下省的部门，负责各地军政信息采集与传递。《咸淳临安志》卷五："都进奏院在朝天门外……掌邦国传遽之事。"　⑰《日历》：古代史官按日记载朝政事务的书册，可为日后纂修国史的依据。　⑱邵彪：字希文，丹徒（今属江苏）人，徽宗宣和三年（1121）进士，初任国子监丞，历知泰州、处州、楚州。《京口耆旧传》卷三有小传。《嘉定镇江志》卷二〇："邵彪希文为士人时，梦至一官府人皆称安抚。……彪后果仕至安抚使。"第：家里。　⑲鼎、澧：宋代鼎州和澧州。鼎州治今湖南常德，澧州治今湖南澧县。钟相、杨么：南宋初农民起义军领袖。钟相遇害后，义军又推杨么为首领，队伍迅速发展到二十万人，占据地域遍布洞庭湖周围数县。　⑳战舡（chuán）：战船。　㉑程昌禹：当作"程昌寓"，初任蔡州知州，钟相乱起，调任鼎澧镇抚使兼知鼎州以弹压义军。部曲：部下将士。蔡州：治今河南汝南。　㉒财：通"才"。　㉓完颜亮入寇：高宗末年，金主完颜亮调集数十万大军南侵，欲灭南宋。金军主力很快抵达扬州,就在完颜亮准备渡江之际,部分金国将帅因不满其穷兵黩武而将其杀死,战事遂解。《宋史·高宗本纪九》:"(绍兴三十一年十一月乙未)金人弑其主亮于扬州龟山寺。戊戌,金都督府遣人持檄诣镇江军中议和。"

㉔赵元镇丞相:赵鼎。《宋史·赵鼎传》:"鼎尝辟和议,与桧意不合……乃以忠武节度使出知绍兴府。" ㉕惟夏诚、刘衡二砦据险不可破:只剩夏诚、刘衡二人据守险要牢不可破。《建炎以来系年要录》卷五九:"(绍兴二年冬十月戊申)诏湖北安抚使刘洪道、知鼎州程昌寓并力招捕湖寇杨太(即杨幺)。时太据洞庭有众数万。……又有周伦、杨钦、夏诚、刘衡之徒大造车船及海鳅船,多至数百。车船者,置人于前后,踏车进退,每舟载兵千余人,又设拍竿长十余丈,上置巨石,下作辘轳,遇官军船近,即倒拍竿击碎之,官军以此辄败。……诚、衡虽各有舟,而专倚寨以为固,此其所恃也。" ㉖赵元镇丞相谪朱崖:赵鼎初次被贬后,秦桧忌其复用,又将其贬到海南。《宋史·赵鼎传》:"在潮(州)五年,杜门谢客。……中丞詹大方诬其受贿,属潮守放编置人移吉阳军。"朱崖,宋代军名,治所在今海南三亚市西北崖城镇,徽宗政和七年(1117),改朱崖军为吉阳军。 ㉗铭旌:竖在灵柩前标明死者官职姓名的旗幡。亡者大殓后,以竹杠悬之依于灵柩之右,下葬时取下,加于柩上。 ㉘骑箕尾:隐言死亡。典故出于《庄子·大宗师》:"傅说得之,以相武丁,奄有天下,乘东维,骑箕尾而比于列星。"箕尾,二十八宿中的箕星与尾星。 ㉙秀州:治今浙江嘉兴。 ㉚平江府:治今江苏苏州。 ㉛角子:即今饺子。吴自牧《梦粱录·宰执亲王南班百官入内上寿赐宴》:"凡御宴至第三盏,方进下酒咸豉,双下驼峰角子。" ㉜胡饼:即烧饼。《释名·释饮食》:"胡饼……言以胡麻着上也。" ㉝毕罗:食品名,类似于今天带馅的包子。唐李匡乂《资暇集》卷下:"毕罗者,蕃中毕氏、罗氏好食此味,今字从'食',非也。"明杨慎《毕罗》:"《集韵》:'饆饠,修食也。'按小说,

唐宰相有樱笋厨，食之精者有樱桃饆饠。今北人呼为波波，南人讹为磨磨。" ㉞柰（nài）花：茉莉花的别称。唐窦叔向《贞懿皇后挽歌》之二："命妇羞苹叶，都人插柰花。"索粉：以绿豆粉或其他豆粉制成的细条状食物。类似今天的粉条。 ㉟旋鲊（zhǎ）：新鲜的肉酱。 ㊱看食：小点心之类，因略尝辄止，故名。 ㊲枣䭆（hú）子：枣糕。䭆，面做的饼类。 ㊳䭔（suǐ）饼：用动物油和面烙制的饼。䭔，通"髓"。 ㊴馓（xuān）饼：一种大而圆的面饼。 ㊵淳熙：意思是说以上为孝宗淳熙间所用的礼数。淳熙，1174至1189年，共十六年。 ㊶绍兴辛酉：高宗绍兴十一年（1141）。与虏交兵：这一年金国发兵南侵，于正月渡过淮河，大将张俊、韩世忠、岳飞等人合力抗击，迫使金人退兵。此事《宋史·高宗本纪》《要录》等书所载甚详，文多不录。 ㊷寿、颍、宿：宋代三州名。寿州治今安徽凤台，颍州治今安徽阜阳，宿州治今安徽宿州。 ㊸建康：今江苏南京，五代时为南唐都城，宋代为江宁府、建康府治所。李景：即李璟，南唐烈祖李昇的长子，南唐第二位皇帝，保大元年（943）嗣位，后受后周威胁，遂自去帝号改称国主，史称南唐中主。太祖建隆二年（961）病逝于南昌，享年四十六岁。 ㊹以赀（zī）为郎：用钱财买官。《汉书·司马相如传》上："（相如）以訾为郎。"颜师古注："訾读与赀同。赀，财也。以家财多得拜为郎也。" ㊺司马相如：字长卿，蜀郡成都人，汉武帝时文臣，《史记》《汉书》均有传。张释之：字季，堵阳（今河南方城）人，西汉文帝、景帝时名臣，以执法严明著称。《汉书·张释之传》："以赀为骑郎，事文帝，十年不得调……欲免归。中郎将爰盎知其贤，惜其去，乃请徙释之补谒者。" ㊻卜式：汉武帝时名臣，河南（今洛阳）人。后官御史大夫。《汉书·卜式传》："时汉方事匈奴，式上书，愿输家财半助边。……是时富豪皆争匿财，唯式尤欲助费。上于是以式终长者，乃召拜式为中郎，赐爵左庶长。……元鼎中，征式代石庆为御史大夫。

……明年当封禅，式又不习文章，贬秩为太子太傅。”黄霸：字次公，淮阳阳夏（今河南太康）人，西汉名臣，仕武帝、昭帝和宣帝三朝，官至丞相。《汉书》有传。 ㊼秦会之：秦桧，字会之。靖康之变时，秦桧任御史中丞，亦被押往金国，后辗转逃回南宋。 ㊽独惧虏有告者：唯独怕胡虏中有告密者。 ㊾黄元晖为左司谏：《宋史·黄葆光传》：“黄葆光，字元晖，徽州黟人。应举不第，以从使高丽得官，试吏部铨第一，赐进士出身。由齐州司理参军为太学博士，迁秘书省校书郎，擢监察御史、左司谏。”左司谏，宋代谏官名，《宋史·职官志一》：“左司谏、左正言，同掌规谏讽喻。凡朝政阙失，大臣至百官任非其人，三省至百司事有违失，皆得谏正。” ㊿论事忤蔡氏，谪昭潭：《宋史·黄葆光传》：“（蔡）京权势震赫，举朝结舌，葆光独出力攻之。京惧，中以它事，贬知昭州立山县。又使言官论其附会交结，泄漏密语。诏以章揭示朝堂，安置昭州。”昭潭，宋代昭州的俗称，在今广西平乐。 (51)江州太平观：宋代祠禄官名，全称提举江州太平兴国宫。 (52)张芸叟：张舜民，字芸叟。神宗元丰中，曾参与北伐西夏灵州的战事，因作诗讽刺宋军惨败被贬郴州。《宋史》有传。《渔父诗》，张舜民被贬到湖南后作的诗。 (53)小舟胜养马：当时朝廷正在推行新法，其中有保马法，规定百姓为朝廷代养战马，可得一定的经济补偿，但马死或逃逸则由养马户赔偿，故而湖南渔民纷纷把家移到船上，以逃避保马法的追责。 (54)大罟（gǔ）当耕田：罟，捕鱼的网。此句谓权且把打鱼当作种田。王安石新法最主要的一个法令是青苗法，朝廷于春季为农民提供种子，待收获后加税征收。渔民们为逃避官府盘剥，纷纷改以打鱼为生，逃离家乡土地，这样就不再受青苗法的限制。

(55)保甲元无籍：新法中还有一个法令叫保甲法，令百姓结为保甲以防盗贼，一户有事由一保共担，而武器、旗帜等皆由百姓自行备办，给百姓造成巨大的经济负担。此句意谓当了渔民，就不再受保甲法的制约，不再隶入保甲。 (56)东坡取其意为《鱼蛮子》云：苏轼取张舜民诗意创作了《鱼蛮子》诗。苏轼原诗前四句为："江淮水为田，舟楫为室居。鱼虾以为粮，不耕自有余。" (57)张德远：南宋初名相张浚，字德远。范琼：北宋末将领，靖康间为京城四壁都巡检使，替金军驱逼徽宗及后妃出城，犯下大罪。张邦昌篡逆后，又担任伪朝官员，并一直在宋、金之间反复无常。苗傅、刘正彦兵变，拒不发兵讨伐。知枢密院事张浚上书请求诛杀范琼。《宋史全文》卷十七上："（建炎三年七月）丙戌，范琼引兵趋阙入见，知枢密院事张浚奏：'琼大逆不道，罪恶贯盈，呼吸群凶，布在列郡，以待窃发。若不乘时显戮，他日必有王敦、苏峻之患。'上许之，遂以张浚兵拥缚付大理。" (58)傩（nuó）：傩戏，古代一种祭神跳鬼、驱瘟避疫、表示安庆的娱神舞蹈。 (59)桂府：宋代桂州静江府，治今广西桂林。 (60)小鬟：小丫鬟。 (61)明州：治今浙江宁波。江瑶柱：一种壳薄肉厚的美味海产品，又叫牛耳螺，其肉质鲜嫩，是古代士大夫最喜爱的佳肴珍品之一。 (62)海桧：桧树的一种，长于海边，体形较小，可供士大夫赏玩。宋姜特立《赋海桧》诗："孤根从何来，远自沧海植。转移失生意，刬剔费人力。挛拳蛇蚓结，沮丧丈夫直。余妍撑孤翠，枯理上微液。仅供盆盎玩，竟阙参天色。安得拉风雷，一夜拔千尺。" (63)晁以道：晁说之，字以道，神宗元丰五年（1082）进士，北宋后期著名学者、文学家。历任监陕州集津仓、监明州船场。靖康初为秘书少监，改中书舍人。 (64)关子：空白执照。清俞樾《茶香室三钞·金带关子》："宋时所谓'关子'，殆即今之空白执照也。" (65)一命：古代官阶有九命，一命为最低之阶。 (66)朱勔（miǎn）：北宋末奸臣，苏州人。徽宗酷喜奇花异石，朱勔竭力逢迎，搜求江浙一带珍奇花石以献，百姓因此备受涂炭，致大批人户破产，朱勔本人借此巧取豪夺，最终引发方腊起义。钦宗时流放循州（治今广东龙川），旋即被诛。《宋史》入《佞幸传》。 (67)秦王下：秦王的后代。秦王，此处指赵匡胤、赵光义的弟弟赵廷美，后被赵光义贬出京师，卒于房州。《宋史·宗室传一》："太宗即位，加中书令、开封尹，封齐王，又加检校太师。从征太原，进封秦王。" ⑱搣（yè）：紧紧扎束。 ⑲海鹘船：古战船名。曾公亮等《武经总要前集》卷十一："海鹘者，船形头低尾高，前大后小，如鹘之形。" ⑳荆公：王安石。曾被封为荆国公，后世称王荆公。沈文通：沈遘，字文通，钱塘（今浙江杭州）人，沈括的从侄。历知制诰、知越州、知杭州、知开封府、翰林学士等官，卒年四十。《宋史》有传。 ㉑翛（xiāo）然：超脱无拘束之貌。 ㉒渠：他。《宋史·沈遘传》："举进士，廷唱第一，大臣谓已官者不得先多士，乃以遘为第二。"意谓沈遘本来考中状元，大臣们认为他科举之前已经任官，不当名列第一，于是改为第二名。 ㉓郑毅夫：郑獬，字毅夫，安州安陆（今湖北安陆）人。仁宗皇祐五年（1053）状元。历任三司度支判官、知制诰、权知开封府。因得罪王安石出知杭州、青州，卒年五十一。《宋史》有传。 ㉔不勘自承：自己承认无法审读。 ㉕自首减等：自家承认罪减一等。 ㉖唐有准敕恶诗：唐李肇《唐国史补》卷中："杜太保在淮南，进崔叔清诗百篇。德宗谓使者曰：'此恶诗，焉用进？'时呼为'准敕恶诗'。" ㉗潘子贱：潘良贵，字子贱，婺州金华（今浙江金华）人，徽宗政和五年（1115）进士。靖康初因论何㮚等人不可用，贬监信州汭口排岸。高宗建炎元年（1127）召入朝，与宰相吕颐浩不合，出知严州、明州，绍兴中坐与李光通书，贬官卒。 ㉘蔡实元丰间人：潘良贵称妓女蔡奴为仁宗嘉祐（1056至1063年）间人，陆游认为是神宗元丰（1078至1085年）间人。 ㉙生子为浮屠，曰了元，所谓佛印禅师：浮屠，佛徒。了元，北宋高僧，字觉老，号佛印，人尊为佛印禅师。神宗元丰间与苏轼等交游甚密。 ㉚定：李定，字资深，扬州人。神宗时攀附王安石，得至贵显。元丰初为御史中丞，弹劾苏轼怨谤君父，交通戚里，致苏轼被贬为黄州团练副使。《宋史》有传。这段文字是说仇氏育有三个子女，高僧佛印、奸臣李定、妓女蔡奴为一母同胞，三人皆为名流。而佛印姓林，李定姓李，蔡奴姓部。　㉛绍圣、元符：均为哲宗年号。绍圣为1094至1098年，元符为1098至1100年。　㉜汪内相彦章：汪藻，字彦章，饶州德兴（今江西德兴）人。《宋史·汪藻传》："徽宗亲制《君臣庆会阁诗》，群臣皆赓进，惟藻和篇，众莫能及。时胡伸亦以文名，人为之语曰：'江左二宝，胡伸、汪藻。'寻除《九域图志》所编修官，再迁著作佐郎。"　㉝胡伸：字彦时，婺源人，哲宗绍圣四年（1097）进士。历任秘书丞、著作佐郎。参与修撰《神宗日历》，升右正言。《徽州府志》有传。　㉞新安：徽州郡名，今安徽黄山。　㉟符宝郎：京官名。《宋史·职官志一》："符宝郎二人，掌外廷符宝之事。"　㊱曾文清：曾几，字吉甫，北宋末南宋初人，陆游的老师。历任广西运判，江西、浙西提刑，广西转运副使，浙东提刑等职。死后谥文清，世称曾文清公。《宋史》有传。　㊲先左丞：陆游的祖父尚书左丞（副相）陆佃。《宋史·陆佃传》："陆佃字农师，越州山阴人。……拜尚书右丞。……转左丞。御史论吕希纯、刘安世复职太骤，请加镌抑，且欲更惩元祐余党。佃为徽宗言不宜穷治，乃下诏申谕，揭之朝堂。谗者用是诋佃，曰：'佃名在党籍，不欲穷治，正恐自及耳。'遂罢为中大夫、知亳州，数月卒，年六十一。"　㊳《韵略》：即《礼部韵略》，北宋中期以传统《切韵》《广韵》为基础编成的一部韵书，为士子在科举考试中用韵的依据。《何论》：唐、宋时期进士应试的一种论述性文体名。题目以"何"起始而末字为"论"，亦有末字虽不带"论"而实际为论述的论文。　㊴施肩吾：字东斋，又字希圣，唐宪宗元和十五年（820）状元。后隐居于洪州西山。　㊵三杰佐汉孰优、四科取士何先：宋代省试或制科考试的题目名。北宋初王禹偁有《省试三杰佐汉孰优论》。孰，亦相当于"何"。四科，朝廷选拔人才的标准，汉代以孔子所说"德行""言语""政事""文学"为四科。　⑨1馆客：私塾先生。吴自牧《梦梁录》卷十九："有训导蒙童子弟者，谓之'馆客'。"　⑨2门客：亦私塾先生之意。牙：通"伢"，孩童。　⑨3同在敕局，为删定官：敕局，南宋设立的敕令所（编纂整理勘定朝廷政令的机构），其中负责主要校正讹误的业务官称删定官。《宋史·陆游传》："（秦）桧死，始赴福州宁德簿，以荐者除敕令所删定官。……孝宗即位，迁枢密院编修官兼编类圣政所检讨官。"　⑨4魏文贞公：唐代名臣魏徵，字玄成，魏州曲成（今河北馆陶）人。《新唐书·魏徵传》："薨，帝临哭，为之恸，罢朝五日。……赠司空、相州都督，谥曰文贞。"旧庄：故居。　⑨5郑公庄：汉代名贤郑玄故里曾被表为"郑公乡"。此处或当为"魏公庄"。清王士禛《渔洋诗话》即引作"魏公庄"："'儿童不识字，耕稼魏公庄。'古今同慨也。"　⑨6宋璟：字广平，邢州（今河北邢台）人，唐代名臣，历仕武后、中宗、睿宗、玄宗四朝，开元十七年（729）拜尚书右丞、上柱国，晋爵广平郡公。开元二十五年（737）卒。新、旧《唐书》均有传。

政和末议改元①，王黼拟用"重和"②。既下诏矣，范致虚间白上曰③："此契丹号也。"故未几复改"宣和"④。然"宣和"乃契丹宫门名，犹我之"宣德门"也，年名则实曰"重熙"。建中靖国后⑤，虏避天祚嫌名⑥，追谓"重熙"曰"重和"耳，不必避可也。

建炎维扬南渡时，虽甚仓猝，二府犹张盖搭狭坐而出⑦，军民有怀砖狙击黄相者⑧。既至临安，二府因言："方艰危时，臣等当一切贬损。今张盖搭坐尚用承平故事，欲乞并权省去，候事平日依旧。"诏从之，实惩维扬事也。

林自为太学博士⑨，上章相子厚启云⑩："伏惟门下相公，有猷有为，无相无作⑪。"子厚在漏舍⑫，因与执政语及，大骂云："遮汉敢乱道如此⑬！"蔡元度曰⑭："'无相无作'虽出佛书，然荆公《字说》尝引之，恐亦可用。"子厚复大骂曰："荆公亦不曾奉敕许乱道，况林自乎！"坐皆默然。

靖康末括金赂虏，诏群臣服金带者权以通犀带易之⑮，独存金鱼。又执政则正透，从官则倒透⑯。至建炎中兴，朝廷草创，犹用此制。吕好问为右丞⑰，特赐金带。高宗面谕曰："此带朕自视上方工为之。"盖特恩也。绍兴三年，兵革初定，始诏依故事服金带。

建炎初，按景德幸澶州故事⑱，置御营使，以丞相领之，执政则为副使。上御朝，御营使、副先上奏本司事，然后三省、密院相继奏事。其重如此。

张晋彦才气过人，然急于进取。子孝祥在西掖时⑲，晋彦未老，每见汤岐公自荐⑳。岐公戏之曰："太师、尚书令兼中书令，是公合作底官职，余何足道！"所称之官，盖辅臣赠父官也，意谓安国且大用耳。晋彦终身以为憾。

绍兴末，巨公丁丑生者数人。或戏以衰健发榜㉑，陈福公作魁㉒，凌尚书景夏末名㉓，张魏公黜落㉔。

绍兴末，朝士多饶州人㉕。时人语曰："诸公皆不是痴汉。"又有监司发荐京官状，以关节欲与饶州人㉖。或规其当先孤寒，监司者愤然曰："得饶人处且饶人。"时传以为笑。

王嘉叟自洪倅召为光禄丞㉗，李德远亦召为太常丞㉘。一日相遇于景灵幕次，李谓王曰："见公告词云㉙：'其镌月廪，仍褫身章㉚。'"谓通判借牙绯，入朝则服绿，又俸薄也。王答之曰："亦见君告词矣。"李曰："云何？"曰："具官李浩，但知健羡，不揆孤寒。既名右相之名，又字元枢之字。"盖谓史丞相、张魏公也㉛，满座皆笑。

予去国二十七年复来，自周丞相子充一人外㉜，皆无复旧人，虽吏胥亦无矣。惟卖卜洞微山人亡恙，亦不甚老，话旧怆然。西湖小昭庆僧了文，相别时未三十，意其尚存，因被命与奉常诸公同检视郊庙坛壝，过而访之，亦已下世。弟子出遗像，乃一老僧。使今见其人，亦不复省识矣。可以一叹。

晏尚书景初作一士大夫墓志㉝，以示朱希真㉞。希真曰："甚妙。但似欠四字，然不敢以告。"景初苦问之，希真指"有文集十卷"字下曰："此处欠。"又问："欠何字？"曰："当增'不行于世'四字。"景初遂增"藏于家"三字，实用希真意也。

秦会之丞相卒，魏道弼作参政㉟，委任颇专，且大拜矣。翰苑欲先作白麻㊱，又不能办，假手于士人陈丰㊲。丰以其姓魏，遂以"晋绛和戎"对"郑公论谏"㊳。久之，道弼出典藩㊴，而沈守约、万俟元忠并拜左、右揆㊵。翰苑者仓猝取丰所作制以与沈公，而忘易"晋绛""郑公"之语㊶。《实录》例载拜相麻，予在史院，欲删此一联，会去国不果。

陈福公长卿重厚粹美，有天人之相，然议者拟其少英伟之气。予为编修官时，一日，与沈持要、尹少稷见公于都堂阁㊷。公忽盛怒曰："张德远以元枢辄受三省枢密院诉牒，虽是勋德重望，亦岂当如此？"方言此时，精神赫然，目光射人。退以告朝士，皆云平生未尝见此公怒也。古人有贵在于怒者，此岂是耶？

李庄简公泰发奉祠还里㊸，居于新河。先君筑小亭曰千岩亭，尽见南山。公来必终日，尝赋诗曰："家山好处寻难遍，日日当门只卧龙。欲尽南山岩壑胜，须来亭上少从容。"每言及时事，往往愤切兴叹，谓秦相曰"咸阳"㊹。一日来坐亭上，举酒属先君曰："某行且远谪矣，'咸阳'尤忌者，某与赵元镇耳㊺。赵既过岭㊻，某何可免？然闻赵之闻命也，涕泣别子弟。某则不然，青鞋布袜，即日行矣。"后十余日，果有藤州之命㊼。先君送至诸暨，归而言曰："泰发谈笑慷慨，一如平日。问其得罪之由，曰不足问，但'咸阳'终误国家耳。"

张枢密子功㊽，绍兴末还朝，已近八十，其辞免及谢表皆以属予。有一表用"飞龙在天"对"老骥伏枥"。公皇恐，语周子充左史托言于予㊾，易此二句。周叩其故，则曰："某方乞去，恐人以为志在千里也。"周笑解之曰："所谓志千里者，正以老骥已不能行，故徒有千里之志耳。公虽筋力衰，岂无报国之志耶？"子功亦笑而止。盖其谨如此。又尝谓予曰："先人有遗稿满箧，皆诸经训解，字画极难辨，惟某一人识之。若死，遂皆不传，岂容不亟归耶？"

汪廷俊从梁才甫辟为大名机幕㊿，专委以修北京宫阙，凡五年乃成。岁一再奏功，辄躐迁数官。五年间，自宣教郎转至中奉大夫，其滥赏如此。

予在南郑㉛，见西鄙俚俗谓父曰"老子"，虽年十七八，有子亦称"老子"。乃悟西人所谓大范老子、小范老子㉜，盖尊之以为父也。建炎初，宗汝霖留守东京㉝，群盗降附者百余万，皆谓汝霖曰"宗爷爷"，盖此比也。

陈莹中迁谪后㉞，为人作石刻，自称"除名勒停送廉州编管陈某撰"㊺。刘季高得罪秦氏㊻，坐赃废。后虽复官，去其左字，季高缄题及作文皆去"左"字，不以为愧也。孙仲益亦坐以赃罪去"左"字㊼，则但自称"晋陵孙某"而已，至绍兴末复左朝奉郎，乃署衔。

予尝与查元章读《太宗实录》㊽，有侯莫陈利用者㊾。予问有对否，元章曰："昨房使有乌古论思谋㊿，可对也。"予曰："房人姓名，五字者固多矣。"元章曰："不然，侯莫陈可析为三姓，乌古论亦然，故为工也。"

毛德昭名文，江山人㉛，苦学至忘寝食，经史多成诵。喜大骂剧谈。绍兴初招徕，直谏无所忌讳。德昭对客议时事，率不逊语，人莫敢与酬对，而德昭愈自若。晚来临安赴省试，时秦会之当国，数以言罪人，势焰可畏。有唐锡永夫者，遇德昭于朝天门茶肆中，素恶其狂，乃与坐，附耳语曰："君素号敢言，不知秦太师如何？"德昭大骇，亟起掩耳，曰："放气㉜！放气！"遂疾走而去，追之不及。

北方多石炭，南方多木炭，而蜀又有竹炭，烧巨竹为之，易然无烟耐久，亦奇物。邛州出铁㉝，烹炼利于竹炭，皆用牛车载以入城，予亲见之。

杜少陵在成都有两草堂，一在万里桥之西，一在浣花㉞，皆见于诗中㉟。万里桥故迹湮没不可见，或云房季可园是也。

蜀人爨薪，皆短而粗，束缚齐密，状如大饼餤。不可遽烧，必以斧破之，至有以斧柴为业者。孟蜀时㊱，周世宗志欲取蜀，蜀卒涅面为斧形，号"破柴都"㊲。

谢景鱼名伦涤砚法㊳：用蜀中贡余纸，先去墨，徐以丝瓜磨洗，余渍皆尽，而不损砚。

青城山上官道人，北人也。巢居，食松麨⑲，年九十矣。人有谒之者，但粲然一笑耳。有所请问，则托言病聩⑳，一语不肯答。予尝见之于丈人观道院。忽自语养生曰："为国家致太平与长生不死，皆非常人所能。然且当守国使不乱，以待奇才之出，卫生使不夭，以须异人之至。不乱不夭，皆不待异术，惟谨而已。"予大喜，从而叩之，则已复言聩矣。

吕周辅言㉑：东坡先生与黄门公南迁㉒，相遇于梧、藤间㉓。道旁有鬻汤饼者，共买食之，粗恶不可食㉔。黄门置箸而叹，东坡已尽之矣，徐谓黄门曰："九三郎㉕，尔尚欲咀嚼耶？"大笑而起。秦少游闻之曰㉖："此先生饮酒，但饮湿而已㉗。"

魏道弼参政使金人军中，抗辞不挠。虏酋大怒，欲于马前斩之，挥剑垂及颈而止，故道弼头微偏。

使虏，旧惟使、副得乘车，三节人皆骑马㉘。马恶则蹄啮不可羁，钝则不能行，良以为苦。淳熙己酉，完颜璟嗣伪位㉙，始命三节人皆给车，供张、饮食亦比旧加厚。

淳熙己酉，金国贺登宝位使㉚，自云悟室之孙㉛，喜读书。著作郎、权兵部郎官邓千里馆之㉜。因游西湖，至林和靖祠堂㉝，忽问曰："林公尝守临安耶？"千里笑而已。

谢子肃使虏回㉞，云："虏廷群臣自徒单相以下，大抵皆白首老人。徒单年过九十矣。"又云："虏姓多三两字，又极怪，至有姓'斜卯'者。"己酉春，虏移文境上曰："皇帝生日，本是七月。今为南朝使人冒暑不便，已权改作九月一日。"其内乡之意㉟，亦可嘉也。

杨廷秀在高安㊱，有小诗云："近红暮看失燕支，远白宵明雪色奇。花不见桃惟见李，一生不晓退之诗。"予语之曰："此意古已道，但不如公之详耳。"廷秀愕然，问："古人谁曾道？"予曰："荆公所谓'积李兮缟夜，崇桃兮炫昼'是也㊲。"廷秀大喜，曰："便当增入小序中。"

[注释]

①政和：宋徽宗年号，1111 至 1118 年。　②王黼（fú）：北宋末与蔡京等同为奸相，字将明，开封祥符人，徽宗崇宁进士。政和末宣和初由御史中丞进为少宰（副相），旋即为宰相。靖康初金人入汴，不待朝命便南逃，钦宗命聂山追杀之。《宋史》入《佞幸传》。　③范致虚：字谦叔，建州建阳（今福建南平市建阳区）人。政和七年（1117）为侍读，寻除刑部尚书、提举南京鸿庆宫。迁尚书右丞，进左丞。《宋史》有传。间：寻机会。　④宣和：1119 至 1125 年，共七年。　⑤建中靖国：徽宗第一个年号，只有 1101 年一年，次年改为崇宁。　⑥虏：宋人对辽国的蔑称。避天祚嫌名：避讳耶律延禧的同音之讳。天祚，耶律延禧即位后，群臣上尊号为天祚。耶律延禧于 1101 年即皇帝位，至保大五年（1125）兵败西逃，在应州（今山西应县）为金兵所俘，后病死。嫌名，古代避讳之制，凡读音与帝王（或父祖）相同者，需要改用其他字替代，称为避嫌。　⑦二府：宋代中书省和枢密院，其最高长官均为宰臣。盖：古代车上面撑起的大伞，是高官的仪仗。狨（róng）坐：用狨（软毛猴子）皮缝制的坐垫。　⑧砖：砖头。黄相：建炎初副相黄潜善。《宋史》有传。《宋史·宰辅表四》："（建炎元年）五月庚寅，黄潜善自徽猷阁直学士、大元帅府兵马副元帅迁中大夫、中书侍郎。（六月）癸亥，黄潜善自中大夫、中书侍郎除门下侍郎。未几，兼权中书侍郎。（七月）壬寅，黄潜善自守

门下侍郎除正议大夫、尚书右仆射、同平章事兼中书侍郎、御营使。" ⑨林自：字疑独，兴化（今福建莆田西北）人，历任太常博士、著作佐郎，是反对元祐大臣的急先锋。《宋史翼》卷四〇有传。太学博士：太学中的高级业务官，掌教授生员。 ⑩章相子厚：章惇，字子厚，建州浦城（今福建浦城）人，苏轼同榜进士。哲宗初知枢密院事，是北宋中后期有名的奸臣。《宋史·章惇传》："哲宗亲政，有复熙宁、元丰之意，首起惇为尚书左仆射兼门下侍郎，于是专以'绍述'为国是，凡元祐所革一切复之。引蔡卞、林希、黄履、来之邵、张商英、周秩、翟思、上官均居要地，任言责，协谋朋奸，报复仇怨，小大之臣，无一得免，死者祸及其孥。甚至诋宣仁后，谓元祐之初，老奸擅国。又请发司马光、吕公著冢，斫其棺。" ⑪有猷有为：意谓有谋略有作为。《尚书·洪范》："有猷有为有守，汝则念之。"孔颖达疏："用人为官，使之大中。凡其众民，有道德，有所为，有所执守，汝为人君则当念录叙之。"无相无作：为佛教语，意谓弃绝众相，不事造作。《百喻经·索无物喻》："第二人言无物者，即是无相、无愿、无作。"以上两句是贬损章惇的话，当反其意来理解。 ⑫漏舍：宋代高官上朝入殿前暂时休息的地方，名待漏院，简称漏舍。 ⑬遮汉：这个汉子。 ⑭蔡元度：蔡京的弟弟蔡卞，字元度，与蔡京同年登第，成为王安石女婿。此人与蔡京同恶相济，徽宗朝位至高显。政和末遭贬，途中病死，年六十。《宋史》入《奸臣传》。 ⑮通犀带：饰有通犀的腰带。通犀是犀牛角的一种。《汉书·西域传赞》："明珠、文甲、通犀、翠羽之珍盈于后宫。"颜师古注："通犀，中央色白，通两头。" ⑯正透、倒透：指黑而透黄、黄而透黑的犀牛皮色。宋姚宽《西溪丛语》卷下："犀以黑为本，其色黑而黄曰'正透'，黄而有黑边曰'倒透'。正者世人贵之，其形圆谓之'通天犀'。" ⑰吕好问：字舜徒，靖康中为左司谏、谏议大夫，擢御史中丞。高宗即位，贬知宣州，提举洞霄宫，后避乱卒于桂州。《宋史》有传。右丞：尚书右丞，相当于副相。　⑱景德幸澶州：指景德年间与辽国交战时，真宗亲自到前线督战。澶州，北宋州名，治今河南濮阳。　⑲孝祥：张孝祥，字安国，历阳乌江（今安徽和县）人。高宗绍兴二十四年（1154）状元。《宋史》有传。西掖：中书省别称。应劭《汉官仪》卷上："左右曹受尚书事，前世文士，以中书在右，因谓中书为右曹，又称西掖。"此处指张孝祥担任中书舍人时。《要录》卷一八〇："（绍兴二十八年九月丁巳）起居舍人张孝祥兼权中书舍人。"　⑳汤岐公：汤思退，字进之，处州（治今浙江丽水）人。绍兴中力主与金议和，因侍御史陈俊卿弹劾而罢相。孝宗即位后复为宰相，封岐国公，世称汤岐公。《宋史》有传。　㉑衰健发榜：意谓陈福公等三人在大宋衰微之际进入政坛，却在晚年力挽狂澜，成为大宋的中流砥柱。　㉒陈福公：陈康伯，字长卿，江西弋阳人，徽宗宣和三年（1121）进士。高宗绍兴三十一年（1161）三月任尚书左仆射。为南宋一代名臣，《宋史》有传。按，陈康伯生于绍圣四年（1097，丁丑年）。世称陈福公，又称陈鲁公。　㉓凌尚书景夏：凌景夏，字季文，余杭人，高宗绍兴二年（1132）进士第二，任刑部员外郎，因反对秦桧与金议和，贬知辰州，闲居十余年。绍兴二十二年（1152）复职任中书舍人，官终吏部尚书。《宋史翼》卷十二有传。按，凌景夏生于哲宗绍圣四年（丁丑）。末名：指凌景夏在三位丁丑年生的名臣中位在最低。　㉔张魏公：张浚，字德远，汉州绵竹（今四川绵竹）人，《宋史·张浚传》："（绍兴）五年，除尚书右仆射、同中书门下平章事兼知枢密院事，都督诸路军马，赵鼎除左仆射。浚与鼎同志辅治，务在塞幸门，抑近习。"孝宗即位后再次为相。《宋史·宰辅表四》："（隆兴元年十二月丁丑）张浚自降授特进、枢密使、魏国公，授右仆射、同平章事兼枢密使。"按，张浚生于哲宗绍圣四年（丁丑）。黜落：指张浚晚年遭到黜免，如同科考被黜。　㉕饶州：治今江西鄱阳。

㉖关节：即今言后门、关系。　㉗王嘉叟：王栢，字嘉叟，北宋末名臣王安中之孙。绍兴十九年（1149），以宣教郎干办诸军审计司，绍兴二十五年（1155）为淮南转运判官，历知江州、抚州。孝宗乾道四年（1168）为江东转运副使。召除权刑部侍郎，乾道七年（1171）知饶州，乾道九年（1173）卒。与名臣王十朋、洪迈、喻良能及陆游等均有交往。洪倅：洪州通判。洪州治今江西南昌。　㉘李德远：李浩，字德远，绍兴十二年（1142）进士。《宋史·李浩传》："调金州教授，改太常寺主簿，寻兼光禄寺丞。……孝宗即位，以太常丞召。"　㉙告词：官吏升迁或降黜的圣旨。　㉚其镌月廪，仍褫身章：减低月俸，官服也相应改变。此处指嘉叟由洪州通判入朝为官，从俸禄到官品都有所降低。身章，表明贵贱身份的服饰。　㉛史丞相：史浩。《宋史·史浩传》："史浩，字直翁，明州鄞县人。绍兴十四年登进士第。"张魏公：张浚，字德远。此句意谓李浩的名字为浩，与史浩相同，张浚字德远，李浩也字德远，故称其既有右相史浩的名，又有枢密使张浚的字。　㉜周丞相子充：周必大，字子充，吉州庐陵（今江西吉安）人，绍兴二十年（1150）进士。官至吏部尚书、枢密使、左丞相，宁宗庆元元年（1195）致仕。《宋史》有传。　㉝晏尚书景初：晏敦复，字景初，江西抚州人，北宋名相晏殊曾孙，官终吏部尚书。《宋史》有传。　㉞朱希真：朱敦儒，字希真，洛阳人。历官兵部郎中、临安府通判、都官员外郎、浙东提刑，绍兴二十九年（1159）卒。《宋史》有传。　㉟秦会之丞相卒，魏道弼作参政：秦桧，字会之，死于绍兴二十五年（1155）十月，其时魏良臣为参知政事。《至正金陵新志》卷十三载，魏良臣，字道弼，徽宗宣和三年（1121）进士。《宋史·宰辅表四》："（绍兴二十五年）十一月癸丑，魏良臣自敷文阁直学士召除参知政事。"　㊱翰苑：翰林学士院，是负责草拟圣旨的部门。白麻：用苘麻制造的纸。唐代以来，由翰林学士起草的敕书，德音、立后、建储、大诛讨

及拜免将相等诏书都用白麻纸。因通指重要诏命。　㊲陈丰：字宜中，福建仙游人，绍兴十八年（1148）进士。历任太学博士、国子博士，知惠州。孝宗时知南恩州，卒于官。《全宋文》卷四八六三有小传。　㊳晋绛和戎：春秋时晋国大夫魏绛进献和戎之策。晋悼公四年（前569），北戎派使者到晋国，托魏绛给晋悼公进献虎豹之皮为礼，要与晋国讲和。晋悼公不许，主张趁其衰弱之时加以讨伐，根除后患。魏绛认为：诸侯方因晋国强大而纷纷宾服，晋国若能继续善待诸侯，诸侯会继续宾服；如果晋国对外用兵，诸侯便会生出二心。戎狄不过是一群禽兽，得到戎狄却失去华夏诸侯，实在得不偿失。悼公采纳了魏绛的建议。史称"魏绛和戎"。郑公论谏：指唐代魏徵多次强谏太宗李世民。按：这两句属于文字游戏，"晋绛和戎"言晋国魏绛和戎，故隐一个"魏"字。"郑公论谏"中郑公姓魏，史称魏郑公，还是隐一个"魏"字，皆在赞誉"魏良臣"为魏姓中的"良臣"。　㊴典藩：出任大州知州。《宋史·宰辅表四》："（绍兴二十六年）二月辛卯，魏良臣罢参政，以资政殿学士知绍兴府。"　㊵沈守约：沈该，字守约，吴兴（今浙江湖州）人，曾知夔州，绍兴二十五年（1155）为参知政事，次年进左仆射、同平章事。万俟元忠：万俟卨，字元忠，开封阳武人，政和二年（1112）上舍及第。历任监察御史、右正言。绍兴十一年（1141），秉秦桧之意主治岳飞狱，致岳飞父子被害。《宋史》入《奸臣传》。拜左、右揆：升任左、右丞相。《宋史·宰辅表四》："（绍兴二十六年）五月壬寅，沈该自参知政事授左朝议大夫，守左仆射、同平章事。"同书同卷："（绍兴二十六年五月）壬寅，万俟卨自参知政事授左宣奉大夫、守右仆射、同平章事。"　㊶翰苑者仓猝取丰所作制以与沈公，而忘易"晋绛""郑公"之语：意谓翰林学士仓促间把陈丰写给魏良臣的圣命照抄给了沈该和万俟卨，却因疏忽忘记删除"晋绛和戎"和"郑公论谏"两联。　㊷沈持要：沈枢，字持要，湖州德清（今浙江德清）人，绍兴十五年（1145）进士，历任监察御史、比部员外郎。孝宗乾道间为福建转运副使。尹少稷：尹穑，字少稷，绍兴三十二年（1162），与陆游同为枢密院编修官。力主和议，历任监察御史、殿中侍御史、谏议大夫等职。《宋史》有传。都堂阁：宰相厅事。　㊸李庄简公泰发：李光，字泰发，越州上虞（今浙江上虞）人，徽宗崇宁五年（1106）进士。《宋史·李光传》："高宗即位，擢秘书少监，除知江州。未几，擢侍御史，皆以道梗不赴。"绍兴中知建康府，除礼部尚书，升参知政事。因与秦桧不睦，出知绍兴府，改提举临安府洞霄宫。奉祠还里：指李光以祠禄之官回到老家绍兴。　㊹谓秦相曰"咸阳"：骂秦桧为"咸阳"。《战国策·秦策四》载，齐、韩、魏攻秦，秦昭王割三城求和，且曰："宁亡三城而悔，无危咸阳而悔也。"秦桧割地媚金以求和，与秦昭王相类。秦都咸阳而桧姓秦，故时人以"咸阳"称之。　㊺咸阳尤忌者，某与赵元镇：秦桧最恨的人就是我和赵鼎。　㊻赵既过峤（qiáo）：如今赵鼎已经南迁过了五岭。　㊼藤州之命：安置藤州的谪命。藤州治今广西藤县。《宋史·李光传》："（绍兴）十一年冬，中丞万俟卨论光阴怀怨望，责授建宁军节度副使、藤州安置。"　㊽张枢密子功：绍兴末年同知枢密院事张焘。《宋史·宰辅表四》："（绍兴三十二年）十月戊子，张焘自左太中大夫、提举太平兴国宫除同知枢密院事。……（隆兴元年）三月癸巳，张焘自同知枢密院事迁太中大夫，除参知政事。"《宋史·张焘传》载其字为子公，或为陆游记忆稍误。张焘，徽宗政和八年（1118）进士，高宗朝历任兵部侍郎、知成都府兼本路安抚使、知建康府。　㊾周子充：周必大。左史：宋代起居郎的雅称。《宋史·周必大传》："除监察御史。孝宗践祚，除起居郎。"　㊿汪廷俊：汪伯彦，字廷俊，徽州祁门（今安徽祁门）人。南宋初宰相，徽宗崇宁二年（1103）进士。《宋史》入《奸臣传》。梁才甫：梁子美，字才甫，北宋宰相梁适之孙。绍圣三年（1096），由提举湖南常平除广西提刑。徽宗即位，为河北都转运使。此人即《水浒传》中梁中书的原型，是助长徽宗荒淫误国的推手之一，《宋史》有传。辟为大名机幕：征辟汪伯彦为大名府安抚司幕僚。北宋安抚使司治所在大名府，即今河北大名。 (51)南郑：今陕西汉中。孝宗乾道七年（1171）时，王炎宣抚陕西，驻军南郑，准备收复中原，辟陆游为干办公事。下句言“西邮”，即西北地区。古人称道里为“邮传”。 (52)西人所谓大范老子、小范老子：西夏人称范雍为大范老子，范仲淹为小范老子。《续资治通鉴长编》卷一二八“康定元年”：“（范仲淹）分州兵为六将，将三千人，分部教之，量贼众寡使更出御贼，贼不敢犯，既而诸路皆取法焉。贼相戒曰：‘无以延州为意，今小范老子腹中自有数万兵甲，不比大范老子可欺也。’大范盖指雍云。” (53)宗汝霖：宗泽，字汝霖，高宗建炎初为东京留守。《宋史·宗泽传》：“泽威声日著，北方闻其名，常尊惮之，对南人言，必曰‘宗爷爷’。” (54)陈莹中：陈瓘，字莹中，南剑州沙县（今福建三明市沙县区）人，徽宗时为右正言，迁左司谏。因反对蔡京，并弹劾蔡卞、章惇、安惇、邢恕等奸臣遭到贬谪。《宋史·陈瓘传》：“崇宁中，除名窜袁州、廉州，移郴州。” (55)廉州：治所在今广西合浦。 (56)刘季高：刘岑。《至正金陵新志》卷十三下载：刘岑，字季高。出知太平州、池州，移镇江府，除刑部侍郎，迁吏部侍郎，知信州。刘岑绍兴三年（1133）为秘书少监，因得罪秦桧遭贬。绍兴二十五年（1155），秦桧死后得以复官。 (57)孙仲益：孙觌（dí），字仲益，号鸿庆居士，常州晋陵（今江苏常州市武进区）人，徽宗大观三年（1109）进士。金兵破汴京，曾草降表。高宗建炎二年（1128）知平江府，绍兴元年（1131）知临安府，次年以盗用军钱除名，象州羁管，亦属奸臣之列。去“左”字：宋代官称很多都分左、右，如左朝请郎、右朝请郎之类。去左字，即不言左右，但言主体官称。 (58)查（zhā）元章：查籥

(yuè)，字元章，海陵（今江苏泰州）人，高宗绍兴二十一年（1151）进士。孝宗乾道三年（1167）为夔州路转运判官，乾道六年（1170）任四川总领。此当是陆游在夔州通判任上事。 (59)侯莫陈利用：姓侯莫陈，名利用。成都人，太宗时奸臣，后为宰相赵普所杀。《宋史》有传。 (60)乌古论思谋：金朝大臣，为辽时乌古论部人，遂以乌古论为姓。 (61)江山：今浙江江山。 (62)放气：犹今言"放屁""胡说"。 (63)邛州：治今四川邛崃。 (64)一在万里桥之西，一在浣花：按照陆游的说法，成都杜甫草堂有两处，一在万里桥之西，一在浣花溪旁。此说可能有误。《四川通志》卷四四胡宗愈《成都草堂诗碑序》云："草堂，子美之故居，因其所居而号之曰草堂。先生自同谷入蜀，遂卜成都浣花江上万里桥之西为草堂以居焉。"据此，则草堂只有一处，在"浣花江上万里桥之西"，即今成都西郊浣花溪畔，万里桥以西。 (65)见于诗中：杜甫《怀锦水居止二首》之二："万里桥南宅，百花潭北庄。层轩皆面水，老树饱经霜。"又《狂夫》："万里桥西一草堂，百花潭水即沧浪。风含翠筱娟娟静，雨裛红蕖冉冉香。"又《入奏行赠西山检察使窦侍御》："江花未落还成都，肯访浣花老翁无？"又《卜居》："浣花流水水西头，主人为卜林塘幽。已知出郭少尘事，更有澄江销客愁。"（此言严武为杜甫经营浣花溪草堂） (66)孟蜀：十国之一，孟知祥、孟昶为帝的偏国后蜀，孟昶934至965年在位。 (67)破柴都：专门砍柴的精锐部队。寓有"破柴荣"的意味。 (68)谢景鱼名伦：谢伦，字景鱼，是陆游在蜀中的相识。 (69)松麨（chǎo）：松果炒制的干粮。 (70)病聩（kuì）：患耳聋病。 (71)吕周辅：吕商隐，字周辅，成都人，北宋名臣吕陶之孙，孝宗乾道二年（1166）进士，淳熙中为四川安抚使司幕僚，后入朝为国史院编修官。出知崇庆府，卒。《全宋文》卷五八三八有小传。《蜀中广记》卷九八载："《三苏遗文》，陆游跋曰：'此书蜀郡吕商隐周辅所编。周辅入朝为史官，得唐安守以归，未至家暴辛。'"　⑫黄门公：苏轼弟弟苏辙，世称苏黄门。南迁：哲宗绍圣四年（1097），苏轼与苏辙同时遭贬南迁。　⑬梧：梧州，治今广西梧州。藤：治今广西藤县。苏轼《和陶止酒》诗序："丁丑岁，余谪海南，子由亦贬雷州。五月十一日相遇于藤，同行至雷。六月十一日相别，渡海。"　⑭粗恶：粗劣，饭食粗糙难以下咽。　⑮九三郎：苏轼对苏辙的戏称。缘于苏辙《再论分别邪正札子》有"若君子能保其位，外安小人，使无失其所，则天下之安，未有艾也。惟恐君子得位，因势陵暴小人，使之在外而不安，则势将必至反复。故《泰》之九三则曰：'无平不陂，无往不复。'窃惟圣人之戒，深切详尽，所以诲人者至矣"一段。　⑯秦少游：苏轼门生秦观，字少游。　⑰饮湿：润湿嘴巴。谓饮酒不求尽兴，意到而已。苏轼《岐亭》诗之四："三年黄州城，饮酒但饮湿。"　⑱三节人：出使团队中除正使、副使以外的随从官员。《宋史·礼志·宾礼四》："北使贺生辰圣节使、副随宰臣紫宸殿上寿，进寿酒毕，皇帝、宰臣以下同使、副酒三行，教坊作乐，三节人从不赴。"　⑲完颜璟嗣伪位：指金国完颜璟于南宋淳熙十六年（1189）即位。《金史·章宗本纪》："章宗宪天光运仁文义武神圣英孝皇帝，讳璟，小字麻达葛，显宗嫡子也。母曰孝懿皇后徒单氏。"　⑳金国贺登宝位使：金国派到南宋庆贺光宗赵惇继承帝位的特使。宋辽金时期，举凡各国有新帝登基，邻国都要派使节前来庆贺。金国的完颜璟、宋朝的赵惇都在淳熙十六年登基，故两国互派贺登宝位使。㉑悟室：金国完颜希尹本名谷神的另一种译法，又译作兀室，是女真文字的创建者。《金史·完颜希尹传》："完颜希尹本名谷神，欢都之子也。自太祖举兵，常在行阵。……金人初无文字，国势日强，与邻国交好，乃用契丹字。太祖命希尹撰本国字，备制度。希尹乃依仿汉人楷字，因契丹字制度，合本国语，制女直字。"此处强调其为悟室之孙，意在告诉邓千里他是个很有文化的人。㉒权兵部郎官：代理兵部员外郎。邓千里：邓驿,字千里,南剑州沙县(今福建三明市沙县区)人,孝宗淳熙二年(1175)进士。历任校书郎、右正言等职。此人仕履散见于宋代史籍,史书无传。　㉝林和靖:北宋初高士林逋,字君复,死后谥曰和靖。此人不慕荣利,于西湖边植梅养鹤,有"梅妻鹤子"之称。《宋史》有传。　㉞谢子肃:谢深甫,字子肃,台州临海(今浙江台州)人,乾道二年(1166)进士。光宗时任右正言,迁起居郎。宁宗即位,为御史中丞兼侍读。庆元中为参知政事、右丞相。《宋史》有传。使虏:出使金国。《宋史·光宗本纪》:"(淳熙十六年七月)戊辰,遣谢深甫等贺金主生辰。"　㉟内乡:即内向,谓金国有意与宋朝进一步友好亲善。　㊱杨廷秀:杨万里,字廷秀,吉州吉水(今江西吉水)人,绍兴二十四年(1154)进士,绍熙中为江东转运副使。《宋史》有传。高安:筠州郡名,在今江西高安。　㊲积李兮缟夜,崇桃兮炫昼:王安石乐府《寄蔡氏女子二首》之一:"建业东郭,望城西堠。千嶂承宇,百泉绕溜。青遥遥兮纚属,绿宛宛兮横逗。积李兮缟夜,崇桃兮炫昼。兰馥兮众植,竹娟兮常茂。柳蔫绵兮含姿,松偃蹇兮献秀。鸟跂兮下上,鱼跳兮左右。顾我兮适我,有斑兮伏兽。感时物兮念汝,迟汝归兮携幼。"

卷 二

张廷老名玤,唐安江原人①。年七十余,步趋拜起健甚。自言:"夙兴必拜数十,老人血气多滞,拜则支体屈伸,气血流畅,可终身无手足之疾。"

鲁直在戎州②,作乐府曰:"老子平生,江南江北,爱听临风笛。孙郎微笑,坐来声喷霜竹。"予在蜀见其稿。今俗本改"笛"为"曲"以协韵,非也。然亦疑"笛"字太不入韵。及居蜀久,习其语音,乃知泸、戎间谓笛为"独"。故鲁直得借用,亦因以戏之耳。

秦会之初得疾,遣前宣州通判李季设醮于天台桐柏观。季以善奏章自名。行至天姥岭下③,憩小店中,邂逅一士人,颇有俊气,问季曰:"公为太师奏章乎?"曰:"然。"士人摇首曰:"徒劳耳。数年间,张德远当自枢府再相④,刘信叔当总大兵捍边⑤。若太师不死,安有是事耶?"季不复敢与语,即上车去,醮之。明日而闻秦公卒。

英州石山自城中入钟山⑥,涉锦溪,至灵泉,乃出石处,有数家专以取石为生。其佳者质温润苍翠,叩之声如金玉,然匠者颇閟之⑦。常时官司所得,色枯槁,声如击朽木,皆下材也。

叶相梦锡尝守常州⑧。民有比屋居者,忽作高屋,屋山覆盖邻家。邻家讼之,谓他日且占地。叶判曰:"东家屋被西家盖,仔细思量无利害。他时折屋别陈词,如今且以壁为界。"

蜀人任子渊好谑⑨。郑宣抚刚中自蜀召归⑩，其实秦会之欲害之也。郑公治蜀有惠政，人犹觊其复来，数日乃闻秦氏之指，人人太息。众中或曰："郑不来矣！"子渊对曰："秦少恩哉！"人称其敢言。

秦会之以孙女嫁郭知运⑪，自答聘书曰："某人东第华宗⑫，南宫妙选⑬，乃肯不卑于作赘，何辞可拒于盟言？"其夫人欲去"作赘"字，曰："太恶模样⑭。"秦公曰："必如此乃束缚得定。"闻者笑之。

张子韶对策⑮，有"桂子飘香"之语⑯。赵明诚妻李氏嘲之曰⑰："露花倒影柳三变⑱，桂子飘香张九成。"

王荆公作相，裁损宗室恩数，于是宗子相率马首陈状诉云："均是宗庙子孙，且告相公看祖宗面。"荆公厉声曰："祖宗亲尽亦须祧迁⑲，何况贤辈！"于是皆散去。

吕正献平章军国时⑳，门下客因语次，或曰："嘉问败坏家法可惜㉑。"公不答，客愧而退。一客少留，曰："司空尚能容吕惠卿㉒，何况族党？此人妄意迎合，可恶也。"公又不答。既归，子弟请问二客之言如何，公亦不答。

西山十二真君各有诗㉓，多训戒语，后人取为签，以占吉凶，极验。射洪陆使君庙以杜子美诗为签㉔，亦验。予在蜀，以淳熙戊戌春被召，临行，遣僧则华往求签。得《遣兴》诗曰："昔者庞德公，未曾入州府。襄阳耆旧间，处士节独苦。岂无济时策？终竟畏网罟。林茂鸟有归，水深鱼知聚。举家隐鹿门㉕，刘表焉得取？"予读之惕然。顾迫贫从仕，又十有二年，负神之教多矣。

李知几少时㉖，祈梦于梓潼神㉗。是夕，梦至成都天宁观，有道士指织女支机石曰："以是为名字，则及第矣！"李遂改名石，字知几。是举过省。

伯父通直公，字元长，病右臂[28]，以左手握笔，而字法劲健过人。宗室不微亦然[29]，然犹是自幼习之。梁子辅年且五十[30]，中风，右臂不举，乃习用左手。逾年，作字胜于用右手时，遂复起作郡[31]。

赵广，合淝人，本李伯时家小史[32]。伯时作画，每使侍左右，久之遂善画，尤工作马，几能乱真。建炎中陷贼。贼闻其善画，使图所掳妇人，广毅然辞以实不能画，胁以白刃，不从，遂断右手拇指遣去。而广平生实用左手，乱定，惟画观音大士而已，又数年乃死。今士大夫所藏伯时观音，多广笔也。

禁中旧有丝鞋局，专挑供御丝鞋，不知其数。尝见蜀将吴琪被赐数百緉[33]，皆经奉御者。寿皇即位[34]，惟临朝服丝鞋，退即以罗鞋易之。遂废此局。

今上初即位，诏每月三日、七日、十七日、二十七日皆进素膳。

旧制：皇帝曰"御膳"，中宫曰"内膳"。自寿成皇后初立[35]，恳辞内膳，诏权罢。今中宫因之。

驾头[36]，旧以一老宦者抱绣裹兀子于马上，高庙时犹然[37]。今乃代以阁门官，不知自何年始也。

王圣美子韶[38]，元祐末以大蓬送北客至瀛[39]。赐宴罢，有振武都头牟，不堪一行人须索，忽操白刃入斫圣美。其子冒死直前护救，中三刀，左臂几断。虞候卒继至，伤者六人，死者一人，圣美脑及耳皆伤甚。明日，不能与虏使相见，告以冒风得疾。虏使戏之曰："曾服花蕊石散否[40]？"

前辈传书，多用鄂州蒲圻县纸[41]，云厚薄紧慢皆得中，又性与面黏相宜，能久不脱。

刘韶美在都下累年[42]，不以家行，得俸专以传书。书必三本，虽数百卷为一部者亦然。出局则杜门校雠，不与客接。既归蜀，亦分作三船，以备失坏。已而行至秭归新滩[43]，一舟为滩石所败，余二舟无他，遂以归普慈[44]，筑阁贮之。

隆兴中，议者多谓文武一等，而辄为分别，力欲平之。有刘御带者辄建言[45]，谓门状、榜子初无定制[46]，且僧道职医皆用门状，而武臣非横行乃用榜子[47]，几与胥史卒伍辈同。虽不施行，然哓哓久之，乃已。

饶德操诗为近时僧中之冠[48]。早有大志，既不遇，纵酒自晦，或数日不醒。醉时往往登屋危坐，浩歌恸哭，达旦乃下。又尝醉赴汴水，适遇客舟，救之获免。

徐师川长子璧[49]，字待价，豪迈能文辞。尝作书万言，欲投匦[50]，极言时政，无所讳避。师川偶见之，大惊，夺而焚之。早死。

王性之读书(51)，真能五行俱下，往往他人才三四行，性之已尽一纸。后生有投贽者，且观且卷(52)，俄顷即置之。以此人疑其轻薄，遂多谤毁，其实工拙皆能记也。既卒，秦熺方恃其父(53)，气焰熏灼，手书移郡，将欲取其所藏书，且许以官其子。长子仲信，名廉清，苦学有守，号泣拒之曰：“愿守此书以死，不愿官也。”郡将以祸福诱胁之，皆不听。熺亦不能夺而止。

先君言(54)，旧制朝参，拜舞而已(55)，政和以后，增以喏。然绍兴中，予造朝，已不复喏矣。淳熙末还朝，则迎驾起居，閤门亦喝唱喏，然未尝出声也。又绍兴中，朝参止磬折遂拜(56)，今閤门习仪，先以笏叩额，拜拜皆然，谓之"瞻笏"，亦不知起于何年也。

德寿宫、德寿殿二额㊼，皆寿皇御书，旁署"臣某恭书"四字。今重华宫、重华殿二额㊽，亦用此故事，今上御书㊾。

予初见《梁·欧阳颁传》㊿，称颁在岭南，多致铜鼓，献奉珍异；又云铜鼓累代所无。及予在宣抚司㉛，见西南夷所谓铜鼓者，皆精铜，极薄而坚，文镂亦颇精，叩之冬冬如鼓，不作铜声。秘阁下古器库亦有二枚。此鼓南蛮至今用之于战阵、祭享。初非古物，实不足辱秘府之藏。然自梁时已珍贵之如此，不知何理也。

杜牧之作《范阳卢秀才墓志》曰㉜："生年二十，未知古有人曰周公、孔夫子者。"盖谓世虽农夫、卒伍，下至臧获㉝，皆能言孔夫子，而卢生犹不知，所以甚言其不学也。若曰周公、孔子，则失其指矣。

《酉阳杂俎》云㉞："茄子一名落苏。"今吴人正谓之"落苏"。或云钱王有子跛足㉟，以声相近，故恶人言茄子，亦未必然。

钱王名其居曰握发殿㊱，吴音"握""恶"相乱，钱塘人遂谓其处曰："此钱大王恶发殿也。"

乾道末，夔路有部使者作《中兴颂》㊲，刻之瞿唐峡峭壁上。明年峡涨，有龙起硖中，适碎石壁，亦可异也。方刻石时，有夔州司理参军以恩榜入官，权教授，出赋题曰："歌颂大业刻金石。"或恶其佞，谓之曰："韵脚当云：'老于文学乃克为之㊳。'"闻者为快。

秦会之当国，有殿前司军人施全者㊴，伺其入朝，持斩马刀，邀于望仙桥下斫之㊵，断轿子一柱而不能伤，诛死。其后秦每出，辄以亲兵五十人持梃卫之。初，斩全于市，观者甚众，中有一人朗言曰:"此不了事汉㉑,不斩何为!"闻者皆笑。

[注释]

①唐安:南宋崇庆府,治今四川崇州。江原:宋县名,属崇庆府,在今崇州东南。《四川通志》卷二六:"晋原废县在崇庆州东十里,汉置江原,县属蜀郡。"张琪当是陆游在蜀中时所交往的友人。 ②鲁直:黄庭坚,字鲁直,洪州分宁(今江西修水)人,诗文俱佳,为苏门四学士之一。《宋史》有传。戎州:治所在今四川宜宾。哲宗元符元年(1098),黄庭坚自黔州贬所移戎州居住。 ③天姥岭:在今浙江新昌境内。 ④张德远:张浚,字德远。据《宋史·宰辅表》,张浚绍兴五年至七年为同平章事兼知枢密院事。自枢府再相:指张浚自知枢密院事再居宰相之位。《宋史·宰辅表四》:"(隆兴元年十二月丁丑)张浚自降授特进、枢密使、魏国公,授右仆射、同平章事兼枢密使。" ⑤刘信叔:刘锜,字信叔,高宗初为泾原经略使兼知渭州,又知顺昌府兼沿淮制置使。与金数战皆捷,名震于时。当总大兵捍边:指绍兴末刘锜总领军权抗击南侵的金国完颜亮军。《宋史·刘锜传》:"(绍兴)三十一年,金主亮调军六十万,自将南来,弥望数十里,不断如银壁,中外大震。时宿将无在者,乃以锜为江、淮、浙西制置使,节制逐路军马。" ⑥英州:治今广东英德。 ⑦閟(bì):秘藏。 ⑧叶相梦锡尝守常州:叶衡。《宋史·叶衡传》:"叶衡,字梦锡,婺州金华人。绍兴十八年进士第。……擢知常州。"《咸淳毗陵志》卷八郡守题名:"叶衡,乾道元年二月,左朝奉郎(知常州)。二年十月赴召,除太府寺丞、淮西总领。" ⑨任子渊:任渊,字子渊。《蜀中广记》卷九九:"注山谷诗二十卷……新津任渊子渊撰。绍兴元年乙丑类试第一人,仕至潼川宪。尝注山谷、后山诗行于世。新津有天社山,故称'天社任渊'也。" ⑩郑宣抚刚中自蜀召归:《宋史·郑刚中

传》:"郑刚中字亨仲,婺州金华人。登进士甲科,累官为监察御史,迁殿中侍御史。刚中由秦桧荐于朝,桧主和议,刚中不敢言。移宗正少卿。……为四川宣抚副使。……秦桧怒刚中在蜀专擅……因召刚中。刚中语人曰:'孤危之迹,独赖上知之耳。'桧闻愈怒,遂罢,责桂阳军居住。"　⑪郭知运:字次张,盐官(今浙江海宁西南)人,绍兴二十一年(1151)进士。秦桧欲与之联姻,不屈。官至知荆门军。　⑫东第:王侯贵族的府第。《汉书·司马相如传下》:"位为通侯,居列东第。"颜师古注:"东第,甲宅也。居帝城之东,故曰东第也。"华宗:贵族。　⑬南宫妙选:意谓郭知运已顺利通过礼部会试,只等殿试,便称进士。南宫,宋代进士考试多在礼部举行,故俗称礼部为南宫。宋郭彖《睽车志》卷五:"某年南宫奏名,方待廷试。"　⑭太恶模样:犹今言"话说得太难听"。旧时男子以入赘女家为耻。　⑮张子韶:张九成,字子韶,开封人,后徙居杭州。绍兴二年(1132)状元。高宗朝为宗正少卿、权礼部侍郎兼侍讲,因得罪秦桧,贬知邵州,又因附会宰相赵鼎落职。秦桧死后,起知温州,不久病卒。《宋史》有传。　⑯有"桂子飘香"之语:《宋人轶事汇编》卷十六引《名臣言行录》:"子韶对策曰:澄江泻练,夜桂飘香。陛下享此乐,必曰:'西风凄动,两宫得无忧乎?'"　⑰赵明诚妻李氏:赵明诚的妻子李清照。　⑱露花倒影柳三变:仁宗时词人柳永,原名柳三变,字景庄。后改名永,字耆卿。福建崇安人。其《破阵乐》词:"露花倒影,烟芜蘸碧,灵沼波暖。金柳摇风树树,系彩舫龙舟遥岸。千步虹桥,参差雁齿,直趋水殿。绕金堤、曼衍鱼龙戏,簇娇春罗绮,喧天丝管。霁色荣光,望中似睹,蓬莱清浅。"其中"露花倒影"四字颇为传神,故李清照引之。　⑲祧(tiāo)迁:古代宗庙多为七庙之制,随着后世帝王不断入庙供奉,七代以上的祖宗便须迁到远祖之庙,称为祧迁。　⑳吕正献:吕公著,字晦叔,名相吕夷简之子。熙宁中任开封知府、御史中丞,因反对王安石青苗等法，贬知颍州。哲宗元祐元年（1086），拜尚书右仆射兼中书侍郎，与司马光同执政。《宋史》有传。　㉑嘉问败坏家法：吕嘉问败坏了吕氏门风。吕嘉问以祖父吕公绰门荫入官，熙宁中追随王安石，颇受朝论指责。《宋史》有传。　㉒司空：吕公著。吕惠卿：字吉甫，泉州晋江人。因攀附王安石，熙宁中自真州军事推官一跃成为主管变法的重臣，是王安石的主要谋士。司马光、吕公著执政后，并没有对他严加惩处，绍圣中，又启用其知大名府、延州。　㉓西山十二真君：晋代仙长许逊的十二个弟子吴猛、郭璞、施岑、甘战、陈勋、周广、时荷、曾亨、盱烈、钟离嘉、黄仁览、彭抗。因皆在洪州西山得道，故称西山十二真人。唐代胡慧超著有《晋洪州西山十二真君内传》。　㉔射洪：今四川射洪。陆使君：南朝梁泸州刺史陆弼。《蜀中广记》卷二九："白崖即玉屏山，下有陆使君祠。使君讳弼，梁代谪泸州刺史，卒于官。榇过射洪之玉屏山而舟覆，泸人哀之，为立庙于此。"杜子美：杜甫。　㉕举家隐鹿门：庞德公是荆州襄阳人，东汉末高士。终生不仕，隐居襄阳鹿门山，采药而终。　㉖李知几：李石，字知几，资州磐石（今四川资中）人，绍兴二十一年（1151）进士。乾道中由黎州知州召为都官员外郎。又知合州、眉州。《宋史翼》卷二八有传。　㉗梓潼神：《蜀中广记》卷二六："有神姓张名亚，道术显著。庙在梓潼。玄宗幸蜀著灵，追封左丞相。"　㉘伯父通直公，字元长，病右臂：伯父，或指陆游三十八伯父陆彦远。《陆游文集》卷二七《跋先左丞使辽语录》："右先楚公《使辽录》一卷，三十八伯父手书。伯父自幼被疾，以左手书，然笔力清健如此。"　㉙宗室不微亦然：谓宗室子弟赵不微也是如此。　㉚梁子辅：梁介，字子辅，蜀州人，绍兴二十七年（1157）进士。乾道二年（1166）知彭州，七年（1171）知泸州，奉祠卒。《全宋文》卷四八六二有小传。　㉛复起作郡：再次启用为知州。《全宋文》小传："（乾道）七年知泸州，以病主管冲佑观。起知遂宁府，未赴，卒。"这里指的是梁介养病痊愈后被命知遂宁府事。　㉜李伯时：李公麟，字伯时，北宋著名画家。朱谋垔《画史会要》卷二："龙眠居士李公麟，字伯时，为舒城大族，登进士第。博览法书名画，故悟古人用笔意。作书有晋宋风格；绘事集顾、陆、张、吴及前世名手所善以为己有，专为一家。"　㉝蜀将吴珙：南宋高宗时期著名将领。《要录》卷一八九："（绍兴三十一年三月庚辰）潭州观察使、利州西路驻扎御前中军都统制兼知成州吴珙移知襄阳府。"数百緉（liǎng）：数百双。古时特指一双鞋为一緉。　㉞寿皇即位：绍兴三十二年（1162）六月乙亥，高宗赵构禅位于继子赵昚，自称太上皇。寿皇，即孝宗赵昚。　㉟寿成皇后：宋孝宗的第三位皇后，谢氏，丹阳人。孝宗第一位皇后郭氏、第二位皇后夏氏皆早薨，淳熙三年（1176），贵妃谢氏侍奉孝宗入德寿宫看望太上皇，太上皇即命孝宗立谢氏为皇后。《宋史·后妃传》说她"性俭慈，减膳羞，每食必先以进御。服浣濯衣，有数年不易者"。　㊱驾头：宋代帝王出行时仪仗之一。沈括《梦溪笔谈·故事一》："正衙法座，香木为之，加金饰，四足，堕角，其前小偃，织藤冒之，每车驾出幸，则使老内臣马上抱之，曰驾头。"　㊲高庙：高宗赵构。　㊳王圣美子韶：王子韶，守圣美，太原人。熙宁初为王安石引入制置三司条例司。此人口碑极差，为士子所不齿。《宋史·王子韶传》："元祐中，历吏部郎中、卫尉少卿，迁太常。谏官刘安世言：熙宁初，士大夫有'十钻'之目，子韶为'衙内钻'，指其交结要人子弟，如刀钻之利。"　㊴元祐末以大蓬送北客至瀛：元祐末年以秘书少监之职护送辽国使节到瀛州。《宋史·王子韶传》："入为秘书少监，迎伴辽使，御下苛刻，军吏因被酒刃伤子韶及其子。"大蓬，唐、宋人对秘书监的俗称。洪迈《容斋四笔·官称别名》："唐人好以它名标榜官称……秘书监为大蓬。"瀛，北宋瀛州，后改为河间府。　㊵服：敷药。花蕊石散：古方剂名，主要由花蕊石、黄柏、黄连等组成，用于皮肤溃烂、痈疽不愈等症。此句是说辽国人已知王子韶并非外感风寒，而是受了刀伤，故加以讽刺。　㊶鄂州：今湖北鄂州。　㊷刘韶美：刘仪凤，字韶美，普州（今四川乐至）人，绍兴二年（1132）进士。绍兴末任秘书丞、礼部员外郎侍讲。孝宗隆兴时兼国史院编修官、权秘书少监。乾道元年（1165）为兵部侍郎。《宋史》有传。　㊸秭归：今湖北秭归。新滩：秭归城附近地名，临长江。《读史方舆纪要》卷七八"秭归废县"："县城东北依山即坂，周回二里，高一丈五尺，南临大江，故老相传谓之刘备城，盖征吴时所筑也。历代相仍。宋端平中，始移县于江南曲沱，寻徙新滩，又徙白沙南浦。"　㊹普慈：普州旧郡名。即刘仪凤老家。《蜀中广记》卷五五："梁普通始置郡，曰普慈。后周曰普州。"

㊺御带者：官带御器械的人。"带御器械"是宋朝独有的官名，最初为皇帝侍卫实职，似清朝的"黄马褂"。其后逐渐演变为武臣的荣誉性加官，官阶也骤然提高。　㊻门状：拜帖。王士禛《香祖笔记》卷八："唐、宋启事用门状，即今士大夫彼此拜谒之名刺也。"榜子：名帖、名片。俞樾《茶香室续钞·宋人书帖犹用竹简》："绍兴初，百官相见用榜子，直书衔及姓名，今手本式是也。"据此来看，宋代的门状与榜子虽功用相似，但二者尚有贵贱之分。　㊼横行：北宋时期高级武官官阶名，徽宗政和后统改为大夫、郎。《宋史·职官志九》："武阶旧有横行正使、横行副使，有诸司正使、诸司副使，有使臣。政和易以新名，正使为大夫，副使为郎，横行正、副亦然，于是有郎居大夫之上。至绍兴，始厘正其序。"　㊽饶德操：饶节，北宋后期僧人。张邦基《墨庄漫录》卷五："僧如璧，本抚州士人，姓饶，初名节。少年尝投书于曾子宣，论新法非是，不合，乃祝发更名。尤长于诗，尝住数刹，士大夫多与之游，后改字德操。"　㊾徐师川：徐俯，字师川，洪州分宁（今江西修水）人，徐禧之子，绍兴二年（1132）赐进士出身。三年（1133）迁翰林学士，又升

签书枢密院事。四年（1134）兼权参知政事。《宋史》有传。(50)投匦（guǐ）：臣民向皇帝上书。匦，匦匣，宋代朝廷接受臣民投书用的箱子。(51)王性之：王铚，字性之，汝阴（今安徽阜阳）人。高宗建炎四年（1130）为枢密院编修官，绍兴中为右承事郎。晚年遭秦桧排挤，避居剡溪。(52)后生有投贽者，且观且卷：后辈有投献诗文者，王铚一边看一边卷起，谓阅读甚快。唐宋时期，举子们为了获得声望，往往把自己最优秀的诗文投给当时名流，以求得到荐扬传播，称为投贽、投献或行卷。(53)秦熺（xī）：字伯阳，秦桧养子，绍兴十二年（1142）进士。十三年（1143）为礼部侍郎，又除翰林学士。十八年（1148）知枢密院事。二十五年（1155）秦桧卒，秦熺以少师致仕。(54)先君：陆游父亲陆宰，北宋名臣陆佃之子。徽宗政和中提举淮西常平。宣和末为京西路转运副使，遇靖康之祸南下。他是南宋著名的藏书家。(55)拜舞：古代臣子朝拜帝王，须跪拜及按照礼部制定的程序舞蹈。(56)磬折：弯腰如磬。即深度鞠躬。(57)德寿宫：高宗赵构退位之后居于此宫。德寿殿：德寿宫的主殿。额：大门正上方檐下悬挂的牌匾。(58)重华宫：高宗吴皇后晚年退居之宫。《宋史·后妃传》："高宗内禅，手诏后称太上皇后，迁居德寿宫。……庆元元年，加号光祐，迁居重华宫。"(59)今上：南宋宁宗赵扩。庆元元年（1195）至嘉定十七年（1224）在位。(60)欧阳頠（wěi）：字靖世，长沙临湘（今湖南临湘）人。南朝梁元帝时为东衡州刺史。陈建国后，拜征南将军、开府仪同三司、衡广二州刺史，封阳山郡公。《南史》有传。(61)予在宣抚司：指陆游乾道七年（1171）应四川宣抚使王炎征辟在南郑从军那段时间。

(62)杜牧之：唐代诗人杜牧，字牧之。所作《唐故范阳卢秀才墓志》："秀才卢生名霈，字子中。自天宝后，三代或仕燕，或仕赵，两地皆多良田畜马，生年二十，未知古有人曰周公、孔夫子者，击球饮酒，马射走兔，语言习尚，无非攻守战斗之事。"载于《樊川文集》。(63)臧获：古代奴婢的贱称。　㉞《酉阳杂俎》：唐人段成式所著的一部笔记小说。《直斋书录解题》卷十一："《酉阳杂俎》二十卷、续十卷，唐太常少卿临淄段成式柯古撰。所记故多谲怪，其标目亦奇诡，如《天咫》《玉格》《壶史》《贝编》《尸穸》之类。"　㉟钱王：五代十国时期吴越国王钱镠。相传钱镠有一子跛足，为避讳"茄"（"瘸"与"茄"读音相近）字，命国人称茄子为落苏。陆游认为此说未必可信。　㊱握发殿：取周公"一沐三握发，一饭三吐哺"典故为殿名，以示勤政。　㊲夔路：宋代川峡四路之一，全称夔州路。部使者：路分中的诸司（包括安抚使司、转运使司、提点刑狱司、提举常平司）最高长官，均称为部使者。　㊳老于文学乃克为之：只有学问深湛才能写出如此雄文。　㊴殿前司：宋代禁军二司之一，为朝廷殿前护卫军队。施全：殿前司下级军官，钱塘（今浙江杭州）人，因痛恨秦桧误国，杀害英雄岳飞，挟利刃伏于秦桧上下朝必经之处，伺机刺杀秦桧，未中被俘。《要录》卷一六一："（绍兴二十年正月丁亥）尚书左仆射秦桧趋朝，有挟刃于道者，遮桧肩舆欲害之，伤行程官数人。一军校奋而前与之敌，众夺其刃，遂擒送大理寺。验治，则殿前司后军使臣施全也。"　㊵望仙桥：南宋临安桥梁名，在德寿宫西。《咸淳临安志》卷九三："秦桧以绍兴十五年四月丙子朔，赐第望仙桥。"　㊶不了事汉：干不成大事的笨家伙。

吕元直作相①，治堂吏绝严，一日有忤意者，遂批其颊。吏官品已高，惭于同列，乃叩头曰："故事，堂吏有罪，当送大理寺准法行遣，今乃如苍头受辱。某不足言，望相公存朝廷事体。"吕大怒曰："今天子巡幸海道②，大臣皆著草履行泥泞中。此何等时，汝乃要存事体？待朝廷归东京了，还汝事体未迟在。"众吏相顾称善而退。

秦会之问宋朴参政曰③："某可比古何人？"朴遽对曰："太师过郭子仪，不及张子房④。"秦颇骇，曰："何故？"对曰："郭子仪为宦者发其先墓，无如之何；今太师能使此辈屏息畏惮，过之远矣。然终不及子房者，子房是去得底勋业，太师是去不得底勋业。"秦拊髀太息曰："好。"遂骤荐用至执政。秦之叵测如此。

洪驹父窜海岛⑤，有诗云："关山不隔还乡梦，风月犹随过海身。"

《北户录》云⑥："岭南俗家富者，妇产三日或足月，洗儿，作团油饭，以煎鱼虾、鸡鹅、猪羊灌肠、蕉子、姜、桂、盐豉为之。"据此，即东坡先生所记"盘游饭"也⑦。二字语相近，必传者之误。

护圣扬老说⑧："被当令正方，则或坐或睡，更不须觅被头。"此言大是。又云："平旦粥后就枕，粥在腹中，暖而宜睡，天下第一乐也。"予虽未之试，然觉其言之有味。后读李端叔诗云⑨："粥后复就枕，梦中还在家。"则固有知之者矣。

陂泽惟近时最多废。吾乡镜湖三百里⑩，为人侵耕几尽。阆州南池亦数百里⑪，今为平陆，只坟墓自以千计，虽欲疏浚，复其故亦不可得，又非镜湖之比。成都摩诃池⑫、嘉州石堂溪之类⑬，盖不足道。长安民契券，至有云"某处至花萼楼"⑭"某处至含元殿"者⑮，盖尽为禾黍矣。而兴庆池偶存十三⑯，至今为吊古之地云。

故都时定器不入禁中⑰，惟用汝器⑱，以定器有芒也。

遂宁出罗，谓之"越罗"⑲，亦似会稽尼罗而过之。耀州出青瓷器，谓之"越器"⑳，似以其类余姚县秘色也，然极粗朴不佳，惟食肆以其耐久，多用之。

故都李和炒栗，名闻四方。他人百计效之，终不可及。绍兴中，陈福公及钱上阁恺出使虏庭㉑，至燕山㉒，忽有两人持炒栗各十裹来献，三节人亦人得一裹，自赞曰："李和儿也。"挥涕而去。

往时执政签书文字卒，著帽，衣盘领紫背子，至宣和犹不变也。

予童子时，见前辈犹系头巾带于前，作胡桃结。背子背及腋下皆垂带。长老言，背子率以紫勒帛系之㉓，散腰则谓之不敬㉔。至蔡太师为相，始去勒帛。又祖妣楚国郑夫人有先左丞遗衣一箧㉕，袴有绣者，白地白绣，鹅黄地鹅黄绣；裹肚则紫地皂绣㉖。祖妣云："当时士大夫皆然也。"

先左丞平居，朝章之外，惟服衫帽。归乡，幕客来，亦必著帽与坐，延以酒食。伯祖中大夫公每赴官，或从其子出仕，必著帽遍别邻曲。民家或留以酒，亦为尽欢，未尝遗一家也。其归亦然。

成都诸名族妇女，出入皆乘犊车。惟城北郭氏车最鲜华，为一城之冠，谓之"郭家车子"。江渎庙西厢有壁画犊车㉗，庙祝指以示予曰："此郭家车子也。"

吴几先尝言㉘："参寥诗云㉙：'五月临平山下路，藕花无数满汀洲。'五月非荷花盛时，不当云'无数满汀洲'。"廉宣仲云㉚："此但取句美，若云'六月临平山下路'，则不佳矣。"几先云："只是君记得熟，故以五月为胜，不然止云六月，亦岂不佳哉？"

仲翼有书名㉛，而前辈多以为俗，然亦以配周越㉜。予尝见其飞白大字数幅，亦甚工，但诚不免俗耳。

慈圣曹太后工飞白㉝，盖习观昭陵落笔也㉞。先人旧藏一"美"

字，径二尺许，笔势飞动，用慈寿宫宝㉟。今不知何在矣。

贾表之名公望，文元公之孙也㊱。资禀甚豪，尝谓："仕宦当作御史，排击奸邪，否则为将帅，攻讨羌戎，余不足为也。"故平居惟好猎，常自饲犬。有妾焦氏者，为之饲鹰鹞。寝食之外，但治猎事，曰："此所以寓吾意也。"晚守泗州㊲。翁彦国勤王不进㊳，久留泗上。表之面叱责之，且约不复饷其军。彦国愧而去。及张邦昌伪赦至，率郡官哭于天庆观圣祖殿，而焚其赦书伪命，卒不能越泗而南。所试才一郡，而所立如此。许、颖之间猎徒谓之"贾大夫"云㊴。

淮南谚曰："鸡寒上树，鸭寒下水。"验之皆不然。有一媪曰："鸡寒上距，鸭寒下嘴耳。""上距"谓缩一足，"下嘴"谓藏其喙于翼间。

陈亚诗云㊵："陈亚今年新及第，满城人贺李衙推㊶。"李乃亚之舅，为医者也。今北人谓卜相之士为"巡官"。巡官，唐、五代郡僚之名。或谓以其巡游卖术，故有此称。然北方人市医皆称"衙推"，又不知何谓。

《字说》盛行时㊷，有唐博士耜、韩博士兼㊸，皆作《字说解》数十卷，太学诸生作《字说音训》十卷，又有刘全美者，作《字说偏旁音释》一卷、《字说备检》一卷㊹，又以类相从为《字会》二十卷。故相吴元中试辟雍程文㊺，尽用《字说》，特免省㊻。门下侍郎薛肇明作诗奏御㊼，亦用《字说》中语。予少时见族伯父彦远《和霄字韵》诗云："虽贫未肯气如霄。"人莫能晓。或叩之，答曰："此出《字说》霄字，云'凡气升此而消焉'。"其奥如此。乡中前辈胡浚明尤酷好《字说》，尝因浴出，大喜曰："吾适在浴室中有所悟,《字说》直字云:'在隐可使十目视者直。'吾力学三十年,今乃能造此地。"近时此学既废,予平生惟见王瞻叔参政笃好不衰⑱。每相见,必谈《字说》,至暮不杂他语。虽病,亦拥被指画诵说,不少辍。其次晁子止侍郎亦好之⑲。

先伯祖中大夫平生好墨成癖,如李庭珪、张遇以下皆有之⑳。李黄门邦直在真定㉑,尝寄先左丞以陈赡墨四十笏㉒,尽以为伯祖寿。晚年择取尤精者,作两小箧,常置卧榻,爱护甚至。及下世,右司伯父举箧以付通判叔父曰㉓:"先人所宝,汝宜谨藏之。"不取一笏也。

承平时,滑州冰堂酒为天下第一㉔,方务德家有其法㉕。

亳州太清宫桧至多。桧花开时,蜜蜂飞集其间,不可胜数。作蜜极香而味带微苦,谓之"桧花蜜",真奇物也。欧阳公守亳时㉖,有诗曰:"蜂采桧花村落香㉗。"则亦不独太清而已。

柳子厚诗云:"海上尖山似剑铓,秋来处处割愁肠。"东坡用之云:"割愁还有剑铓山。"或谓可言"割愁肠",不可但言"割愁"。亡兄仲高云㉘:"晋张望诗曰:'愁来不可割。'㉙此'割愁'二字出处也。"

字所以表其人之德,故儒者谓夫子曰仲尼,非嫚也。先左丞每言及荆公,只曰"介甫";苏季明书张横渠事㉚,亦只曰"子厚"。

唐道士侯道华喜读书,每语人曰:"天上无凡俗仙人。"此妙语也。仙传载:有遇神仙,得仙乐一部,使献诸朝,曰:"以此为大唐正始之音。"又有僧契虚遇异境,有人谓之曰:"此稚川仙宫也㉛。"正始乃年号,稚川乃人字,而其言乃如此,岂道华所谓"凡俗仙人"耶?

崇宁间初兴学校,州郡建学,聚学粮,日不暇给。士人入辟雍皆给券，一日不可缓，缓则谓之害学政，议罚不少贷。已而置居养院、安济坊、漏泽园，所费尤大。朝廷课以为殿最，往往竭州郡之力，仅能枝梧。谚曰："不养健儿，却养乞儿。不管活人，只管死尸。"盖军粮乏、民力穷，皆不问，若安济等有不及，则被罪也。其后少缓，而神霄宫事起㉖，土木之工尤盛。群道士无赖，官吏无敢少忤其意。月给币帛、朱砂、纸笔、沉香、乳香之类，不可数计，随欲随给。又久之，而北取燕、蓟㉖，调发非常，动以军期为言。盗贼大起，驯至丧乱，而天下州郡又皆添差㉔，归明官一州至百余员㉖，通判、钤辖多者至十余员云。

本朝废后入道，谓之"教主"。郭后曰金庭教主㉖，孟后曰华阳教主㉗，其实乃一师号耳。政和后，群黄冠乃敢上道君尊号曰"教主"，不祥甚矣。孟后在瑶华宫，遂去"教主"之称，以避尊号。吁，可怪也！

靖康初，京师织帛及妇人首饰、衣服，皆备四时。如节物则春幡、灯球、竞渡、艾虎、云月之类㉘，花则桃、杏、荷花、菊花、梅花皆并为一景，谓之"一年景"。而靖康纪元果止一年，盖服妖也㉙。

[注释]

①吕元直：吕颐浩，字元直，北宋末南宋初大臣。徽宗时历任河北路都转运使、燕山府路转运使。高宗南逃期间，吕颐浩是主要的扈驾者。平定苗刘政变期间，他也功勋卓著。建炎三年（1129）至建炎四年（1130）为尚书右仆射兼中书侍郎。《宋史》有传。　②今天子巡幸海道：指南宋初高宗南逃，为躲避金兵追杀，不得不逃往海上，自明州（治今浙江宁波）辗转至温州，而后从温州上岸，局面才稍稍有所缓和。　③宋朴参

政：《宋史》无传。《要录》卷一六二："（绍兴二十一年三月癸巳）左朝散郎、抚州州学教授宋朴充诸王宫大小学教授。朴，当涂人，好左道，每与方士游。枢密院统领丁禩荐之，秦熺力加引拔，于是桧骤用之。"《宋史·宰辅表四》："（绍兴二十二年）十月甲戌，宋朴自御史中丞迁端明殿学士，除签书枢密院事兼参知政事。（绍兴二十三年）十月戊辰，宋朴罢签书，以端明殿学士提举洞霄宫。"　④张子房：西汉大臣张良，字子房。　⑤洪驹父：洪刍，字驹父，南昌人，哲宗绍圣元年（1094）进士。徽宗崇宁三年（1104）入元祐党籍，贬监汀州酒税。高宗建炎元年（1127）八月，因参与张邦昌篡逆，长流沙门岛，卒于贬所。《要录》卷八有载。　⑥《北户录》：唐人段公路撰写的一部笔记小说，多记岭南的异物奇事。　⑦盘游饭：一种放有多种鱼肉的杂拌饭。苏轼《仇池笔记·盘游饭骨董羹》："江南人好作盘游饭，鲊、脯、鲙、炙无不有，埋在饭中。里谚曰'掘得窖子'。"　⑧护圣扬老：明州护圣寺高僧法扬。本书卷八有"明州护圣长老法扬"一条，可参看。"扬"字原作"杨"，今据卷八改正。　⑨李端叔：李之仪，字端叔，沧州无棣（今河北盐山县庆云镇）人，神宗熙宁三年（1070）进士。因追随苏轼遭贬。《宋史》有传。　⑩镜湖：绍兴湖泊名。《嘉泰会稽志》卷二："马臻，永和五年为太守，创立镜湖，在会稽、山阴两县界。筑塘蓄水，水高丈余。……其陂塘周回三百一十里。"　⑪阆州：治今四川阆中。南池：阆中一带最大的湖泊。《蜀中广记》卷二四："南池有汉高祖庙，杜诗：'峥嵘巴阆间，所向尽山谷。安知有苍池，万顷浸坤轴。'"　⑫摩诃池：后蜀宣华苑内的池塘，始建于隋。相传蜀王杨秀在其旁广筑亭榭，遂为皇家园囿。　⑬嘉州：治今四川乐山。石堂溪：《蜀中广记》卷十一："石堂溪水在（龙游）县东一里，源出溪泉，流入明月湖。"　⑭花萼楼：唐玄宗所建楼名。《旧唐书·睿宗诸子传》："玄宗于兴庆宫西南置楼，西面题曰花萼相辉之楼，南面题曰勤政务本之楼。玄宗时登楼，闻诸王音乐之声，咸召登楼同榻宴谑。"　⑮含元殿：唐高宗龙朔三年（663）建成，为大明宫的正殿，是唐代最宏伟的建筑，唐末被毁。　⑯兴庆池：唐代长安城南的池名。宋敏求《长安志》卷九："开元中，禁中初种木芍药，得四木，上因移于兴庆池东沉香亭前。"偶存十三：有幸保存下来十分之三。　⑰故都时：北宋时。南宋人称汴京为故都。定器：定州所产的瓷器。　⑱汝器：河南汝州所产的瓷器。《说郛》卷十八引宋顾文荐《负暄杂录·窑器》："本朝以定州白磁器有芒，不堪用，遂命汝州造青窑器。"　⑲遂宁出罗，谓之"越罗"：此句意谓遂宁所出的丝绸却叫越罗，是因为遂宁丝绸可与越地尼罗相媲美，故冒用其名。遂宁，宋代遂宁府，治今四川遂宁。越，指浙江一带。　⑳耀州出青瓷器，谓之"越器"：此句与上句意思相类，也是说耀州所出的瓷器却叫越器。耀州，今陕西铜川市耀州区。　㉑陈福公：陈康伯，已见上注。钱上閤恺：知閤门事钱恺。出使虏庭：出使到金国。此事发生于绍兴十五年（1145），朝廷命陈康伯、钱恺到金国南境迎接金国特使完颜宗永和副使程寀。《要录》卷一五三："（绍兴十五年五月丁卯）遣吏部侍郎陈康伯接伴，而和州防御使、知閤门事钱恺副之。"㉒燕山：今北京，为金国南部重镇。　㉓紫勒帛：系在腰间的紫色束带。㉔散腰：不系腰带。㉕祖妣楚国郑夫人：陆游祖母郑氏。先左丞：陆游祖父陆佃，曾官尚书左丞。《宋史·宰辅表三》："（建中靖国元年七月丁亥）陆佃自试吏部尚书除中大夫、尚书右丞。（十一月）庚申，陆佃自守尚书右丞除尚书左丞。"　㉖皂绣：用黑线刺绣。　㉗江渎庙：陆游《成都府江渎庙碑》："成都自唐有江渎庙，其南临江。唐末，节度使高骈大城成都，庙与江始隔。"　㉘吴几先：失考。　㉙参寥：苏轼为杭州通判时结识的方外之友。《释氏稽古略》卷四："钱塘高僧名道潜，以诗见知于苏文忠公轼，公号其为参寥子。凡诗词迭唱更和，形于翰墨，必曰

'参寥'。" ㉚廉宣仲：廉布，南北宋之交的诗人、画家，徽宗宣和初进士。因其为逆臣张邦昌女婿而坐废。朱谋垔《画史会要》卷三："廉布字宣仲，山阳（今江苏淮安）人，少年登第，官武学博士。以连贵姻坐废，后居绍兴。既绝仕宦之念，专意绘事，山水林石，种种飘逸。师东坡，几于升堂。" ㉛仲翼：北宋书法家。陶宗仪《书史会要》卷六："仲翼，官至太府寺丞。善飞白、草书。" ㉜周越：北宋书法家。《书史会要》卷六："周越，字子发，或字清臣，淄州人。官至主客郎中。天圣、庆历间以书显，学者翕然宗之。落笔刚劲沉着，字字不妄作，然而真行尤入妙，草字入能也。" ㉝慈圣曹太后：仁宗曹皇后，北宋开国大将曹彬孙女。英宗即位后尊为太后。《宋史·后妃传》："景祐元年九月，册为皇后。性慈俭，重稼穑，常于禁苑种谷、亲蚕，善飞帛书。"飞帛，即飞白。

㉞昭陵：仁宗陵名，亦为仁宗的代称。 ㉟用慈寿宫宝：画上的钤印用的是"慈寿宫宝"。《宋史·英宗本纪》："（治平元年五月）丙辰，上皇太后宫殿名曰慈寿。" ㊱文元公：仁宗庆历中宰相贾昌朝。《宋史·贾昌朝传》："贾昌朝，字子明，真定获鹿人。……卒，年六十八，谥曰文元。御书墓碑曰'大儒元老之碑'。" ㊲晚守泗州：晚年为泗州知州。《安徽通志》卷一四九："贾公望字表之，韩城人，钦宗时知泗州。靖康二年，运使翁彦国勤王至泗州，逗留不进，公望责以大义，始行。"泗州，治所在今江苏盱眙对岸。 ㊳翁彦国：字端明，建州崇安（今属福建）人，哲宗绍圣四年（1097）进士。靖康之变时，为江淮荆浙制置转运使，领兵勤王，并贻书切责张邦昌。高宗即位，除江南东西路经制使。《宋史翼》卷七有传。《要录》卷二："（建炎元年二月戊寅）知泗州、朝请大夫贾公望见经制使翁彦国，切责之曰：'京城报甚恶，天子日夜望中丞救援。今留此不进，岂欲反邪？泗小垒，钱粮俱竭，自来日更不供军。公宜斩公望以谢军，第恐朝廷他日未遽贷公尔。'彦国惭，翌日，提兵趋淮西

而去。" ㊴许、颍：许州、颍州，许州治今河南许昌，颍州治今安徽阜阳。 ㊵陈亚：字亚之，扬州人。真宗咸平五年（1002）进士。曾知越州、润州、湖州，官至太常少卿。 ㊶衙推：唐宋时期武官幕府中的推官，负责执行军令审理违法之事。以医者为"衙推"起于五代时期的一个玩笑。孙光宪《北梦琐言》卷十八："（后唐）庄宗好俳优，宫中暇日，自负蓍囊药箧，令继岌破帽相随，似后父刘叟以医卜为业也。后方昼眠，岌造其卧内，自称刘衙推访女。后大恚，答继岌。" ㊷《字说》：王安石编的一部字书。《宋史·王安石传》："初，安石训释《诗》《书》《周礼》，既成，颁之学官，天下号曰'新义'。晚居金陵，又作《字说》，多穿凿傅会。一时学者无敢不传习，主司纯用以取士，士莫得自明一说。先儒传注，一切废不用。" ㊸唐博士耜：《夷坚志·丙志》卷三："耜，字益大，仕至秘阁修撰。"唐耜，徽宗建中靖国中知邛州。《文献通考·经籍考十七》："《唐氏字说解》一百二十卷。晁氏曰：皇朝唐耜撰。绍圣以来，用《字说》程试诸生，解者甚众。耜集成此书，颇注其用事所出，一时称之。耜知邛州日奏御。"《续资治通鉴长编拾补》卷二〇载其徽宗崇宁元年被编入邪等中。博士，宋代官员的学士职。韩博士兼：韩兼，事迹无考。 ㊹《字说偏旁音释》一卷、《字说备检》一卷：《文献通考·经籍考十七》："《字说偏旁首释》一卷，《字说叠解备检》一卷。晁氏曰：不著撰人名氏。"陆游言此二书作者为刘全美，恰可补《文献通考》之不足。 ㊺故相吴元中：吴敏，字元中，真州（治今江苏仪征）人，徽宗大观中讲士。《宋史·吴敏传》："大观二年，辟雍私试首选。蔡京喜其文，欲妻以女，敏辞。因擢浙东学事司干官，为秘书省校书郎，京荐之充馆职。……钦宗既立，上皇出居龙德宫，敏与蔡攸同为龙德宫副使，迁知枢密院事，拜少宰。敏主和议，与太宰徐处仁议不合，纷争上前。御史中丞李回劾之，与处仁俱罢。" ㊻免省：免除省试，即由辟雍试越过省试直接参加殿试。 ㊼门下侍郎薛肇明：薛昂，字肇明，杭州人，元丰八年（1085）进士。徽宗政和三年（1113）为门下侍郎，旋知应天府。《宋史》有传。 ㊽王瞻叔：王之望，字瞻叔，襄阳谷城（今湖北谷城）人，绍兴八年（1138）进士。《宋史》有传。《宋史·宰辅表四》："（隆兴二年）九月辛丑，王之望自左谏议大夫、淮西宣谕使迁左中大夫，除参知政事。（闰十一月）乙亥，王之望罢参政，以端明殿学士提举太平兴国宫。" ㊾晁子止：晁公武，字子止，济州钜野（今山东巨野）人，绍兴二年（1132）进士。历知恭州、荣州、合州，迁四川安抚制置使，知兴元府、成都府。孝宗乾道七年（1171）除临安府少尹，擢吏部侍郎，是南宋著名的藏书家，著有《郡斋读书志》。 ㊿李庭珪：唐末制墨名家。《苕溪渔隐丛话后集》卷二九引《遁斋闲览》："唐末墨工李超与其子廷珪，自易水渡江，迁居歙州，本姓奚，江南赐姓李氏。"张遇：北宋初年著名墨工。何薳《春渚纪闻》卷八："墨工制名，多相蹈袭，其偶然耶？……南唐李廷珪，子承宴；今有沈珪，珪子宴；又有关珪。国初张遇，后有常遇。" ○51李黄门邦直：李清臣，字邦直，安阳（今河南安阳）人。宰相韩琦以侄女妻之。欧阳修赞赏其文，至以苏轼相比。元丰中为吏部尚书，拜尚书右丞。哲宗即位，转左丞，元祐末知真定府。《宋史》有传。在真定：《宋会要辑稿·职官六七》："（元祐八年）五月三日，通议大夫、新除吏部尚书李清臣为资政殿学士、知真定府。" ○52先左丞：陆游祖父尚书左丞陆佃。陈赡：北宋真定府制墨名家，相传梦遇神人传授其和胶之法，故所造墨大受文士赞美。陈赡死后，其女婿董仲渊对陈赡的方法进行改良，所制墨更为坚致。 ○53右司伯父：陆游伯父陆长民。据《浙江通志·选举》载，陆长民，政和二年（1112）何栗榜进士。《宝庆四明志》卷十三载，陆长民，绍兴二年（1132）八月十五日知明州，兼两浙东路兵马钤辖。《嘉泰会稽志》卷六："陆右司长民墓在上皋尚书坞。"通判叔父：陆长民之子陆静之，字伯山。陆游《浙东安抚司参议陆公墓志铭》："公年财二十余，以门荫入官，初未为人知，而孙公独叹誉称荐之。一旦出千百人右，于是中朝名胜士，莫不知陆伯山，慕与之交。……考长民，左朝请大夫，尚书右司员外郎。两世皆赠金紫光禄大夫。……（伯山）知临安府临安县，主管台州崇道观。通判隆兴府、建康府资当守郡。会得重听疾，不能奉临遣，乃为浙东路安抚司参议官，官至朝散大夫，服三品。淳熙十四年六月癸酉卒。" ㊴滑州：治今河南滑县东。冰堂酒：滑州所产美酒。苏轼《送欧阳主簿赴官韦城》诗之三："白马津头春水来，白鱼犹喜似江淮。使君已复冰堂酒，更劝重新画舫斋。" ㊵方务德：方滋，字务德，严州桐庐（今浙江桐庐）人，以荫补官。绍兴中历任秀州、楚州知州，又知静江府。韩元吉《南涧甲乙稿》卷二一《方公墓志铭》："知静江府。……进直敷文阁、知广州。……移知福州。" ㊶欧阳公守亳：欧阳修为亳州知州。《欧阳文忠公年谱》："（治平四年）三月壬申，除观文殿学士，转刑部尚书、知亳州（今安徽亳州）。（熙宁元年）八月乙巳，转兵部尚书，改知青州。" ㊷蜂采桧花村落香：欧阳修《戏书示黎教授》："古郡谁云亳陋邦，我来仍值岁丰穰。鸟衔枣实园林熟，蜂采桧花村落香。世治人方安垄亩，兴阑吾欲反耕桑。若无颍水肥鱼蟹，终老仙乡作醉乡。" ㊸亡兄仲高：陆游从祖兄陆升之。陆游《复斋记》："仲高于某为从祖兄，某盖少仲高十有二岁。方某为童子时，仲高文章论议已称成材，冠峨带博，车骑雍容，一时名公卿皆慕与之交。"又《浙东安抚司参议陆公墓志铭》："中朝名胜士，莫不知陆伯山，慕与之交。而公仲弟升之仲高，亦以文章有名，号'二陆'。仲高遂登进士丙科。" ㊹晋张望诗曰：愁来不可割：《全上古汉魏晋南北朝诗·晋诗》卷十二："张望，曾为桓温征西参军。有集十二卷。"其《贫士诗》全诗为："荒墟人迹稀，隐僻间邻阔。苇篱自朽损，毁屋正寥廓。炎夏无完絺，玄冬无暖褐。四体困寒暑,六时疲饥渴。营生生愈瘁,愁来不可割。"　⑥⓪苏季明:苏昞,字季明,武功(今陕西武功)人。《宋史·苏昞传》:"始学于张载,而事二程卒业。元祐末,吕大中荐之,起布衣为太常博士。坐元符上书入邪籍,编管饶州,卒。"张横渠:张载,字子厚,凤翔府郿县(今陕西眉县)横渠镇人,世称横渠先生,仁宗嘉祐二年(1057)进士,北宋著名的理学家。《宋史》有传。　⑥①稚川:晋葛洪,字稚川,著有《神仙传》。《晋书》有传。　⑥②神霄宫事起:徽宗崇尚道教,政和间命天下州郡皆建神霄宫。《皇宋通鉴长编纪事本末》卷一二七:"(政和七年二月)辛未,御笔:'天下天宁万寿观改作神霄玉清万寿宫。如小州、军、监无道观,以僧寺充,即不得将天庆观改。仍于殿上设长生大帝君、青华帝君圣像。'"　⑥③北取燕、蓟:指宣和末年对契丹发动的战事,意在收复燕云十六州。燕,燕山府,治今北京城西南隅。蓟,蓟州,治今天津市蓟州区。　⑥④添差:宋代官多职少,为了安排这些冗官,朝廷于差遣员额外增添的差遣叫"添差"。　⑥⑤归明官:从金国投诚到南宋后所授的官。　⑥⑥郭后曰金庭教主:仁宗皇后郭氏,天圣二年(1024)立为皇后。因得罪权相吕夷简被废,赐号金庭教主、冲静元师。　⑥⑦孟后曰华阳教主:哲宗皇后孟氏,元祐七年(1092)立为皇后。绍圣中因与刘婕妤不睦被废,出居瑶华宫,赐号华阳教主、玉清妙静仙师。均见《宋史·后妃传》。　⑥⑧竞渡:宗懔《荆楚岁时记》:"五月五日竞渡,俗为屈原投汨罗日,伤其死,故并命舟楫以拯之。"艾虎:古时端午采艾制成虎形的小饰物,谓能辟邪。陈元靓《岁时广记》引《岁时杂记》:"端五以艾为虎形,至有如黑豆大者,或剪彩为小虎,粘艾叶以戴之。"　⑥⑨服妖:古人认为奇装异服预示天下有变,故称为服妖。《汉书·五行志中之上》:"风俗狂慢,变节易度,则为剽轻奇怪之服,故有服妖。"

卷 三

任元受字尽言，事母尽孝，母老多疾病，未尝离左右。元受自言："老母有疾，其得疾之由，或以饮食，或以燥湿，或以语话稍多，或以忧喜稍过。尽言皆朝暮候之，无毫发不尽，五脏六腑中事皆洞见曲折，不待切脉而后知，故用药必效，虽名医不逮也。"张魏公作都督①，欲辟之入幕。元受力辞曰："尽言方养观②，使得一神丹可以长年，必持以遗老母，不以献公，况能舍母而与公军事耶？"魏公太息而许之。

僧法一、宗杲，自东都避乱渡江，各携一笠。杲笠中有黄金钗，每自检视。一伺知之。杲起奏厕，一亟探钗掷江中。杲还，亡钗，不敢言而色变。一叱之曰："与汝共学了生死大事，乃眷眷此物耶？我适已为汝投之江流矣。"杲展坐具作礼而行。

今人谓贱丈夫曰"汉子"，盖始于五胡乱华时。北齐魏恺自散骑常侍迁青州长史③，固辞之。宣帝大怒，曰："何物汉子，与官不就！"此其证也。承平日，有宗室名宗汉④，自恶人犯其名，谓"汉子"曰"兵士"，举宫皆然。其妻供罗汉，其子授《汉书》，宫中人曰："今日夫人召僧供十八大阿罗兵士，大保请官教点《兵士书》⑤。"都下哄然，传以为笑。

会稽天宁观老何道士喜栽花酿酒以延客，居于观之东廊。一日，有道人状貌甚伟，款门求见。善谈论，喜作大字，何欣然接之，留数日乃去。未几，有妖人张怀素号落托者谋乱⑥，乃前日道人也。何亦坐系狱,以不知谋得释。自是畏客如虎,杜门绝往还。忽有一道人,亦美风表,多技术,观之西廊。道士曰:"张若水介之来谒。"何大怒曰:"我坐接无赖道人,几死于囹圄,岂敢复见汝耶?"因大骂,阖扉拒之。而此道人盖永嘉人林灵噩也⑦。旋得幸,贵震一时,赐名灵素⑧,平日一饭之恩必厚报之。若水乘驿赴阙,命以道官,至蕊珠殿校籍,视殿修撰⑨,父赠朝奉大夫,母封宜人⑩。而老何以尝骂之,朝夕忧惧。若水为挥解,且以书慰解之,始少安。观中人至今传笑。

老叶道人,龙舒人⑪。不食五味,年八十七八,平生未尝有疾。居会稽舜山⑫,天将寒,必增屋瓦,补墙壁,使极完固。下帷设帘,多储薪炭,杜门终日,及春乃出。对客庄敬,不肯多语。弟子曰小道人,极愿悫⑬,尝归淮南省亲。至七月望日,邻有住庵僧召老叶饭。饭已,亟辞归。问其故,则曰:"小道人约今日归矣。"僧笑曰:"相去二三千里,岂能必如约哉?"叶曰:"不然,此子平日未尝妄也。"僧乃送之归。及门,小道人者已弛担矣⑭。予识之已久,每访之,殊无他语。一日默作意,欲叩其所得,才入门,即引入卧内,烧香,具道其遇师本末,若先知者,亦异矣夫。

韩退之诗云:"夕贬潮阳路八千。"欧公云:"夷陵此去更三千。"谓八千里、三千里也。或以为歇后,非也。《书》:"弼成五服,至于五千⑮。"注云:"五千里。"《论语》冉有曰:"方六七十,如五六十。"注亦云:"六七十里,五六十里也。"

秦会之有十客:曹冠以教其孙为门客⑯,王会以妇弟为亲客⑰,郭知运以离婚为逐客⑱,吴益以爱婿为娇客⑲,施全以劐刃为刺客⑳,李季以设醮奏章为羽客㉑,某人以治产为庄客,丁禩以出入其家为狎客㉒,曹泳以献计取林一飞还作子为说客㉓。初止有此九客耳。秦既死,葬于建康,有蜀人史叔夜者,怀鸡絮,号恸墓前㉔,其家大喜,因厚遗之,遂为吊客,足十客之数。

乡里前辈虞少崔言,得之傅丈子骏云㉕:"《洪范》'无偏无党,王道荡荡;无党无偏,王道平平;无反无侧,王道正直。会其有极,归其有极'八句,盖古帝王相传以为大训,非箕子语也。至'曰皇极之敷言',以'曰'发之,则箕子语。"傅丈博极群书,少崔严重不妄。恨予方童子,不能详叩尔㉖。

辛参政企季守福州㉗,有主管应天启运宫内臣武师说,平日郡中待之与监司等。企季初视事,谒入,谓客将曰:"此特竖珰耳㉘,待以通判,已是过礼。"乃令与通判同见。明日郡官朝拜神御,企季病足,必扶掖乃能拜。既入,至庭下,师说忽叱候卒退曰:"此神御殿也。"企季不为动,顾卒曰:"但扶,自当具奏。"雍容终礼。既退,遂奏待罪。朝廷为降师说为泉州兵官云。

秦会之初赐居第时,两浙转运司置一局曰箔场,官吏甚众,专应副赐第事。自是讫其死,十九年不罢,所费不可胜计。其孙女封崇国夫人者,谓之童夫人,盖小名也。爱一狮猫,忽亡之,立限令临安府访求。及期猫不获,府为捕系邻居民家,且欲劾兵官。兵官惶恐,步行求猫,凡狮猫悉捕致,而皆非也。乃赂入宅老卒,询其状,图百本,于茶肆张之。府尹因嬖人祈恳乃已。其子熺,十九年间,无一日不锻酒器,无一日不背书画碑刻之类。

张文潜言㉙:"王中父诗喜用助语㉚,自成一体。"予按,韩少师持国亦喜用之㉛,如"酒成岂见甘而坏,花在须知色即空""居仁由义吾之素,处顺安时理则然""不尽良哉用,空令识者伤"

"用舍时焉耳,穷通命也欤"。

岑参在西安幕府^㉜,诗云:"那知故园月,也到铁关西。"韦应物作郡时^㉝,亦有诗云:"宁知故园月,今夕在西楼。"语意悉同,而豪迈闲澹之趣,居然自异。

童贯既有诏诛之命^㉞,御史张达明持诏行^㉟。将至南雄州^㊱,贯在焉。达明恐其闻而引决,则不及正典刑,乃先遣亲事官一人驰往见贯,至则通谒拜贺于庭。贯问故,曰:"有诏遣中使赐茶药,宣诏大王赴阙,且闻已有河北宣抚之命。"贯问:"果否?"对曰:"今将帅皆晚进,不可委寄,故主上与大臣熟议,以有威望习边事无如大王者,故有此命。"贯乃大喜,顾左右曰:"又却是少我不得。"明日达明乃至,诛之。贯既伏诛,其死所忽有物在地,如水银镜,径三四尺,俄而敛缩不见。达明复命,函贯首自随,以生油、水银浸之,而以生牛皮固函。行一二日,或言胜捷兵有死士欲夺贯首^㊲,达明恐亡之,乃置首函于竹轿中,坐其上。然所传盖妄也。

张达明虽早历清显,致位纲辖^㊳,然未尝更外任。奉祠居临川^㊴,郡守月旦谒之^㊵。达明见其驺导^㊶,叹曰:"人生五马贵^㊷。"

阮裕云^㊸:"非但能言人不可得,正索解言人亦不可得。"吕居仁用此意作诗云^㊹:"好诗正似佳风月,解赏能知已不凡。"

汤岐公自行宫留守出守会稽^㊺,朝士以诗送行甚众。周子充在馆中^㊻,亦有诗而亡之。岐公以书再求曰:"顷蒙赠言,乃为或者藏去。"子充极爱其遣辞之婉。

黄鲁直有日记,谓之《家乘》^㊼,至宜州犹不辍书。其间数言"信中"者,盖范寥也^㊽。高宗得此书真本,大爱之,日置御案。

徐师川以鲁直甥召用④，至翰林学士(50)。上从容问“信中”谓谁。师川对曰：“岭外荒陋无士人，不知何人。或恐是僧耳。”寥时为福建兵钤(51)，终不能自达而死。

范寥言：鲁直至宜州，州无亭驿，又无民居可僦，止一僧舍可寓，而适为崇宁万寿寺，法所不许，乃居一城楼上，亦极湫隘，秋暑方炽，几不可过。一日忽小雨，鲁直饮薄醉，坐胡床，自栏楯间伸足出外以受雨，顾谓寥曰：“信中，吾平生无此快也。”未几而卒。

华州以华山得名，城中乃不见华山，而同州见之(52)，故华人每曰：“世间多少不平事，却被同州看华山。”张芸叟守同(53)，尝用此语作绝句，后二句云：“我到左冯今一月(54)，何曾得见好孱颜。”盖同州亦登高乃见之尔。

淳化中，命李至、张洎、张佖、宋白修《太祖国史》(55)。久之，仅进《帝纪》一卷而止。咸平中，又命宋白、宋湜、舒雅、吴淑修《太祖国史》(56)，亦终不成。元丰中，命曾巩独修《五朝国史》，责任甚专，然亦仅进《太祖纪叙论》一篇，纪亦未及进，而巩以忧去，史局遂废。

僧行持，明州人，有高行，而喜滑稽。尝住余姚法性(57)，贫甚，有颂曰：“大树大皮裹，小树小皮缠。庭前紫荆树，无皮也过年。”后住雪窦(58)，雪窦在四明，与天童、育王俱号名刹(59)。一日同见新守，守问天童觉老：“山中几僧？”对曰：“千五百。”又以问育王谌老，对曰：“千僧。”末以问持，持拱手曰：“百二十。”守曰：“三刹名相亚(60)，僧乃如此不同耶？”持复拱手曰：“敝院是实数。”守为抚掌。

[注释]

①张魏公作都督：《宋史·张浚传》："（绍兴）五年，除尚书右仆射、同中书门下平章事兼知枢密院事，都督诸路军马。" ②养观：此处诸本皆同，然必有误字，养观，当作"养亲"。观字繁体作"觀"，亲字繁体作"親"，二字外形相近，故此处必是将"养亲"误为"养观"。 ③北齐：南北朝时期北朝高欢、高洋父子建立的政权。550至577年。魏恺自散骑常侍迁青州长史：载于《北史·魏兰根传》。 ④宗汉：赵宗汉。《宋史·宗室传二》："英宗幼弟也。……元符初，以彰德军节度使、开府仪同三司、检校司空嗣濮王。" ⑤大保：即"太保"，宋代授予宗室或高官的官阶。此处是对赵宗汉的尊称。 ⑥张怀素：北宋后期妖道。曾敏行《独醒杂志》卷三："范信中名寥。……舒州张怀素以幻术游公卿间，号落魄野人，与朝士吴安诗子侄吴侔、吴储等结连，信中以其谋为不靖也，欲入京告变，而无其资。汤东野实资送之，朝廷逮捕怀素等，穷竟其事，大观元年狱成，坐累者余百数。" ⑦永嘉：旧郡名，宋为温州，在今浙江温州。 ⑧赐名灵素：林灵素，北宋末妖道。《宋史全文》卷十四："政和七年，时有林灵素，温州人也。少从浮屠学，以无行，为所在贬悉，久之，去为道士。左街道录徐知常引之以附会诸阁。……然灵素实无术，徒敢大言。是时上兴道教将十年，独思未有一厌服群下者，数以语近幸，于是神降事起矣。"《家世旧闻》卷下："灵素，字通叟，本名灵噩，温州人。少尝事僧为童子，嗜酒不检，僧笞辱之，发愤弃去。为道人。"宋代史籍中关于林灵素的记载甚多，兹不尽录。 ⑨视殿修撰：意谓徽宗所授蕊珠殿校籍之道官，品阶相当于朝士的某某殿修撰。宋代修撰官名目繁多，如集英殿修撰、集贤殿修撰、右文殿修撰等，皆为清望高官。 ⑩宜人：北宋时制定的封赠制度之一：文官自朝奉大夫以上至朝议大夫，其母

或妻可封为宜人；武官官阶相当者比照执行。蔡绦《铁围山丛谈》卷一："是后因又改郡县君号为七等：郡君者，为淑人、硕人、令人、恭人；县君者，室人、安人、孺人。俄又避太室人之目，因又改曰宜人。其制今犹存。"　⑪龙舒：舒州的别称。　⑫舜山：在绍兴东南。《读史方舆纪要》卷九二："（若耶山）下有若耶溪，流入镜湖。相近者曰舜山，高可十余里，有田可耕。"　⑬愿悫（què）：诚实厚道。　⑭弛担：放下肩上的担子。意谓刚刚到家。　⑮弼成五服，至于五千：《尚书·益稷》中语。孔安国注云："五服，侯、甸、绥、要、荒，服也。服五百里，四方相距为方五千里。"　⑯曹冠：字宗臣，东阳（今浙江东阳）人。绍兴二十四年（1154）进士。历任平江府学教授、太常博士兼权中书门下检正诸房公事。秦桧死后，为其撰谥议，极尽谄谀。曾为秦桧之孙秦埙师傅，为士子所不齿。　⑰王会：秦桧夫人王氏的弟弟。《要录》载其历任司农寺丞、尚书比部员外郎、主管军器监、兵部侍郎，知湖州、平江府。秦桧死后，编管于岭南。　⑱郭知运：见本书卷二上段注⑪。　⑲吴益：字叔谦，高宗吴皇后弟弟，娶秦桧长孙女。《宋史·吴益传》："乾道七年卒，年四十八，谥庄简，追封卫王。"娇客：旧俗对女婿的爱称。　⑳施全：见本书卷二上段注㊾。　㉑李季以设醮奏章为羽客：意谓李季因奏上为秦桧设醮的奏章而被人称为"羽客"。《全宋文》卷三八八〇载李季为河间府免解进士，南宋时集天文诸书为《乾象通鉴》一百卷，后为将仕郎。不知是否此人。　㉒丁禩：秦桧从北方南逃时，丁禩乃涟水军的一个军头，护送秦桧到镇江府，见到宋朝大将刘光世，刘光世又将秦桧送到临安，在秦桧南归的行程中，丁禩是最重要的媒介之一，故而秦桧当权后，对其大力奖拔，由知涟水军一路升迁为江南东路兵马都监、两浙路兵马钤辖枢密院统领、江南东路副总管、建康府驻扎等官。"秦桧之嬖人丁禩献佞于桧"（《要录》卷一七八），遂成为经常出入秦桧府的狎客。其事迹散见于《要录》等书，文多不录。㉓曹泳：秦桧养子秦熺夫人的兄长，北宋开国大将曹彬五世孙。高宗时添差通判秀州，又任两浙转运副使。绍兴二十二年（1152）知越州，次年除知临安府。二十四年（1154）兼权户部侍郎。秦桧死后贬新州安置。林一飞：秦桧亲党。历任枢密院编修官、右司员外郎等职。《要录》卷一七〇载：秦桧未薨之前，曾遣林一飞、郑楠、秦埙计会台谏奏请秦熺为相，以此传播中外臣僚。㉔鸡絮：鸡肉和用酒浸过的棉絮，为"只鸡絮酒"的缩写。表示薄祭之礼。此句暗含讽刺，谓史叔夜做足姿态，实则薄祭而已。史叔夜，小官无考。㉕傅丈子骏：傅崧卿，字子骏，山阴（今浙江绍兴）人，徽宗政和五年（1115）进士。高宗初任秘书少监、户部侍郎，绍兴六年（1136）为中书舍人。《宋史翼》卷二七有传。㉖详叩：详细地求教指迷。㉗辛参政企季：辛次膺，字起季，莱州（今山东莱州）人，政和二年（1112）进士。《宋史·辛次膺传》："知泉州，移福建帅。……隆兴改元三月，同知枢密院事。……拜参知政事，以疾力祈免。"《淳熙三山志》郡守题名载，辛次膺于高宗绍兴二十九年（1159）七月知福州，三十年（1160）四月奉祠卸任。㉘竖珰：珰竖，对宦官的蔑称。㉙张文潜：张耒，字文潜，楚州淮阴（今江苏淮安市淮阴区）人。《宋史·张耒传》："徽宗立，起为通判黄州，知兖州，召为太常少卿，甫数月，复出知颍、汝二州。崇宁初，复坐党籍落职。"㉚王中父：王介，字中父，衢州常山（今浙江常山）人。仁宗嘉祐六年（1061），与苏轼、苏辙同应贤良方正能直言极谏科，入第四等。历任湖州知州、同知太常礼院，熙宁九年（1076）卒。《全宋文》卷一七〇三有小传。苏轼有《王中父哀词》。助语：大致相当于今语言学中的虚字。㉛韩少师持国：韩维，字持国，北宋名臣韩亿之子。《宋史·韩维传》："知邓州。兄绛为之请，改汝州。久之，以太子少傅致仕，转少师。绍圣中，坐元祐党，降左朝议大夫，再谪崇信军节度副使、均州安置。"　㉜岑参：江陵（今湖北江陵）人，唐玄宗天宝三载（744）进士，唐代著名边塞诗人。在西安幕府：当作"在安西幕府"。岑参曾两度到西北边塞为官，先在安西节度使高仙芝幕府中担任掌书记；天宝末，又入安西北庭节度使封常清幕府为判官。　㉝韦应物：字义博，京兆杜陵（今陕西西安）人。唐代著名诗人，历任江州、苏州刺史。作郡：担任州郡刺史。　㉞童贯：宦官，北宋末与蔡京等被列为六贼。《宋史》有传。　㉟御史张达明：张澄，字达明，庐江舒县（今安徽舒城）人。靖康元年（1126）为监察御史，建炎二年（1128）升任御史中丞，次年拜尚书右丞。王明清《挥麈后录》卷三："靖康初，童贯既以误国窜海外，已而下诏诛之。钦宗喻宰执云：'贯素奸狡，须得熟识其面目者衔命追路，即所在而行刑，庶免差误。'唐钦叟时为首相，云：'朝臣中有张澄字达明者，与贯往还。宜令其往。'诏除澄监察御史以行。"　㊱南雄州：治今广东南雄。　㊲胜捷：宋代驻扎外藩的禁军名。死士：不要命的士卒。　㊳纲辖：唐宋时期对朝廷辅相的称呼。张澄位至尚书右丞，故称。　㊴奉祠居临川：指张澄以祠禄官居住在（江西）临川。按：建炎间苗刘兵变时，张澄曾因附和贼人贬知江州。绍兴元年（1131）提举嵩山崇福宫，抚州居住。　㊵郡守月旦谒之：抚州知州每月初一必来拜谒。此间抚州知州名高卫，见《要录》卷四七。　㊶骑导：在官员前面引马开道的骑卒。　㊷五马：古代对州郡太守的俗称。　㊸阮裕：字思旷，陈留（今河南开封）人，阮籍族弟。历官临海、东阳二郡太守。　㊹吕居仁：吕本中，字居仁，寿州（治今安徽凤台）人，北宋名相吕夷简玄孙、吕公著之曾孙，南宋吕好问之子，绍兴初年为起居舍人兼权中书舍人。《宋史》有传。　㊺汤岐公自行宫留守出守会稽：汤思退从行宫留守之官出知绍兴府。《嘉泰会稽志》郡守题名："汤思退，绍兴三十二年闰二月以观文殿大学士、左金紫光禄大夫知（绍兴府）。"　㊻周子充：周必大，字子充，见本书卷一下段注㉜。 ㊼黄鲁直有日记，谓之《家乘》：黄庭坚所著《乙酉家乘》，记其贬谪西南时事。《山谷年谱》卷三〇："《家乘》，盖先生日记。"按：范信中有《乙酉家乘序》云："崇宁甲申秋，余客建康，闻山谷先生谪居岭表，恨不识之，遂溯大江，历湓浦，舍舟于洞庭，取道荆湘，以趋八桂。至乙酉三月十四日，始达宜州，寓宿崇宁寺。翌日，谒先生于僦舍，望之真谪仙人也。于是忘其道涂之劳，亦不知瘴疠之可畏耳。" ㊽范寥：字信中，名臣范镇之族人。曾追随黄庭坚到宜州，又曾为《家乘》作序。《京口耆旧传》卷五有小传。《挥麈后录》卷八："大观中，有妖人张怀素，以左道游公卿家。其说以谓金陵有王气，欲谋非常，分遣其徒游说士大夫之负名望者。有范寥信中，成都人，蜀公之族孙，始名祖石，能诗，避事出川，以从怀素。怀素令寥入广，以訹黄太史鲁直。时鲁直在宜州危疑中，闻其说，亟掩耳而走。已而鲁直死，寥益困，遂诣阙陈其事，朝廷兴大狱，坐死者十数人。寥以无学籍，授左藏库副使，赐予甚厚。"此记比较可信。 ㊾徐师川：徐俯，字师川，分宁（今江西修水）人，北宋名臣徐禧之子，黄庭坚外甥。绍兴二年（1132）赐进士出身，三年（1133）官枢密院事。《宋史》有传。 ㊿至翰林学士：《翰苑群书学士题名》："绍兴三年二月，（徐俯）以谏议大夫除翰林学士。当月除签书枢密院事。" (51)寥时为福建兵钤：范寥此时担任福建路兵马钤辖。 (52)同州：治今陕西大荔。 (53)张芸叟守同：张舜民知同州。《宋史·张舜民传》："以龙图阁待制知定州，改同州。坐元祐党，谪楚州团练副使，商州安置。" (54)左冯：左冯翊的缩称。汉代长安三辅，左冯翊即宋代同州，右扶风即宋代凤翔府。张舜民《度秦岭》诗："狗日去中山，春尽抵冯翊。" (55)李至、张洎、张佖、宋白修《太祖国史》：《续资治通鉴长编》卷三五："（淳化五年四月）癸未，以吏部侍郎兼秘书监李至，翰林学士中书舍人张洎，右谏议大夫史馆修撰张佖、范杲同修国史。先是，上语宰相曰：'太祖朝事，耳目相接，今实录中颇有漏略，可集史官重撰。'……（六月）乙亥，李至以目疾辞史职，张洎亦以早事伪邦，不能通知本朝故实辞，乃诏礼部侍郎宋白与张洎同修国史。"李至，字言几，真定（今河北正定）人；张洎，字偕仁，滁州全椒（今安徽全椒）人，随南唐李煜入宋，二人《宋史》均有传；张佖，字子澄，常州（治今属江苏）人，随南唐李煜入宋；宋白，字太素，大名（今属河北）人。《宋史》有传。 ㊾宋湜、舒雅、吴淑：《宋史·宋湜传》："宋湜，字持正，京兆长安人。……至道元年，为翰林学士，知审官院、三班。又兼修国史、判昭文史馆事。"《宋史·舒雅传》："舒雅字子正，久仕李氏。江左平，为将作监丞，后充秘阁校理。好学。善属文，与吴淑齐名。"《宋史·吴淑传》："吴淑，字正仪，润州丹阳人。……预修《太平御览》《太平广记》《文苑英华》。……至道二年，兼掌起居舍人事，预修《太宗实录》。"舒雅、吴淑二人也是随李煜入宋的南唐旧臣。 ㊼余姚：今浙江余姚。法性：法性寺。 ㊽雪窦：明州（治今浙江宁波）境内山名，上有资圣寺。《至正四明续志》卷十一："雪窦山名天下，自下而升，至绝顶始平旷，四山又环之。寺据正中，气象雄秀，而二水不知所从来，出山之两腋而会于前，径赴大壑。" ㊿天童：明州天童山，上有景德寺。《延祐四明志》卷十七："天童山景德寺，（鄞）县东六十里。晋永康中，僧义兴诛茅结屋山间。"育王：明州阿育王山，上有广利寺。 ⓺名相亚：名气不相上下。

处士李璞居寿春县①，一日登楼，见淮滩雷雨中一龙腾拏而上。雨霁行滩上，得一蚌颇大。偶拾视之，其中有龙蟠之迹宛然，鳞鬣爪角悉具。先君尝亲见之。

晏安恭为越州教授②，张子韶为佥判③。晏美髯，人目之为

"晏胡"。一日同赴郡集,晏最末至,张戏之曰:"来何晏乎④?"满座皆笑。

晏景初尚书请僧住院⑤,僧辞以穷陋不可为。景初曰:"高才固易耳。"僧曰:"巧妇安能作无面汤饼乎?"景初曰:"有面则拙妇亦办矣。"僧惭而退。

蜀俗厚。何耕类省试卷中有云⑥:"是何道也夫。"道夫,耕字也。初未必有心,耕有时名,会有司亦自奇其文,遂以冠蜀士。士亦皆以得人相贺,而不议其偶近暗号也。

师浑甫本名某,字浑甫⑦。既拔解,志高退,不赴省试。其弟乃冒其名以行,不以告浑甫也。俄遂登第,浑甫因以字为名,而字伯浑,人人尽知之。弟仕亦至郡倅⑧,无一人议之者。此事若在闽、浙,讼诉纷然矣。

杜起莘自蜀入朝⑨,不以家行。高庙闻其清修独处,甚爱之。一日因得对,褒谕曰:"闻卿出局即蒲团、纸帐,如一行脚僧,真难及也。"起莘顿首谢。未几,遂擢为谏官。张真父戏之曰⑩:"吾蜀人如刘韶美、冯圜仲及仆⑪,盖皆无妻妾,块然独处,与君等耳。君乃独以此见知得拔擢,何也?当挝登闻鼓诉之⑫。"因相与大笑而罢。起莘方为言事官,而真父戏之如此,虽真父豪气盖一时,亦可见向来风俗之厚。

吴人谓杜宇为"谢豹"⑬。杜宇初啼时,渔人得虾曰"谢豹虾",市中卖笋曰"谢豹笋"。唐顾况《送张卫尉》诗曰:"绿树村中谢豹啼。"若非吴人,殆不知谢豹为何物也。

徽宗南幸还,至泗州僧伽塔下⑭,问主僧曰:"僧伽傍白衣持锡杖者何人?"对曰:"是名木叉⑮,盖僧伽行者。"上曰:"可赐度牒，与披剃。"

宣和中，保和殿下种荔枝成实，徽庙手摘以赐燕帅王安中⑯，且赐以诗曰："保和殿下荔枝丹，文武衣冠被百蛮。思与近臣同此味，红尘飞鞚过燕山。"

泸州自州治东出芙蕖桥，至大楼曰南定，气象轩豁。楼之右，缭子城数十步有亭，盖梁子辅作守时所创⑰，正面南下临大江，名曰来风亭。亭成，子辅日枕簟其上，得末疾，归双流。蜀人谓亭名有征云。

筇竹杖，蜀中无之，乃出徼外蛮峒⑱。蛮人持至泸、叙间卖之⑲，一枝才四五钱。以坚润细瘦，九节而直者为上品。蛮人言语不通，郡中有蛮判官者为之贸易。蛮判官盖郡吏，然蛮人慑服，惟其言是听。太不直则亦能群讼于郡庭而易之。予过叙，访山谷故迹于无等佛殿⑳，西庑有一堂，群蛮聚博其上。骰子亦以骨为之，长寸余而匾，状若牌子，折竹为筹，以记胜负。剧呼大笑，声如野兽，宛转毡上，其意甚乐。椎髻獠面，几不类人，见人亦不顾省。时方五月中，皆被毡毳，臭不可迩。

孔安国《尚书序》言："为隶古定，更以竹简写之。"隶为隶书，古为科斗㉑。盖前一简作科斗，后一简作隶书，释之以便读诵。近有善隶者，辄自谓所书为"隶古"，可笑也。

宣和间，虽风俗已尚谄谀，然犹趣简便，久之，乃有以骈俪笺启与手书俱行者。主于笺启，故谓手书为小简，然犹各为一缄。已而或厄于书吏，不能俱达，于是骈缄之，谓之"双书"。绍兴初，赵相元镇贵重㉒，时方多故，人恐其不暇尽观双书，乃以爵里或更作一单纸，直叙所请而并上之，谓之"品字封"。后复止用双书，而小简多其幅至十幅。秦太师当国，有诣者尝执政矣，出为建康留守[23]，每发一书，则书百幅，择十之一用之，于是不胜其烦，人情厌患，忽变而为札子，众稍便之。俄而札子自二幅增至十幅，每幅皆具衔，其烦弥甚，而"谢""贺"之类为双书自若。绍兴末，史魏公为参政[24]，始命书吏镂版从邸吏告报，不受双书，后来者皆循为例，政府双书遂绝。然笺启不废，但用一二矮纸密行细书，与札子同，博封之，至今犹然，然外郡则犹用双书也。

元丰中，王荆公居半山[25]，好观佛书，每以故金漆版书藏经名，遣人就蒋山寺取之，人士因有用金漆版代书帖与朋侪往来者。已而苦其露泄，遂有作两版相合，以片纸封其际者。久之其制渐精，或又以缣囊盛而封之。南人谓之"简版"，北人谓之"牌子"。后又通谓之简版或简牌。予淳熙末还朝，则朝士乃以小纸高四五寸、阔尺余相往来，谓之"手简"，简版几废，市中遂无卖者。而纸肆作手简卖之，甚售。

士大夫交谒，祖宗时用门状，后结牒"右件如前。谨牒"，若今公文，后以为烦而去之。元丰后，又盛行手刺，前不具衔，止云"某谨上。谒某官。某月日"。结衔姓名，刺或云状。亦或不结衔，止书郡名，然皆手书，苏、黄、晁、张诸公皆然[26]，今犹有藏之者。后又止行门状，或不能一一作门状，则但留语阍人云"某官来见"[27]，而苦于阍人匿而不告，绍兴初乃用榜子，直书衔及姓名，至今不废。

石藏用名用之[28]，高医也。尝言今人禀赋怯薄，故按古方用药多不能愈病。非独人也，金石草木之药亦皆比古力弱，非倍用之不能取效。故藏用以喜用热药得谤，群医至为谣言曰："藏用担头三斗火。"人或畏之。惟晁之道大喜其说㉙，每见亲友蓄丹，无多寡，尽取食之，或不待告主人。主人惊骇，急告以不宜多服。之道大笑不顾，然亦不为害。此盖禀赋之偏，他人不可效也。晚乃以盛冬伏石上书丹㉚，为石冷所逼，得阴毒伤寒而死。

予族子相，少服兔丝子凡数年㉛，所服至多，饮食倍常，气血充盛。忽因浴，去背垢，背觉肿。急视之，随视随长，赤焮异常，盖大疽也㉜。适四五月间，金银藤开花时㉝，乃大取，依良方所载法饮之。两日至数斤，背肿消尽。以此知非独金石不可妄服，兔丝过饵亦能作疽如此，不可不戒。

初虞世字和甫㉞，以医名天下。元符中，皇子邓王生月余㉟，得痫疾，危甚，群医束手，虞世独以为必无可虑。不三日，王薨。信乎医之难也。

佛经戒比丘非时食，盖其法过午则不食也。而蜀僧招客，暮食谓之非时。董仲舒三年不窥园㊱，谓勤苦不游嬉也。馆中著庭有园，每会饭罢，辄相语曰："今日窥园乎？"此二事甚相类。

范丞相觉民拜参知政事时㊲，历任未尝满一考㊳。

宣和中，百司庶府悉有内侍官为承受㊴，实专其事，长、贰皆取决焉㊵。梁师成为秘书省承受㊶，坐于长、贰之上。所不置承受者，三省、密院、学士院而已㊷。

赵高为中丞相㊸，龚澄枢为内太师㊹，犹稍与外庭异。童贯真为太师，领枢密院㊺，振古所无㊻。

吴玠守蜀㊼，如和尚原、杀金平、仙人原、潭毒关之类㊽，皆创为控扼之地，古人所未尝知，可谓名将矣。

蜀孟氏时，苑中忽生百合花一本，数百房皆并蒂。图其状于圣寿寺门楼之东颊壁间，谓之《瑞百合图》，至今尚存。乃知草木之妖，无世无之。

曹孝忠者[49]，以医得幸。政和、宣和间，其子以翰林医官换武官，俄又换文，遂除馆职。初，蜀人谓病风者为云，画家所谓赵云子是矣[50]，至是京师市人亦有此语。馆中会语及宸翰[51]，或谓曹氏子曰："计公家富有云汉之章也[52]。"曹忽大怒曰："尔便云汉[53]！"坐皆憪然，而曹肆骂不已。事闻，复还右选[54]，除閤门官。

宣和末，妇人鞋底尖以二色合成，名"错到底"。竹骨扇以木为柄旧矣，忽变为短柄，止插至扇半，名"不彻头"，皆服妖也。

种彝叔[55]，靖康初以保静节钺致仕[56]，居长安村墅。一夕，旌节有声甚异，旦而中使至，遂起。五代时，安重海、王峻皆尝有此异[57]，见《周太祖实录》，二人者皆得祸。彝叔虽自是登枢府[58]，然功名不成，亦非吉兆也。方彝叔赴召时，有华山道人献诗曰："北蕃群犬窥篱落，惊起南朝老大虫[59]。"

崇宁中，长星出[60]，推步躔度长七十二万里[61]。

[注释]

①寿春县：今安徽寿县。　②晏安恭：无考。越州：治今浙江绍兴。　③张子韶：张九成，字子韶，开封人，后徙居钱塘。绍兴二年（1132）状元，授镇东军签判，因反对秦桧议和，谪居南安军十四年，后病卒。《宋史》有传。佥判：即签判，宋代选派京官到州府充当判官，称签书判官厅公事，简称"签判"，掌诸案文移事务。　④来何晏乎：表面意思是"来人是不是晏某人"，暗喻"来者是何晏吗"之意。何晏，三国魏著名学者。字平叔，官至吏部尚书。因长相俊美，人称"傅粉何郎"。（《世说

新语·容止》) ⑤晏景初：晏敦复，字景初，江西抚州人，北宋名相晏殊曾孙，官终吏部尚书。《宋史》有传。 ⑥何耕：字道夫，汉州绵竹（今四川绵竹）人，绍兴十七年（1147）四川类省试第一。累知嘉州、潼川府。《宋史翼》卷二十一有传。类省试：南宋时期，因蜀中四路的举子到江南参加省试阻于道途及兵火，朝廷决定在蜀中单独举行科举考试，叫作类省试，意思是四川考试与朝廷在京城举行的省试同等对待。 ⑦师浑甫本名某，字浑甫：陆游在蜀中结识的朋友。陆游《师伯浑文集序》："乾道癸巳，予自成都适犍为，识隐士师伯浑于眉山。一见，知其天下伟人。……后四年，伯浑得疾不起。子怀祖集伯浑文章，移书走八千里，乞余为序。" ⑧郡倅：宋代州府通判。 ⑨杜起莘：杜莘老，字起莘，眉州青神（今四川青神）人，杜甫十三世孙。《宋史》有传。《宋史·高宗本纪九》："（绍兴三十一年十月）戊辰，殿中侍御史杜莘老劾内侍张去为，帝不悦。去为致仕，出莘老知遂宁府。"自蜀入朝：指莘老从蜀中被召入朝为谏官。 ⑩张真父：张震，字真甫（又作真父），汉州（治今四川广汉）人，绍兴二十一年（1151）进士。历著作佐郎、殿中侍御史。孝宗朝为中书舍人，出知夔州、遂宁府。乾道六年（1170）知成都府，八年（1172）卒于官。其事迹散见于《要录》等书。《全宋文》卷四九八六有小传。 ⑪刘韶美：见本书卷二上段注㊷。冯圜仲：冯方，字圜仲（圆仲），又字元仲，安岳（今四川安岳）人。绍兴十五年（1145）进士。二十八年（1158）为成都转运司干办公事，九月入朝为主管户部架阁文字。三十二年（1162）为吏部员外郎，又入蜀知邛州，次年回朝任户部员外郎。《全宋文》卷四三七七有小传。 ⑫登闻鼓：古代帝王为表示听取臣民谏议或冤情，在朝堂外悬鼓，许臣民击鼓上闻，谓之"登闻鼓"。此处为戏谑之词。 ⑬杜宇：杜鹃鸟。 ⑭泗州僧伽塔：泗州治今江苏盱眙对岸。僧伽塔始建于唐代，因西域高僧僧伽（即泗州大圣）葬于此而建塔。《释氏稽古略》卷三："泗洲僧伽大士，初自碎叶国游于西凉，是年显化洛阳。或问师何姓，士曰：'姓何。'曰：'何国人？'士曰：'何国人。'则天万岁通天元年，诏番僧有乐住者，所在配住。时大士不欲异凡，乃隶名楚州龙兴寺，澹如也。或宴坐于深房，或振锡于长路。中宗景龙二年，诏大士自淮寺入宫，帝称弟子，三台问法，百辟归心，馆于荐福寺。在京数月，天时忽大旱。帝请大士内殿祈雨，甘泽随沾。帝为度慧俨、慧岸、木叉三人为侍者，帝为书大士所居寺额曰'普光王'，先送归淮。睿宗景云元年三月，大士示寂，寿八十三。敕奉全身归泗洲普光王寺，塑身建塔。" ⑮木叉：僧伽侍者，见上注。 ⑯燕帅王安中：徽宗宣和时收复燕山府后第一任知府。《宋史·王安中传》："王安中，字履道，中山阳曲人。……宣和元年，拜尚书右丞；三年，为左丞。金人来归燕，谋帅臣，安中请行。王黼赞于上，授庆远军节度使、河北河东燕山府路宣抚使、知燕山府，辽降将郭药师同知府事。" ⑰梁子辅：梁介，字子辅，成都双流人，绍兴二十七年（1157）进士。孝宗乾道二年（1166）知彭州，四年（1168）为利州路转运判官，又知泸州。嘉庆《四川通志》卷一四四有小传。 ⑱徼外：边境内外。蛮峒：蛮人聚居之处。 ⑲叙：叙州，治今四川宜宾，为宋代西南边陲之地。 ⑳山谷：黄庭坚，自号山谷道人。 ㉑隶为隶书，古为科斗：隶指的是隶书，古指的是科斗文。科斗文是古代字体之一种，因其笔画头圆大而尾细长，状如蝌蚪，故名。不能与隶书混为一谈。 ㉒赵相元镇：赵鼎，见本书卷一上段注⑪。 ㉓建康留守：建康府军政主管官。建康府在今江苏南京。 ㉔史魏公：史浩，字直翁，明州鄞县（今浙江宁波鄞州区）人。绍兴十四年（1144）进士。《宋史·宰辅表四》："（绍兴三十二年）七月己巳，史浩自翰林学士、知制诰迁左中大夫，除参知政事。"《宋史·史浩传》："（淳熙）十年请老，除太保致仕，封魏国公。" ㉕王荆公居半山：王安石辞执政后，居于金陵，号半山老人。叶梦得《避暑录话》卷上："王荆公不耐静坐，非卧即行，晚卜居钟山谢公墩，自山距州城适相半，谓之半山。" ㉖苏、黄、晁、张：苏轼、黄庭坚、晁补之、张耒。四人《宋史》均有传。 ㉗阍（hūn）人：古代达官府第的守门人。 ㉘石藏用：唐代名医，四川眉州人，为北宋大臣石扬休第七代祖。《宋史·石扬休传》："石扬休，字昌言，其先江都人。唐兵部郎中仲览之后，后徙京兆。七代祖藏用，右羽林大将军，明于历数，尝召家人谓曰：'天下将有变，而蜀为最安处。'乃去依其亲眉州刺史李鷸，遂为眉州人。"方勺《泊宅编》卷五："蜀人石藏用以医术游都城，其名甚著。陈承余杭人，亦以医显。然石好用暖药，陈好用凉药。古之良医，必量人之虚实，察病之阴阳，而后投以汤剂，或补或泻，各随其证。二子乃执偏见于冷暖，俗语曰：'藏用担头三斗火，陈承筐里一盘冰。'" ㉙晁之道：晁咏之，字之道，诗人晁补之从弟。苏轼知扬州时，咏之为通判。《宋史》有传。 ㉚书丹：古代刻石碑，先用朱笔在石上写好要刻的文字，称为"书丹"。 ㉛兔丝子：今写作"菟丝子"，传统中药名，性辛甘平，可补肝肾，益精髓，养肌强阴，坚筋骨，对须发早白、腰膝酸软之症颇有疗效。 ㉜大疽（jū）：大毒疮。这种疮长在后背尤其凶险，俗称"砍头疮"，严重可致命。 ㉝金银藤：藤类植物，所开的花叫金银花，又名忍冬花。能宣散风热，清解血毒，用于各种热症的治疗。 ㉞初虞世：字和甫，北宋名医。曾潜心研究历代医典，善治疑难杂症。著有《古今录验养生必用方》三卷。 ㉟邓王：哲宗刘皇后所生之子茂。哲宗仅此一子，死后绝嗣，故其弟赵佶继承了皇位。《长编》卷五一六："（元符二年闰九月乙未）茂，上之长子，八月戊寅生，母皇后刘氏。生而伟大粹美。九月甲子疾病，命国医治疗，弗效，访医于民间，医又弗效，薨。年一岁。……今皇帝（徽宗）嗣位，加赠兼中书令，追封邓王。" ㊱董仲舒三年不窥园：《汉书·董仲舒传》："董仲舒，广川人也。少治《春秋》,孝景时为博士。下帷讲诵,弟子传以久次相授业,或莫见其面。盖三年不窥园,其精如此。"颜师古注:"虽有园囿,不窥视之,言专学也。" ㊲范丞相觉民:范宗尹,字觉民,襄阳人,宋朝最年轻的宰相。《宋史·范宗尹传》:"吕颐浩罢相,宗尹摄其位。……授宗尹通议大夫、守尚书右仆射、同中书门下平章事兼御营使,时年三十。近世宰相年少,未有如宗尹者。" ㊳历任未尝满一考:所任官职都没有满一考,言擢拔之速。古时官员也有政绩考核制度,通常三年为一考,作为升转官阶的依据。 ㊴承受:宋朝官名,通常由朝廷委派宦官担任。这些人虽不在正官之列,但因有监察各司官员的职责,故而实权很重。《宋史·职官志四》:"承受官、诸司官各一员。以内侍省官充。" ㊵长、贰皆取决焉:部门主官、副主官都要看他们的脸色行事。 ㊶梁师成:字守道,北宋后期大宦官,颇得徽宗信任。与蔡京、朱勔、王黼、李彦、童贯并称为"六贼"。《宋史·宦者传》有传。 ㊷三省、密院、学士院:三省为元丰改制后的尚书省、中书省和门下省,宋朝最主要的政务部门。密院即枢密院,宋朝最高军事领导部门。学士院即翰林学士院,负责草拟机要圣命的部门。 ㊸赵高为中丞相:秦代宦官赵高担任的是"中丞相",即明确其为中人(宦官)丞相,位在正丞相之下。 ㊹龚澄枢:五代十国时期南汉政权的大宦官。《十国春秋》卷六六《龚澄枢传》:"龚澄枢,广州南海人也。……后主嗣立……加澄枢特进、开府仪同三司、万华宫使、骠骑大将军,改上将军、左龙虎军观军容使、内太师,军国之务,一出于澄枢。"内太师:以宦官身份担任的太师。 ㊺童贯真为太师,领枢密院:谓宦官童贯像士大夫一样位居太师,实掌枢密院大权。 ㊻振古:即亘古、有史以来。《诗经·周颂·载芟》:"匪今斯今,振古如兹。"朱熹《集传》:"振,极也。……盖自极古以来已如此矣。" ㊼吴玠:德顺军陇干(今甘肃静宁)人,南北宋之交时著名将领,宣和间任泾原路第二副将，建炎时升任泾原路马步军副总管。一直在西北地区坚持抗金。《宋史》有传。　㊽和尚原、杀金平、仙人原、潭毒关：都是西北边境一带的关隘。和尚原在今陕西宝鸡西南，高宗绍兴初，吴玠、吴璘兄弟在此处率军与金人苦战，取得了以少胜多的辉煌战果。杀金平也在宝鸡西南。《要录》卷七一：“绍兴四年十一月八日，吴玠奏：‘绍兴二年冬，臣又与刘子羽议和尚原距川蜀地远，终恐粮道不继，难以持远，遂于川口仙人关侧近杀金平修置山寨。’”仙人原在今甘肃徽县南，与杀金平相去不远，是宋金边境的重要关口。陆游曾有诗说：“忆昔西戍日，夜宿仙人原。”潭毒关在今四川广元北。陆游在汉中时，亦曾到过此地。《要录》卷六三：“（绍兴三年二月）潭毒山形斗拔，其上宽平有水，乃筑壁垒。”㊾曹孝忠：徽宗政和间内廷医官。《皇宋通鉴长编纪事本末》卷一三五：“（政和）五年正月乙丑，左武大夫、康州防御使、提举入内医官、编类《政和圣济经》曹孝忠等奏：‘乞诸州县并置医学，隶于州县学提举学事司，选差本州任官通医术能文者一员，兼权医学教授。’”　㊿赵云子：北宋时民间画家。朱谋垔《画史会要》卷二：“隐士赵云子，画诸仙奇绝。”

(51)馆中会语及宸翰：官员们在馆阁中恰好说到皇帝所书墨迹的事。宸翰，皇帝亲手书写的文字。　(52)云汉之章：《诗经·大雅·棫朴》：“倬彼云汉，为章于天。”毛亨传：“云汉，天河也。”后人遂以云汉赞美绝妙的书法。苏轼《英宗皇帝御书颂》：“云汉之章，融为庆云，结为甘露，融而不晞，结而不散，以焘冒其子孙。”此处反其意而用之，谓曹家多假装疯魔之作。　(53)尔便云汉：你才是疯魔呢！　(54)右选：谓返回武官序列参与铨选。右选为宋代吏部四选之一。吏部侍郎分左、右选，掌右选者负责武官的铨叙选授。　(55)种（chóng）彝叔：种师道，字彝叔，北宋后期名将。历任原州通判、提举秦凤常平、知德顺军，因得罪蔡京被废。靖康初金兵南侵，朝廷召为京畿河北制置使。他力主抗金，因年事已高，天下称为"老种"。后钦宗任用主和派，种师道悲愤成疾而卒。《宋史》有传。

㊶以保静节钺（yuè）致仕：朝廷授予保静军节度使而致仕。《宋史·种师道传》："知环州，俄还保静军节度使，复致仕。金人南下，趣召之，加检校少保、静难军节度使、京畿河北制置使。" ㊷安重诲：河东应州（今山西应县）人，沙陀族。五代后唐大臣。历任枢密使兼山南东道节度使，加侍中兼中书令，总揽朝事。后因诬杀宰相任圜，又论明宗养子、潞王李从珂，因而与明宗不睦。长兴二年（931）被诛杀。新、旧《五代史》有传。王峻：字秀峰，相州安阳（今河南安阳）人，五代后周权臣。周太祖郭威即位后，拜右仆射、门下侍郎、同中书门下平章事。《新五代史·王峻传》："峻与太祖俱起于魏，自谓佐命之功，以天下为己任。凡所论请，事无大小，期于必得，或小不如志，言色辄不逊，太祖每优容之。峻年长于太祖二岁，往往呼峻为兄，或称其字，峻由是益横。"后被贬商州，死于贬所。 ㊸枢府：宋代枢密院的简称。 ㊹南朝：北方辽国及金国对宋朝的称呼。大虫：老虎。此处喻种师道。 ㊺长星：古人称类似彗星而有长形光芒的星。《汉书·文帝纪》："（八年）有长星出于东方。"颜师古注引文颖曰："孛、彗、长三星，其占略同，然其形象小异。……长星光芒有一直指，或竟天，或十丈，或三丈，或二丈，无常也。"

㊻推步：推算天象历法。《后汉书·张法滕冯度极列传》："善推步之术。"李贤注："推步，谓究日月五星之度，昏旦节气之差。"躔度：日月星辰运行的度数。古人把周天分为三百六十度，划分为若干区域，用以辨别日月星辰的具体方位。

卷　四

谒丞相，虽三公亦入客次。故相入朝，以经筵或内祠奉朝请①，班退，亦与从官同，卷班而出。三公无班，若不秉政，惟立使相班②，与贵戚诸人杂立。

故相、前执政入朝，当张盖③，史魏公始撤去④。见任执政为宣抚使，旧用札子，关三省、枢密院押字而已，王公明参政始改用申状⑤。

百官入殿门，阁门辄促之曰："那行。"（那，去声，若云糯。）予去国二十七年复还，朝仪寖有不同，唯此声尚存。

四川宣抚使置司利州或兴元府⑥，以见任执政为之，而成都自置四川制置使。制置使移文宣抚司，当用申状，而倔强不伏。又以见任执政无用牒之理，于是但为"申宣抚某官"，不肯申宣抚司，此当拒而不受，或闻之朝廷，而宣抚使依违不能问也。

李公择、孙莘老平时至相亲厚⑦，皆终于御史中丞。元祐五年二月二日，公择卒，三日，莘老卒，先后才一日。

曾子宣以大观元年八月二日卒⑧，其弟子开以三日卒⑨，先后才一日。

蔡京祖某、父准及京，皆以七月二十一日卒，三世同忌日。

张文潜三子⑩：秬、秸、和，皆中进士第。秬、秸在陈死于兵，和为陕府教官，归葬二兄，复遇盗见杀，文潜遂亡后，可哀也。

予年十余岁时，见郊野间鬼火至多，麦苗稻穗之杪往往出火，色正青，俄复不见。盖是时去兵乱未久，所谓"人血为磷"者，信不妄也。今则绝不复见，见者辄以为怪矣。

太母，祖母也，犹谓祖为大父。熙宁、元丰间，称曹太皇为太母⑪。元祐中，称高太皇为太母⑫，皆谓帝之祖母尔。元符中，谓向太后为太母⑬，绍兴中谓韦太后为太母⑭，则非矣。

宣和末，郑伸自检校太师⑮，忽落"检校"为真太师，国初以来所无有也。

曹佾以太皇太后之弟⑯，且英宗受天下于仁祖，故神庙所以养慈圣光献者，备极隆厚。佾官至中书令，会慈圣上仙，佾解官行服。服阕当还故官，而官制行，使相不带三省长官，例换开府仪同三司，于是特封佾济阳郡王。及薨，追封沂王。外戚封王自佾始。然佾之例，后岂可用哉？

建炎大驾南渡后，每边事危急，则住常程⑰，谓专治军旅，其他皆权止施行。又急则放百司，谓官吏权听自便。幸明州时⑱，吕相欲并从官听自便⑲，高宗不可，乃止。

建炎初，大驾驻跸南京⑳、扬州，而东京置留守司。则百司庶府为二：其一曰在京某司，其一曰行在某司。其后大驾幸建康、会稽㉑，而六宫往江西，则亦分为二：曰行在某司、行宫某司。已而大驾幸建康，六宫留临安，则建康为行在，临安为行宫。今东京阻隔，而临安官司犹曰行在某司，示不忘恢复也。

郭子仪三十年无缌麻服㉒，人或疑其不然。安厚卿枢密逾二纪无功缌之戚㉓，乃近岁事也。

故都紫宸殿有二金狻猊，盖香兽也。故晏公《冬宴》诗云㉔："狻猊对立香烟度㉕，鹭鹭交飞组绣明㉖。"今宝玉、大弓之盗未得㉗，而奉使至虏庭，率见之，真卿大夫之辱也。

南齐胡谐之谮梁州刺史范柏年于武帝曰㉘："欲擅一州。"柏年已受代，帝欲不问。谐之曰："见虎格得而放上山。"于是赐死。绍圣中，谪元祐大臣过岭，吕吉甫闻之㉙，嘻笑曰："捕得黄巢，笞而遣之。"

颜夷仲为少蓬㉚，尚无出身，久之乃赐第，除西掖㉛。

予在严州时，得陆海军节度使印，藏军资库，盖节度使郑翼之所赐印也㉜。翼之南渡后死。

辰、沅、靖州蛮有犵狑㉝，有犵獠，有犵榄，有犵獀，有山猺，俗亦土著，外愚内黠，皆焚山而耕，所种粟豆而已。食不足则猎野兽，至烧龟蛇唊之。其负物则少者轻，老者重，率皆束于背，妇人负者尤多。男未娶者，以金鸡羽插髻；女未嫁者，以海螺为数珠挂颈上。嫁娶先密约，乃伺女于路，劫缚以归，亦忿争叫号求救，其实皆伪也。生子乃持牛酒拜女父母，初亦阳怒却之㉞，邻里共劝，乃受。饮酒以鼻，一饮至数升，名"钩藤酒"，不知何物。醉则男女聚而踏歌。农隙时至一二百人为曹，手相握而歌，数人吹笙在前导之。贮缸酒于树阴，饥不复食，惟就缸取酒恣饮，已而复歌。夜疲则野宿，至三日未厌，则五日，或七日方散归。上元则入城市观灯。呼郡县官曰"大官"，欲人谓己为"足下"，否则怒。其歌有曰："小娘子，叶底花，无事出来吃盏茶。"盖竹枝之类也㉟。诸蛮惟犵狑颇强，习战斗，他时或能为边患。

童贯平方寇时㊱，受富民献遗。文臣曰"上书可采"，武臣曰"军前有劳"，并补官，仍许磨勘㊲，封赠为官户。比事平，有司计之，凡四千七百人有奇。

吴元中丞相在辟雍㊳，试经义五篇，尽用《字说》，援据精博。蔡京为进呈，特免省赴廷试㊴，以为学《字说》之劝。及作相，上章乞复《春秋》科，反攻王氏。徐择之时为左相㊵，语人曰："吴相此举，虽汤、武不能过。"客不解。择之曰："逆取而顺守。"元中甚不能平。

姚平仲谋劫虏寨㊶，钦庙以询种彝叔㊷，彝叔持不可甚坚㊸。及平仲败，彝叔乃请速再击之，曰："今必胜矣。"或问："平仲之举为虏所笑，奈何再出？"彝叔曰："此所以必胜也。"然朝廷方上下震栗，无能用者。彝叔可谓知兵矣。

綦翰林叔厚《谢宫祠表》云㊹："杂宫锦于渔蓑，敢忘君赐？话玉堂于茆舍㊺，更觉身荣。"时叹其工。又有一表云："欲挂衣冠，尚低回于末路㊻；未先犬马，傥邂逅于初心㊼。"尤佳。

秘书新省成，徽庙临幸，孙叔诣参政作贺表云㊽："蓬莱道山㊾，一新群玉之构㊿；勾陈羽卫(51)，共仰六飞之临(52)。"同时无能及者。

钱逊叔侍郎少时溯汴(53)，舟败溺水，流二十里，遇救得不死，旬日犹苦腰痛，不悟其故。视之，有手迹大如扇，色正青，五指及掌宛然可识，若擘其腰间者。此其所以不死也耶？

辽相李俨作《黄菊赋》(54)，献其主耶律弘基(55)。弘基作诗题其后以赐之，云："昨日得卿《黄菊赋》，碎翦金英填作句。袖中犹觉有余香，冷落西风吹不去。"

会稽法云长老重喜为童子时，初不识字，因埽寺廊，忽若有省，遂能诗。其警句云："地炉无火客囊空，雪似杨花落岁穷。拾得断麻缝坏衲，不知身在寂寥中。"程公辟修撰守会稽(56)，闻喜名，一日召之，与游蒋山上方院㊼，索诗。喜即吟云："行到寺中寺，坐观山外山。"盖戏用公辟体也。

吕吉甫在北都㊽，甚爱晁之道㊾。之道方以元符上书谪官，吉甫不敢荐，谓曰："君才如此，乃自陷罪籍，可惜也。"之道对曰："咏之无他，但没著文章处耳。"其悻气不挠如此。

晁之道与其弟季比同应举，之道独拔解。时考试官葛某眇一目，之道戏作诗云："没兴主司逢葛八，贤弟被黜兄荐发。细思堪羡又堪嫌，一壁有眼半壁瞎。"

张文潜生而有文在其手，曰"耒"，故以为名，而字文潜。

张文潜《虎图》诗云："烦君卫吾寝，起此蓬荜陋。坐令盗肉鼠，不敢窥白昼。"讥其似猫也。

白乐天有《忠州木莲》诗㊿。予游临邛白鹤山寺㉖，佛殿前有两株，其高数丈，叶坚厚如桂，以仲夏发花，状如芙蕖，香亦酷似。寺僧云："花拆时有声如破竹。"然一郡止此二株，不知何自至也。成都多奇花，亦未尝见。

旧制，两省，中书在门下之上，元丰易之。

旧制，丞相署敕皆著姓，官至仆射则去姓。元丰新制，以仆射为相，故皆不著姓。

徐敦立言㉗：往时士大夫家，妇女坐椅子、杌子，则人皆讥笑其无法度。梳洗床、火炉床家家有之，今犹有高镜台，盖施床则与人面适平也。或云禁中尚用之，特外间不复用尔。

顷岁驳放秦埙等科名㉘，方集议时，中司误以"驳"为"剥"㉙。众虽知其非，畏中司者护前，遂皆书曰"剥"，可以一笑。

余深罢相居福州㉚，第中有荔枝，初实绝大而美，名曰"亮功红"。"亮功"者,深家御书阁名也。靖康中,深谪建昌军⑥。既行,荔枝不复实。明年深归,荔枝复如故。乃知世间富贵人,皆有阴相之者。

绍圣中,蔡京馆辽使李俨,盖泛使者,留馆颇久。一日俨方饮,忽持盘中杏曰:"来未花开,如今多幸。"京即举梨谓之曰:"去虽叶落,未可轻离。"

宣和末,黄安时曰⑥:"乱作不过一二年矣。天使蔡京八十不死,病哑复苏,是将使之身受祸也。天下其能久无事乎?"

唐拾遗耿沣《下邽喜叔孙主簿郑少府见过》诗云⑧:"不是仇梅至⑥,何人问百忧?"苏子由作绩溪令时⑩,有《赠同官》诗云:"归报仇梅省文字,麦苗含穟欲蚕眠⑪。"盖用沣语也。近岁均州版本⑫,辄改为"仇香"。

僧宗昂住会稽能仁寺,有故相寓寺中,已而复相。宗昂被敕住持,郎官马子约题诗法堂壁间曰⑬:"十年衰病卧林泉,鹓鹭群飞竞刺天。黄纸除书犹到汝,固知清世不遗贤。"

[注释]

①经筵:古代帝王为讲论经史而特设的御前讲席,宋代始称经筵,置讲官,以翰林学士或其他官员充任或兼任。内祠:宋真宗时所设的宫观使,掌在京宫观,用以安置退休或罢职的宰执大臣,如景灵宫使、太乙宫使等。奉朝请:古代诸侯春季朝见天子叫朝,秋季朝见为请。后因称定期参加朝会为奉朝请。汉代以后退职宰辅大臣参加朝会,与宗室、外戚等待遇相同,皆称为奉朝请,以区别在朝官员。 ②使相:宋代以亲王、留守、节度使等加侍中、中书令、同平章事者谓之使相,即相当宰相而不主

政事的高官。　③张盖：张开大伞，是古代宰辅大臣的礼仪制度之一。④史魏公：南宋宰相史浩，已见前注。　⑤王公明：王炎，字公明，相州安阳（今河南安阳）人。孝宗乾道中任临安知府、兵部侍郎、签书枢密院事。五年（1169），权参知政事。七年（1171）为枢密使。《宋史·宰辅表四》："（乾道五年）二月甲寅，王炎自端明殿学士、签书枢密院事兼权参知政事兼同知国用事、知枢密院事。"周必大《文忠集》卷二九有其墓志铭。　⑥四川宣抚使：朝廷设在四川的临时最高军事机构，因四川地理位置的特殊性，故此司在南宋成为常设司，往往派朝廷高官担任，以应付该地突发军事事件。四川制置使司属于常设机构，与各路安抚司或制置司职责等同。二者在职权上既有重合又有各自的职守，故而经常发生冲突。利州：治今四川广元。兴元府：治在今陕西汉中。　⑦李公择：李常，字公择，南康建昌（今江西永修）人。神宗熙宁初为秘阁校理。哲宗初为吏部侍郎、户部尚书，拜御史中丞。《宋史》有传。孙莘老：孙觉，字莘老，高邮（今属江苏）人。哲宗时任吏部侍郎，擢御史中丞。《宋史》有传。　⑧曾子宣：曾布，字子宣，江西南丰人。曾巩之弟。哲宗绍圣中为知枢密院事，徽宗朝为尚书右仆射，因与蔡京争权被罢，大观元年（1107）卒于镇江。《宋史》有传。　⑨其弟子开：曾肇，字子开。曾布幼弟，徽宗初为中书舍人，出知陈州、太原、应天府、扬州、定州。后被贬出京，归镇江而卒。《宋史》有传。　⑩张文潜：张耒，见卷三上段注㉙。　⑪曹太皇：仁宗曹皇后，北宋开国大将曹彬孙女，英宗尊为皇太后，神宗尊为太皇太后。　⑫高太皇：英宗高皇后，北宋开国大将高琼曾孙女，神宗尊为皇太后，哲宗尊为太皇太后。　⑬向太后：神宗向皇后，前宰相向敏中曾孙女，哲宗尊为皇太后。按：元符为哲宗年号，此间称向太后为太母，是差了一辈。　⑭韦太后：高宗生母韦氏，徽宗时为贤妃，曾被虏入金，绍兴中回到临安。韦后为高宗生母，则终高宗一朝皆当尊为太后，而不该称太皇太后（即太母），故陆游言其非。　⑮郑伸：北宋末外戚。《靖康要录》："（靖康元年正月十二日圣旨）差唐重、谢克家、李擢、师骥，于蔡京、童贯、何执中、郑伸、高俅、王宪、彭端、刘宗元等家并其余戚里，应所有金银并行直取，日下于元丰库送纳。"检校太师：宋代最高检校官。检校官为散官名，没有具体职事，仅为名义而已。

⑯曹佾：字公伯，曹彬之孙，仁宗曹皇后弟。历知澶、青、许州，徙河阳，又以建武军节度使知郓州。哲宗即位，加少保。《宋史》有传。

⑰常程：常规例行的政务。　⑱幸明州：《宋史·高宗本纪二》："（靖康二年十一月）癸酉，帝如明州。……丙子，帝至明州。"　⑲吕相：吕颐浩。高宗南逃时，吕颐浩以宰相身份一直护卫在其左右，并提出东行入海以避敌之策。《宋史·吕颐浩传》："朱胜非罢相，以颐浩守尚书右仆射、中书侍郎兼御营使，改同中书门下平章事。车驾幸建康，闻金人复入，召诸将问移跸之地，颐浩曰：'金人谋以陛下所至为边面，今当且战且避，奉陛下于万全之地，臣愿留常、润死守。'上曰：'朕左右不可以无相。'乃以韩世忠守镇江，刘光世守太平。驾至平江，闻杜充败绩，上曰：'事迫矣，若何？'颐浩遂进航海之策。"　⑳南京：北宋南京应天府，治今河南商丘。　㉑建康：建康府，治今江苏南京。会稽：绍兴府，治在今浙江绍兴。　㉒缌（sī）麻服：古代丧服之最轻者，孝服用细麻布制成，服期三月。本宗为高祖父母、曾伯叔祖父母、族伯叔父母、族兄弟及未嫁族姊妹，外姓中为表兄弟、岳父母等服之。　㉓安厚卿：安焘，字厚卿，开封人。哲宗元祐中，知郑州、颍昌府、河南府，入为门下侍郎。《宋史》有传。功缌：古丧礼中大功、小功和缌麻三种丧服的通称。宋谢采伯《密斋笔记》卷四："每遇功缌之戚，辄茹素一月，皆可以风厉薄俗。"　㉔晏公：北宋仁宗朝宰相晏殊。《宋史·晏殊传》："拜御史中丞，改资政殿学士兼翰林侍读学士，兵部侍郎兼秘书监，为三司使，复为枢密副使，

未拜，改参知政事，加尚书左丞。"　㉕狻猊（suānní）：传说中类似狮子的猛兽。　㉖鹭鷟（yuèzhuó）：传说中五凤之一。《小学绀珠》卷十："五色为赤者凤、黄者鹓鶵、青者鸾、紫为鹭鷟、白名鸿鹄。"　㉗宝玉、大弓：《春秋穀梁传·定公八年》："盗窃宝玉、大弓。宝玉者，封圭也。大弓者，武王之戎弓也。周公受赐，藏之鲁。"后以宝玉、大弓代指皇家至宝，甚乃国家之象征。此处指被金人盗走的国家宝物。　㉘胡谐之：豫章南昌（今江西南昌）人，曾为扶风太守，永明六年（488）迁都官尚书。《南史》《南齐书》均有传。谮梁州刺史范柏年于武帝：《南史·胡谐之传》："（胡谐之）就梁州刺史范柏年求佳马，柏年患之，谓使曰：'马非狗子，那可得为应无极之求？'接使人薄，使人致恨归，谓谐之曰：'柏年云，胡谐是何傒狗，无厌之求。'谐之切齿致忿。时王玄邈代柏年，柏年称疾推迁不时还。谐之言于帝曰：'柏年恃其山川险固，聚众欲擅一州。'及柏年下，帝欲不问，谐之又言：'见兽格得而放上山。'于是赐死。"　㉙吕吉甫：吕惠卿，字吉甫，泉州晋江人。仁宗朝为真州推官，因攀附王安石得以重用，极力推行新法，跃升为朝廷重臣，却遭士大夫切齿痛恨。王安石失势后，被贬出京，历任知陈州、延州、太原府等。《宋史》有传。　㉚颜夷仲：颜岐，字夷仲，北宋学者颜复之子，徐州彭城（今江苏徐州）人。曾从吕希哲游。靖康元年（1126）赐进士出身，建炎元年（1127）试御史中丞，因阻止李纲入相，提举亳州明道宫，改工部尚书，同知枢密院事。建炎二年（1128）以尚书左丞守门下侍郎。其事迹散见于《要录》诸书。《全宋文》卷三五〇六有小传。少蓬：宋代秘书少监的俗称。　㉛西掖：中书省的别称。　㉜郑翼之：外戚郑绅之子，徽宗郑皇后的兄弟。《要录》卷八七："（绍兴五年三月戊子）太常谥故陆海军节度使郑翼之曰荣恭。翼之，绅子也。"　㉝辰、沅、靖：均宋代州名。辰州治今湖南沅陵，沅州治今湖南芷江，靖州治今湖南靖州。　㉞阳怒：假装发怒。　㉟竹枝：竹枝词，古诗体的一种，唐宋时期巴渝一带的民歌。　㊱童贯平方寇：徽宗宣和三年（1121），睦州民方腊起义，搅动东南，朝廷不得不暂时放下收复燕云之事，派童贯率大军征讨。　㊲磨勘：唐宋时期官员考课升迁的制度。宋代专设审官院主持此事。《宋史·选举志》四："初置审官西院，磨勘武臣，并如审官院格，而旧审官曰东院。"　㊳吴元中：吴敏，字元中，真州（治今江苏仪征）人。大观二年（1108），辟雍私试首选。蔡京喜其文，欲妻以女，敏辞。《宋史》有传。《宋史·宰辅表三》："（宣和七年）十二月庚申，吴敏自试给事中、直学士院加中大夫、门下侍郎。（靖康元年）正月己巳，吴敏自中大夫、守门下侍郎除知枢密院事、亲征行营副使。（靖康元年二月庚戌）吴敏自知枢密院事迁太中大夫、少宰兼中书侍郎。"　㊴特免省赴廷试：宋代科举考试分为三阶段，即乡试、省试、殿试。三次考试都通过，方为进士。辟雍即京师太学，其考试级别相当于乡试。此言"特免省赴廷试"意即免除省试，直接进入殿试。　㊵徐择之：徐处仁，字择之，应天府谷熟（今河南商丘东南）人。历任户部尚书、尚书右丞。《宋史》有传。《宋史·宰辅表三》："（靖康元年）三月己巳，徐处仁自守中书侍郎加通奉大夫、太宰兼门下侍郎。八月己未，徐处仁自太宰以观文殿大学士领中太乙宫使。"左相：首相。　㊶姚平仲谋劫虏寨：姚平仲，字希晏，北宋西北大将姚古的养子。靖康初金人入寇，姚平仲请求率勇士出城劫夺金营，因金人眼线告密而功败垂成。平仲惧怕大臣责难，趁夜骑骡南逃，后到蜀中，隐居青城山。陆游有《姚平仲小传》载其事。　㊷钦庙以询种彝叔：钦宗征求种师道意见。彝叔，种师道字。参卷三下段注㊺。　㊸彝叔持不可甚坚：种师道坚决反对姚平仲出城劫营。　㊹綦翰林叔厚：綦崇礼，字叔厚，高密（今山东高密）人，登重和元年（1118）上舍第。历任工部员外郎、起居郎、给事中。高宗初，拜中书舍人，为翰林学士。《宋史》有传。《翰苑群书·学士题名》："建炎四年五月，（綦崇礼）以吏部侍郎兼权直院。十月，除徽猷阁直学士、知漳州。" ㊺玉堂：翰林院的美称。茆舍：即茅舍，为贫贱者之居。以上二句意谓得到宫祠后虽堪比平民，然而想到君王曾经给予的荣耀，更觉得君恩难报。宋代官员授予祠禄官后，便不再担任任何实职，与平民几乎无异，故有"渔蓑""茆舍"之语。㊻欲挂衣冠，尚低回于末路：尚未彻底辞官，还在末路俯仰低回。古称辞官为"挂冠"。宋代祠禄官虽然没有任何实职，但仍属于朝官之列。㊼未先犬马，傥邂逅于初心：还没有离开人世，或许还有机会报答帝王的恩泽。先犬马，死亡的婉称。《韩诗外传》第十章："先生幸而治之，则粪土之息，得蒙天地载长为人；先生弗治，则先犬马填壑矣。" ㊽孙叔诣：孙近，字叔诣，无锡人。徽宗崇宁二年（1103）进士。高宗朝为翰林学士。绍兴八年（1138）擢参知政事。旋兼权同知枢密院事。十一年（1141）罢政与宫祠，后责漳州居住。事迹散见于《要录》等书。 ㊾蓬莱道山：文人聚集之处。《后汉书·窦章传》："是时学者称东观为老氏臧室，道家蓬莱山。" ㊿群玉：《穆天子传》卷二："天子北征，东还，乃循黑水。癸巳，至于群玉之山……先王之所谓策府。"郭璞注："言往古帝王以为藏书册之府，所谓藏之名山者也。"本指传说中帝王藏书处，后称皇家珍藏图书之所。此处具体指秘书省。 (51)勾陈：传说中天上六神之一，居中央土位，故代指天子。羽卫：帝王的卫队和仪仗。 (52)六飞：古代帝王车驾六马，疾行如飞，故名。亦代指帝王。 (53)钱逊叔：钱伯言，字逊叔，北宋名臣钱勰之子。宣和年间因剿灭宋江有功，以徽猷阁待制兼知袭庆府。建炎元年（1127）为开封府尹，又任吏部侍郎，知杭州、镇江府。事迹散见于《要录》等书。 (54)李俨：本姓李，赐姓耶律，析津（今北京西南）人，官至参知政事，深受辽道宗宠遇。《辽史》有传。 (55)耶律弘基：辽道宗，1055 至 1101 年在位。 (56)程公辟：程师孟，字公辟，吴县（治今江苏苏州）人，仁宗景祐元年（1034）进士。历知福州、越州、青州。《宋史》有传。《嘉泰会稽志》郡守题名：“（程师孟）元丰二年十二月以朝议大夫知（越州），四年十二月替。” (57)蕺（jí）山：越州山名。《嘉泰会稽志》卷九：“蕺山在府西北六里一百七步，隶山阴。旧经云：越王嗜蕺，采于此山，故名。晋王右军羲之故居也。”同书卷七：“（戒珠）寺有上方院，熙宁中，郡守程公师孟与法云长老重喜来游。喜能诗，乃拟程公体，坐上立成曰：‘行到寺中寺，坐观山外山。’程公大喜。” (58)吕吉甫：吕惠卿。在北都：指吕惠卿知大名府。北宋除京师开封府之外还有三个陪都：北京大名府（治今河北大名）、南京应天府（治今河南商丘）、西京河南府（治今河南洛阳）。《长编拾补》卷十一：“（绍圣元年十月辛巳）资政殿学士、知江宁府吕惠卿知大名府。” (59)晁之道：晁咏之。见卷三下段注㉙。 (60)忠州：治今重庆忠县。 (61)临邛：今四川邛崃。白鹤山：《蜀中广记》卷七四：“白鹤山在邛州城西八里。……汉胡安尝于山中乘白鹤仙去，弟子即其处为白鹤台。司马相如从胡安先生授《易》于此。” (62)徐敦立：徐度，字敦立，又字仲立，应天府谷熟（今河南商丘东南）人。高宗绍兴八年（1138）为都官员外郎、吏部员外郎。十年（1140）知台州，徙滁州。二十八年（1158）为江东提刑。三十二年（1162）为户部侍郎，改吏部侍郎。孝宗隆兴初知泉州。著有《却扫编》。事迹散见于《要录》等书。 (63)秦埙：秦桧之孙。此人在绍兴二十六年（1156）秋试中因是前宰相秦桧后代，被列为高等，受到大臣弹劾。《要录》卷一七二：“绍兴二十六年五月辛丑朔，汤鹏举言陈之茂为秋试考官，违法容私，取秦埙于高等。” (64)中司：宋代御史中丞的别称。《要录》卷一七二：“（绍兴二十六年五月）丁未，侍御史汤鹏举试御史中丞。” (65)余深：福州人，元丰五年（1082）进士。《宋史·余深传》：“大观二年，以吏部尚书拜尚书左丞。三年，转中书侍郎。四年，转门下侍郎。京既致仕，深不自安，累疏请罢。……宣和元年，为太宰，进拜少保。……时福建以取花果扰民，深为言之，徽宗不悦。遂请罢，出为镇江军节度使、知福州。" ⑥⑥建昌军：治今江西南城。 ⑥⑦黄安时：章贡（今江西赣州）人，陆游父陆宰的朋友。陆游《跋四三叔父文集》："先楚公捐馆时，叔父未成童，已从章贡黄先生安时学丧礼。" ⑥⑧耿湋：唐代诗人，为大历十才子之一。《唐才子传》卷四："耿湋，河东人也。宝应二年洪源榜进士。与古之奇为莫逆之交。初为大理司法，充括图书使来江淮，穷山水之胜。仕终左拾遗。" ⑥⑨仇梅：汉代仇览、梅福的合称。仇览，一名仇香，曾任考城主簿。（事见《后汉书·仇览传》）梅福，字子真，曾任南昌县尉。（事见《汉书·梅福传》）因二人均为县里的属僚，故后人遂以"仇梅"喻地位低下的县吏。 ⑦⑩苏子由作绩溪令：苏辙担任绩溪县令。《宋史·苏辙传》："居二年，坐兄轼以诗得罪，谪监筠州盐酒税，五年不得调。移知绩溪县。哲宗立，以秘书省校书郎召。元祐元年，为右司谏。" ⑦①麦苗含穟（suì）：麦苗已经长出了针芒。韩愈《游城南十六首·赛神》："麦苗含穟桑生葚，共向田头乐社神。" ⑦②均州：今湖北丹江口。 ⑦③马子约：马纯，字子约，单州成武（今山东成武）人，北宋大臣马默之孙。高宗绍兴中为江西转运副使。孝宗隆兴初致仕。事迹见于王明清《挥麈余话》。

慎东美字伯筠①，秋夜待潮于钱塘江，沙上露坐，设大酒樽及一杯，对月独饮，意象傲逸，吟啸自若。顾子敦适遇之②，亦怀一杯，就其樽对酌，伯筠不问，子敦亦不与之语，酒尽各散去。伯筠工书，王逢原赠之诗③，极称其笔法，有曰："铁索急缠蛟龙僵。"盖言其老劲也。东坡见其题壁，亦曰："此有何好？但似箧束枯骨耳。"伯筠闻之，笑曰："此意逢原已道了。"今惟丹阳有《戴叔伦碑》是其遗迹④。

予为福州宁德县主簿⑤，入郡，过罗源县走马岭⑥，见荆棘中有崖石，刻"树石"二大字，奇古可爱，即令从者薙除观之，乃"才翁所赏树石"六字，盖苏舜元书也⑦。因以告县令项膺服善，作栏楯护之云。

铜色本黄，古钟鼎彝器大抵皆黄铜耳。今人得之地中者，岁久色变，理自应耳。今郊庙所制，乃以药熏染令苍黑，此何理也？

曾子开封曲阜县子⑧，谢任伯封阳夏县伯⑨。曲阜，今仙源县；阳夏，今城父县，方疏封时，已无二县矣，司封殆失职也。

蔡京为太师，赐印文曰"公相之印"，因自称"公相"。童贯亦官至太师，都下人谓之"媪相"⑩。

馆职常苦俸薄⑪，而吏人食钱甚厚。周子充作正字时⑫，尝戏曰："岂所谓省官不如省吏耶？"都下旧谓馆职为省官，故云。

赵相初除都督中外军事⑬，孙叔诣参政时为学士⑭，当制，请曰："是虽王导故事，然若兼中外，则虽陛下禁卫三衙皆统之，恐权太重，非防微杜渐之意。"乃改为"都督诸路军马"。制出，赵乃知之，颇不乐。

吕居仁诗云⑮："蜡烬堆盘酒过花。"世以为新。司马温公有五字云："烟曲香寻篆，杯深酒过花。"居仁盖取之也。

茶山先生云⑯："徐师川拟荆公'细数落花因坐久，缓寻芳草得归迟'云：'细落李花那可数，偶行芳草步因迟。'初不解其意，久乃得之，盖师川专师陶渊明者也。渊明之诗，皆适然寓意而不留于物，如'悠然见南山'，东坡所以知其决非望南山也。今云细数落花，缓寻芳草，留意甚矣，故易之。"又云："荆公多用渊明语而意异，如'柴门虽设要常关，云尚无心能出岫'。'要'字、'能'字，皆非渊明本意也。"

傅丈子骏奏事[17]，误称名，退而移文阁门，请弹奏。阁门以殿上语非有司所得闻，不受，子骏乃自劾。诏放罪。

从舅唐仲俊[18]，年八十五六，极康宁。自言少时因读《千字文》有所悟，谓"心动神疲"四字也，平生遇事未尝动心，故老而不衰。

永清军者，贝州也[19]。王则据州叛[20]，既平，改州曰恩州，而削其节镇。及宣和中复幽州[21]，乃建为永清军节度，以命郭药师[22]。药师果亦叛，盖不祥也。

绍圣中，贬元祐人苏子瞻儋州，子由雷州，刘莘老新州[23]，皆戏取其字之偏旁也。时相之忍忮如此[24]。

鲁直诗有《题扇》"草色青青柳色黄"一首[25]，唐人贾至、赵嘏诗中皆有之[26]，山谷盖偶书扇上耳。至诗中作"吹愁去"[27]，嘏诗中作"吹愁却"[28]，"却"字为是。盖唐人语，犹云"吹却愁"也。

周子充言："退之《黄陵庙碑》辨'陟方'事[29]，非也。古盖谓适远为陟。《书》曰：'若陟遐，必自迩。'犹今人言上路也，岂得云南方地势下耶？"

常璩字子然，河朔人，本农家。一村数十百家皆常氏，多不通谱。子然既为御史，一村之人名皆从玉，虽走史、铃下皆然[30]，无如之何。子然乃名子曰任、佚、美、向，谓周任、史佚、子美、叔向也[31]，意使人不可效耳。

汤丞相封庆国公[32]，命下，汤公谓此仁宗赐履之国[33]，自天圣以来无封者，欲请避之。或曰："何执中尝封庆国公矣[34]。"汤公曰："执中不知引避，此何足为法哉？"卒辞之，改封岐。

古所谓长夜之饮，或以为达旦，非也。薛许昌《宫词》云㉟："画烛烧阑暖复迷，殿帷深密下银泥。开门欲作侵晨散，已是明朝日向西。"此所谓长夜之饮也。

王逸少《笔经》曰㊱："有人以绿沉漆竹管及镂管见遗。"老杜所谓"苔卧绿沉枪"，盖谓是也。

欧阳公、梅宛陵、王文恭集皆有《小桃》诗㊲。欧诗云："雪里花开人未知，摘来相顾共惊疑。便当索酒花前醉，初见今年第一枝。"初但谓桃花有一种早开者耳。及游成都，始识所谓小桃者，上元前后即著花，状如垂丝海棠。曾子固《杂识》云㊳："正月二十间，天章阁赏小桃。"正谓此也。

王定国素为冯当世所知㊴，而荆公绝不乐之。一日，当世力荐于神祖，荆公即曰："此孺子耳。"当世忿曰："王巩戊子生，安得谓之孺子？"盖巩之生与同天节同日也㊵。荆公愕然，不觉退立。

汪彦章草赦书㊶，叙军兴征敛，其词云："八世祖宗之泽，岂汝能忘？一时社稷之忧，非予获已。"最为精当，人以比陆宣公兴元赦书㊷。然议者谓自太祖至哲宗方七世，若并道君数之，又不应曰"祖宗"，彦章亦悔之。信乎文之难也。

童汪锜能执干戈以卫社稷，本谓幼而能赴国难耳，非姓童也。翟公巽作童贯告词云"尔祖汪锜"㊸，误也，或云故以戏之。

刘长卿诗曰㊹："千峰共夕阳。"佳句也。近时僧癫可用之云："乱山争落日。"虽工而窘，不迨本句。

李后主《落花》诗云㊺："莺狂应有限，蝶舞已无多。"未几亡国。宋子京亦有《落花》诗㊻，云："香随蜂蜜尽，红入燕泥干。"

亦不久下世。诗谶盖有之矣。

《隋唐嘉话》云[47]："崔日知恨不居八座[48]。及为太常卿，于厅事后起一楼，正与尚书省相望，时号'崔公望省楼'。"又小说载："御史久次不得为郎者，道过南宫辄回首望之，俗号'拗项桥'[49]。"如此之类，犹是谤语。予读郑畋作学士时《金銮坡上南望》诗[50]，云："玉晨钟韵上空虚，画戟祥烟拥帝居。极目向南无限地，绿烟深处认中书。"则其意著矣。乃知朝士妄想，自古已然，可付一笑。

今世所道俗语，多唐以来人诗。"何人更向死前休"，韩退之诗也[51]；"林下何曾见一人"，灵澈诗也[52]；"长安有贫者，为瑞不宜多"，罗隐诗也[53]；"世乱奴欺主，年衰鬼弄人。海枯终见底，人死不知心"，杜荀鹤诗也[54]；"事向无心得"，章碣诗也[55]；"但有路可上，更高人也行"，龚霖诗也[56]；"忍事敌灾星"，司空图诗也[57]；"一朝权入手，看取令行时"，朱湾诗也[58]；"自己情虽切，他人未肯忙"，裴说诗也[59]；"但知行好事，莫要问前程"，冯道诗也[60]；"在家贫亦好"，戎昱诗也[61]。

汉隶岁久风雨剥蚀，故其字无复锋铓。近者杜仲微乃故用秃笔作隶[62]，自谓得汉刻遗法，岂其然乎？

曾子宣丞相尝排蔡京于钦圣太后帘前。太后不以为然，曾公论不已，太后曰："且耐辛苦。"盖禁中语，欲遣之使退，则曰"耐辛苦"也。京已出太原，复留[63]。

赵正夫丞相薨[64]，车驾临幸。夫人郭氏哭拜，请恩泽者三事，其一乃乞于谥中带一"正"字。余二事皆即许可，惟赐谥事，独曰："待理会。"平时徽庙凡言"待理会"者，皆不许之词也。正夫遂谥清宪。

富郑公初请功德院⑥，得敕额曰"奉亲"。已而乃作两院，共用一名，谓之南奉亲院、北奉亲院。

陈鲁公薨⑥，以其遭际龙飞，又薨于位，与王岐公同⑥，于是诏用岐公元丰末赠典，超赠太师，其他恩数皆视岐公，犹可也。及其家请谥，遂特赐谥曰文恭，盖亦用岐公谥。用他人之谥以为恩数，自古乌有此事哉？

谚有曰"濮州钟"，世不知为何等语。尝有人死，见阴官，濮州人也⑥，问以此，亦不能对。予案，此事见《周世宗实录》：显德六年二月丁丑，幸太清观。先是，乾明门外修太清观成，上闻濮州有大钟，声闻十里，乃命徙之，以赐是观，至是往观焉。

予参成都议幕，摄事汉嘉⑥，一见荔子熟。时凌云山、安乐园皆盛处，纠曹何预元立⑦、法曹蔡迨肩吾皆佳士⑦，日相与同盘桓。薛许昌亦尝以成都幕府来摄郡⑦，未久罢去，故其《荔枝》诗曰："岁杪监州曾见树，时新入座但闻名。"盖恨不及时也⑦。每与二君诵之。

东坡守杭，法外刺配颜巽父子⑦。御史论为不法，累章不已。苏公虽放罪，而颜巽者竟以朝旨放自便，自是豪猾益甚，以药涂盐钞而用，既毁抹，赂主者浸洗之，药尽而钞不伤，虽老于其事者不能辨。他不法尤众。有司稍按治，辄劫持之曰："某官乃元祐奸党苏某亲旧，故观望害我。"公形状牒。时治党籍方苛峻，虽监司郡守，得其牒辄畏缩，解纵乃已。大观中，胡奕修为提举盐事，会计已毁抹盐钞，得其奸，奏之，黥窜化州⑦，籍没资产，一方称快。

天下名山，惟华山、茅山、青城山无僧寺。青城十里外有一寺曰布金，洪水坏之，今复葺于旁里许。

僧可遵者，诗本凡恶，偶以"直待众生总无垢"之句为东坡所赏，书一绝于壁间⑰。继之山中道俗随东坡者甚众，即日传至圆通⑰，遵适在焉，大自矜诩，追东坡至前途。而途中又传东坡《三峡桥》诗⑱，遵即对东坡自言："有一绝，却欲题《三峡》之后，旅次不及书。"遂朗吟曰："君能识我《汤泉》句，我却爱君《三峡》诗。道得可咽不可漱，几多诗将竖降旗。"东坡既悔赏拔之误，且恶其无礼，因促驾去，观者称快。遵方大言曰："子瞻护短，见我诗好甚，故妒而去。"径至栖贤⑲，欲题所举绝句。寺僧方砻石刻东坡诗⑳，大诟而逐之。山中传以为笑。

[注释]

①慎东美：北宋书画家。《书史会要》卷六："慎东美，字伯筠，工书。王逢原赠之诗曰：'铁索急缠蛟龙僵。'盖言其字之老劲也。" ②顾子敦：顾临，字子敦，会稽（今浙江绍兴）人，神宗时，入为吏部郎中、秘书少监，又为河东转运使。哲宗时为河北都转运使。历刑、兵、吏三部侍郎。《宋史》有传。 ③王逢原：王令，字逢原，与王安石为莫逆交，著名诗人，年二十余卒。《宋史翼》有传。 ④丹阳：今江苏丹阳。 ⑤为福州宁德县主簿：按：宁德，各本均讹作"德宁"。福州无德宁县。陆游于绍兴二十八年（1158）任宁德主簿，二十九年（1159）为福州决曹，兹改正。 ⑥罗源县：今福建罗源。 ⑦苏舜元：北宋名臣苏舜钦的哥哥。《书史会要》卷六："苏舜元，字才翁，舜钦兄，官至尚书度支员外郎。为人精悍任气节，歌诗亦豪健。善篆籀，亦工草字，笔简而法足，书名与舜钦相后先。" ⑧曾子开：曾肇，字子开，曾布、曾巩幼弟。历任吏、户、刑、礼四部侍郎，知陈州、太原府、应天府、扬州、定州、和州、岳

州等。绍兴中追封曲阜县开国侯，赠少师。《宋史》有传。　⑨谢任伯：谢克家，字任伯，上蔡（今河南上蔡）人，绍圣四年（1097）进士。靖康中为吏部尚书，受孟太后之命，奉"大宋受命之宝"印玺到济州，迎康王赵构继承皇位。建炎三年（1129）为礼部尚书，四年（1130）升参知政事，次年卸任。　⑩媪相：母丞相。此为讥剌之词，因童贯为宦官，故云。　⑪馆职：宋代文馆官员的统称。洪迈《容斋随笔·馆职名存》："国朝馆阁之选皆天下英俊，然必试而后命。一经此职，遂为名流。其高者曰集贤殿修撰、史馆修撰，直龙图阁，直昭文馆、史馆、集贤院、秘阁；次曰集贤、秘阁校理。官卑者曰馆阁校勘、史馆检讨，均谓之馆职。"　⑫周子充：周必大，字子充，吉州庐陵（今江西吉安）人。《宋史·周必大传》："绍兴二十年第进士……召试馆职，高宗读其策，曰：'掌制手也。'守秘书省正字。馆职复召试自此始。"　⑬赵相初除都督中外军事：赵鼎，字元镇，解州闻喜（今山西闻喜）人。《宋史》有传。《宋史·高宗本纪》五："（绍兴五年二月）丙戌，以赵鼎为左仆射，张浚右仆射，并同中书门下平章事兼知枢密院事、都督诸路军马。"　⑭孙叔诣：孙近，字叔诣，江苏无锡人，崇宁二年（1103）进士。绍兴八年（1138）任参知政事。　⑮吕居仁：吕本中，字居仁，世称东莱先生，北宋名臣吕夷简玄孙，南宋名臣吕好问之子。历官知台州、太常少卿。绍兴八年（1138）二月迁中书舍人，六月，兼权直学士院。《宋史》有传。　⑯茶山先生：南北宋之交大臣曾幾，字吉甫，自号茶山居士，赣州人，为陆游老师。历任广西运判、江西提刑、浙西提刑等官。孝宗乾道二年（1166）卒，谥文清。《宋史》有传。　⑰傅丈子骏：傅崧卿，字子骏。见卷三上段注㉕。　⑱唐仲俊：陆游母亲唐氏的从兄弟，结发妻子唐婉儿之父，曾任光州通判。陆游有《绍兴癸亥，余以进士来临安，年十九，明年上元从舅光州通守唐公仲俊招观灯，后六十年嘉泰壬戌，被命起造朝。明年癸亥，复见灯夕,游人之盛,感叹有作》诗。　⑲永清军:宋代贝州的节度名。贝州:治今河北清河。《宋史·地理志二》:"恩州,下,清河郡,军事。唐贝州,晋永清军节度,周为防御。宋初,复为节度。庆历八年,改州名,罢节度。"　⑳王则据州叛:《宋史·仁宗本纪三》:"(庆历七年十一月戊戌)贝州宣毅卒王则据城反。……八年春正月丁丑,文彦博宣抚河北,明镐副之。……闰月辛丑,贝州平。……改贝州为恩州。"　㉑宣和中复幽州:《宋史·地理志六》:"燕山府,唐幽州。……石晋以赂契丹,契丹建为南京,又改号燕京。……宣和四年,改燕京为燕山府,又改郡曰广阳,节度曰永清军……七年,郭药师以燕山叛,金人复取之。"　㉒郭药师:渤海铁州(今辽宁盖平东)人,辽国将领。宣和四年(1122),拥所部八千人奉涿、易二州归顺宋朝,朝廷命为恩州观察使。宣和五年正月,同知燕山府。后叛归金国,下落不明。《宋史》有传。　㉓苏子瞻儋州:哲宗绍圣四年(1097)五月,苏轼责授琼州别驾、昌化军安置。昌化军即儋州。子由雷州:同日,苏辙被贬雷州。《东坡先生年谱》:"丁丑岁,余谪海南,子由亦谪雷州。五月十一,相遇于藤,同行至雷。六月十一日,相别渡海。……以七月十三日到儋州。"刘莘老新州:刘挚,字莘老,永静东光(今属河北)人。元祐中为御史中丞,拜尚书右丞,连进左丞、中书侍郎,迁门下侍郎。六年(1091),拜尚书右仆射。绍圣四年(1097),贬鼎州团练副使,新州(今广东新兴)安置。《宋史》有传。　㉔忮(zhì):刻毒忌恨。《宋人轶事汇编》卷十二:"苏子瞻谪儋州,以'儋'与'瞻'相近也。子由谪雷州,以'雷'字下有'由'字也。……此章子厚骏谑之意。"　㉕《题扇》"草色青青柳色黄":黄庭坚《题小景扇》:"草色青青柳色黄,桃花零落杏花香。春风不解吹愁却,春日偏能惹恨长。"　㉖贾至、赵嘏诗中皆有之:此句意稍晦,实则是说贾至、赵嘏二人诗集中都有与此相似的诗。贾至,《唐才子传》卷三:"(贾)至,字幼几，洛阳人，曾之子也。曾开元间与苏晋同掌制诰。至天宝十年明经擢第，累官起居舍人，知制诰。……有集三十余卷。"赵嘏，《唐才子传》卷七："（赵）嘏，字承祐，山阳人。会昌四年郑言榜进士。……嘏豪迈爽达，多陪接卿相，出入馆阁如亲属。" ㉗至诗中作"吹愁去"：贾至《春思二首》之一："草色青青柳色黄，桃花历乱李花香。东风不为吹愁去，春日偏能惹恨长。" ㉘嘏诗中作"吹愁却"：今本《全唐诗》赵嘏集中没有相类的诗，或已散佚。 ㉙退之《黄陵庙碑》辨"陟方"事：周必大认为韩愈辨析"陟方"的说法不正确。韩愈《黄陵庙碑》："余谓《竹书纪年》：帝王之没皆曰'陟'，'陟'，升也，谓升天也。《书》曰：'殷礼陟配天。'言以道终，其德协天也。《书》纪舜之没云'陟'者，与《竹书》《周书》同文也。其下言'方乃死'者，所以释'陟'为'死'也。地之势东南下，如言舜南巡而死，宜言'下方'，不得言'陟方'也。以此谓舜死葬苍梧，于时二妃从之不及而溺死者，皆不可信。"陟方，天子外出巡视。《尚书·舜典》："舜生三十征庸，三十在位。五十载，陟方乃死。"孔安国传："方，道也。舜即位五十年，升道南方巡守，死于苍梧之野而葬焉。" ㉚走史：走卒、奴仆。铃下：指门吏或仆役。应劭《汉官仪》："太常驾四马，主簿前车八乘，有铃下、侍阁、辟车、骑吏、五百等员。"《资治通鉴·汉献帝建安元年》："（吕）布屯沛城西南，遣铃下请（纪）灵等。"胡三省注："铃下，卒也，在铃阁之下，有警至则掣铃以呼之，因以为名。" ㉛周任：周朝大夫。《论语·季氏》："周任有言曰：'陈力就列，不能者止。'"史佚：周文王时史官。陶宗仪《书史会要》卷一："史佚，周文王史也。历事武王、成王。……武王伐纣，师渡孟津，白鱼入于王舟，故佚又作鱼书，体鱼之首为乙，尾为丙，以纪瑞焉。"子美：春秋时郑国大夫子产。《左传·襄公二十五年》："子美入，数俘而出。"杜预注："子美，子产也。"叔向：春秋时晋国大夫，羊舌氏，名肸，字叔向。《左传》中多有记载。 ㉜汤丞相：高宗朝宰相汤思退，字进之，处州（治今浙江丽水）人。绍兴十五年（1145）中博学宏词科，除秘书省正字。依附秦桧，官至签书枢密院事兼权参知政事。桧死，被擢为相，旋被劾罢。孝宗即位后，再度为相。因主和与张浚异议，遭到弹劾，忧惧而卒。孝宗追封为岐国公。《宋史》有传。 ㉝赐履之国：即封国。《左传·僖公四年》："赐我先君履：东至于海，西至于河，南至于穆陵，北至于无棣。"杜预注："履，所践履之界。"后遂以"赐履"指君主所封之地。《宋史·仁宗本纪一》："仁宗体天法道极功全德神文圣武睿哲明孝皇帝，讳祯，初名受益，真宗第六子，母李宸妃也。大中祥符……七年，封庆国公。" ㉞何执中：字伯通，处州龙泉（今浙江龙泉）人。徽宗崇宁四年（1105）为尚书右丞。四年后，代蔡京为尚书左丞。政和中为太宰，执政近十年。《宋史》有传。封庆国公：《宋史》本传记载为荣国公。 ㉟薛许昌：薛能，字太拙，河东汾州（今山西汾阳）人。晚唐诗人。因曾任许州忠武军节度使，故称薛许昌。广明元年(880)，薛能为许州大将周岌所逐，全家遇害。 ㊱王逸少：东晋大书法家王羲之，字逸少，琅琊临沂（今山东临沂）人。《笔经》：王羲之所作的一篇关于笔的著作。 ㊲欧阳公：欧阳修。欧阳修《小桃》诗题下注云："一作《和公仪正月桃》。"是一首唱和诗。梅宛陵：梅尧臣，北宋著名诗人。《宋史》有传。王文恭：王珪，字禹玉，成都华阳（今四川成都）人。神宗时为翰林学士承旨。熙宁三年（1070）拜参知政事。九年(1076)，进同中书门下平章事。元丰八年（1085）卒于位。《宋史·王珪传》："赠太师，谥曰文恭。" ㊳曾子固：曾巩，字子固，北宋著名文学家。《宋史》有传。曾巩有《杂识》两篇，载于其文集《元丰类稿》，是从《宋文鉴》中辑录的，未见所引二句。 ㊴王定国：王巩，字定国，莘县（今山东莘县）人，名相王旦之孙。与苏轼交往甚密。《宋史翼》卷二六有传。冯当世：冯京，字当世，鄂州江夏（今湖北武汉）人，宰相富弼女婿。神宗时为御史中丞、枢密副使。哲宗即位，知大名府。《宋史》有传。　㊵同天节：神宗的庆诞节日，为每年的四月十日。此句谓王巩的生日也是庆历八年（戊子）四月十日，与神宗同年同月同日。㊶汪彦章：汪藻，字彦章，饶州德兴（今江西德兴）人。高宗初年任中书舍人，擢给事中，迁兵部侍郎兼侍讲，拜翰林学士。《宋史》有传。㊷陆宣公：唐代宰相陆贽，字敬舆，苏州嘉兴（今浙江嘉兴）人。十八岁中进士，又中博学宏词。德宗时官翰林学士。兴元赦书：《新唐书·陆贽传》："会兴元赦令方具，帝以稿付贽，使商讨其详。贽知帝执德不固，困则思治，泰则易骄，欲激之使强其意，即建言：'履非常之危者，不可以常道安；解非常之纷者，不可以常令谕。陛下穷用兵甲，竭取财赋，变生京师，盗据宫闱。今假王者四凶，僭帝者二竖，其他顾瞻怀贰，不可悉数。而欲纾多难，收群心，惟在赦令而已。'"　㊸翟公巽：翟汝文，字公巽，润州丹阳（今江苏镇江）人。曾从苏轼、黄庭坚游。知襄州、济州、唐州、陈州。徽宗时为中书舍人。"外制典雅，一时称之。命同修《哲宗国史》，迁给事中"（《宋史·翟汝文传》）。汪锜：春秋时鲁国公子公为的嬖僮。《左传·哀公十一年》："公为与其嬖僮汪锜乘，皆死，皆殡。孔子曰：'能执干戈以卫社稷，可无殇也。'"翟汝文误认为"僮汪锜"姓童，故陆游讥其谬误。　㊹刘长卿：唐代诗人。《唐才子传》卷二："（刘）长卿，字文房，河间人。……至德中，历监察御史。"　㊺李后主：南唐后主李煜。　㊻宋子京：宋祁，字子京，与弟宋庠同榜进士。曾参与修纂《唐书》。《宋史》有传。　㊼《隋唐嘉话》：唐代刘悚所撰的一部笔记小说。今存。　㊽崔日知：字子骏，滑州灵昌（今河南滑县）人。玄宗开元初为京兆尹，迁太常卿。开元十六年（728），出为潞州大都督府长史。八座：朝廷高官，隋唐以六部尚书、尚书左右仆射及令为

“八座”。 ㊾拗项桥：唐赵璘《因话录》卷五：“尚书省东南隅通衢有小桥，相承目为‘拗项桥’。言侍御史及殿中诸郎久次者，至此必拗项而望南宫也。” ㊿郑畋：字台文，荥阳人，唐朝宰相。新、旧《唐书》均有传。 (51)韩退之：韩愈，字退之，唐代文学家。其《和归工部送僧约》诗：“早知皆是自拘囚，不学因循到白头。汝既出家还扰扰，何人更得死前休。” (52)灵澈：唐代诗僧。其《东林寺酬韦丹刺史》诗：“年老心闲无外事，麻衣草座亦容身。相逢尽道休官好，林下何曾见一人。” (53)罗隐：字昭谏，晚唐诗人，后南归为吴越钱镠重臣。其《雪》诗：“尽道丰年瑞，丰年事若何。长安有贫者，为瑞不宜多。” (54)杜荀鹤：字彦之，相传为杜牧之子，晚唐诗人。《唐才子传》有传。 (55)章碣：钱塘（今浙江杭州）人，章孝标之子。《唐才子传》有传。此句不见于《全唐诗》。 (56)龚霖：一作“龚林”。《全唐诗》无此人。宋曾慥《类说》卷十二引《纪异录》云：“龚林有卷投和凝《登太行山诗》云：‘但得路可上，更高人也行。’” (57)司空图：字表圣，晚唐诗人。《唐才子传》有传。其“忍事敌灾星”句又见王应麟《困学纪闻》卷十八。 (58)朱湾：字巨川，代宗大历时隐士。《唐才子传》有传。其《奉使设宴戏掷笼筹》诗：“莫怪斜相向，还将正自持。一朝权入手，看取令行时。” (59)裴说：唐哀帝天祐三年（906）礼部侍郎薛廷珪状元及第。官终礼部员外郎。《唐才子传》有传。按：此句不见于《全唐诗》。 (60)冯道：字可道，瀛州景城（今河北沧州西北）人，五代十国时期著名宰相，历后唐庄宗、后唐明宗、后唐闵帝、后唐末帝、后晋高祖、后晋出帝、后汉高祖、后汉隐帝、后周太祖、后周世宗十位皇帝，世称“十朝元老”。其《天道》诗：“穷达皆由命，何劳发叹声。但知行好事，莫要问前程。” (61)戎昱：荆南（今湖北江陵）人。历虔州刺史。至德宗，以罪谪为辰州刺史。《唐才子传》有传。其《长安秋夕》诗：“昨宵西窗梦，梦入荆南道。远客归去来，在家贫亦好。" ⑥²杜仲微：南宋书法家，曾知容州。《宋史》诸书无传。宋陈槱《负暄野录》卷上："隶书则有吕胜己、黄铢、杜仲微、虞仲房。吕、杜、黄工古法，然虽颇劲，而其失太拙而短，虞间出新意，波磔皆长而首尾加大，乍见甚爽，但稍欠骨法，皆不得中。" ⑥³京已出太原，复留：意谓蔡京被贬，圣旨命其为知太原府，太后请徽宗命其留在京师继续修史。《宋史·蔡京传》："曾布知枢密院，忌之，密言（蔡）卞备位承辖，京不可以同升，但进承旨。徽宗即位，罢为端明、龙图两学士，知太原，皇太后命帝留京毕史事。" ⑥⁴赵正夫：赵挺之，字正夫，密州诸城（今山东诸城）人。徽宗时为御史中丞，由吏部尚书拜右丞，进左丞、中书门下侍郎。《宋史·赵挺之传》："（蔡）京复相，挺之仍以大学士使佑神观。未几卒，年六十八。赠司徒，谥曰清宪。" ⑥⁵富郑公：北宋仁宗时名相富弼，《宋史》有传。 ⑥⁶陈鲁公：陈康伯，见卷一下段注㉒。 ⑥⁷王岐公：王珪，封岐国公，谥文恭。见本段注㊲。 ⑥⁸濮州：治今河南濮阳。 ⑥⁹摄事汉嘉：暂时代理嘉州通判。陆游乾道末由南郑回到成都为幕府，虞允文举荐其权代嘉州通判。 ⑦⁰纠曹：宋代州郡属官录事参军的别称。掌纠举六曹，勾稽失谬。 ⑦¹法曹：又称法曹参军，宋代州郡中掌管司法的官员。 ⑦²薛许昌亦尝以成都幕府来摄郡：唐代薛能也曾以成都幕僚的身份暂代嘉州主官。薛许昌，见本段注㉟。 ⑦³恨不及时：遗憾没有与他同时为官。 ⑦⁴刺配颜巽父子：苏轼元祐四年（1089）知杭州时，有颜巽及其二子颜章、颜益犯法，苏轼于法外刺配颜氏父子，随后上章自劾。事见《长编》卷四三二，文多不录。 ⑦⁵化州：治今广东化州。 ⑦⁶书一绝于壁间：将一首绝句题写在寺壁。苏轼《余过温泉，壁上有诗云：'直待众生总无垢，我方清冷混常流。'问人，云：'长老可遵作。遵已退居圆通。'亦作一绝》："石龙有口口无根，自在流泉谁吐吞？若信众生本无垢，此泉何处觅寒温。"按：此事发生在元丰中苏轼自黄州贬所量移汝州途中经庐山之时。可遵，庐山僧人。 (77)圆通：庐山寺名。《江西通志》卷一一三：“圆通寺在德化县庐山石耳峰下，南唐李后主建。” (78)东坡《三峡桥》诗：苏轼《栖贤三峡桥》：“吾闻太山石，积日穿线溜。况此百雷霆，万世与石斗。深行九地底，险出三峡右。长输不尽溪，欲满无底窦。跳波翻潜鱼，震响落飞狖。清寒入山骨，草木尽坚瘦。空蒙烟霭间，澒洞金石奏。弯弯飞桥出，潋潋半月彀。玉渊神龙近，雨雹乱晴昼。垂瓶得清甘，可咽不可漱。”三峡，即小三峡，庐山胜境之一。 (79)栖贤：庐山寺名。《江西通志》卷十二：“石人峰去（南康）府城西北二十里，有石拳耸如人状。峰之北圆如球者，绣球峰也。其下为栖贤寺，亦唐李渤读书处。” (80)砻（lóng）石：打磨碑石。

卷　五

种征君明逸既隐操不终①，虽骤登侍从，眷礼优渥，然常惧逸嫉。其《寄怀》诗曰："予生背时性孤僻，自信已道轻浮名。中途失计被簪绂，目睹宠辱心潜惊。虽从鹓鸾共班序，常恐青蝇微有声。清风满壑石田在，终谢吾君甘退耕。"其忧畏如此。又有《寄二华隐者》诗曰："我本厌虚名，致身天子庭。不终高尚事，有愧少微星②。北阙空追悔，西山羡独醒。秋风旧期约，何日去冥冥？"然其后卒遭王嗣宗之辱③，可以为轻出者之戒。世传常夷甫晚年悔仕④，亦不足多怪也。

宋太素尚书《中酒》诗云⑤："中酒事俱妨，偷眠就黑房。静嫌鹦鹉闹，渴忆荔枝香。病与慵相续，心和梦尚狂。从今改题品，不号醉为乡。"非真中酒者，不能知此味也。

绍兴中，有贵人好为俳谐体诗及笺启，诗云："绿树带云山罨画，斜阳入竹地销金。"《上汪内相启》云："长楸脱却青罗帔，绿盖千层；俊鹰解下绿丝绦，青云万里。"后生遂有以为工者。赖是时前辈犹在，雅正未衰，不然与五代文体何异？此事系时治忽⑥，非细事也。

承平时，鄜州田氏作泥孩儿⑦，名天下，态度无穷，虽京师工效之莫能及。一对至直十缣，一床至三十千，一床者，或五或七也，小者二三寸，大者尺余，无绝大者。予家旧藏一对卧者，有小字云："鄜畤田玘制。"绍兴初避地东阳山中⑧，归则亡之矣。

隆兴间，有扬州帅，贵戚也。宴席间语客曰："谚谓'三世仕宦，方解著衣吃饭。'仆欲作一书，言衣帽酒殽之制，未得书名。"通判鲜于广⑨，蜀人，即对曰："公方立勋业，今必无暇及此。他时功成名遂，均逸林下，乃可成书耳。请先立名曰《逸居集》。"帅不之悟。有牛签判者，京东归正官也⑩，辄操齐音曰："安抚莫信，此是通判骂安抚'饱食、暖衣、逸居而无教，则近于禽兽'⑪。是甚言语！"帅为发怒赧面，而通判欣然有得色。

晁子止云⑫："曾见东坡手书《四州环一岛》诗，其间'茫茫太仓中'一句，乃'区区魏中梁'，不知果否？"苏季真云⑬："《寄张文潜桄榔杖》诗，初本云'酒半消'，其下云：'江边独曳桄榔杖，林下闲寻荜拨苗⑭。''盛孝章'又误为'孝标'⑮。已而悟，故尽易之。"虽其家所传，然去今所行亡字韵殊远，恐传之误也。

范至能在成都⑯，尝求亭子名，予曰："思鲈。"至能大以为佳，时方作墨，即以铭墨背。然不果筑亭也。

临邛夹门镇，山险处得瓦棺，长七尺，厚几二寸，与今木棺略同，但盖底相反，骨犹不坏。棺外列置瓦器，皆极淳古。时靖康丙午岁也，李知几及见之⑰。

市人有以博戏取人财者，每博必大胜，号"松子量"，不知何物语也，亦不知其字云何。李端叔为人作墓志亦用此三字⑱。端叔前辈，必有所据。

今官制：光禄大夫转银青，银青转金紫，金紫转特进⑲。五代以前，乃自银青转金紫，金紫转光禄，光禄转特进。据冯道《长乐老序》所载甚详⑳。

庄文太子初封邓王㉑，予为陈鲁公、史魏公言㉒："邓王乃钱俶归朝后所封㉓;又哲宗之子早薨,亦封邓王,当避此不祥之名。"二公曰:"已降诏,俟郊礼改封可也。"庄文竟早世。

东坡赠赵德麟《秋阳赋》云㉔:"生于不土之里,而咏无言之诗。"盖寓"時"字也。

尹少稷强记㉕,日能诵麻沙版本书厚一寸。尝于吕居仁舍人坐上记历日,酒一行,记两月,不差一字。

肃王与沈元用同使虏㉖,馆于燕山愍忠寺。暇日无聊,同行寺中,偶有一唐人碑,辞皆偶俪,凡三千余言。元用素强记,即朗诵一再。肃王不视,且听且行,若不经意。元用归,欲矜其敏,取纸追书之。不能记者阙之,凡阙十四字。书毕,肃王视之,即举笔尽补其所阙,无遗者,又改元用谬误四五处,置笔他语,略无矜色。元用骇服。

靖康兵乱,宣和旧臣悉已远窜。黄安时居寿春㉗,叹曰:"造祸者全家尽去岭外避地,却令我辈横尸路隅耶!"安时卒死于兵,可哀也。

高宗除丧,予以礼部郎入读祝㉘。至几筵殿,盖帝平日所御处也。殿三楹,殊非高大,陈列几席、椸枷之类㉙,亦与常人家不甚相远。犹想见高庙之俭德也。

"夜凉疑有雨,院静似无僧。"潘逍遥诗也㉚。

田登作郡,自讳其名㉛,触者必怒,吏卒多被榜笞。于是举州皆谓灯为火。上元放灯,许人入州治游观。吏人遂书榜揭于市曰:"本州依例放火三日。"

刘隋州诗㉜:"海内犹多事,天涯见近臣。"言天下方乱,思见天子而不可得,得天子近臣亦足自慰矣。见天子近臣已足自慰,况又见之于天涯乎！其爱君忧国之意，郁然见于言外。

绍兴间，复古殿供御墨，盖新安墨工戴彦衡所造㉝。自禁中降出双角龙文，或云米友仁侍郎所画也㉞。中官欲于苑中作墨灶，取西湖九里松作煤。彦衡力持不可，曰："松当用黄山所产，此平地松岂可用？"人重其有守。

祖母楚国夫人，大观庚寅在京师病累月，医药莫效，虽名医如石藏用辈皆谓难治㉟。一日，有老道人状貌甚古，铜冠绯氅，一丫髻童子操长柄白纸扇从后，过门自言："疾无轻重，一灸立愈。"先君延入，问其术。道人探囊出少艾，取一砖灸之。祖母方卧，忽觉腹间痛甚，如火灼。道人遂径去，曰："九十岁。"追之，疾驰不可及。祖母是时未六十，复二十余年，年八十三乃终。祖母没后又二十年，从兄子楫监三江盐场㊱，偶饮酒于一士人毛氏，忽见道人，衣冠及童子，悉如祖母平日所言。方愕然，道人忽自言京师灸砖事，言讫遽遁去，遍寻不可得。毛君云：其妻病，道人为灸屋柱十余壮，病脱然愈。方欲谢之，不意其去也。世或疑神仙，以为渺茫，岂不谬哉？

《齐民要术》有咸杬子法，用杬木皮渍鸭卵。今吴人用虎杖根渍之㊲，亦古遗法。

曹泳为浙漕㊳，一日，坐客言徽州汪王灵异者㊴。泳问汪王若为对。有唐永夫者在坐，遽曰："可对曹漕㊵。"泳以为工，遂爱之。曾觌字纯甫㊶，偶归正官萧鹧巴来谒㊷，既退，复一客至，其所狎也。因问曰："萧鹧巴可对何人？"客曰："正可对曾鹌脯。"觌以为嫚己，大怒，与之绝。然"鹧巴"，北人实谓之"札八"。

童贯为太师，用广南龚澄枢故事㊸；林灵素为金门羽客㊹，用闽王时谭紫霄故事㊾。呜呼异哉！

元丰间，建尚书省于皇城之西，铸三省印。米芾谓印文背戾，不利辅臣。故自用印以来，凡为相者，悉投窜，善终者亦追加贬削，其免者，苏丞相颂一人而已㊶。蔡京再领省事，遂别铸公相之印。其后家安国又谓省居白虎位㊷，故不利。京又因建明堂，迁尚书省于外以避之。然京亦窜死，二子坐诛，其家至今废。不知为善而迁省易印以避祸，亦愚矣哉！

王黼作相㊸，请朝假归咸平焚黄㊹，画舫数十，沿路作乐，固已骇物论。绍兴中，秦熺亦归金陵焚黄，临安及转运司舟舫尽选以行，不足，择取于浙西一路，凡数百艘，皆穷极丹艧之饰。郡县监司迎饯，数百里不绝。平江当运河，结彩楼数丈，大合乐官妓舞于其上，缥缈若在云间，熺处之自若。

秦太师娶王禹玉孙女㊺，故诸王皆用事。有王子溶者，为浙东仓司官属㊻，郡宴必与提举者同席，陵忽玩戏，无所不至。提举者事之，反若官属。已而又知吴县，尤放肆。郡守宴客，初就席，子溶遣县吏呼伎乐伶人，即皆驰往，无敢留者。上元吴县放灯，召太守为客，郡治乃寂无一人。又尝夜半遣厅吏叩府门，言知县传语，必请面见。守醉中狼狈，揽衣秉烛出问之，乃曰："知县酒渴，闻有咸齑，欲觅一瓯。"其陵侮如此。守亟取遗之，不敢较也。

司马安四至九卿㊼，当时以为善宦，以今观之，则谓之拙宦可也。彼汩丧廉耻，广为道径者，不数年至公相矣，安用四至九卿哉！

蔡京赐第有六鹤堂，高四丈九尺，人行其下，望之如蚁。

故都里巷间，人言利之小者曰"八文十二"。谓十为谌，盖语急,故以平声呼之。白傅诗曰㉝:"绿浪东西南北路,红栏三百九十桥。"宋文安公《宫词》曰㉞:"三十六所春宫馆,一一香风送管弦。"晁以道诗亦云㉟:"烦君一日殷勤意,示我十年感遇诗。"则诗家亦以十为谌矣。

[注释]

①种征君明逸:北宋前期隐士种放,字明逸,洛阳(今属河南)人。咸平四年(1001),兵部尚书张齐贤极力举荐,朝廷遂召其入朝,授左司谏、直昭文馆。　②少微:星座名,在太微垣西南。《史记·天官书》:"廷藩西有隋星五,曰少微。"张守节《正义》:"少微四星,在太微西,南北列:第一星,处士。"　③遭王嗣宗之辱:《宋史·种放传》:"晚节颇饰舆服。于长安广置良田,岁利甚博,亦有强市者,遂致争讼,门人族属依倚恣横。王嗣宗守京兆,放尝乘醉慢骂之。嗣宗屡遣人责放不法,仍条上其事。诏工部郎中施护推究。"王嗣宗,《宋史》有传。《会要·职官》六一之五载王嗣宗大中祥符三年(1010)八月知永兴军(京兆府)。　④常夷甫:常秩,字夷甫,颍州汝阴(今安徽阜阳)人。举进士不中,因以经术见长,仁宗嘉祐中授官国子直讲,神宗熙宁四年(1071)拜右正言。《宋史·常秩传》:"秩隐居,既不肯仕,世以为必退者也。后安石为相更法,天下沸腾,以为不便,秩在间阎,见所下令,独以为是,一召遂起。在朝廷任谏争,为侍从,低首抑气,无所建明,闻望日损,为时讥笑。"　⑤宋太素:宋白,字太素,大名(今属河北)人。太祖建隆二年(961)进士。真宗咸平四年(1001)拜礼部尚书。《宋史》有传。　⑥治忽:治理与忽怠。语出《尚书·益稷》。　⑦鄜州:治今陕西富县。　⑧避地东阳山中:宣和末,陆游父陆宰到北方为官,于身中得子,遂取名陆游。不久靖康乱作,陆宰携家辗转逃回老家山阴,建炎三年(1129),

再度避地东阳（今浙江东阳）。　⑨鲜于广：字大任，蜀州晋原（今四川崇州）人。孝宗隆兴初任扬州通判，改利州通判。事迹散见于《会要》等书。按：高宗绍兴三十一年（1161）至孝宗隆兴二年（1164）知扬州为向子固，《全宋文》卷四二五二有小传。疑此人当是神宗向皇后之亲族。　⑩京东归正官：从全国山东一带逃归南宋的官员。　⑪饱食、暖衣、逸居而无教，则近于禽兽：《孟子·滕文公上》："人之有道也，饱食、暖衣、逸居而无教，则近于禽兽。圣人有忧之，使契为司徒，教以人伦：父子有亲，君臣有义，夫妇有别，长幼有序，朋友有信。"　⑫晁子止：晁公武。见卷二下段注㊽。　⑬苏季真：苏峤，字季真。苏轼曾孙，苏籥之子。历官尚书吏部员外郎、侍御史等官。乾道九年（1173），孝宗作《御制文忠苏轼文集赞并序》赐苏峤。苏峤史书无传，事迹散见于《建炎以来朝野杂记》等书。　⑭荜拨：藤本植物名，茎细长，果穗可入药。

⑮盛孝章：盛宪，字孝章，东汉末名士。曾任吴郡太守。入吴后屡遭孙策、孙权迫害，后为孙权所害。孔融与孝章友善，曾作《论盛孝章书》。　⑯范至能在成都：范成大，字至能。《宋史》有传。陆游《筹边楼记》："淳熙三年八月既望，成都子城之西南新作筹边楼。四川制置使、知府事范公举酒属其客山阴陆某。"　⑰李知几：李石。见卷二上段注㉖。　⑱李端叔：李之仪。见卷二下段注⑨。　⑲"光禄大夫"句：光禄大夫、银青光禄大夫、金紫光禄大夫、特进，都是唐宋时期文散官阶官名。徽宗政和以后共设三十七阶，由高至低依次为：开府仪同三司、特进、金紫光禄大夫、银青光禄大夫、光禄大夫、宣奉大夫、正奉大夫、正议大夫等，详见《宋史·职官志九》。　⑳冯道：见卷四下段注㊿。　㉑庄文太子：孝宗长子，名愭，郭皇后所生。孝宗登极后封为邓王。乾道元年（1165）立为皇太子。三年（1167）薨，年二十四，谥庄文。《宋史》有传。㉒陈鲁公：陈康伯，见卷一下段注㉒。史魏公：史浩，见卷三下段注㉔。

㉓邓王乃钱俶归朝后所封：钱俶，为五代十国中吴越国最后一位国王。太宗太平兴国中归顺宋朝。《宋史·吴越钱氏世家》："钱俶，字文德，杭州临安人。……端拱元年春，徙封邓王。会朝廷遣使赐生辰器币，与使者宴饮至暮，有大流星堕正寝前，光烛一庭，是夕暴卒，年六十。" ㉔赵德麟：赵令畤，太祖子燕王德昭玄孙，字景贶。元祐中为颍州幕僚，时苏轼知颍州，为其改字为德麟，荐其才于朝。后坐元祐党籍被废。著有《侯鲭录》传世。 ㉕尹少稷：尹穑，字少稷。见卷一下段注㊷。 ㉖肃王：赵枢，徽宗第五子。靖康初，金人要求以宗子为人质，于是钦宗命张邦昌与赵枢同赴金营，后被金人挟持北去。沈元用：沈晦，字元用，钱塘（今浙江杭州）人，北宋名臣沈遘之孙。宣和间为校书郎，迁著作佐郎。金人攻汴京，跟从肃王赵枢出质于金帅斡离不军中。京城陷，张邦昌立伪朝，请金人归还宋朝官员，沈晦因得还朝。高宗初知信州。高宗到扬州后，召为中书舍人。二人《宋史》均有传。 ㉗黄安时：见卷四上段注㉞。寿春：今安徽寿县。 ㉘读祝：祭祀时宣读祝告文书。《后汉纪·百官志》二："太祝令一人，六百石。本注曰：凡国祭祀，掌读祝及迎送神。" ㉙椸（yí）枷：衣架。《礼记·曲礼上》："男女不杂坐，不同椸枷。"郑玄注："椸，可以枷衣者。"陆德明《释文》："椸……衣架也。"

㉚潘逍遥：潘阆，字逍遥，大名（今属河北）人。以宦官王继恩荐获太宗召见，赐进士及第，后察其狂妄，追还诏书。因官府追捕，逃入中条山。咸平中至京兆，为官府收系，真宗释之，授滁州参军。事迹散见于《湘山野录》等笔记。 ㉛田登作郡，自讳其名：田登任知州时，避讳其名字中的"登"音。这种避讳称为"嫌"，即音相同或相近。据本人所著《宋代郡守通考》，田登所任为江西抚州知州，时间在徽宗崇宁四年至五年（1105~1106年）间。《抚州府志》卷三五郡守题名："田登，朝散郎（知抚州）。"《永乐大典》卷一〇九五〇引《抚州府志》："横秋阁，崇宁

五年，郡守田公登一新之。"这段话即今"只许州官放火，不许百姓点灯"的原始出处。　㉜刘隋州：当作"刘随州"，唐代诗人刘长卿，字文房，河间（今属河北）人。玄宗开元二十一年（733）进士。肃宗至德中为监察御史，知淮西岳鄂转运留后。受观察使吴仲孺诬谤系姑苏狱，出狱后量移睦州司马，官终随州刺史，世称"刘随州"。《唐才子传》有传。　㉝新安墨工戴彦衡：宋代徽州著名墨工。宋赵不悔所修《新安志》卷十："新安墨以黄山名，数十年来，造者乃在婺源黄冈山，戴彦衡、吴滋为最。彦衡自绍兴八年以荐作复古殿等墨，其初降双角龙样，是米待制元晖所画。继作圭璧及戏虎样，时议欲就禁苑为窑，稍取九里松古松为之，彦衡以松生道旁平地不可用。其后衢池工者载他山松往造，亦竟不成。彦衡未几死。尝出贡余一圭示米公，米以为罕有其比。"　㉞米友仁：北宋书画名家米芾之子，绍兴间官至兵部侍郎、敷文阁直学士。《画史会要》有传。　㉟石藏用：蜀中人，北宋名医。见卷三下段注㉘。　㊱三江盐场：宋代绍兴中三大盐场之一。《嘉泰会稽志》卷十二："监三江盐场廨，在（山阴）县东北二十里。"　㊲虎杖：中药名，蓼科植物。主治湿热黄疸、淋浊、风湿痹痛、痈肿疮毒、水火烫伤、妇人带下经闭等症。　㊳曹泳为浙漕：曹泳，真定府灵寿（今河北灵寿）人，北宋开国大将曹彬五世孙，秦桧养子秦熺夫人之兄。事迹散见于《会要》《要录》等书。《要录》卷一五六："（绍兴十七年十一月）丁亥，右朝奉大夫、提举福建路市舶曹泳为两浙路转运判官。"　㊴新安汪王：传说中徽州神灵名。《新安志》卷一："汪芒氏之裔，在周为长狄，与常人不类，独祖汪锜者近是。然邓名世以为汪王所居新安，而又言陈世汪纲自歙州徙河间，则是由陈以上固有居新安者矣。"　㊵曹漕：宋代转运使、副、判官皆称为"漕使"，这里意思是"姓曹的转运判官"。　㊶曾觌（dí）：开封（今河南开封）人。孝宗受禅，以潜邸旧人除权知阁门事。与龙大渊朋比为奸，恃宠干政，广收贿赂，权势颇盛。乾道七年（1171）为承宣使，淳熙元年（1174）除开府仪同三司。《宋史》有传。　㊷萧鹧巴：金国将领。绍兴三十二年（1162），与左骁卫上将军耶律适哩等归宋，封忠州团练使。事迹散见于《会要》等书。　㊸广南龚澄枢：五代十国时期南汉宦官宰相。《十国春秋》有传。此句意谓童贯也是由宦官升任宰相。　㊹林灵素：见卷三上段注⑧。金门羽客：道士称号。周煇《清波杂志》卷三："宣和崇尚道教，黄冠出入禁闼，号'金门羽客'，气焰赫然，林灵素为之宗主。"　㊺谭紫霄：字子雷，五代末北宋初道士。陈舜俞《庐山记·叙山南》："保大中，道士谭紫霄来自闽中，赐号'金门羽客'。"　㊻苏丞相颂：苏颂，字子容，泉州（治今福建泉州）人，北宋著名政治家、学者。哲宗元祐初为刑部尚书、吏部尚书兼侍读。五年（1090）擢尚书左丞，七年（1092）拜右仆射兼中书侍郎。绍圣四年（1097），以太子少师致仕。因其"器局闳远，不与人校短长，以礼法自持"（《宋史·苏颂传》），绍述派抓不到他任何把柄，成为唯一一位没有遭到贬谪的元祐宰相。　㊼家安国：字复礼，眉州（治今四川眉山）人，与苏轼兄弟为同门友。徽宗崇宁中，为讲议司检讨。《宋史·家愿传》有附传。白虎位：古天文中的四象之位，即所谓东苍龙、西白虎、南朱雀、北玄武。　㊽王黼：字将明，开封（今属河南）人，北宋末奸臣。徽宗宣和元年至六年（1119~1124年）为相。《宋史》入《佞幸传》。　㊾咸平：北宋县名，属开封府，治所在今河南通许。焚黄：品官受恩典祭告家庙或祖墓，用黄纸书写告文，祭毕即焚烧，谓之焚黄。　㊿秦太师娶王禹玉孙女：秦桧夫人王氏是名相王珪的孙女。王珪字禹玉，见卷四下段注㊲。　㉛浙东仓司：南宋两浙东路提举常平司，其主官为"两浙东路提举常平茶盐公事"。　㉜司马安四至九卿：司马安为西汉大臣，是名臣汲黯外甥，善于逢迎，屡升九卿高位。《汉书·汲黯传》："黯姊子司马安亦少与黯为太子洗马。安文深巧善宦，四至九卿,以河南太守卒。"㊼白傅:白居易。其《正月三日闲行》诗云:"黄鹂巷口莺欲语,乌鹊河头冰欲销。绿浪东西南北水,红栏三百九十桥。鸳鸯荡漾双双翅,杨柳交加万万条。借问春风来早晚,只从前日到今朝。"㊾宋文安公:宋白,字太素,大名(今属河北)人。太宗端拱初为礼部侍郎,再知贡举。真宗即位,为吏部侍郎,判昭文馆。大中祥符五年(1012)卒,赠左仆射,后谥文安。《宋史》有传。㊿晁以道:晁说之,字以道,元丰五年(1082)进士。北宋末知成州。靖康初召,任秘书少监,又以中书舍人兼太子詹事。《要录》卷六:"(建炎元年六月丁卯)诏朝请大夫、提举西京嵩山崇福宫晁说之赴行在。说之,宗悫玄孙。(宗悫,清丰人,康定中参知政事。)元符末,坐上书入党籍。靖康初起于既老,用为中书舍人,又斥去,至是召还,寻除徽猷阁待制兼侍读,用李纲荐也。"

周宇文护与母阁书曰①:"受形禀气,皆知母子。谁知萨保如此不孝。"此乃对母自称小名。南齐武帝崩,郁林王即位,明帝谋废立,右仆射王晏尽力助之。从弟思远谓晏曰:"兄荷武帝厚恩,一旦赞人如此事,何以自立?"因劝之引决。及晏拜骠骑,谓思远兄思徵曰:"隆昌之末,阿戎劝我自裁。若用其语,岂有今日?"思远曰:"如阿戎所见,犹未晚也。"此乃对兄自称小名。毕景儒《幕府燕闲录》载②:"苏易简初及第时③,与母书,自称'岷岷'。"亦小名也。从伯父右司小名马哥④,在京师省祖母楚国夫人⑤。出上马矣,楚国偶有所问,自出屏后呼"马哥"。亲事官闻之,白伯父曰:"夫人请吏部。"盖此辈亦习闻之也。今吴人子弟稍长,便不欲人呼其小名,虽尊者,亦以行第呼之矣。风俗日薄,如此奈何?

宋白《石烛》诗云⑥："但喜明如蜡，何嫌色似黳⑦。"烛出延安，予在南郑数见之。其坚如石，照席极明。亦有泪如蜡，而烟浓，能熏污帷幕衣服，故西人亦不贵之。

胡基仲尝言⑧："韩退之《石鼓歌》云'羲之俗书趁姿媚'，狂肆甚矣。"予对曰："此诗至云'陋儒编《诗》不收入，二《雅》褊迫无委蛇'，其言羲之俗书，未为可骇也。"基仲为之绝倒。

王广津《宫词》云⑨："新睡起来思旧梦，见人忘却道胜常。"胜常，犹今妇人言万福也。前辈尺牍有云'尊候胜常'者，胜字当平声读。

拄杖，斑竹为上，竹欲老瘦而坚劲，斑欲微赤而点疏。贾长江诗云⑩："拣得林中最细枝，结根石上长身迟。莫嫌滴沥红斑少，恰是湘妃泪尽时。"善言拄杖者也。然非予有此癖，亦未易赏音。

唐韩翃诗云⑪："门外碧潭春洗马，楼前红烛夜迎人。"近世晏叔原乐府词云⑫："门外绿杨春系马，床前红烛夜呼卢⑬。"气格乃过本句，不谓之剽可也。

张文昌《成都曲》云⑭："锦江近西烟水绿，新雨山头荔枝熟。万里桥边多酒家，游人爱向谁家宿？"此未尝至成都者也。成都无山，亦无荔枝。苏黄门诗云⑮："蜀中荔枝出嘉州，其余及眉半有不？"盖眉之彭山县已无荔枝矣，况成都乎？

先太傅自蜀归⑯，道中遇异人，自称方五。见太傅曰："先生乃西山施先生肩吾也⑰。"遂授道要。施公，睦州桐庐人，太傅晚乃自睦守挂冠⑱，盖有缘契矣。

张文昌《纱帽》诗云："惟恐被人偷剪样，不曾闲戴出书堂。"皮袭美亦云⑲："借样裁巾怕索将。"王荆公于富贵声色略不动心，得耿天骘（宪）竹根冠[20]，爱咏不已。予雅有道冠、拄杖二癖，每自笑叹，然亦赖古多此贤也。

故都时，御炉炭率斫作琴样，胡桃纹，鹁鸽青。高宗绍兴初巡幸临安，诏严州进炭，止令用土产，勿拘旧制。

东坡自儋耳归[21]，至广州舟败，亡墨四箧，平生所宝皆尽，仅于诸子处得李墨一丸、潘谷墨两丸[22]。自是至毗陵捐馆舍[23]，所用皆此三墨也。此闻之苏季真云[24]。

世言东坡不能歌，故所作乐府词多不协。晁以道云："绍圣初，与东坡别于汴上。东坡酒酣，自歌《古阳关》。"则公非不能歌，但豪放不喜裁剪以就声律耳。

山谷《水仙花二绝》"淡扫蛾眉篸一枝"及"只比江梅无好枝"者，见于李端叔集中，恐非端叔所及也。贺方回作《王子开挽词》"和璧终归赵，干将不葬吴"者[25]，见于秦少游集中。子开大观己丑卒于江阴，而返葬临城[26]，故方回此句为工，时少游已没十年矣。《水仙花》则不可考，然气格似山谷晚作，不类端叔也。

吴武安玠葬德顺军陇干县[27]，今虽隔在虏境，松楸甚盛，岁时祀享不辍，虏不敢问也。玠谥武安，而梁、益间有庙[28]，赐额曰"忠烈"，故西人至今但谓之吴忠烈云。

姚福进者，兕、麟之祖也[29]，德顺军人，以挽强名于秦陇间。至今西人谓其族为姚硬弓家。

曲端[30]、吴玠，建炎间有重名于陕西，西人为之语曰："有文有武是曲大，有谋有勇是吴大。"玠能书，今阆中锦屏山壁间有其书，奇伟可爱。

成都江渎庙北壁外，画美髯一丈夫，据银胡床坐，从者甚众，邦人云："蜀贼李顺也。"

邛州僧寺中版壁有赵谂题字[31]。字既凡恶，语亦浅拙，不知当时何以中第如此之高。盖希时事力诋元祐，故有司不复计其文之工拙也。

永康军导江县迎祥寺有唐女真吴彩鸾书《佛本行经》六十卷[32]。予尝取观之，字亦不甚工，然多阙唐讳。或谓真本，为好事者易去，此特唐经生书耳[33]。

利州武后画像[34]，其长七尺。成都有孟蜀时后妃祠堂，亦极修伟，绝与今人不类。福州大支提山有吴越王紫袍，寺僧升椅子举其领犹拂地，两肩有污迹。

老杜《海棕》诗在左绵所赋[35]，今已不存。成都有一株，在文明厅东廊前，正与制置司签厅门相直。签厅乃故锦官阁。闻潼川尤多[36]，予未见也。

成都石笋，其状与笋不类，乃累叠数石成之。所谓海眼亦非妄[37]，瑟瑟至今有得之者。蜀食井盐，如仙井、大宁犹是大穴[38]，若荣州则井绝小[39]，仅容一竹筒，真海眼也。石犀在庙之东阶下，亦粗似一犀。正如陕之铁牛，但望之大概似牛耳。石犀一足不备，以他石续之，气象甚古。

承平日甚重宫观。宣和中，晁以道知成州[40]，有请，吏部报云："照会本官，历任已曾住宫观，不合再有陈乞。"遂致仕而归。

唐夔州在白帝城[41]，地势险固。本朝太平兴国中，丁晋公为转运使[42]，始迁于瀼西[43]。瀼西地平不可守，又置瞿唐关使，于白帝屯兵，下临瀼西。使有事，宜多置兵，则夔帅不能亲将，指臂倒置；若少置兵则关先不守，夔州必随以破，可谓失策。大抵当时蜀已平,乃移夔州;晋已平,乃移太原,皆不可晓。若使晋、蜀复为豪杰所得,彼能据一国,独不能复徙一城以就形胜耶?若虽有外寇,而其地尚为我有,乃舍险就易,此何理也?

忠州在陕路^㊹,与万州最号穷陋^㊺,岂复有为郡之乐?白乐天诗乃云:"唯有绿樽红烛下,暂时不似在忠州。"又云:"今夜酒醺罗绮暖,被君融尽玉壶冰。"以今观之,忠州那得此光景耶?当是不堪司马闲冷,骤易刺史,故亦见其乐尔^㊻。可怜哉!

曾子宣、林子中在密院^㊼,为哲庙言:"章子厚以隐士帽、紫直掇,系绦见从官^㊽,从官皆朝服。其强肆如此。"上曰:"彼见蔡京亦敢尔乎?"京时为翰林学士,不知何以得人主待之如此,真奸人之雄也。

祖宗故事:命官锁厅举进士者,先所属选官考试所业,通者方听取解。至省试,程文纰缪者勒停,不合格者亦赎铜放,永不得应举。天圣间,方除前制。然未久,又诏文臣许锁厅两次,武臣止许一次,其严如此。近岁泛许人应博学宏辞,遂有妄以此自称。或假手作所业献礼部,亦许试。而程文缪不可读,亦无以惩之,殆非也。

秦所作郑、白二渠,在今京兆府之泾阳^㊾,皆以泾水为源。白渠灌泾阳、高陵、栎阳及耀州云阳、三原、富平,凡六县。斗门百七十余所,今尚存,然多废不治。郑渠所灌尤广袤,数倍于白渠。泾水乃绝深,不能复入渠口,渠岸又多摧圮填淤,比之白渠,尤不可措手矣。

唐人喜赤酒、甜酒、灰酒,皆不可解。李长吉云^㊿:"琉璃钟,琥珀浓,小槽酒滴真珠红。"白乐天云:"荔枝新熟鸡冠色,烧酒初开琥珀香。"杜子美云："不放香醪如蜜甜。"陆鲁望云㉛："酒滴灰香似去年。"

李虚己侍郎字公受㉜，少从江南先达学作诗，后与曾致尧倡酬㉝。曾每曰："公受之诗虽工，恨哑耳。"虚己初未悟，久乃造入。以其法授晏元献㉞，元献以授二宋㉟，自是遂不传。然江西诸人，每谓五言第三字、七言第五字要响，亦此意也。

沈义伦谥恭惠㊱，其家诉于朝，欲带一"文"字，议者执不可而止。张知白谥文节㊲，御史王嘉言请改谥文正㊳，王孝先为相㊴，亦不肯改。欧阳文忠公初但谥"文"，盖以配韩文公。常夷甫方兼太常㊵，晚与文忠相失，乃独谓公有定策功，当加"忠"字，实抑之也。李邦直作议㊶，不能固执，公论非之。当时士大夫相谓曰："永叔不得谥文公，此谥必留与介甫耳。"其后信然。

本朝进士初亦如唐制，兼采时望。真庙时，周安惠公起始建糊名法㊷，一切以程文为去留。

李允则，真庙时知沧州㊸。虏围城，城中无炮石，乃凿冰为炮，虏解去。近时陈规守安州㊹，以泥为炮，城亦终不可下。

信州龙虎山汉天师张道陵后世㊺，袭虚静先生号，蠲赋役自二十五世孙乾曜始㊻，时天圣八年也。今黄冠辈谓始于三十二代，非也。又独谓三十二代为张虚静，亦非也。

[注释]

①宇文护：小字萨保，南北朝北周大臣，武川（今内蒙古武川西）人。宇文泰之侄。宇文泰死后，以冢宰拥立其子宇文毓为帝（北周明帝），未久将其毒死，又立宇文邕为帝（北周武帝）。宇文护因擅权及蠹

政害民为君臣所憎,建德元年(572),宇文邕偕弟宇文直将其诛杀。　②毕景儒:毕仲询,字景儒,北宋神宗时人。《郡斋读书志》卷十三:"《幕府燕闲录》十卷。右皇朝毕仲询撰。仲询,元丰初为岚州推官,纂当代奇怪可喜之事,为二十门。"　③苏易简:字太简,梓州铜山(今属四川)人。太平兴国五年(980)状元。历官翰林学士、中书舍人,官至参知政事。《宋史》有传。　④右司:尚书右司郎中或员外郎的简称。　⑤祖母楚国夫人:陆游祖父陆佃,徽宗崇宁元年(1102)卒,追封楚国公,故其夫人为楚国夫人。　⑥石烛:以石油浸渍过的泥石。明杨慎《丹铅续录·杂识·石烛》:"石烛,一名水肥,一名石脂,一名石液,今之延安石油也。可熏烟为墨。"　⑦翳(yī):黑色的玉石。《汉书·郊祀志下》:"陨石二,黑如翳。"　⑧胡基仲:陆游有《追怀胡基仲》诗云:"高洁胡征士,当时已绝无。门庭谢残客,薪水斥常奴。遗稿何由见,英魂不可呼。谁怜墓上草,又是一年枯。"又有《寄题胡基仲故居》诗云:"旅坟三尺云门寺,又见离离长绿芜。"综合来看,基仲似曾应召而为微官,后还乡隐居,早于陆游过世,墓在绍兴云门显圣寺旁。　⑨王广津:唐大臣王涯,字广津,德宗贞元八年(792)进士。宪宗时为知制诰、翰林学士,拜中书侍郎、同平章事。穆宗长庆中为户部尚书,文宗时进右仆射。新、旧《唐书》均有传。　⑩贾长江:唐代诗人贾岛。《唐才子传》有传。　⑪韩翃:字君平,南阳(今属河南)人。玄宗天宝十三载(754)进士。《唐才子传》有传。　⑫晏叔原:晏几道,字叔原,名臣晏殊之子,擅作词,历任乾宁军通判、开封府判官等职。　⑬呼卢:谓赌博。《晋书·刘毅传》:"于东府聚摴蒲大掷,一判应至数百万,余人并黑犊以还,唯刘裕及毅在后。毅次掷得雉,大喜,褰衣绕床,叫谓同坐曰:'非不能卢,不事此耳。'"　⑭张文昌:唐代诗人张籍,字文昌,贞元十五年(799)进士。韩愈力荐其为国子博士。《唐才子传》有传。

⑮苏黄门：苏辙。　⑯先太傅：陆游高祖陆轸，字齐卿，真宗大中祥符五年（1012）进士第二。仁宗康定元年（1140）知越州，庆历二年（1042）知明州，又知睦州。　⑰施先生肩吾：施肩吾，字东斋，睦州分水（治今浙江桐庐西北）人，宪宗元和十五年（820）进士。因淡于名利，不待授官而归。仰慕洪州西山（在今江西南昌西）十二真人于此羽化，遂筑室隐居，修道炼丹。《唐才子传》有传。　⑱自睦守挂冠：《淳熙严州图经》卷一郡守题名："皇祐元年，陆轸以吏部郎中、直昭文馆知（严）州。未几请老，以分司西京归。"　⑲皮袭美：晚唐诗人皮日休，字袭美，襄阳（今属湖北）人。隐居鹿门山，自号"醉吟先生"。《唐才子传》有传。⑳耿天骘：耿宪。王安石《己未耿天骘著作自乌江来予迓沈氏妹于白鹭洲遇雪作此诗寄天骘》诗李壁注："天骘事迹不甚著于世，但其姓名屡见公集。又郭功父（祥正）有《寄天骘杂言》一首，称其已悬车，则天骘盖亦老人也。又公《送天骘》诗有'四十余年心莫逆'之句，则公之厚骘亦既久矣。然方公盛时，骘略不闻进用，意必澹于荣利，不为容悦者。"《王荆文公诗李壁注》卷四一有《和耿天骘以竹冠见赠四首》，其二云："无物堪持比此冠，竹皮柔脆谷皮干。故人恋恋绨袍意，岂为哀怜范叔寒？"据此可知，耿天骘在王安石显贵后既未与之断交，又未逢迎以求奖掖，当是急流勇退，隐居度日。　㉑东坡自儋耳归：苏轼于元符三年（1100）五月遇赦，量移廉州安置。从儋州北归。六月，过琼州，渡海。㉒李墨一丸、潘谷墨两丸：李廷珪所制墨一丸，潘谷所制墨两丸。李廷珪、潘谷都是五代末宋初时制墨名家。陶宗仪《南村辍耕录·墨》："至唐末……廷珪父子之墨始集大成，然亦尚用松烟。"晁说之《晁氏墨经》："潘谷之煤，人多有之，而人制墨，莫有及谷者，正在煎胶之妙。凡胶，鹿胶为上。"　㉓至毗陵捐馆舍：到常州后去世。徽宗建中靖国元年七月二十八日（1101年8月24日），苏轼卒于常州。苏轼在海南时，为了对

抗瘴毒，吃了不少热药，回到内陆后热毒无法消散，毒发而死。傅藻《东坡纪年录》："七月，疾颇革，折简钱世雄云：'昨夕齿中出血，如蚯蚓者无数。若专是热毒，根源不浅，即今诸药尽却，惟取人参、茯苓、麦门冬瀹汤，渴即饮之。庄生云在宥天下，未闻治天下也。三物可谓在宥矣。此而不愈，则天也。'" ㉔苏季真：苏轼曾孙苏峤。见卷五上段注⑬。 ㉕贺方回：北宋词人贺铸，字方回，号庆湖遗老。卫州（治今河南卫辉）人，唐代名臣贺知章后裔。《宋史》有传。王子开：王蘧，字子开，与苏轼兄弟相友善。苏轼曾作《芙蓉城》诗相赠。哲宗元祐中知无为军，建中靖国间为夔州运判，崇宁中知施州，大观三年（1109）卒。事迹散见于《长编》《蜀中广记》等书。 ㉖临城：今河北临城，属邢台。 ㉗吴武安玠：吴玠，字晋卿，德顺军陇干（今甘肃静宁）人，南宋初抗金名将。《宋史》有传。 ㉘梁、益间：汉中至成都一带。 ㉙姚福进者，咒、麟之祖：姚福进是姚咒、姚麟的祖辈。《宋史·姚咒传》："姚咒字武之，三原人。父宝，战死定川，咒补右班殿直，为环庆巡检。……卒于鄜延总管，赠忠州防御使。"姚麟是姚咒的弟弟，《宋史》亦有传。 ㉚曲端：字正甫，镇戎军（今宁夏固原）人。历知镇戎军、延安府，南宋初西北名将，后为王庶谮害。《宋史》有传。 ㉛赵谂：祖上原为渝州（今属重庆）蛮人，后赵谂父庭臣归顺宋朝，赐姓赵。《长编拾补》卷十九："建中靖国元年九月，赵谂反于渝州。崇宁元年二月戊戌，赵谂伏诛。《九朝编年备要》云：谂，江津人。少敏给，绍圣初擢甲科，教授成都。因章惇逐元祐大臣，不合人心，欲以此为名起兵据蜀。……上登极赦到，谂谓奖等曰：'章惇必罢，天下既安，人心难动，前事愿勿出口。'遂入京，除太学博士，请假般家，欲面止诸人。而党中有发其谋者。狱具，当族。有诏诛，家属分配湖广。" ㉜永康军：治今四川都江堰。导江县：今属四川都江堰。吴彩鸾：唐代女书法家，小楷颇有钟繇、王羲之笔意，道劲古雅。《宣和书谱》卷五："女仙吴彩鸾，自言西山吴真君之女。"　㉝经生：研治经学的书生。　㉞利州：今四川广元。　㉟左绵：宋代绵州，治今四川绵阳东。　㊱潼川：治今四川三台县。　㊲海眼：古人以为井泉之水潜流地中，通达江海，故称泉眼为海眼。　㊳仙井：宋代仙井监，治今四川仁寿。大宁：宋代大宁监，治今重庆巫溪。二监皆为产盐而专设。　㊴荣州：治今四川荣县。　㊵晁以道知成州：晁说之知成州在宣和四年至七年（1122~1125年）。《嵩山文集》卷十七《文林启秀序》为宣和四年序。《会要·职官》七七之六三："（宣和七年）十二月，中书舍人谭世勣等言：伏见朝请大夫致仕晁说之昨任知成州日，诸司列荐治状。"说之宣和七年二月致仕。成州治今陕西成县。　㊶夔州：治今重庆奉节。白帝城：在奉节瞿塘峡口长江北岸白帝山上，西汉末公孙述所建。　㊷丁晋公：丁谓，字谓之，苏州人。初为峡路转运使，逢朝廷改蜀中为四路，遂为夔州路转运使。后为宰相，被仁宗刘太后贬谪岭南。《宋史》有传。《长编》卷五一："（咸平五年正月甲辰）夔州路转运使、工部员外郎、直史馆丁谓加刑部员外郎，赐白金三百两。"　㊸瀼（ràng）西：四川奉节瀼水西岸平旷之地。杜甫在夔州时曾迁居于此。　㊹忠州：治今重庆忠县。陕路：误，当作"峡路"，为宋初所置路名，与陕西路无关，古籍中经常混淆。　㊺万州：治今重庆市万州区。　㊻不堪司马闲冷，骤易刺史，故亦见其乐：白居易被贬为江州司马，后调任忠州刺史，故而内心感到十分欣慰。　㊼曾子宣：曾布，字子宣。《宋史·宰辅表三》："（绍圣四年）闰二月壬寅，曾布自同知枢密院事除太中大夫、知枢密院事。"林子中：林希，字子中，《宋史》有传。《宋史·宰辅表三》："（绍圣四年闰二月壬寅）林希自翰林学士、知制诰除太中大夫、同知枢密院事。"㊽章子厚：章惇，字子厚，与苏轼同榜进士，后因赞襄绍述而官至宰相。《宋史》入《佞幸传》。　㊾秦所作郑、白二渠：秦代开挖的郑国渠和西汉开挖的白渠。泾阳：今甘肃泾阳，在泾河下游。 (50)李长吉：唐代诗人李贺，字长吉。 (51)陆鲁望：唐代诗人陆龟蒙，字鲁望，苏州人。《唐才子传》有传。 (52)李虚己：太宗、真宗时历任侍御史，又提点荆湖南路刑狱、淮南转运副使、判大理寺、知河中府、权御史中丞。《宋史》有传。 (53)曾致尧：字正臣，南丰（今属江西）人，曾巩、曾布的祖父。太平兴国八年（983）进士。历官礼部、户部郎中。《宋史》有传。 (54)晏元献：晏殊，卒后谥元献。《宋史》有传。 (55)二宋：北宋名臣宋庠、宋祁兄弟。二宋，湖北安陆人。天圣初同榜进士。庠，字公序，官至枢密使、同中书门下平章事。祁，字子京，官至翰林学士、尚书礼部侍郎、翰林学士承旨。二人《宋史》均有传。 (56)沈义伦：字顺宜，开封太康（今河南太康）人。原名义伦，避太宗讳，改名沈伦。太祖初为户部侍郎、枢密副使。开宝六年（973），拜中书侍郎、平章事。太宗太平兴国初，加右仆射兼门下侍郎，监修国史。《宋史》有传。 (57)张知白：字用晦，沧州清池（今河北沧州东南）人。真宗时为御史中丞、参知政事。仁宗即位，进尚书右丞、枢密副使，以工部尚书同中书门下平章事。 (58)御史王嘉言请改谥文正：《宋史·张知白传》："礼官谢绛议谥文节，御史王嘉言言：'知白守道徇公，当官不挠，可谓正矣，谥文正。'王曾曰：'文节，美谥矣。'遂不改。" (59)王孝先：王曾，字孝先，青州益都（今山东青州）人。咸平五年（1002）状元。真宗朝为参知政事。仁宗即位，进中书侍郎、同中书门下平章事。《宋史》有传。 (60)常夷甫：常秩，字夷甫，颍州汝阴（今安徽阜阳）人。《宋史·常秩传》："兼直舍人院，迁天章阁侍讲、同修起居注，仍使供谏职。复乞归，改判太常寺。" (61)李邦直：李清臣，字邦直，大名（今河北大名）人。元丰六年（1083），拜尚书右丞。哲宗即位，转左丞。亲政后拜中书侍郎。《宋史》有传。 (62)周安惠公起：周起，字万卿，淄州邹平（今山东邹平北）人。

真宗时为给事中、同知枢密院事。进礼部侍郎，为枢密副使。卒谥安惠。《宋史》有传。糊名：真宗以前，进士试卷都是不糊名的，考卷作者一目了然。周起认为这样容易出现舞弊现象，建议考卷采取糊名方式，判卷官即无从知晓答卷者身份，有效避免了舞弊现象出现。关于糊名考试起于何时何人，历来有各种不同的说法。周起立糊名之制，《宋史》中亦无明确记载。　㊸李允则：字垂范，并州盂县（今山西盂县）人。宋初名将李谦溥之子。《宋史》有传。《长编》卷五七：“（景德元年九月）先是，洛苑副使李允则知沧州……是月召归。”　㊹陈规：字元则，密州安丘（今山东安丘）人。建炎元年（1127）知德安府（即安州），屡败群盗，升任德安府、复州、汉阳军镇抚使。《宋史》有传。安州在今湖北安陆。㊺信州：今江西上饶。龙虎山：道教名山。《江西通志》卷十一：“龙虎山在贵溪县南八十里，两峰相峙，状若龙虎，道书第三十二福地。汉张道陵于此炼丹。山下有演法观，古松夹道，丹龟、丹井及飞升台。”　㊻蠲赋役自二十五世孙乾曜始：免除张天师后裔租赋从张道陵第二十五世孙张乾曜开始。《江西通志》卷一〇四：“张正随字宝神，季文子，汉天师第二十四世。性质直敦朴，不与俗接。大中祥符八年，真宗召至阙，赐号真静先生。子乾曜字元光，端静寡言。天圣八年，仁宗召问冲举之事，对曰：‘此非所以辅政教也。陛下诚能返之朴，行以简易，则天下和平矣，奚事冲举哉？’上嘉之，赐号澄素先生。乾曜子嗣宗，仁宗赐号虚白先生。”

卷　六

太宗朝，胡秘监周甫贬坊州团练副使①，擅离徙所，至鄜州谒宋太素尚书②，被劾，特置不问。元祐中，陈正字无己为徐州教官③，亦擅离任至南京别东坡先生。谏官弹之，亦不加罪。祖宗优待文士如此。

今上初登极，周丞相草仪注④，称"新皇帝"，盖创为文也。

欧阳公记开宝钱文曰"宋通"。予按：周显德钱文曰"周通"，故国初因之，亦曰"宋通"，建隆、乾德中皆然，不独开宝也。至太平兴国以后，乃以年号为钱文，至今皆然。欧公又谓宝元钱文曰"皇宋"。按《实录》所载亦同，然今钱中又有云"圣宋"者，大小钱皆有之。大钱折二，始于熙宁，则此名乃或出于熙宁以后矣。

周世宗时，李景奉正朔⑤，上表自称"唐国主"，而周称之曰"江南国主"。国书之制曰："皇帝致书恭问江南国主。"又以"君"字易"卿"字。至艺祖⑥，于李煜则遂赐诏如藩方矣。仁宗时，册命赵元昊为夏国主⑦，盖用江南故事。然亦赐诏，凡言及"卿"字处即阙之，亦或以"国主"代"卿"字。当时必有定制，然不尽见于国史也。

欧阳文忠公立论《易·系辞》当为《大传》，盖古人已有此名，不始于公也。有黠僧遂投其好，伪作韩退之《与僧大颠书》，引《系辞》谓之《易大传》，以示文忠公。公以合其论，遂为之跋曰："此宜为退之之言。"予尝得此书石刻，语甚鄙，不足信也。

今僧寺辄作库质钱取利⑧,谓之"长生库",至为鄙恶。予按:梁甄彬尝以束苎就长沙寺库质钱⑨,后赎苎还,于苎束中得金五两,送还之,则此事亦已久矣。庸僧所为,古今一揆⑩,可设法严绝之也。

先君入蜀时,至华之郑县⑪,过西溪⑫。唐昭宗避兵尝幸之,其地在官道旁七八十步,澄深可爱;亭曰西溪亭,盖杜工部诗所谓"郑县亭子涧之滨"者。亭旁古松间,支径入小寺,外弗见也。有楠木版揭梁间甚大,书杜诗,笔亦雄劲,体杂颜、柳⑬,不知何人书,墨挺然出版上甚异。或云墨著楠木皆如此。

宗正卿、少卿,祖宗因唐故事,必以国姓为之,然不必宗室也⑭。元丰中,始兼用庶姓。而知大宗正事,设官始于濮安懿王⑮。始权任甚重,颇镌损云。

京师沟渠极深广,亡命多匿其中,自名为"无忧洞",甚者盗匿妇人,又谓之"鬼樊楼"。国初至兵兴常有之,虽才尹不能绝也⑯。

祥符东封,命王钦若、赵安仁并判兖州⑰,二公皆见任执政也。庆历初,西鄙未定,命夏竦判永兴,陈执中、范雍知永兴⑱,一州二守,一府三守,不知当时如何分职事?既非长贰,文移书判之类必有程式,官属胥吏何所禀承?国史皆不载,莫可考也。然当时谏官、御史不以为非,诸公受之亦不力辞,岂在其时亦为便于事耶?宣和中复幽州,以为燕山府,蔡靖知府,郭药师同知⑲。既增"同"字,则为长贰,与庆历之制不同。

晁以道读《魏书》,以为魏收独无刑祸⑳,既以寿终,又赠司空、尚书左仆射,谥文贞,以此攻韩退之避修史之说。然收死后,竟以史笔多憾于人。齐亡之岁,冢被发,弃骨于外,得祸亦不轻矣。

王荆公父名益,故其所著《字说》无"益"字。苏东坡祖名序,故为人作序皆用"叙"字,又以为未安,遂改作"引",而谓"字序"曰《字说》。张芸叟父名盖,故表中云:"此乃伏遇皇帝陛下。"今人或效之,非也。

古谓带一为一腰,犹今谓衣为一领。周武帝赐李贤御所服十三环金带一腰是也[21]。近世乃谓带为一条,语颇鄙,不若从古为一腰也。

黄巢之入长安,僖宗出幸,豆卢瑑、崔沆、刘邺、于琮、裴谂、赵蒙、李溥、李汤皆守节[22],至死不变。郑綮、郑系义不臣贼,举家自缢而死。以靖康京师之变言之,唐犹为有人也。

晋语"儿""人"二字通用。《世说》载桓温行经王大将军墓[23],望之曰:"可儿,可儿。"盖谓"可人"为"可儿"也。故《晋书》及孙绰《与庾亮笺》[24],皆以为"可人"。又陶渊明不欲束带见乡里小儿,亦是以"小人"为"小儿"耳,故《宋书》云"乡里小人"也。

晋人所谓"不意永嘉之末,复闻正始之音",永嘉、正始乃魏、晋年名。胡武平《上吕丞相启》云[25]:"手提天铎,锵正始之遗音;梦授神椽,摈夺朱之乱色。"盖不悟正始为年名也。

俗说唐、五代间事,每及功臣,多云"赐无畏",其言甚鄙浅。予儿时闻之,每以为笑。及观韩偓《金銮密记》云[26]:"面处分,自此赐无畏,兼赐金三十两。"又云:"已曾赐无畏,卿宜凡事皆尽言。"直是鄙俚之言亦无畏。以此观之,无畏者,许之无所畏惮也。

然君臣之间，乃许之无所畏惮，是何义理？必起于唐末耳。

国初举人对策，皆先写策题，然策题不过一二十句。其后策题浸多，而写题如初，举人甚以为苦。庆历初，贾文元公为中丞㉗，始奏罢之。

故事，台官无侍经筵者。贾文元公为中丞，仁祖以其精于经术，特召侍讲迩英㉘，自此遂为故事。秦会之当国时，谏官、御史必兼经筵，而其子熺亦在焉。意欲搏击者，辄令熺于经筵侍对时谕之，经筵退，弹文即上。

予与尹少稷同作密院编修官，时陈鲁公、史魏公为左右相㉙。一日过堂见鲁公，语少款，少稷忽曰："穑便难活相公面上人。"又云："穑是右相荐，右相面上人。"又云："穑是相公乡人，处处为人关防㉚。"鲁公笑答云："康伯往年使虏，有李愈少卿者来迓客，自言'汉儿'也。云：'女真、契丹、奚皆同朝，只汉儿不好。'北人指曰汉儿，南人却骂作番人。愈之言，无乃与君类耶？"一座皆笑。

吴处厚字伯固㉛，既上书告蔡新州诗事㉜，自谓且显擢。时已为汉阳守㉝，比秩满，仅移卫州㉞。予少时尝见其谢表曰："今李常已移成都，则余人次第复用。臣有两子一婿，俱是选人，到处撞见冤仇，何人更肯提挈？"处厚本能文，而表辞鄙浅如此者。意谓太母见之易晓尔㉟。

王黼在翰苑㊱，尝病疫危甚，国医皆束手。二妾曰艳娥、素娥，侍疾坐于足。素娥泣曰："若内翰不讳，我辈岂忍独生？惟当俱死尔！"艳娥亦泣，徐曰："人生死有命，固无可奈何，姊宜自宽。"黼虽昏卧，实具闻之。既愈，素娥专房宠，封至淑人，艳娥遂辞去。及黼诛，素娥者惊悸，不三日亦死，曩日俱死之言遂验。

蜀老言：绍兴初，漕粟嘉陵以饷边。每一斛至军中，计其费为七十五斛。席大光、胡承公为帅㊲，始议转般折运，于是费十减六七。向非二公，蜀已大困矣，故至今蜀人谓承公为"湖州镜"。

王性之记问该洽㊳，尤长于国朝故事，莫不能记。对客指画诵说，动数百千言，退而质之，无一语缪。予自少至老，惟见一人。方大驾南渡，典章一切扫荡无遗，甚至祖宗谥号亦皆忘失，祠祭但称庙号而已。又因讨论御名，礼部申省言："未寻得《广韵》。"方是时，性之近在二百里内，非独博记可询，其藏书数百箧，无所不备，尽护致剡山，当路藐然不问也。

王伯照长于礼乐㊴，历代及国朝议礼之书悉能成诵，亦可谓一时之杰。绍兴末为太常少卿，迁礼部侍郎，犹兼少卿事㊵，可谓得人。俄坐台评去㊶。近时不惜人才至此。

都下买婢，谓未尝入人家者为一生人，喜其多淳谨也。予在蜀中，与何撎之同阅报状㊷，见新进骤用者，撎之曰："渠是一生人，宜其速进。"予怪而诘之，撎之曰："曾为朝士者，既为人所忌嫉，又多谤，故惟新进者常无患。"盖有激也。

杜诗"夜阑更秉烛"，意谓夜已深矣，宜睡而复秉烛，以见久客喜归之意。僧德惠妄云："更当平声读。"乌有是哉！

谢景鱼家有陈无己手简一编㊸，有十余帖，皆与酒务官托买浮炭者，其贫可知。浮炭者，谓投之水中而浮，今人谓之麸炭，恐亦以投之水中则浮故也。白乐天诗云"日暮半炉麸炭火"，则其语亦已久矣。

四方之音有讹者，则一韵尽讹。如闽人讹"高"字，则谓

"高"为"歌",谓"劳"为"罗";秦人讹"青"字,则谓"青"为"萋",谓"经"为"稽";蜀人讹"登"字,则一韵皆合口;吴人讹"鱼"字,则一韵皆开口,他放此。中原惟洛阳得天地之中,语音最正,然谓"弦"为"玄"、谓"玄"为"弦",谓"犬"为"遣"、谓"遣"为"犬"之类,亦自不少。

予游邛州天庆观,有陈希夷诗石刻云㊹:"因攀奉县尹尚书水南小酌回,舍辔特叩松扃,谒高公。茶话移时,偶书二十八字。道门弟子图南上。"其诗云:"我谓浮荣真是幻,醉来舍辔谒高公。因聆玄论冥冥理,转觉尘寰一梦中。"末书"太岁丁酉",盖蜀孟昶时,当石晋天福中也。天庆本唐天师观,诗后有文与可跋,大略云:"高公者,此观都威仪何昌一也。希夷从之学锁鼻术。"予是日迫赴太守宇文衮臣约饭㊺,不能尽记,后卒不暇再到,至今以为恨。

[注释]

①胡秘监周甫:胡旦,字周父(甫),滨州渤海(今山东滨州)人。太宗太平兴国三年(978)状元。因佣书人马周上书讥时政,自荐可为大臣。当时皆谓胡旦所为。马周坐流海岛,旦亦贬坊州团练副使。坐擅离所部谒宋白于鄜州,既被劾,特释之,徙绛州。《宋史》有传。 ②鄜州:治今陕西富县。宋太素:宋白。本人所撰《宋川陕大郡守臣易替考》,宋白于太宗淳化二年至三年(991~992年)任鄜州知州。 ③陈正字无己:陈师道,字无己,号后山居士,徐州彭城(今江苏徐州)人。哲宗元祐初由苏轼举荐,为徐州教授,历任太学博士、颍州教授、秘书省正字。《宋史》有传。 ④周丞相:《宋史·宰辅表四》:"(淳熙十六年)正月己亥,周必大自右丞相、济国公除特进、左丞相,封许国公。五月丙申,

周必大罢左丞相，以观文殿大学士判潭州。"今上，谓光宗赵惇。淳熙十六年（1189）二月，以孝宗内禅即皇帝位。　⑤李景：南唐中宗李璟，后主李煜之父。奉正朔：即改用后周的纪年，表示对周臣服之意。　⑥艺祖：宋太祖赵匡胤。　⑦赵元昊：原名李元昊，宋朝赐国姓赵，党项族，陕西米脂人，为西夏称帝的第一人。《宋史·仁宗本纪三》："（庆历三年四月）癸卯，遣保安军判官邵良佐使元昊，许封册为夏国主，岁赐绢十万匹、茶三万斤。"　⑧作库质钱取利：建钱库放贷牟利。　⑨梁甄彬：南朝梁人甄彬。史书无载。《太平广记》卷一六五引《谈薮》："齐有甄彬者，有器业。尝以一束苎，于荆州长沙西库质钱。后赎苎，于束中得金五两，以手巾裹之。彬得金，送还西库。道人大惊曰：'近有人以金质钱，时忽遽，不记录。檀越乃能见归，恐古今未之有也。'辄以金之半仰酬，往复十余，坚然不受。因咏曰：'五月披羊裘负薪，岂拾遗者也？'彬后为郫令，将行，辞太祖。时同列五人，上诫以廉慎。至于彬，独曰：'卿昔有还金之美，故不复以此诫也。'"　⑩一揆（kuí）：一样的道理。⑪华之郑县：华州郑县，在今陕西渭南东。　⑫西溪：在今陕西华阴西。《新唐书》卷二一八："帝幸华西溪，望旧京必泫然流涕，左右凄塞不得语。"　⑬颜、柳：唐代大书法家颜真卿、柳公权。　⑭宗正卿、少卿：宋代宗正寺中的正卿和副卿。宗正寺为九寺之一，掌管宗室杂务。神宗元丰之前，宗正寺主官均姓赵，但未必一定是宗室。元丰之后，开始任用非赵姓官员担任。本人编撰的《宋代京朝官通考》罗列甚详。　⑮知大宗正事：朝廷直属的管理宗室部门，职权高于宗正寺。《宋史·职官四》："大宗正司，景祐三年始置司，以皇兄宁江军节度使濮王知大宗正事，皇侄彰化军节度观察留后守节同知大宗正事。元丰正名，仍置知及同知官各一人，选宗室团练、观察使以上有德望者充。"濮王，即濮安懿王赵允让，为英宗的生父。因仁宗无嗣，遂将其子宗实（英宗即帝位前的名字）

过继给仁宗为子继承皇位。 ⑯才尹：行事干练的开封府尹。 ⑰祥符东封：澶渊之盟后，真宗受奸臣王钦若蛊惑，于大中祥符元年（1008）决定东封泰山，史称祥符东封。王钦若：字定国，临江军新喻（今江西新余）人。景德初以工部侍郎、参知政事判天雄军、提举河北转运司，因与寇准不协，罢为刑部侍郎，判尚书都省。真宗东封后，为枢密使、检校太傅、同中书门下平章事。《宋史》有传。赵安仁：字乐道，河南洛阳人。景德三年（1006），以右谏议大夫参知政事。《宋史》有传。判兖州：任兖州知州。宋代以高阶任地方官低职称为"判"。兖州治今山东兖州。《长编》卷六八："（大中祥符元年四月丙申）钦若、安仁并判兖州。"同书卷七〇："（大中祥符元年十一月壬申）王钦若、赵安仁自兖州来见。（十二月癸卯）知枢密院事王钦若、参知政事赵安仁并进官一等。" ⑱夏竦：字子乔，江州德安（今江西德安）人。仁宗景祐中为刑部尚书、知应天府。宝元初，以户部尚书入为三司使。《宋史》有传。陈执中：字昭誉，历知应天府、江宁府、扬州，改龙图阁直学士、知永兴军，拜右谏议大夫、同知枢密院事。嘉祐四年（1059）卒。《宋史》有传。范雍：字伯纯，河南（今河南洛阳）人。历河北、陕西转运使，又以尚书工部郎中为陕西都转运使。《宋史》有传。《宋史·仁宗本纪二》："（庆历元年）四月甲申，以资政殿学士陈执中同陕西马步军都总管兼经略安抚沿边招讨等使、知永兴军。诏夏竦仍判永兴军。"《长编》卷一三二："（庆历元年）六月壬午，改新知永兴军孙祖德知河中府，新知河中府、吏部侍郎范雍知永兴军。" ⑲蔡靖知府，郭药师同知：《三朝北盟会编》卷一八："（宣和五年九月六日）知河间府蔡靖同知燕山府，与詹度两易其地。先是六月中，御笔王安中知燕山府，詹度、郭药师同知。药师以节钺欲居詹度之上。度称御笔所书，有序不易。药师不从，兼常胜军横甚，药师右之，度不能制，屡闻。朝廷恐交恶日深，故有是命。"按：蔡靖、郭药师皆为

"同知燕山府"，此时名义上仍是王安中为知府。陆游以为蔡靖为知府，郭药师为同知，有失详考。《宋史·王安中传》："金人来归燕，谋帅臣，安中请行。王黼赞于上，授庆远军节度使、河北河东燕山府路宣抚使、知燕山府，辽降将郭药师同知府事。药师跋扈，府事皆专行，安中不能制。"

⑳魏收：北齐尚书右仆射，是二十四史中《魏书》的作者。 ㉑李贤：字贤和，陇西成纪（今甘肃秦安）人，北周大将，累迁骠骑大将军、开府仪同三司，晋爵河西郡公。《周书·李贤传》："玺书劳贤，赐衣一袭及被褥，并御所服十三环金带一要。"古"要""腰"二字通用。 ㉒豆卢瑑：字希真，河东（今属山西）人。历翰林学士、户部侍郎，拜同中书门下平章事。《新唐书》有传。崔沆：与豆卢瑑同时拜同中书门下平章事。《新唐书·黄巢传》："乃大索里闾，豆卢瑑、崔沆等匿永宁里张直方家。直方者素豪桀，故士多依之。或告贼纳亡命者，巢攻之，夷其家，瑑、沆及大臣刘邺、裴谂、赵蒙、李溥、李汤死者百余人。将作监郑綦、郎官郑系举族缢。" ㉓桓温：字元子，东晋权臣。《晋书》有传。 ㉔孙绰：字兴公，太原中都（今山西平遥）人。东晋大臣、文学家。《晋书》有传。 ㉕胡武平：胡宿，字武平，常州晋陵（今江苏常州）人。继滕宗谅之后知湖州，累拜枢密副使。《宋史》有传。 ㉖韩偓：字致尧，京兆（今陕西西安）人。龙纪元年（889）进士。从昭宗幸凤翔，进兵部侍郎、翰林承旨。《唐才子传》有传。 ㉗贾文元公：贾昌朝，字子明，真定获鹿（今属河北石家庄）人。历官知开封府，迁右谏议大夫、权御史中丞。以工部侍郎充枢密使，寻拜同中书门下平章事兼枢密使。《宋史》有传。《宋史·宰辅表二》："（庆历三年三月戊子）贾昌朝自右谏议大夫、权御史中丞除参知政事。" ㉘侍讲迩英：任迩英殿侍讲。迩英殿又叫迩英阁，宋代宫内殿阁名，为皇帝听取大臣讲读经史之所。《宋朝事实类苑》卷二六："崇政殿之西，有延义阁南向，迎阳门之北，有迩

英阁东向，皆讲读之所也。”《长编》卷一三五：“（庆历二年二月）丁丑，诏权御史中丞贾昌朝侍讲迩英阁。故事，台丞无在经筵者，上以昌朝长于讲说，特召之。” ㉙陈鲁公：陈康伯，见卷一下段注㉒。史魏公：史浩，见卷三下段注㉔。 ㉚关防：防范。 ㉛吴处厚：邵武（今属福建）人。曾为蔡确老师。后蔡确为相，作书请求提携，蔡确没有任何表示，由知通利军调任知汉阳军。为此处厚十分不满。此前蔡确因神宗山陵事受到弹劾，被贬为安州知州，而安州与汉阳军为邻郡。吴处厚得知此讯后，便开始寻机会报复蔡确。恰好此间蔡确写了几首《车盖亭》诗，处厚摘出其中数语，认定蔡确在影射毁谤朝廷，蔡确因此再贬为英州别驾，新州安置。处厚本以为借此能够得到重用，不料朝廷察其居心叵测，仅调任卫州知州。《宋史》有传。其事详见《宋史·蔡确传》及《长编》诸书。㉜新州：治今广东新兴。 ㉝汉阳：宋汉阳军，治所在今湖北武汉汉阳。 ㉞卫州：治所在今河南卫辉。 ㉟太母：神宗母后高氏，哲宗即位后尊为太皇太后。 ㊱王黼在翰苑：王黼担任翰林学士时。《宋史·王黼传》：“进翰林学士。” ㊲席大光：席益，字大光，洛阳人。绍兴三年自工部尚书拜参知政事，又知潭州。绍兴五年改知成都府，七年罢。《要录》卷九四：“（绍兴五年十月乙卯）知潭州席益为资政殿学士、成都潼川府夔州利州路安抚制置大使兼知成都府。”胡承公：胡世将，字承公，常州晋陵（今江苏常州）人，名臣胡宿曾孙。崇宁五年（1106）进士。继席益后为成都知府兼安抚使。《宋史》有传。《要录》卷一一八：“（绍兴八年正月）戊申，尚书兵部侍郎兼直学士院兼侍讲胡世将为枢密直学士、四川安抚制置使兼知成都府。” ㊳王性之：王铚，见卷二上段注㊿。㊴王伯照：王普，字伯照，福州闽县（今福建福州）人，宣和三年（1121）进士。绍兴十一年（1141）为尚书都官员外郎。三十一年（1161）擢太常少卿。《宋史翼》卷二三有传。 ㊵少卿：太常少卿，太常寺次官。《要录》卷一九二："（绍兴三十一年八月癸丑）尚书礼部郎中王普为太常少卿。" ㊶坐台评去：受到御史台弹劾而离职。《会要·选举》三四之一二："孝宗隆兴元年正月九日，诏权尚书工部侍郎兼权太常少卿王普除右文殿修撰、知漳州。" ㊷何播之：似当作"何晋之"。本书第十卷又有"绍兴中，予在福州，见何晋之大著，自言尝从张文潜游"，当为同一人。何大圭，字晋之，安徽广德人，徽宗政和八年（1118）进士，年仅十八岁。陆游集中有《方德亨诗集序》云德亨养气不挠，"吕舍人居仁、何著作播之皆屈行辈与之游"。宣和元年（1119）为太学录，六年（1124）为秘书省正字。迁著作郎。建炎四年（1130）为滕康、刘珏属官，坐失洪州除名，编管岭南。绍兴五年（1135）自便，二十年（1150）为左朝请郎、直秘阁。隆兴元年（1163），由浙西安抚司参议官主管台州崇道观。 ㊸谢景鱼：本书卷一下段有"谢景鱼名沧涤砚法"一条，可参。陈无己：陈师道。 ㊹陈希夷：北宋前期高士陈抟，字图南，太宗时赐号希夷先生。《宋史》有传。 ㊺太守宇文衮臣：邛州知州宇文绍奕。《全宋文》卷五三九二小传："宇文绍奕，字衮臣，成都双流人，时中从孙。……晚年知临邛、汉州。"则宇文绍奕字当为"衮臣"而非"卷臣"，可据此改正。宇文绍奕知临邛当在孝宗淳熙初年，知汉州在淳熙六年（1179）。

予游大邑鹤鸣观①，所谓张天师鹄鸣化也②。其东北绝顶又有上清宫，壁间有文与可题一绝曰③："天气阴阴别作寒，夕阳林下动归鞍。忽闻人报后山雪，更上上清宫上看。"

京口子城西南月观④，在城上，或云即万岁楼。京口人以为南唐时节度使每登此楼西望金陵，嵩呼遥拜，其实非也。《京口记》云：晋王恭所作，唐孟浩然有《万岁楼》诗，见集中。

"水流天地外,山色有无中",王维诗也。权德舆《晚渡扬子江》诗云⑤:"远岫有无中,片帆烟水上。"已是用维语。欧阳公长短句云:"平山阑槛倚晴空,山色有无中。"诗人至是盖三用矣。然公但以此句施于平山堂为宜,初不自谓工也。东坡先生乃云:"记取醉翁语,山色有无中。"则似谓欧阳公创为此句,何哉?

世言荆公《四家诗》⑥,后李白,以其十首九首说酒及妇人,恐非荆公之言。白诗乐府外,及妇人者实少,言酒固多,比之陶渊明辈,亦未为过。此乃读白诗不熟者妄立此论耳。《四家诗》未必有次序,使诚不喜白,当自有故。盖白识度甚浅,观其诗中,如"中宵出饮三百杯,明朝归揖二千石""揄扬九重万乘主,谑浪赤墀金锁贤""王公大人借颜色,金章紫绶来相趋""一别蹉跎朝市间,青云之交不可攀""归来入咸阳,谈笑皆王公""高冠佩雄剑,长揖韩荆州"之类,浅陋有索客之风。集中此等语至多,世俱以其词豪俊动人,故不深考耳。又如以布衣得一翰林供奉,此何足道?遂云:"当时笑我微贱者,却来请谒为交亲。"宜其终身坎壈也⑦。

杜牧之作《还俗僧》诗云:"雪发不长寸⑧,秋寒力更微。独寻一径叶,犹挈衲残衣。日暮千峰里,不知何处归。"此诗盖会昌寺废佛寺时所作也⑨。又有《斫竹》诗,亦同时作,云:"寺废竹色死,官家宁尔留?霜根渐随斧,风玉尚敲秋。江南苦吟客,何处寄悠悠。"词意凄怆,盖怜之也。至李端叔《还俗道士》诗云:"闻道华阳客,儒衣谒紫微。旧山连药卖,孤鹤带云归。柳市名犹在,桃源梦已稀。还家见鸥鸟,应愧背船飞。"此道士还俗非不得已者,故直讥之耳。

闻人茂德言⑩:"沙糖,中国本无之。唐太宗时外国贡至,问其使人：'此何物？'云：'以甘蔗汁煎。'用其法煎成，与外国者等。自此中国方有沙糖。唐以前书传，凡言及糖者皆糟耳，如糖蟹、糖姜皆是。"

汉嘉城西北山麓有一石洞⑪，泉出其间，时闻洞中泉滴声，良久一滴，清如金石。黄鲁直题诗云："古人题作东丁水，自古丁东直到今。我为改名方响洞，要知山水有清音。"

成都药市以玉局化为最盛⑫，用九月九日。《杨文公谈苑》云七月七日⑬，误也。

马鞭击猫，筇竹杖击狗，皆节节断折，物理之不可推者也。

亳州出轻纱，举之若无，裁以为衣，真若烟雾。一州惟两家能织，相与世世为婚姻，惧他人家得其法也。云自唐以来名家，今三百余年矣。

禁中有哲宗皇帝宸翰四大字，曰"罚弗及嗣"⑭，更无他语。此必绍圣、元符间有欲害元祐党人子孙者，故帝书此言。祖宗盛德如此。故老言：大臣尝从容请幸金明池⑮，哲庙曰："祖宗幸西池必宴射，朕不能射，不敢出。"又木工杨琪作龙舟，极奇丽。或请一登之，哲庙又曰："祖宗未尝登龙舟，但临水殿略观足矣。"后勉一幸金明，所谓龙舟，非独不登，亦终不观也。

唐人本谓御史在长安者为西台⑯，言其雄剧，以别分司东都⑰，事见《剧谈录》⑱。本朝都汴，谓洛阳为西京，亦置御史台，至为散地，以其在西京，号西台，名同而实异也。

唐人本以尚书省在大明宫之南，故谓之南省。自建炎军兴，蜀士以险远，许就制置司类试，与省试同。间有愿赴行在省试者，亦听之。蜀士因谓之赴南省，以大驾在东南也。尤非是。

《北户录》云⑲："广人于山间掘取大蚁卵为酱，名蚁子酱。"按此即《礼》所谓"蚳醢"也，三代以前固以为食矣。然则汉人以蛙祭宗庙，何足怪哉？

祖宗以来至靖康间，文武臣僚罢官，或服阕，或被罪，叙复到阙，皆有期限。如有故，须自陈给假。至建炎初，以军兴道梗，始有三年之限。后有特许从便赴阙，犹降旨云："候边事宁息日依旧。"然遂不复举行矣。

今人书"某"为"厶"，皆以为俗从简便，其实古"某"字也。《穀梁·桓二年》："蔡侯、郑伯会于邓。"范宁注曰："邓，厶地。"陆德明《释文》曰："不知其国，故云厶地，本又作某。"

江邻几《嘉祐杂志》言⑳："唐告身初用纸㉑，肃宗朝有用绢者，贞元后始用绫。"予在成都，见周世宗《除刘仁赡侍中告》乃用纸，在金彦亨尚书之子处㉒。

《嘉祐杂志》云："峨眉雪蛆治内热。"予至蜀，乃知此物实出茂州雪山㉓。雪山四时常有积雪，弥遍岭谷，蛆生其中。取雪时并蛆取之，能蠕动。久之雪消，蛆亦消尽。

会稽镜湖之东，地名东关，有天花寺。吕文靖尝题诗云㉔："贺家湖上天花寺，一一轩窗向水开。不用闭门防俗客，爱闲能有几人来？"今寺乃在草市通衢中，三面皆民间庐舍，前临一支港，与诗殊不合，岂陵谷之变遽已如此乎？或谓寺本在湖中，后徙于此。

苏叔党政和中至东都㉕，见妓称"录事"，太息语廉宣仲曰㉖："今世一切变古，唐以来旧语尽废，此犹存唐旧为可喜。"前辈谓妓曰"酒纠"，盖谓录事也。相蓝之东有录事巷㉗，传以为朱梁时名妓崔小红所居㉘。

张真甫舍人㉙，广汉人，为成都帅，盖本朝得蜀以来所未有也。未至前旬日，大风雷，龙起剑南西川门，揭牌掷数十步外，坏"南"字，爪迹宛然，人皆异之。真甫名震。或为之说曰："元丰末贡院火，而焦蹈为首魁㉚，当时语曰：'火焚贡院状元焦。'无能对者，今当以'雷起谯门知府震'为对。"然岁余，真甫以疾不起。方未病时，府治堂柱生白芝三，谄者谓之玉芝。予按《酉阳杂俎》"芝白为丧"㉛，真甫当之。

自元丰官制，尚书省复二十四曹㉜，繁简绝异。在京师时，有语曰："吏勋封考，笔头不倒。户度金仓，日夜穷忙。礼祠主膳，不识判砚。兵职驾库，典了襁袴㉜。刑都比门，总是冤魂。工屯虞水，白日见鬼。"及大驾幸临安，丧乱之后，士大夫亡失告身、批书者多；又军赏百倍平时，赂贿公行，冒滥相乘，饷军日滋，赋敛愈繁而刑狱亦众，故吏、户、刑三曹吏胥人人富饶，他曹寂寞弥甚。吏辈又为之语曰："吏勋封考，三婆两嫂。户度金仓，细酒肥羊。礼祠主膳，淡吃齑面㉝。兵职驾库，咬姜呷醋。刑都比门，人肉馄饨。工屯虞水，身生饿鬼。"

高宗行幸扬州，郡人李易为状元㉞；次举驻跸临安，而状元张九成亦贯临安㉟，时以为王气所在。方李易唱第时，上顾问："此人合众论否？"时相对曰："易乃扬州州学学正，必合众论。"人笑其敷奏之陋。

唐以来皇子不兼师傅官，以子不可为父师也。其后失于检点，乃有兼者。治平中，贾黯草《东阳郡王颢检校太傅制》㊱，建明其失。自后皇子及宗室卑行合兼三师者，悉改为三公。政和中，省太尉、司徒、司空之官，而置少师、少傅、少保，皇子乃复兼师傅，自嘉王楷始㊲。

今参知政事恩数比门下、中书侍郎，在尚书左右丞之上，其议出于李汉老㊳。汉老时为右丞，盖暗省转厅，可径登揆路也㊴。吕丞相元直觉此意㊵，排去之。然自此遂为定制。

"蔚蓝"乃隐语天名，非可以义理解也。杜子美《梓州金华山》诗云："上有蔚蓝天，垂光抱琼台。"犹未有害。韩子苍乃云"水色天光共蔚蓝"㊶，乃直谓天与水之色俱如蓝耳，恐又因杜诗而失之。

胡子远之父㊷，唐安人㊸，家饶财，常委仆权钱㊹，得钱引五千缗㊺，皆伪也。家人欲讼之，胡曰："干仆已死㊻，岂忍使其孤对狱耶？"或谓减其半价予人，尚可得二千余缗。胡不可，曰："终当误人。"乃取而火之，泰然不少动心。其家暴贵，宜哉。

杜子美《梅雨》诗云："南京犀浦道㊼，四月熟黄梅。湛湛长江去，冥冥细雨来。茅茨疏易湿，云雾密难开。竟日蛟龙喜，盘涡与岸回。"盖成都所赋也。今成都乃未尝有梅雨，惟秋半积阴气令蒸溽，与吴中梅雨时相类耳。岂古今地气有不同耶？

[注释]

①大邑：今四川大邑。　②张天师：道教始祖张道陵。鹄鸣：鹄鸣山。《三国志·魏书·张鲁传》："祖父陵客蜀，学道鹄鸣山中。"陆游《书寓舍壁》诗："鹄鸣山谷曾游处，剩欲扶犁学老农。"自注："鹄鸣，一名鹤鸣，在邛之大邑县。"化：旧称道士羽化登仙。　③文与可：文同，字与可，梓州永泰（今四川盐亭东）人，与苏轼为从表亲。北宋著名文

学家、画家。《宋史》有传。　④京口：江苏镇江的旧称。子城：城墙内的小城，又叫瓮城或月城。　⑤权德舆：字载之，天水略阳（今甘肃秦安）人。唐宪宗时历任兵部侍郎、礼部尚书、同中书门下平章事。新、旧《唐书》均有传。　⑥荆公《四家诗》：王安石选编的一部诗集，共取杜甫、韩愈、欧阳修、李白四家，其中将李白置于最末。《直斋书录解题》卷十五："《四家诗选》十卷，王安石所选杜、韩、欧、李诗。其置李于末而欧反在其上，或亦谓有所抑扬云。"对此陆游的态度也是模棱两可，他首先认为以李白诗中"十首九首说酒及妇人"为由而将李白置于四家之末未必出于王安石本意，又说将李白置于最末很可能不是故意而为。随后又强调李白诗的气格确有值得商榷之处，认为"十首九首说酒及妇人"并非什么大瑕疵，而那些颇带清客气息的诗才是不值得赞许的（即下文所言"浅陋有索客之风"。索客即门客、清客之意），可叹的是，这类浅薄之作还不在少数。　⑦坎壈：困顿不顺。　⑧雪发：白发。　⑨会昌寺废佛寺：此句有衍文，当作"会昌废佛寺"，指唐武宗会昌年间拆毁天下佛寺的事件。会昌乃唐代年号，而非佛寺之名。唐代后期寺院土地不输课税，僧侣免除赋役，严重损害了国家收入。唐武宗崇信道教，对佛教深恶痛绝，于是采纳李德裕建议，于会昌五年（845）四月，下令清查天下寺院及僧侣人数。八月，令天下诸寺限期拆毁。　⑩闻人茂德：闻人滋。见卷一上段相关文字。　⑪汉嘉：宋嘉州，治今四川乐山。陆游自孝宗乾道九年（1173）至淳熙元年（1174）任嘉州通判。　⑫玉局化：成都玉局观所在的石室。《蜀中广记》卷三："成都玉局化洞门石室，昔老君降现之时，玉座局脚从地而涌，老君升座传道。既去之后，座隐地中，陷而成穴，遂为深洞，与青城第五洞天相连。天师以为玉局上应鬼宿，恐开穴通气不利分野，乃刻石以闭之。"此处代指玉局观药市。《蜀中广记》卷五五："九月九日玉局观药市，宴监司宾僚于旧宣诏堂。晚饮于五门，凡三日。官为幕帘棚屋,以事游观。" ⑬《杨文公谈苑》:北宋杨亿口述之作。内云:"益州有药市,期以七月七日,四远皆集,其药物多品甚众,凡三日而罢,好事者多市取之。" ⑭罚弗及嗣:句出《尚书·大禹谟》:"罚弗及嗣,赏延于世。"意谓惩罚官吏不要殃及其子孙,旌赏官吏定要延及其子孙。 ⑮金明池:北宋汴京郊外的池名,太祖、太宗时常在此池训练水军,后成为京城百姓游览的景点。 ⑯御史在长安者为西台:设在长安的御史台称为"西台"。唐代有两京,长安为西京,洛阳为东都。 ⑰分司东都:分管东都洛阳事务。 ⑱《剧谈录》:唐康骈所著的一部笔记小说,共两卷,今存。 ⑲《北户录》:唐段公路所著的一部笔记小说,主要记载岭南的风土民俗,今存。 ⑳江邻几:江休复,字邻几,开封陈留(今河南开封东南)人。因参与苏舜钦组织的进奏院祠神会落职,贬监蔡州商税。后提点陕西路刑狱,入判三司盐铁勾院,累迁尚书刑部郎中。《宋史》有传。《嘉祐杂志》:江休复所著的一部笔记小说,共二卷,今存。 ㉑告身:古代官员授官的凭证,相当于今之任命书。 ㉒金彦亨:金安节,字彦亨,歙州休宁(今安徽休宁)人,宣和六年(1124)进士。高宗绍兴中历任司农寺丞、殿中侍御史。因弹劾秦桧之兄秦梓遭秦桧忌恨,去官十八年。秦桧死后任宗正少卿、礼部侍郎。孝宗时官至吏部尚书。《宋史》有传。 ㉓茂州:治今四川茂县。 ㉔吕文靖:吕夷简,字坦夫,先世莱州(今属山东),祖龟祥知寿州(治今安徽凤台),子孙遂为寿州人。夷简真宗朝权知开封府,仁宗朝拜同中书门下平章事,进尚书右仆射兼门下侍郎。卒赠太师,谥文靖。《宋史》有传。 ㉕苏叔党:苏轼第三子苏过,字叔党。苏轼贬谪后,一直跟随在其身边。直到徽宗政和二年(1112)方才启用,历知郾城县、通判中山府。 ㉖廉宣仲:廉布。见卷二下段注㉚。 ㉗相蓝:北宋汴京大相国寺的别称。 ㉘朱梁:五代第一个小朝廷,为朱全忠所建,后世称"朱梁",以区别于南朝萧梁。㉙张真甫：张震，字真甫，汉州（治今四川广汉）人，绍兴二十一年（1151）进士。高宗末官殿中侍御史。孝宗初为中书舍人，出知夔州、遂宁府，乾道六年（1170）知成都府，八年（1172）卒于官。事迹散见于《要录》等书。㉚焦蹈：安徽无为人，神宗元丰八年（1085）状元，中第第七天，未授官而卒。事迹见道光《繁昌县志》。㉛《酉阳杂俎》：唐代段成式所著的一部笔记小说名，内容多涉志怪。今存。㉜尚书省复二十四曹：北宋元丰改制前，仅存判尚书都省作为尚书省的遗存。元丰改制，恢复唐代六部二十四司，又称二十四曹，依次为：吏部：吏部司、司封司、司勋司、考功司；户部：户部司、度支司、金部司、仓部司；礼部：礼部司、祠部司、主客司、膳部司；兵部：兵部司、职方司、驾部司、库部司；刑部：刑部司、都官司、比部司、司门司；工部：工部司、虞部司、屯田司、水部司。㉜袯袴（bókù）：粗布制成的裤子。㉝齑（jī）面：含有用醋、酱等拌和碎菜末的面食。㉞李易：字顺之，江都（今江苏扬州）人，高宗建炎二年（1128）状元。绍兴中历任太常少卿兼宗正少卿，知常州，擢中书舍人。绍兴十一年（1141）为给事中。事迹散见于《要录》等书。㉟张九成：钱塘（今浙江杭州）人，绍兴二年（1132）状元。《宋史》有传。㊱贾黯：字直孺，邓州穰（今河南邓州）人。仁宗庆历六年（1046）状元。历知许州、襄州，为翰林学士，又知开封府。《宋史》有传。其草《东阳郡王颢检校太傅制》，即在翰林学士任上。《会要·选举》一七之一〇："（治平元年三月）二十一日，翰林学士贾黯言……"东阳郡王颢：英宗次子，神宗之弟。《宋史·宗室传三》："吴荣王颢，字仲明，初名仲糺。……治平元年，加检校太傅、保宁军节度使、同中书门下平章事，封东阳郡王。三年出阁。神宗立，进封昌王。"㊲嘉王楷：徽宗第三子。《宋史·宗室传三》："郓王楷，帝第三子，初名焕。始封魏国公，进高密郡王、嘉王。……靖康初，与诸王皆北迁。" ㊳李汉老：李邴，字汉老，济州任城（今山东济宁）人，崇宁五年（1106）进士。高宗初为兵部侍郎兼直学士院，同签书枢密院事，建炎三年（1129）四月除尚书右丞，旋改参知政事。《宋史》有传。 ㊴揆路：宰相之位。 ㊵吕丞相元直：吕颐浩，字元直，齐州（治今山东济南）人，高宗即位，除知扬州，其后一直扈卫高宗转行江南。《宋史》有传。《宋史·宰辅表四》："（建炎三年）四月癸丑，吕颐浩……守右仆射兼中书侍郎。（四年）四月乙未，吕颐浩罢右相，以镇南军节度使、开府仪同三司充醴泉观使。" ㊶韩子苍：韩驹，字子苍，仙井（今四川仁寿）人，徽宗宣和六年（1124）为中书舍人，兼权直学士院。靖康中知黄州。高宗即位，知江州。绍兴五年（1135），卒于抚州。《宋史》有传。 ㊷胡子远：胡晋臣，字子远，蜀州（治今四川崇州）人，绍兴二十七年（1157）进士。光宗朝历工部侍郎、给事中、签书枢密院事，擢参知政事兼同知枢密院事，卒于位。《宋史》有传。 ㊸唐安：治今四川崇州。《宋史·地理志五》："蜀州，唐安郡，军事。绍兴十四年，以高宗潜藩，升崇庆军节度。" ㊹权钱：收取钱财。权，称量。 ㊺钱引：宋代出现的一种钱票，即后来纸币的前身，可以兑换金银钱币。《宋史·食货志下二》："（崇宁）四年，令诸路更用钱引，准新样印制。" ㊻干仆：办事干练的仆役。 ㊼南京：指今四川成都，唐玄宗西幸后称为南都。犀浦：在今成都郫都区。《蜀中广记》卷五："犀浦县，周垂拱二年割成都之西鄙置，盖因李冰所造石犀以名。杜甫诗'南京犀浦道'指此。"

卷　七

熙宁癸丑，华山阜头峰崩。峰下一岭一谷，居民甚众，皆晏然不闻，乃越四十里外平川，土石杂下如簸扬，七社民家压死者几万人，坏田七八千顷，固可异矣。绍兴间，严州大水①，寿昌县有一小山，高八九丈，随水漂至五里外，而两傍草木庐舍，比水退皆不坏，则此山殆空行而过也？

韩魏公家不食蔬②，以脯醢当蔬盘，度亦始于近时耳③。

曾子宣丞相家④，男女手指皆少指端一节，外甥亦然。或云：襄阳魏道辅家世指少一节⑤。道辅之姊嫁子宣，故子孙肖其外氏。

故都残暑，不过七月中旬。俗以望日具素馔享先，织竹作盆盎状，贮纸钱，承以一竹焚之，视盆倒所向，以占气候，谓向北则冬寒，向南则冬温，向东西则寒温得中，谓之盂兰盆，盖俚俗老媪辈之言也。又每云：盂兰盆倒则寒来矣。晏元献诗云："红白薇英落，朱黄槿艳残。家人愁溽暑，计日望盂兰。"盖亦戏述俗语耳。

欧阳公谪夷陵时⑥，诗云："江上孤峰蔽绿萝，县楼终日对嵯峨。"盖夷陵县治下临峡，江名绿萝溪，自此上溯，即上牢、下牢关，皆山水清绝处。孤峰者，即甘泉寺山，有孝女泉及祠在万竹间，亦幽邃可喜，峡人岁时游观颇盛。予入蜀，往来皆过之。韩子苍舍人《泰兴县道中》诗云："县郭连青竹，人家蔽绿萝。"似因欧公之句而失之。此诗盖子苍少作，故不审云。

秦会之跋《后山集》，谓曾南丰修《英宗实录》，辟陈无己为属⑦。孙仲益书数百字诋之⑧，以为无此事。南丰虽尝预修《英宗实录》，未久即去，且南丰自为吏属，乌有辟官之理？又无已元祐中方自布衣命官，故仲益之辨，人多是之。然以予考其实，则二公俱失也。南丰元丰中还朝，被命独修《五朝史实》，许辟其属，遂请秀州崇德县令邢恕为之⑨。用选人已非故事，特从其请，而南丰又援经义局辟布衣徐禧例⑩，乞无已检讨。庙堂尤难之。会南丰上《太祖纪叙论》，不合上意，修《五朝史》之意浸缓。未几，南丰以忧去，遂已。会之但误以《五朝史》为《英宗实录》耳。至其言辟无已事，则实有之，不可谓无也。

学士院移文三省名"咨报"⑪，都司移文六曹名"刺"⑫。

前代，夜五更至黎明而终。本朝外廷及外郡悉用此制，惟禁中未明前十刻更终，谓之"待旦"。盖更终则上御盥栉，以俟明出御朝也。祖宗勤于政事如此。

予儿时见宋修撰煇为先君言⑬："某艰难中以转饷至行在，时方避虏海道，上大喜，令除待制。吕相元直雅不相乐，乃曰：'宋煇系自龙图阁，便除待制，太超躐⑭，欲且与修撰⑮。修撰与待制亦只争一等，候更有劳，除待制不晚。'遂除秘撰。"宋公言之太息曰："此某命也。"顷予被命修《高宗圣政》及《实录》，见《日历》所载实有此事。自昔大臣以私意害人，此其小小者耳。

高庙驻跸临安，艰难中，每出犹铺沙藉路，谓之"黄道"，以三衙兵为之。绍兴末内禅，驾过新宫，犹设黄道如平时。明日寿皇出⑯，即撤去，遂不复用。

族伯父彦远言："少时识仲殊长老⑰，东坡为作《安州老人食蜜歌》者。一日，与数客过之，所食皆蜜也。豆腐、面觔、牛乳之类，皆渍蜜食之，客多不能下箸，惟东坡性亦酷嗜蜜，能与之共饱。崇宁中，忽上堂辞众。是夕，闭方丈门自缢死。及火化，舍利五色不可胜计。邹忠公为作诗云[18]：'逆行天莫测，雉作渎中经。沤灭风前质，莲开火后形。钵盂残蜜白，炉篆冷烟青。空有谁家曲，人间得细听？'"彦远又云："殊少为士人，游荡不羁。为妻投毒羹胾中[19]，几死，啖蜜而解。医言复食肉则毒发，不可复疗，遂弃家为浮屠。邹公所谓'谁家曲'者，谓其雅工于乐府词，犹有不羁之余习也。"

晏元献为藩郡[20]，率十许日乃一出厅，僚吏旅揖而已。有欲论事，率因亲校转白，校复传可否以出，遂退。吕正献作相及平章军国事时[21]，于便坐接客，初惟一揖，即端坐自若，虽从官亦以次起白；及退，复起一揖，未尝离席。盖祖宗时辅相之尊严如此，时亦不以为非也。

东坡诗云："大弨一弛何缘彀[22]，已觉翻翻不受檠[23]。"《考工记》："弓人寒奠体。"注曰："奠，读为定。至冬胶坚，内之檠中，定往来体。"《释文》："檠，音景。"《前汉·苏武传》："武能网纺缴，檠弓弩。"颜师古曰："檠，谓辅正弓弩，音警；又巨京反。"东坡作平声叶[24]，盖用《汉书》注也。

丰相之于舒信道[25]，邹志完于吕望之[26]，其为人似不类[27]，然相与皆厚甚，不以乡里及同僚故也。相之为中司时，犹力荐信道。志完元符中进用，则实由望之荐也。及以直谏远窜，望之坐荐非其人褫官，谢表云："臣之与浩，实匪素交。以其尝备学校之选于先朝，能陈诗赋之非于元祐，比缘荐士，遂取充员。岂期蝼蚁之微，自速雷霆之谴。"其叙陈终不以志完为非，亦不易矣。

《宋白集》有《赐诸道节度观察防团刺史知州以下贺登极进奉诏书》云："朕仰承先训，缵嗣丕基。眷命历之有归，想寰区之同庆。卿辍由俸禄，恭备贡输。遥陈称贺之诚，知乃尽忠之节。省览嘉叹，再三在怀。"实真庙登极时诏书也。乃知是时贡物，皆守臣以俸禄自备。今既以库金为贡，而推恩则如故，可谓厚恩矣。

前辈遇通家子弟㉘，初见请纳拜者，既受之，则设席，望其家遥拜其父祖，乃就坐。先君尚行之。

前辈置酒饮客，终席不褫带，毛达可守京口时尚如此㉙。后稍废，然犹以冠带劝酬，后又不讲。绍兴末，胡邦衡还朝㉚，每与客饮，至劝酒，必冠带再拜。朝士皆笑其异众，然邦衡名重，行之自若。

元丰七年秋宴，神庙举御觞示丞相王岐公以下㉛，忽暴得风疾，手弱觞侧，余酒沾污御袍。是时京师方盛歌《侧金盏》，皇城司中官以为不祥，有歌者辄收系之，由是遂绝。先楚公进《裕陵挽词》有云："辂从元朔朝时破，花是高秋宴后萎。"二句皆当时实事也。

天圣、明道间，京师盛歌一曲曰《曹门高》。未几，慈圣太后受册中宫㉜，人以为验矣。其后宣仁与慈圣皆垂箔摄政㉝，而宣仁实慈圣之甥㉞，以故选配英庙，则征兆之意若曰："曹门之高，当相继而起也。"何其神哉！

赵相挺之使虏㉟，方盛寒，在殿上。虏主忽顾挺之耳，愕然急呼小胡指示之，盖冻也。俄持一小玉合子至，合中有药，色正黄，涂挺之两耳周匝而去，其热如火。既出殿门，主客者揖贺曰："大使耳若用药迟，且拆裂缺落，甚则全耳皆堕而无血。"扣其玉合中药为何物，乃不肯言，但云："此药市中亦有之，价甚贵，方匕直钱数千。某辈早朝遇极寒，即涂少许。吏卒辈则别有药，以狐溺调涂之，亦效。"

辽人刘六符，所谓刘燕公者㊱，建议于其国，谓："燕、蓟、云、朔㊲，本皆中国地，不乐属我。非有以大收其心，必不能久。"虏主宗真问曰㊳："如何可收其心？"曰："敛于民者十减其四五，则民惟恐不为北朝人矣。"虏主曰："如国用何？"曰："臣愿使南朝，求割关南地㊴，而增戍阅兵以胁之。南朝重于割地，必求增岁币。我托不得已受之。俟得币，则以其数对减民赋可也。"宗真大以为然，卒用其策得增币。而他大臣背约，才以币之十二减赋，民固已喜。及洪基嗣立㊵，六符为相，复请用元议㊶。洪基亦仁厚，遂尽用银绢二十万之数减燕、云租赋，故其后虏政虽乱而人心不离，岂可谓虏无人哉？

仁宗皇帝庆历中尝赐辽使刘六符飞白书八字曰："南北两朝，永通和好。"会六符知贡举，乃以"两朝永通和好"为赋题，而以"南北两朝永通和好"为韵，云："出南朝皇帝御飞白书。"六符盖为虏画策增岁赂者，然其尊戴中国尚尔如此，则盟好中绝㊷，诚可惜也。

王荆公素不乐滕元发、郑毅夫㊸，目为"滕屠""郑酤"。然二公资豪迈，殊不病其言。毅夫为内相㊹，一日送客出郊，过朱亥家㊺，俗谓之"屠儿原"者，作诗云："高论唐虞儒者事，卖交负国岂胜言？凭君莫笑金槌陋，却是屠酤解报恩。"

予幼岁侍先君避乱东阳山中，有北僧年五十余，戆朴无能，自言沈相义伦裔孙㊻，携遗像及告身、诏敕甚备。且云义伦之后，惟己独存，欲诉于朝求一官还俗。不知竟何往也。

[注释]

①严州：治今浙江建德东。　②韩魏公：北宋名相韩琦，字稚圭，相州安阳（今河南安阳）人，历任仁、英、神三朝宰相。《宋史》有传。③度：揣摩，估计。　④曾子宣：曾布，字子宣。见卷四上段注⑧。⑤魏道辅：魏泰，字道辅，襄阳（今湖北襄阳）人。徽宗崇宁、大观间，宰相章惇欲任以官，辞不就。晚年居家，倚仗姐夫曾布权势横行乡里。《郡斋读书志》卷十三："《东轩笔录》十五卷、《续录》一卷，右皇朝魏泰撰。泰，襄阳人，曾布之妇弟，为人无行而有口，颇为乡里患苦。元祐中，纪其少时公卿间所闻成此编。其所是非，多不可信。"　⑥欧阳公谪夷陵：仁宗景祐三年（1036），范仲淹因开罪权臣吕夷简被贬。为此欧阳修切责司谏高若讷畏葸不言，当年五月，贬为峡州夷陵县令。夷陵在今湖北宜昌。　⑦曾南丰：曾巩，字子固，建昌南丰人，后世因称其为曾南丰。陈无己：陈师道。　⑧孙仲益：孙觌，字仲益，号鸿庆居士，常州晋陵（今江苏常州市武进区）人，徽宗大观三年（1109）进士。钦宗时权直学士院，金兵破汴京，曾草降表。高宗绍兴元年（1131）知临安府。事迹散见于《三朝北盟会编》等书。　⑨秀州：治今浙江嘉兴。崇德：治今浙江桐乡西南。邢恕：字和叔，郑州阳武（今河南原阳）人。从程颢学，出入于司马光、吕公著之门。哲宗时为右司员外郎、起居舍人。《宋史》有传，但未言其知崇德县事。　⑩徐禧：字德占，洪州分宁（今江西修水）人。元丰中，夏人陷永乐城，与内侍李舜举等战死。《宋史》有传。　⑪三省：尚书省、中书省、门下省。　⑫都司：宋代尚书省左司、右司的合称，位高于尚书六曹。《宋史·职官志一》："左司郎中、右司郎中、左司员外郎、右司员外郎各一人，掌受付六曹之事，而举正文书之稽失，分治省事：左司治吏、户、礼、奏钞、班簿房，右司治兵、刑、

工、案钞房。"六曹：尚书省所辖吏、户、礼、兵、刑、工六部。 ⑬宋修撰煇：宋煇，赵州平棘（今河北赵县）人，北宋名臣宋敏求之孙。高宗建炎中，历任户部员外郎、江淮等路发运副使。绍兴二年（1132）知临安府。九年（1139），权京畿都转运使。事迹散见于《要录》等书。 ⑭直龙图阁，便除待制，太超躐：宋代阁学士分为三等，如龙图阁，即有龙图阁学士、龙图阁直学士、龙图阁待制，另有见习学士称为"直龙图阁"。此处意谓宋煇现为直龙图阁，授其龙图阁待制有些超等。《宋史·职官志二》："总阁学士、直学士，宋朝庶官之外，别加职名，所以厉行义、文学之士。……（龙图阁）有学士、直学士、待制、直阁等官。" ⑮修撰：秘阁修撰，亦属文官所带学士官名，在诸阁待制之下。 ⑯寿皇：南宋孝宗，禅位后，群臣上尊号为至尊寿皇圣帝，后世遂称孝宗为寿皇。 ⑰仲殊：北宋高僧，与苏轼友善。《尧山堂外纪》卷五三："僧仲殊，名挥，姓张氏，安州进士。弃家为僧，居杭州吴山宝月寺。仲殊嗜蜜，思聪嗜琴。东坡诗所谓：'招得琴聪与蜜殊'者是也。" ⑱邹忠公：邹浩，字志完，常州晋陵（今江苏常州）人。徽宗时为右正言，迁左司谏。又知江宁府、杭州、越州。卒后赐谥忠。《宋史》有传。 ⑲羹胾（zì）：肉羹。 ⑳晏元献：晏殊。为藩郡：藩镇。此处指晏殊晚年知永兴军（治今陕西西安）、河南府（治今河南洛阳），两地都属于藩屏巨镇。 ㉑吕正献：吕公著。作相及平章军国事：指吕公著担任宰相及卸任后仍参与运筹军国大事两段时间。《宋史·吕公著传》："元祐元年，拜尚书右仆射兼中书侍郎。……三年四月，恳辞位，拜司空、同平章军国事。……诏建第于东府之南，启北扉，以便执政会议。凡三省、枢密院之职，皆得总理。间日一朝，因至都堂。" ㉒大弨（chāo）：大弓。彀（gòu）：张满弓弩。 ㉓檠（qíng）：矫正弓弩的工具。 ㉔作平声叶（xié）：按照平声入韵。 ㉕丰相之：丰稷，字相之，明州鄞（今浙江宁波）人。哲宗时为右司谏、起居舍人,历太常少卿、国子祭酒,知颍州、江宁府,拜吏部侍郎,又知河南府,章惇欲困以道路,连徙六州。徽宗立,召为左谏议大夫,道除御史中丞。《宋史》有传。舒信道:舒亶,字信道,明州慈溪(今浙江慈溪)人,英宗治平二年(1065)进士。北宋酷吏。元丰初上书,请求重贬司马光、张方平、范镇、陈襄、刘挚等名臣,神宗认为其言太过,只贬了苏轼和王诜。《宋史》有传。㉖邹志完:邹浩,字志完。吕望之:吕嘉问,字望之,以荫入官。熙宁初,条例司引为属官,权户部判官,管诸司库务。绍圣中为户部侍郎、知开封府。专附章惇、蔡卞,多杀无辜。邹浩被贬,吕嘉问坐罢知怀州。《宋史》有传。 ㉗为人似不类:谓丰稷君子而舒亶小人,邹浩君子而吕嘉问小人。 ㉘通家子弟:世交或姻亲子弟。 ㉙毛达可:毛友。雍正《浙江通志》卷一七一:"毛友,字达可,西安人。崇宁间守镇江。"按:毛友知镇江在宣和而不是崇宁。嘉定《镇江志》卷十五守臣题名:"毛友,宣和二年,自翰林学士除龙图阁待制守镇江。"《宋史翼》有传。 ㉚胡邦衡:胡铨,字邦衡,庐陵(今江西吉安)人。绍兴八年(1138),因反对秦桧主和愤然上书,请求诛杀卖国贼,被贬海南。《宋史·胡铨传》:"谪吉阳军。二十六年,桧死,铨量移衡州。……三十一年,铨得自便。孝宗即位,复奉议郎、知饶州。" ㉛王岐公:王珪。《宋史·王珪传》:"(元丰)八年,帝有疾,珪白皇太后,请立延安郡王为太子。太子立,是为哲宗。进珪金紫光禄大夫,封岐国公。五月,卒于位。" ㉜慈圣太后受册中宫:谓仁宗曹皇后受册为皇后。《宋史·仁宗本纪二》:"(景祐元年)十一月己丑,册曹氏为皇后。"

㉝宣仁与慈圣皆垂箔摄政:谓英宗高皇后和仁宗曹皇后都曾垂帘听政。《宋史·后妃传》:"元丰八年,帝不豫,浸剧,宰执王珪等入问疾,乞立延安郡王为皇太子,(高)太后权同听政,帝颔之。" ㉞宣仁实慈圣之甥:谓英宗高皇后实乃仁宗曹皇后的外甥女。高皇后的母亲是曹皇后的姐

姐。《宋史·后妃传》："英宗宣仁圣烈高皇后……母曹氏，慈圣光献后姊也。……治平二年，册为皇后。"　㉟赵相挺之：赵挺之，字正夫，密州诸城（今山东诸城）人。哲宗时为国子司业，历太常少卿、权吏部侍郎，除中书舍人、给事中。徽宗时因蔡京荐，拜尚书右仆射。遂与蔡京争权，屡陈蔡京奸恶而去位。赵挺之于哲宗末年曾出使辽国。《宋史》有传。㊱刘六符：辽国大臣。曾任政事舍人、翰林学士。后为相。卒谥燕国公。《辽史》有传。　㊲燕：燕山府，今北京；蓟：蓟州，治今天津蓟州；云：云中府，治今山西大同；朔：朔州，治今山西朔州。这几处即所谓"燕云十六州"的代表，五代后晋时石敬瑭为得契丹相援，将燕云十六州割让给了契丹。　㊳虏主宗真：辽兴宗耶律宗真，1031至1055年在位。㊴求割关南地：请求北宋割让关南之地。关南指的是北宋北境的瓦桥关（今河北雄县）、益津关（今河北霸州）、淤口关（今河北霸州信安）及其以南的瀛（今河北河间）、莫（今河北任丘）。这些地方原本属于石敬瑭割让给辽国的土地，后周柴荣在位时先后收归中原，并设立了雄州、霸州、信安军、瀛州、莫州，委派得力武将镇守，这就形成了这片在宋辽间存在争议的土地。《宋史·仁宗本纪三》："（庆历二年三月）己巳，契丹遣萧英、刘六符来致书求割地。"　㊵洪基嗣立：辽道宗耶律洪基即位。耶律洪基，1055年至1101年在位。　㊶元议：前朝原来的协议。　㊷盟好中绝：自仁宗时与辽国建立的盟好关系最终断绝。此指徽宗宣和中，北宋决定与新兴的金国合兵灭辽，不料辽国灭后，金人趁势南下攻破汴京，北宋随之灭亡。　㊸滕元发：滕甫，字元发，后改名滕元发，字达道，皇祐五年（1053）进士。神宗朝历官御史中丞、翰林学士、知开封府。郑毅夫：郑獬，字毅夫，安州安陆（今湖北安陆）人。神宗时权发遣开封府，知杭州、青州。二人《宋史》均有传。　㊹内相：唐代对翰林学士的雅称。《宋史·郑獬传》："神宗初………拜翰林学士。"　㊺朱亥：战国时魏国人，隐居市井，在大梁为屠夫。因侯嬴举荐为魏公子无忌的门客，后来为安邦退敌立下大功。　㊻沈相义伦：北宋初宰相沈伦。见卷五下段注㊶。

《诗正义》曰①："络纬鸣②，懒妇惊。"宋子京《秋夜》诗云："西风已飘上林叶，北斗直挂建章城。人间底事最堪恨，络纬啼时无妇惊。"其妙于用事如此。

孙少述一字正之③，与王荆公交最厚，故荆公《别少述》诗云："应须一曲千回首，西去论心有几人？"又云："子今此去来何时，后有不可谁予规？"其相与如此。及荆公当国，数年不复相闻，人谓二公之交遂睽④，故东坡诗云："蒋济谓能来阮籍⑤，薛宣真欲吏朱云⑥。"刘舍人贡父诗云⑦："不负兴公《遂初赋》⑧，更传中散《绝交书》⑨。"然少述初不以为意也。及荆公再罢相归，过高沙⑩，少述适在焉，亟往造之。少述出见，惟相劳苦及吊元泽之丧⑪。两公皆自忘其穷达⑫，遂留荆公置酒共饭，剧谈经学，抵暮乃散。荆公曰："退即解舟⑬，无由再见。"少述曰："如此更不去奉谢矣。"然惘惘各有惜别之色。人然后知两公之未易测也。

杭僧思聪⑭，东坡为作《字说》者。大观、政和间，挟琴游梁⑮，日登中贵人之门⑯。久之，遂还俗，为御前使臣。方其将冠巾也⑰，苏叔党因浙僧入都⑱，送之诗曰："试诵《北山移》⑲，为我招琴聪。"诗至已无及矣。参寥政和中老矣⑳，亦还俗而死，然不知其故。

陶渊明《游斜川》诗，自叙辛丑岁年五十。苏叔党宣和辛丑亦年五十，盖与渊明同甲子也。是岁得园于许昌西湖上，故名之曰

"小斜川"云㉑。

夏文庄初谥文正㉒,刘原父持以为不可㉓,至曰:"天下谓竦邪,而陛下谥之'正'?"遂改今谥。宋子京作祭文乃曰㉔:"惟公温厚粹深,天与其正。"盖谓夏公之正,天与之而人不与。当时自有此一种议论,故张文定甚恶石徂徕㉕,诋之甚力,目为狂生。东坡《议学校贡举状》云:"使孙复、石介尚在㉖,则迂阔矫诞之士也,可施之于政事之间乎?"其言亦有自来:欧公作《王洙原叔参政墓志》曰㉗:"夏竦卒,天子以东宫恩赐谥文献。洙为知制诰㉘,封还曰:'此僖祖谥也㉙。'于是太常更谥文庄。"与他书异。

壹、贰、参、肆、伍、陆、柒、捌、玖、拾,字书皆有之。"参"正是三字,或读作七南反耳。"柒"字,晋、唐人书或作漆,亦取其同音也。

三舍法行时㉚,有教官出《易》义题云:"乾为金,坤又为金,何也?"诸生乃怀监本《易》至帘前请云㉛:"题有疑,请问。"教官作色曰:"经义岂当上请?"诸生曰:"若公试,固不敢。今乃私试,恐无害。"教官乃为讲解大概。诸生徐出监本,复请曰:"先生恐是看了麻沙本。若监本,则坤为釜也。"教授皇恐,乃谢曰:"某当罚。"即输罚改题而止。然其后亦至通显。

老杜《哀江头》云:"黄昏胡骑尘满城,欲往城南忘城北。"言方皇惑避死之际,欲往城南,乃不能记孰为南北也。然荆公集句,两篇皆作"欲往城南望城北"。或以为舛误,或以为改定,皆非也。盖所传本偶不同,而意则一也。北人谓向为望,谓欲往城南,乃向城北,亦皇惑避死,不能记南北之意。

先夫人幼多在外家晁氏,言诸晁读杜诗"稚子也能赊""晚来幽独恐伤神","也"字、"恐"字皆作去声读。

蜀人石耆公言㉜:"苏黄门尝语其侄孙在庭少卿曰㉝:'《哀江头》即《长恨歌》也㉞。《长恨》冗而凡,《哀江头》简而高。'在庭曰:'《常武》与《桓》二诗皆言用兵㉟,而繁简不同,盖此意乎?'黄门摇手曰:'不然㊱。'"

姓"但"者,音若"檀",近岁有岭南监司曰但中庸是也㊲。一日,朝士同观报状,见岭南郡守以不法被劾,朝旨令但中庸根勘。有一人辄叹曰:"此郡守必是权贵所主。"问:"何以知之?"曰:"若是孤寒,必须痛治,此乃令但中庸根勘㊳,即是有力可知。"同坐者无不掩口。其人悻然作色曰:"拙直宜为诸公所笑。"竟不悟而去。

今人解杜诗,但寻出处,不知少陵之意初不如是。且如《岳阳楼》诗:"昔闻洞庭水,今上岳阳楼。吴楚东南坼,乾坤日夜浮。亲朋无一字,老病有孤舟。戎马关山北,凭轩涕泗流。"此岂可以出处求哉?纵使字字寻得出处,去少陵之意益远矣。盖后人元不知杜诗所以妙绝古今者在何处,但以一字亦有出处为工。如《西昆酬唱集》中诗㊴,何曾有一字无出处者?便以为追配少陵,可乎?且今人作诗,亦未尝无出处,渠自不知,若为之笺注,亦字字有出处,但不妨其为恶诗耳。

寿皇时,禁中供御酒名蔷薇露,赐大臣酒谓之流香酒。分数旋取旨,盖酒户大小已尽察矣。

韩魏公声雌,文潞公步碎㊵。相者以为二公若无此二事㊶,皆非大臣之相。

庆历中,河北道士贾众妙善相,以为曾鲁公脊骨如龙㊷,王荆公目睛如龙,盖人能得龙之一体者,皆贵穷人爵㊸。见豫章黄庠手㊹，曰："左手得龙爪，虽当魁天下而不仕，若右手得之，则贵矣。"庠果为南省第一㊺，不及廷对而死㊻。

俞秀老紫芝㊼，物外高人，喜歌讴，醉则浩歌不止。故荆公赠之诗曰："鲁山眉宇人不见，只有歌辞来向东。借问楼前蹋《于蔿》㊽，何如云卧唱松风？"又云："暮年要与君携手，处处相烦作好歌。"不知者以为赋诗也。紫芝之弟清老欲为僧㊾，荆公名之曰紫琳，因手简目之为琳公，然清老卒未尝祝发也。

临江萧氏之祖，五代时仕于湖南㊿，为将校，坐事当斩，与其妻亡命焉。王捕之甚急。将出境，会夜阻水，不能去，匿于人家罍槽中。湘湖间谓罍为笕㉛。天将旦，有扣笕语之曰："君夫妇速去，捕者且至矣。"因呕去，遂得脱，卒不知告者何人，以为神物，乃世世奉祀，谓之笕头神。今参政照邻㉜，乃其后也。

晁以道《明皇打球图》诗："宫殿千门白昼开，三郎沈醉打球回㉝。九龄已老韩休死㉞，明日应无谏疏来。"又《张果洞》诗云："怪底君王惭汉武，不诛方士守轮台。"皆伟论也。

欧阳公《早朝》诗云："玉勒争门随仗入，牙牌当殿报班齐。"李德刍言㉟："自昔朝仪，未尝有牙牌报班齐之事。"予考之，实如德刍之说。问熟于朝仪者，亦惘然以为无有。然欧阳公必不误，当更博考旧制也。

王荆公所赐玉带，阔十四掐，号"玉抱肚"，真庙朝赵德明所贡㊱。至绍兴中，王氏犹藏之。曾孙奉议郎璹始复进入禁中㊲。

舅氏唐居正（意）㊳，文学、气节为一时师表。建炎初，避兵武当山中。病殁，遗文散落，无复存者，独《滁州汉高帝庙碑》阴尚存，今录于此："滁之西曰丰山，有汉高帝庙。或云汉诸将追项羽，道经此山。至今土俗以五月十七日为高帝生日，远近毕集，荐殽觞焉。某尝从太守侍郎曾祷雨于庙⁵⁹，因读庭中刻石，始知昔人相传，盖以五月十七为高帝忌日。按《汉书》，高帝十三年四月甲辰崩于长乐宫，五月丙寅葬长陵（注：自崩至葬凡二十三日）。疑五月十七日必其葬日，又非忌日也。以历推之，自上元甲子之岁，至高帝十二年四月晦日（是年岁在丙午），凡积一百九十三万六千三百六十三年，二千三百九十四万九千五百九十一月，七亿七百二十四万六千八百十五日。以法除之，算外得五月朔己酉，十七日乙丑。则丙寅葬日，乃十八日也。班固记汉初北平侯张苍所有《颛帝历》⁶⁰，晦朔、月见、弦望、满亏多非是，故高帝九年六月乙未晦日食。夫日食必于朔，而此食于晦，则先一日矣。岂非丙寅乃当时十七日乎？不然，岁月久，传者失之也。遂以告，公命书其碑阴。绍圣二年五月旦记。"

剑门关皆石，无寸土；潼关皆土，无拳石，虽皆号天下险固，要之潼关不若剑门。然自秦以来，剑门亦屡破矣，险之不可恃如此。

曾子宣丞相元丰间帅庆州⁶¹，未至召还，至陕府，复还庆州，往来潼关。夫人魏氏作诗戏丞相曰："使君自为君恩厚，不是区区爱华山。"

南丰曾氏享先用节羹、醃鹅、刞粥⁶²。建安陈氏享先用肝串子、猪白割、血羹、肉汁。皆世世守之，富贵不加，贫贱不废也。

苏子由晚岁游许昌贾文元公园⁶³，作诗云："前朝辅相终难得，父老咨嗟今亦无。"盖谓方仁祖时，士大夫多议文元，然自今观之，岂易得哉？其感慨如此。

[注释]

①《诗正义》：汉毛亨为《诗经》所作的注解，后世称《毛诗正义》。 ②络纬：虫名，又叫莎鸡、络丝娘、纺织娘。夏秋夜间振羽作声，声如纺线，故名。 ③孙少述：孙侔，字少述，乌程（今浙江湖州）人，与王安石、曾巩交游，因屡举进士不中，遂绝仕进之意，客居江淮间，士大夫敬畏之。《宋史》有传。 ④二公之交遂暌（kuí）：谓孙侔与王安石的交往断绝。暌，阻隔、分离。 ⑤蒋济：字子通，楚国平阿（今安徽怀远）人，三国魏名臣，历仕曹操、曹丕、曹睿、曹芳四朝，任散骑常侍、中护军、护军将军等职。《三国志·魏书》有传。阮籍：字嗣宗，陈留尉氏（今河南开封）人，三国魏人、竹林七贤之一。累迁步兵校尉，世称阮步兵。此句谓蒋济自认为阮籍可以辟为属吏。《晋书·阮籍传》说阮籍曾随叔父至东郡，太尉蒋济闻其有隽才而辟之为吏，阮籍给蒋济写了一封记推辞。"济恐籍不至，得记欣然。遣卒迎之，而籍已去，济大怒。于是乡亲共喻之，乃就吏"。 ⑥薛宣：字赣君，东海郯县（今山东郯城）人，西汉丞相。《汉书》有传。朱云：字游，鲁中人，后徙居平陵（今陕西咸阳）。元帝时任杜陵令、槐里令。成帝时上书称丞相张禹邪佞，帝欲斩之，赖左将军辛庆忌救解。《汉书·朱云传》："薛宣为丞相，云往见之。宣备宾主礼，因留云宿，从容谓云曰：'在田野亡事，且留我东阁，可以观四方奇士。'云曰：'小生乃欲相吏邪？'宣不敢复言。" ⑦刘舍人贡父：刘攽，字贡父，临江新喻（今江西新余）人，仁宗庆历年间进士。哲宗初知襄州，又知蔡州。给事中孙觉、胡宗愈，中书舍人苏轼、范百禄言刘攽"博记能文章，政事侔古循吏，身兼数器，守道不回，宜优赐之告，使留京师"。召拜中书舍人。《宋史》有传。 ⑧兴公：东晋孙绰，字兴公，太原中都（今山西平遥）人。哀帝时为散骑常侍，领著作

郎。所作《遂初赋》有名于时。　⑨中散：三国魏嵇康，谯郡铚县嵇山（今属安徽涡阳）人。曾任中散大夫，故世称嵇中散。与山涛、刘伶等合称为"竹林七贤"。后山涛入仕，嵇康遂作《与山巨源绝交书》以明志。　⑩高沙：高邮军的郡名，治今江苏高邮。　⑪惟相劳苦：只说些"路途辛苦""别来无恙"之类的话。元泽：王安石之子王雱。《宋史·王雱传》："雱，字元泽。为人慓悍阴刻，无所顾忌。……安石更张政事，雱实导之。……安石与程颢语，雱囚首跣足，携妇人冠以出，问父所言何事。曰：'以新法数为人所阻，故与程君议。'雱大言曰：'枭韩琦、富弼之头于市，则法行矣。'安石遽曰：'儿误矣。'卒时才三十三。"　⑫两公皆自忘其穷达：此时二人都把仕途高低顺逆丢在脑后。　⑬退即解舟：此一别便要登舟远去。　⑭思聪：苏轼任杭州通判时结识的僧人。苏轼《送钱塘僧思聪归孤山叙》："钱塘僧思聪，七岁善弹琴。十二舍琴而学书，书既工。十五舍书而学诗，诗有奇语。云烟葱胧，珠玑的皪，识者以为画师之流。聪又不已，遂读《华严》诸经，入法界海慧。今年二十有九，老师宿儒，皆敬爱之。"　⑮游梁：到京师来游。汴京又称汴梁。　⑯中贵人：皇帝宠幸的宦官。《史记·李将军列传》："天子使中贵人从广勒习兵击匈奴。"裴骃《集解》："内官之幸贵者。"　⑰冠巾：僧人还俗重新戴冠裹巾。　⑱苏叔党：苏轼之子苏过。因浙僧入都：因思聪乃浙中旧人要到京城。　⑲《北山移》：南朝齐孔稚圭所作的《北山移文》，讽刺隐士经不住利禄诱惑而入仕。　⑳参寥：苏轼谪居黄州时从游的僧人。苏轼《参寥泉铭》："余谪居黄，参寥子不远数千里从余于东城，留期年。……其后七年，余出守钱塘，参寥子在焉。"　㉑小斜川：苏过尤喜陶渊明《游斜川》，故自号斜川，其文集亦名为《斜川集》。　㉒夏文庄：夏竦，字子乔，江州德安（今江西德安）人。仁宗时以左司郎中为翰林学士，迁谏议大夫，为枢密副使。拜同中书门下平章事、判大名府，召入为宰相。《宋史》有传。　㉓刘原父：刘敞，字原父，刘攽之兄。《宋史·刘敞传》："夏竦薨，赐谥文正。敞言：'谥者有司之事，竦行不应法。今百司各得守其职，而陛下侵臣官。'疏三上，改谥文庄。"　㉔宋子京：宋祁。见卷四下段注㊻。　㉕张文定：张方平，字安道，南京（今河南商丘）人。仁宗时任御史中丞、三司使、尚书左丞、知应天府。神宗时拜参知政事。哲宗元祐中卒，谥曰文定。《宋史》有传。石徂徕：石介，字守道，兖州奉符（今山东泰安）人。丁父母忧，耕徂徕山下，以《易》教授于家，学者号为徂徕先生。入为国子监直讲。《宋史》有传。苏象先辑《魏公谭训》卷六："张安道雅不喜石介。……一日谒曾祖，在祖父书室中案上见介书，曰：'吾弟何为与此狂游？'"　㉖孙复：字明复。举进士不第，退居泰山。《宋史·孙复传》："范仲淹、富弼皆言复有经术，宜在朝廷。除秘书省校书郎、国子监直讲。车驾幸太学，赐绯衣银鱼，召为迩英阁祗候说书。"　㉗王洙原叔：王洙，字原叔，应天宋城（今河南商丘南）人。晏殊知应天府时，荐为府学教授，召为国子监说书。后为天章阁侍讲、翰林学士。因兄子尧臣参知政事，改侍读学士兼侍讲学士。按：《宋史·王洙传》及欧阳修《翰林侍读侍讲学士王公墓志铭》均未言王洙担任过参知政事。不知陆游何据。　㉘洙为知制诰：《长编》卷一七一："（皇祐三年八月乙未）知制诰、史馆修撰兼侍讲王洙为契丹生辰使。"　㉙僖祖：太祖赵匡胤的高祖。《东都事略》卷二："建隆元年三月壬戌，有司上皇高祖文安府君谥曰文献皇帝，庙号僖祖。"　㉚三舍法：神宗元丰时的取士法，其法分太学为外舍、内舍、上舍，区别生员为三等。依其年限和条件，由外舍升入内舍，继而升上舍。最后按科举考试法，分别规定其出身并授以官职。绍圣中曾一度废科举，专以三舍法取士。　㉛监本《易》：国子监印本《周易》，国子监印本为最权威的印本。　㉜石耆公：当是陆游在蜀中时交往的人。　㉝苏黄门：苏辙。侄孙在庭：苏元老，字在廷，号九峰，苏轼从孙。崇宁五年（1106）进士。历通判彭州、成都路转运副使，为军器监、司农、卫尉、太常少卿。后入元祐党籍。《宋史·苏元老传》谓其字"子廷"，《全宋文》卷二八二二谓其字"在廷"。 ㉞《哀江头》：杜甫所作诗："少陵野老吞声哭，春日潜行曲江曲。江头宫殿锁千门，细柳新蒲为谁绿。忆昔霓旌下南苑，苑中万物生颜色。昭阳殿里第一人，同辇随君侍君侧。辇前才人带弓箭，白马嚼啮黄金勒。翻身向天仰射云，一箭正坠双飞翼。明眸皓齿今何在，血污游魂归不得。清渭东流剑阁深，去住彼此无消息。人生有情泪沾臆，江水江花岂终极。黄昏胡骑尘满城，欲往城南忘南北。"《长恨歌》，白居易所作诗。此句意谓《哀江头》与《长恨歌》主旨相同，唯长短不同而已。 ㉟《常武》与《桓》二诗皆言用兵：《诗经·大雅·常武》诗属于长篇，文多不录。《诗经·周颂·桓》诗则只有短短几句："绥万邦，娄丰年，天命匪解。桓桓武王，保有厥士，于以四方，克定厥家。於昭于天，皇以间之。"

㊱不然：此句是说苏辙认为文人的诗歌可以互相比较品评，而《常武》和《桓》都是圣贤之作，万万不可轻易品评。 ㊲但中庸：《会要·职官》七二之三九："（淳熙十年闰十一月）十二日，朝散大夫、知南雄州吴辉降一官。为提刑但中庸所劾。"《永乐大典》卷二三四二："但中庸，绍兴壬子榜，广东提刑。"《广东通志》卷一五："但中庸，淳熙十二年任转运判官。"按：宋代提刑司、转运司、常平司均可称为"监司"。 ㊳此乃令但中庸根勘：此句意思是这位郡守可能大有来头，故而朝廷命监司只以"中庸"的态度了事即可，不必重惩。其妙处在于说话的人没把"但中庸"当成人名，却错误地理解为"只以中庸态度"，故而听者皆笑。 ㊴《西昆酬唱集》：北宋前期由杨亿、刘筠、钱惟演等编纂的一部诗集。该集中的诗大都以炫耀文采典故为主，后人号称为"西昆体"。 ㊵韩魏公声雌，文潞公步碎：谓韩琦说话的声音类似女人，文彦博走路总

是小碎步。韩琦封魏国公，文彦博封潞国公。　㊶相者以为二公若无此二事：看相的人认为文、韩二公若没有各自的特点。　㊷曾鲁公：曾公亮，字明仲，泉州晋江（今福建晋江）人。《宋史·曾公亮传》："熙宁二年，进昭文馆大学士，累封鲁国公。"　㊸贵穷人爵：显贵到最高勋爵。　㊹豫章：旧郡名，在今江西南昌。黄庠：龚鼎臣《东原录》："景祐二年省试《天子外屏赋》，是时国子监元黄庠者最有文称。……时庠以疾不能就御试，既愈，陈述于贡院。……仁宗曰：'是亦三元也。'……许将来直就御试。"　㊺南省：宋代科考多由礼部主持，号曰南省。此处指黄庠已经取得会试第一名。　㊻不及廷对而死：还没来得及参加殿试就死了。宋代科举考试分三个层级，即乡试、省试（又叫会试）和殿试。举子这三层考试均过关，才能称为进士。　㊼俞秀老紫芝：俞紫芝，字秀老。叶梦得《石林诗话》卷中："俞紫芝，字秀老，扬州人，少有高行，不娶，得浮图心法，所至翛然，而工于作诗。王荆公居钟山，秀老数相往来，尤爱重之。"　㊽于蒍（wěi）：歌曲名，唐元德秀所作。《新唐书·元德秀传》："玄宗在东都，酺五凤楼下，命三百里县令、刺史各以声乐集。……德秀惟乐工数十人，联袂歌《于蒍》。《于蒍于》者，德秀所为歌也。帝闻，异之，叹曰：'贤人之言哉！'"　㊾紫芝之弟清老：紫芝弟俞澹，字清老。《石林诗话》卷中："弟澹，字清老，亦不娶，滑稽善谐谑，洞晓音律，能歌。荆公亦善之，晚年作《渔家傲》等乐府数阕，每山行，即使澹歌之。然澹使酒好骂，不若秀老之恬静。一日见公云：'我欲去为浮图，但贫无钱买祠部尔。'公欣然为置祠部，澹约日祝发。既过期，寂无耗，公问其然，澹徐曰：'我思僧亦不易为，公所赠祠部，已送酒家偿旧债矣。'公为之大笑。"　㊿湖南：五代十国时期上蔡人马殷在湖南建立的割据政权，都城在长沙。传次子马希声、第四子马希范、希范同母弟希广、马殷第三十子希萼、希萼弟希崇五王。自唐昭宗乾宁三

年（896）立国，至保大九年（951）为南唐所灭。始末俱见《十国春秋·楚世家》。　�雷（liù）：屋檐下接水的长槽。筧（jiǎn）：毛竹连续衔接而成的引水管道。　㊷参政照邻：萧燧，字照邻，临江军（治今江西樟树西临江）人，绍兴十八年（1148）进士。孝宗淳熙二年（1175），官国子司业兼权起居舍人。十年（1183），权吏部尚书。十六年（1189），权知枢密院。《宋史》有传。　㊸三郎：唐玄宗李隆基乃睿宗李旦第三子，故昵称为"三郎"。刘肃《大唐新语·谀佞》："睿宗与群臣呼公主为'太平'，玄宗为'三郎'。凡所奏请，必问曰：'与三郎商量未？'其见重如此。"　㊹九龄：唐代名臣张九龄，字子寿，韶州曲江（今广东韶关）人。玄宗即位时官左拾遗，多有谏诤。新、旧《唐书》均有传。韩休：字良士，京兆长安（今陕西西安）人。为宰相时屡屡犯颜直谏，罢为工部尚书。开元二十八年（740）病逝，时年六十八。新、旧《唐书》均有传。　㊺李德刍：神宗熙宁二年（1069）为同知大宗正丞，元丰中参与编撰《元丰九域志》。元祐中为校书郎。《全宋文》卷一五八八有小传。

㊻真庙朝：真宗朝。赵德明：按：西夏自唐代臣服于中原，故赐姓李。其王李彝兴于太祖乾德五年（967）卒，追封夏王，子李克睿立。太平兴国三年（978）李克睿卒，子继筠立。五年（980）李继筠卒，弟继捧立，太宗赐姓赵，更名保忠。景德元年（1004）正月二日赵保忠卒，子赵德明立。德明遣牙将王旻奉表归顺，诏河西羌族各守疆场。德明连岁表归顺。见《宋史·夏国传上》。　㊼奉议郎璹：王璹，王安石曾孙，次子王雱之孙，以祖荫授官奉议郎。　㊽舅氏唐居正：唐意，字居正，湖北江陵人，名臣唐介之孙。徽宗时官南陵令。建炎中避兵武当山，病卒。《全宋文》卷三四〇一有小传。　㊾从太守侍郎曾祷雨于庙：跟从滁州知州曾大人在庙中祷雨。按：此时滁州知州为曾肇。万历《滁阳志》卷十："绍圣二年曾肇，以朝散大夫知。"《宋大诏令集》卷二〇七有《曾肇降修撰

知滁州制》,作于绍圣二年(1095)二月庚午。　⑥⓪汉初北平侯张苍所有《颛帝历》:汉代初年使用的一种历法,至《太初历》颁布后,不再使用《颛帝历》,其前后使用共计一百余年。《汉书·律历志》:"所记有黄帝、颛顼、夏、殷、周及鲁历。……汉兴,方纲纪大基,庶事草创,袭秦正朔。以北平侯张苍言,用《颛顼历》,此于六历,疏阔中最为微近。然正朔服色,未睹其真,而朔晦月见,弦望满亏多非是。"　⑥①曾子宣丞相元丰间帅庆州:《长编》卷三二一:"(元丰四年十二月)丙寅,龙图阁直学士曾布知庆州。"庆州治今甘肃庆阳。　⑥②享先:祭奠祖先。节羹:动物骨节熬制的羹汤,即今所谓骨头汤。䤉(ān)鹅:经过炮制的香鹅。䪽(mǐn)粥:不详其意,疑有误字。　⑥③贾文元:贾昌朝,卒谥文元。见卷六上段注㉗。贾昌朝在世时,士论褒贬不一,故陆游言"自今观之,岂易得哉"。

卷 八

国初尚《文选》①，当时文人专意此书，故草必称"王孙"②，梅必称"驿使"③，月必称"望舒"④，山水必称"清晖"⑤。至庆历后，恶其陈腐，诸作者始一洗之。方其盛时，士子至为之语曰："《文选》烂，秀才半。"建炎以来，尚苏氏文章⑥，学者翕然从之，而蜀士尤盛。亦有语曰："苏文熟，吃羊肉；苏文生，吃菜羹。"

蜀人见人物之可夸者，则曰"呜呼"，可鄙者，则曰"噫嘻"。

秦丞相晚岁权尤重，常有数卒，皂衣持梃立府门外，行路过者稍顾视謦欬⑦，皆呵止之。尝病告一二日，执政独对，既不敢他语，惟盛推秦公勋业而已。明日入堂，忽问曰："闻昨日奏事甚久。"执政惶恐，曰："某惟诵太师先生勋德，旷世所无，语终即退，实无他言。"秦公嘻笑曰："甚荷⑧。"盖已嗾言事官上章。执政甫归，閤子弹章副本已至矣。其忮刻如此⑨。

兴元城固县产礜石⑩，不可胜计，与凡土石无异，虽数十百担，亦可立取。然其性酷烈，有大毒，非置瓦窑中煅三过不可用。然犹动能害人，尤非他金石之比。《千金》有一方⑪，用礜石辅以干姜、乌头之类，名"匈奴露宿丹"，其酷烈可想见也。

阴平在今文州⑫，有桥曰阴平桥。淳熙初，为郡守者大书立石于桥下曰⑬："邓艾取蜀路⑭。"过者笑之。

建炎三年春，车驾仓卒南渡，驻跸于杭。有侍臣召对者，既对，所陈札子首曰："恭惟陛下岁二月东巡狩，至于钱塘。"吕相颐浩见之，笑曰："秀才家识甚好恶⑮！"

淳熙中，黄河决入汴。梁、宋间讙言⑯，谓之"天水来"。天水，国姓也⑰。遗民以为国家恢复之兆。

史魏公自少保六转而至太师⑱，中间近三十年，福寿康宁，本朝一人而已。文潞公自司空四转⑲，蔡太师自司空三转⑳，秦太师自少保两转而已㉑。

郑康成自为书戒子益恩㉒，其末曰："若忽忘不识，亦已焉哉！"此正孟子所谓"父子之间不责善"也。盖不责善，非不示于善也，不责其必从耳。陶渊明《命子》诗曰："夙兴夜寐，愿尔斯才。尔之不才，亦已焉哉！"用康成语也。

自唐至本朝，中书门下出敕，其敕字皆平正浑厚。元丰后，敕出尚书省亦然。崇宁间，蔡京临平寺额作险劲体，"来"长而"力"短㉓，省吏始效之相夸尚，谓之"司空敕"，亦曰"蔡家敕"，盖妖言也。京败，言者数其朝京退送及公主改帝姬之类㉔，偶不及蔡家敕，故至今"敕"字蔡体尚在。

东坡《海外》诗云："梦中时见作诗孙。"初不解。在蜀见苏山藏公墨迹《叠韵竹诗》㉕，后题云："寄作诗孙符㉖。"乃知此句为仲虎发也。

绍兴末，谢景思守括苍㉗，司马季思佐之㉘，皆名倅。刘季高以书与景思曰㉙："公作守，司马九作倅，想郡事皆如律令也㉚。"闻者绝倒。

东坡《牡丹》诗云："一朵妖红翠欲流。"初不晓"翠欲流"为何语。及游成都，过木行街，有大署市肆曰："郭家鲜翠红紫铺。"问土人，乃知蜀语鲜翠犹言鲜明也。东坡盖用乡语云。蜀人又谓糊窗曰"泥窗",花蕊夫人《宫词》云:"红锦泥窗绕四廊。"非曾游蜀,亦所不解。

东坡先生省试《刑赏忠厚之至论》有云:"皋陶为士,将杀人。皋陶曰杀之三,尧曰宥之三。"梅圣俞为小试官㉛,得之以示欧阳公。公曰:"此出何书?"圣俞曰:"何须出处!"公以为皆偶忘之,然亦大称叹。初欲以为魁,终以此不果。及揭榜,见东坡姓名,始谓圣俞曰:"此郎必有所据,更恨吾辈不能记耳。"及谒谢,首问之,东坡亦对曰:"何须出处。"乃与圣俞语合。公赏其豪迈,太息不已。

宋白尚书诗云㉜:"风骚坠地欲成尘,春锁南宫入试频。三百俊才衣似雪,可怜无个解诗人。"又云:"对花莫道浑无过,曾与常人举好诗。"大抵宋诗虽多疵颣㉝,而语意绝有警拔者,故其自负如此。

白乐天诗云:"四十著绯军司马,男儿官职未蹉跎。""一为州司马,三见岁重阳。"本朝太宗时,宋太素尚书自翰苑谪郧州行军司马,有诗云:"郧州军司马,也好画为屏。"又云:"官为军司马,身是谪仙人。"盖此音"司"字作入声读。

故事:谪散官虽别驾、司马,皆封赐如故,故宋尚书《在郧时》诗云:"经时不巾栉,慵更佩金鱼。"东坡先生在儋耳,亦云"鹤发惊全白,犀围尚半红"是也㉞。至司户参军,则夺封赐。故世传寇莱公谪雷州㉟,借录事参军绿袍拜命,袍短才至膝。又予少时,见王性之曾夫人言㊱,曾丞相谪廉州司户㊲,亦借其侄绿袍拜命云。

绍兴十六七年,李庄简公在藤州㊳,以书寄先君,有曰:"某人汲汲求少艾㊴,求而得之,自谓得计。今成一聚枯骨,世尊出来也救他不得㊵。""一聚枯骨"出《神仙传·老子篇》。"某人"者,前执政,留守金陵㊶,暴得疾卒,故云。

张邦昌既死㊷,有旨月赐其家钱十万,于所在州勘支。曾文清为广东漕㊸,取其券缴奏,曰:"邦昌在古,法当族诛,今贷与之生足矣,乃加横恩如此,不知朝廷何以待伏节死事之家?"诏自今勿与。予铭文清墓载此事甚详㊹,及刻石,其家乃削去,至今以为恨。

韩魏公罢政,以守司徒兼侍中、镇安武胜军节度使。公累章牢辞,至以为恐开大臣希望僭忒之阶㊺,遂改淮南节度使。元丰间,文潞公亦加两镇,引魏公事辞,卒亦不拜。绍兴中,张俊、韩世忠乃以捍虏有功,拜两镇,俄又加三镇。二人皆武臣,不知辞。当时士大夫为之语曰:"若加一镇,即为四镇,如朱全忠矣㊻,奈何!"

大驾初驻跸临安,故都及四方士民商贾辐辏㊼,又创立官府,扁榜一新。好事者取以为对曰:"钤辖诸道进奏院㊽,详定一司敕令所㊾","王防御契圣眼科㊿,陆官人遇仙风药[51]","干湿脚气四斤丸[52],偏正头风一字散[53]","三朝御裹陈忠翊[54],四世儒医陆太丞[55]","东京石朝议女婿[56],乐驻泊乐铺西蜀[57]","费先生外甥[58],寇保义卦肆[59]",如此凡数十联,不能尽记。

高庙谓[60]:"端砚如一段紫玉,莹润无瑕乃佳,何必以眼为贵耶?"晁以道藏砚必取玉斗样,喜其受墨沈多也[61]。每曰:"砚若无池受墨,则墨亦不必磨,笔亦不必点,惟可作枕耳。"

吕吉甫问客[62]:"苏子瞻文辞似何人?"客揣摩其意,答之曰:"似苏秦、张仪。"吕笑曰:"秦之文高矣,仪固不能望,子瞻亦不能也。"徐自诵其表语云:"面折马光于讲筵㊣,廷辩韩琦之奏疏㊣。"甚有自得之色,客不敢问而退。

[注释]

①尚《文选》:推崇南朝梁昭明太子萧统编纂的文学总集《文选》。 ②王孙:《文选》淮南小山《招隐士》:"王孙游兮不归,春草生兮萋萋。"于是宋人称草为"王孙"。 ③驿使:北魏陆凯《赠范晔》诗:"折梅逢驿使,寄与陇头人。江南无所有,聊赠一枝春。"于是宋人称梅为"驿使"。按:此诗不载于《文选》。 ④望舒:《文选》张衡《归田赋》:"于时曜灵俄景,系以望舒。"李善注:"望舒,月御也。"于是宋人称月为"望舒"。 ⑤清晖:《文选》谢灵运《石壁精舍还湖中作》诗:"昏旦变气候,山水含清晖。"于是宋人称山水为"清晖"。 ⑥尚苏氏文章:崇尚三苏的文章。 ⑦謦欬(qǐng kài):咳嗽。 ⑧甚荷:非常感谢关照。 ⑨忮(zhì)刻:褊狭刻薄。 ⑩兴元:今陕西汉中。城固:今陕西城固。礜(yù)石:矿物名。《说文解字》:"礜,毒石也,出汉中。"

⑪《千金》:即《千金方》,唐孙思邈所写的一部医学名著。 ⑫阴平:阴平道,是甘肃入蜀的一条险路。文州:治今甘肃文县。 ⑬郡守:据本人所作《宋代郡守考续编》,淳熙初年文州知州有二人,分别是李彦坚和王彪。《范成大佚著辑存》第77页《论李彦坚王彪疏》:"文州管下番部作过,知州李彦坚畏懦失职。下任王彪老缪,不肯之官。"作于淳熙三年(1176)春。此立石者或即李彦坚。 ⑭邓艾取蜀路:三国时,魏国大将钟会、邓艾领兵伐蜀。被蜀将姜维截于剑门关下,邓艾回军景谷抵达阴平,走数百里险路到达江油关,逼降守关蜀将,遂长驱南下,直抵成都,蜀后主刘禅投降。见《三国志》。因邓艾攻蜀并未经过文州城,故路人笑其妄言。 ⑮秀才家识甚好恶:酸腐秀才真不知道好歹,都什么时候了还

有心思咬文嚼字。　⑯梁、宋间：开封、商丘一带。开封古称汴梁。商丘古称宋州。讙（huān）言：众口嘈杂地传言。　⑰天水，国姓也：战国末期，秦攻赵国代郡，代王赵嘉降。于是秦王派赵嘉之后赵公辅出居西戎，世居天水，故天下赵姓自称"天水赵"。　⑱史魏公：史浩。《宋史·史浩传》："史浩，字直翁，明州鄞县人。绍兴十四年登进士第。……隆兴元年，拜尚书右仆射。……（淳熙初）除少保、观文殿大学士、醴泉观使兼侍读。……拜少傅、保宁军节度使，充醴泉观使兼侍读。……十年，请老，除太保致仕，封魏国公。……光宗御极，进太师。"自少保六转而至太师：从少保经六次迁转到了太师。"转"指的是宋代文散官的迁转。其高阶有少保、少傅、少师、太尉、司徒、司空、太保、太傅、太师。此言其间历经三十年，言其迁转之稳重，不轻易越级骤迁。⑲文潞公：文彦博，字宽夫，汾州介休（今山西介休）人。《宋史·文彦博传》："知许州，改忠武军节度使、知永兴军。至和二年，复以吏部尚书、同中书门下平章事、昭文馆大学士，与富弼同拜，士大夫皆以得人为庆。"　⑳蔡太师：蔡京。　㉑秦太师：秦桧。　㉒郑康成：郑玄，字康成。北海高密（今山东高密）人。东汉末著名经学家。《后汉书·郑玄传》："建安元年，自徐州还高密，道遇黄巾贼数万人，见玄皆拜，相约不敢入县境。玄后尝疾笃，自虑，以书戒子益恩。"　㉓"来"长而"力"短：按：敕字的繁体写作"勑"。"来"长而"力"短者，谓左边的"来"字上下较长，右边的"力"字上下较短。　㉔朝京退送：义未详。《宋人轶事汇编》卷十三引此段说："'朝京退送'四字疑有误。"公主改帝姬：《宋史·徽宗本纪三》："（政和三年闰四月）丙辰，改'公主'为'帝姬'。"如"柔福帝姬"，即柔福公主之意。　㉕苏山：苏轼曾孙。光宗绍熙元年（1190）为将作监丞，同年九月使金。《全宋文》卷六四四二有小传。陆游在蜀中为乾道至淳熙间，此时苏山疑尚未入仕。

㉖作诗孙符：苏符，字仲虎，苏轼长子苏迈的儿子，历蜀州知州、夔州路提点刑狱、太常少卿、起居郎、礼部侍郎、礼部尚书、知遂宁府等官。《宋史翼》卷四有传。　㉗谢景思：谢伋，字景思，上蔡（今属河南）人，南宋初名臣谢克家之子。谢克家被罢后，父子皆隐居乡里。绍兴二十五年（1155）秦桧死，谢伋被召，授官处州知州。《要录》卷一七〇："（绍兴二十五年十二月乙酉）右承议郎谢伋知处州。"括苍：处州郡名。　㉘司马季思佐之：司马伋，担任处州通判。司马伋字季思，司马光之曾孙。　㉙刘季高：刘岑，字季高，吴兴（今浙江吴兴）人，宣和六年（1124）进士。绍兴三年（1133）为秘书少监，因得罪秦桧被罢。秦桧死后复官，历知泰、扬、温三州，三十一年（1161）除户部侍郎。事迹散见于《要录》等书。《全宋文》卷三八八四有小传。　㉚想郡事皆如律令：谢伋、司马伋的名字都叫"伋"，道士作法时必诵一句"急急如律令"，"伋""急"二字音同，故戏称其二人"急急（伋伋）如律令"。　㉛梅圣俞：北宋诗人梅尧臣，字圣俞，宣州宣城（今安徽宣城）人。与欧阳修善。《宋史》有传。为小试官：仁宗嘉祐二年（1057）省试，欧阳修为大主考，聘梅尧臣为考试官。苏辙《亡兄子瞻端明墓志铭》："嘉祐二年，欧阳文忠公考试礼部进士，疾时文之诡异，思有以救之。梅圣俞时与其事，得公《论刑赏》以示文忠。文忠惊喜，以为异人，欲以冠多士，疑曾子固所为，子固，文忠门下士也，乃置公第二。"　㉜宋白：字太素，大名（今河北大名）人。《宋史·宋白传》："召入翰林为学士。……张去华者，白同年生也，坐尼道安事贬。白素与去华厚善，遂出为保大军节度行军司马。"鄜州治今陕西富县，宋代军额为保大军。　㉝疵颣（lèi）：缺陷。颣，原义为丝绳上的疙瘩，引申为毛病。　㉞犀围：犀角带，饰有犀角的腰带。为品官所佩之带。　㉟寇莱公：寇准，字平仲，华州下邽（今陕西渭南）人。真宗朝为宰相，封莱国公。因反对丁谓、钱惟演奸臣

老学庵笔记 | 175

等辅政，又因得罪权力欲甚大的刘皇后而屡遭贬谪，最后贬为雷州司户参军。《宋史》有传。司马光《涑水纪闻》卷六：“寇莱公之贬雷州也，丁晋公遣中使赍敕往授之，以锦囊贮剑，揭于马前。既至，莱公方与郡官宴饮，驿吏言状，莱公遣郡官出逆之。中使避不见，入传舍中，久之不出。问其所以来之故，不答。上下皆皇恐，不知所为。莱公神色自若，使人谓之曰：‘朝廷若赐准死，愿见敕书。’中使不得已，乃以敕授之。莱公乃从录事参军借绿衫著之，短才至膝，拜受敕于庭，升阶复宴饮，至暮而罢。” ㊱王性之：王铚。见卷二上段注51。曾夫人：王铚夫人曾氏。按：曾夫人乃曾布第四子曾纡之女，故能了解曾布事迹。见《直斋书录解题》卷十八。 ㊲曾丞相谪廉州司户：曾布因得罪蔡京被贬为廉州司户参军。《宋史·曾布传》：“罢为观文殿大学士、知润州。京积憾未已，加布以赃贿，令开封吕嘉问逮捕其诸子，锻炼讯鞫，诱左证使自诬而贷其罪。布落职，提举太清宫、太平州居住。又降司农卿、分司南京。又以尝荐学官赵谂而谂叛，责散官、衡州安置。又以弃湟州，责贺州别驾，又责廉州司户。凡四年，乃徙舒州。”《挥麈前录》卷三：“曾文肃帅定，一日晨起，忽语诸子曰：‘吾必为宰相，然须南迁。’启其所以，公曰：‘吾昨夕梦衣十郎绿袍，北向谢恩，岂非它日贬司户之征乎？’后十年果登庸。既为蔡元长所挤，徙居衡阳，已而就降廉州司户参军，敕到，取幼子絣朝服以拜命，果符前梦。” ㊳李庄简公：李光。见卷一下段注43。藤州：今广西藤县。《宋史·李光传》：“（绍兴）十一年冬，中丞万俟卨论光阴怀怨望，责授建宁军节度副使、藤州安置。越四年，移琼州。” ㊴某人：某个家伙。见下注41。少艾：年轻美貌的女子。 ㊵今成一聚枯骨：如今死掉成了一堆白骨。世尊：佛号。 ㊶“某人”者，前执政，留守金陵：那个家伙是前朝执政官，又为金陵留守。按：“某人”指的是张守。据《宋史·张守传》，字子固，常州晋陵（今江苏常州）人。绍兴四年（1134）五月除参知政事，沈与求弹劾他曾举荐奸臣汪伯彦，罢提举洞霄宫。六年（1136）十二月，再除参知政事兼权枢密院事。《宋史·张守传》：“建康谋帅，上曰：‘建康重地，用大臣有德望者，惟张守可。’至镇数月薨。”又据《至大金陵新志》卷三中之下载，张守于绍兴十四年（1144）二月二十日除知建康府兼留守司公事，十五年（1145）病卒。 ㊷张邦昌：字子能，永静军东光（今河北东光）人。金人攻破汴京后，命邦昌僭位伪皇帝。高宗即位后贬其为昭仪军节度副使，潭州安置，随后赐死于潭州。《宋史》有传。 ㊸曾文清：曾幾。见卷一上段注(86)。为广东漕：担任广南东路转运判官。按：此句有误。曾幾建炎中所任为广南西路转运判官，而非东路。此必是张邦昌家属安置于广西某地，仰食于当地州郡，故曾幾有此言。 ㊹铭文清墓：陆游所作《曾文清公墓志铭》。今本中没有上段话。 ㊺希望僭忒：心怀侥幸而越礼逾制。 ㊻朱全忠：朱温，宋州砀山（今安徽砀山）人，因镇压黄巢有功，唐僖宗赐名全忠，为五代后梁第一代君主。朱全忠先后被授宣武军节度、宣义军节度、天平军节度、护国军节度。《新五代史·梁本纪》一：“（天复元年）十月，王以宣武、宣义、天平、护国兵七万，至于河中，取同州。”一人而兼四节度，在中国历史上是空前绝后的，故而当时士大夫以为笑谈。 ㊼故都及四方士民商贾辐辏：故都汴京和四方州郡的商贾们云集于杭州。 ㊽钤辖诸道：管辖各路军政之务。进奏院：唐代藩镇在京师所置的部门，掌章奏、诏令及各种文书投递及承转。北宋沿置。南宋立门下省，掌承转诏旨及政府各部门命令文书。按：此句不可按原意理解，实则是拿进奏院比喻市场管理机构（如同进奏院一样），按今天的机构作比，大致说的是管理各地前来经商者的市场登记、备案、注销等事务。 ㊾详定一司敕令所：宋代官署名。《宋史·职官志二》：“编修敕令所，提举（宰相兼）；同提举（执政兼）。……掌裒集诏旨，纂类成书。绍兴十二年罢。乾道六年，复置详定一司敕令所，以右丞相虞允文提举，参知政事梁克家同提举。淳熙十五年省罢，绍熙二年复置局。”按：此句亦不可按原意理解，实则是用详定一司敕令所比况市场管理机构，按今天的机构作比，大致说的是市场法令法规的制定及管理部门。 (50)王防御契圣眼科：王契圣所开的眼科诊所。防御，本官名，此处是对王契圣的雅称。古人很多时候习惯于把一些手艺人冠以官名，如理发匠雅称“待诏”，医生雅称“郎中”，铁匠雅称“将士”，等等。 (51)陆官人遇仙风药：陆大官人所开的治疗中风的专科诊所或药铺。 (52)干湿脚气四斤丸：无论是干脚气还是湿脚气，“四斤丸”保证治好。四斤丸，古方剂名，主要由天麻、附子、牛膝等组成，主治腰膝酸痛，筋脉拘挛。此方首见于北宋《太平惠民和剂局方》。 (53)偏正头风一字散：不管是偏头痛还是全头痛，饮了“一字散”药到病除。一字散，中药方剂名，主要由乌头、青矾等组成。此方首见于明方贤所著《奇效良方》，以此观之，此方在宋代已经成型。 (54)三朝御裹陈忠翊：陈某人家祖传三朝的香米粽子。《南齐书·明帝本纪》：“太官进御食，有裹蒸。”忠翊，官名，这里也是雅称。 (55)四世儒医陆太丞：四代名医陆某人(诊所)。儒医，区别于游方郎中的正规医生。太丞，官名，太府寺丞的省称。这里也是雅称。 (56)东京石朝议女婿：故东京汴梁石某女婿（所开的店铺)。朝议，官名。北宋韦骧《钱塘韦先生文集》卷十六有《答人问婚书·代石朝议》。则东京石朝议女婿或是指专营婚姻匹配、生辰八字之类的门店。 (57)乐驻泊乐铺西蜀：西蜀来的专营乐器的乐氏专营店。驻泊，武官名，亦属雅称。 (58)费先生外甥：当是专营以法术医病的店铺。费先生，或是借用东汉方士费长房之名。 (59)寇保义卦肆：寇氏专营算卦问卜的门店。保义，官名，亦属雅称。 (60)高庙：高宗。 (61)墨沈：墨汁。 (62)吕吉甫：吕惠卿。见卷二上段注㉒。 (63)面折马光于讲筵：此吕惠卿自诩曾在讲筵当面驳斥司马光。《宋史·司马光传》：“安石得政，行新法，光逆疏其利害。迨英进读，至曹参代萧何事，帝曰：'汉常守萧何之法不变，可乎？'……吕惠卿言：'先王之法，有一年一变者，正月始和，布法象魏是也；有五年一变者，巡守考制度是也；有三十年一变者，刑罚世轻世重是也。光言非是，其意以风朝廷耳。'"　㉜廷辩：在廷论辩。韩琦：见卷七上段注②。此亦吕惠卿自称曾在朝堂之上与韩琦论辩。

陈师锡家享仪①，谓冬至前一日为"冬住"，与岁除夜为对，盖闽音也。予读《太平广记》三百四十卷有《卢顼传》云："是夕，冬至除夜。"乃知唐人冬至前一日亦谓之"除夜"。《诗·唐风》："日月其除。""除"音直虑反。则所谓"冬住"者，"冬除"也。陈氏传其语而失其字耳。

老杜《寄薛三郎中》诗云："上马不用扶，每扶必怒瞋。"东坡《送乔仝》诗云："上山如飞瞋人扶。"皆言老人也。盖老人讳老故尔。若少壮者，扶与不扶皆可，何瞋之有？

宣和末，有巨商舍三万缗装饰泗州普照塔②，焕然一新。建炎中，商归湖南，至池州大江中③。一日晨兴，忽见一塔十三级浮水上南来，金碧照耀，而随波倾飐，若欲倒者。商举家及舟师人人见之，皆惊怖诵佛。既渐近，有僧出塔下，举手揖曰："元是装塔施主船。淮上方火灾，大师将塔往海东行化去。"语未竟，忽大风作，塔去如飞，遂不见。未几，乃闻塔废于火。舒州僧广勤与商船同行，亲见之。

段成式《酉阳杂俎》言，扬州东市塔影忽倒，老人言海影翻则如此。沈存中以谓大抵塔有影必倒④。予在福州见万寿塔，成都见正法塔，蜀州见天目塔，皆有影，亦皆倒也。然塔之高如是，而影止三二尺，纤悉皆具。或自天窗中下，或在廊庑间，亦未易以理推也。

唐彦猷《砚录》言⑤："青州红丝石砚，覆之以匣，数日墨色不干。经夜即其气上下蒸濡，著于匣中，有如雨露。"又云："红丝砚必用银作匣。"凡石砚若置银匣中，即未干之墨气上蒸腾，其墨乃著盖上。久之，盖上之墨复滴砚中，亦不必经夜也。铜、锡皆然，而银尤甚，虽漆匣亦时有之，但少耳。彦猷贵重红丝砚，以银为匣，见其蒸润，而未尝试他砚也。

贺方回状貌奇丑⑥，色青黑而有英气⑦，俗谓之"贺鬼头"。喜校书，朱黄未尝去手⑧。诗文皆高，不独工长短句也。潘邠老赠方回诗云⑨："诗束牛腰藏旧稿⑩，书讹马尾辨新雠⑪。"有二子，曰房、曰廪。于文，"房"从方，"廪"从回，盖寓父字于二子名也。

翟耆年字伯寿⑫，父公巽参政之子也⑬。能清言，工篆及八分。巾服一如唐人，自名"唐装"。一日往见许颉彦周⑭。彦周髽髻⑮，着犊鼻裈⑯，蹑高屐出迎⑰。伯寿愕然。彦周徐曰："吾晋装也，公何怪？"

元祐七年，哲庙纳后⑱，用五月十六日法驾出宣德门行亲迎之礼。初，道家以五月十六日为天地合日，夫妇当异寝，违犯者必夭死，故世以为忌。当时太史选定，乃谓人主与后，犹天地也，故特用此日。将降诏矣，皇太妃持以为不可⑲，上亦疑之。宣仁独以为此语俗忌耳⑳，非典礼所载，遂用之。其后诏狱既兴㉑，宦者复谓㉒："若废后可弭此祸。"上意益不可回矣。

政和以后，斜封墨敕盛行㉓，乃有以寺、监长官视待制者㉔，大抵皆以非道得之。晁叔用以谓"视待制"可对"如夫人"㉕，盖为清议贬黜如此。又往往以特恩赐金带，朝路混淆，然犹以旧制不敢坐狨。故当时谓："横金无狨鞯㉖，与阁门舍人等耳㉗。"

聂山、胡直孺同为都司㉘，一日过堂，从容为蔡京言道流之横。京慨然曰："君等不知耳，淫侈之风日炽，姑以斋醮少间之，不暇计此曹也㉙。"京之善文过如此。

蔡京赐第，宏敞过甚。老疾畏寒，幕帘不能御，遂至无设床处，惟扑水少低㉚，间架亦狭，乃即扑水下作卧室。

秦熺作状元时㉛，蔡京亲吏高栋犹在㉜，谓人曰："看他秦太师，吾主人乃天下至缪汉也㉝。"栋当蔡氏盛时，官至拱卫大夫，领青州观察使，靖康台评所谓厮养官为横行是也㉞。有王俞者与之同列，官亦相等。靖康间，俞停废，栋犹以武功大夫为浙东副总管，遂终其身，不复褫削，议者亦置之，或自有由也。

沈存中辨鸡舌香为丁香㉟，亹亹数百言㊱，竟是以意度之㊲。惟元魏贾思勰作《齐民要术》，第五卷有《合香泽法》，用鸡舌香。注云："俗人以其似丁子，故谓之丁子香。"此最的确，可引之证，而存中反不及之，以此知博洽之难也。

颜延年作《靖节征士诔》云㊳："徽音远矣，谁箴予阙？"王荆公用此意作《别孙少述》诗㊴："子今去此来何时，后有不可谁予规？"青出于蓝者也。

先君读山谷《乞猫》诗，叹其妙。晁以道侍读在坐，指"闻道猫奴将数子"一句问曰："此何谓也？"先君曰："老杜云'暂止啼乌将数子'㊵，恐是其类。"以道笑曰："君果误矣。《乞猫》诗'数'字当音色主反。'数子'谓猫狗之属多非一子，故人家初生畜，必数之曰：'生几子。''将数子'犹言'将生子'也，与杜诗语同而意异。"以道必有所据。先君言当时偶不叩之以为恨㊶。

翟公巽参政，靖康初召为翰林学士㊷。过泗州，谒僧伽像，见须忽涌出长寸许，问他人，皆不见，怪之。一僧在旁曰："公虽召还，恐不久复出。"公扣之，曰："须出者，须出也㊸。"果验。

唐人诗中有曰"无题"者，率杯酒狎邪之语，以其不可指言，故谓之"无题"，非真无题也。近岁吕居仁、陈去非亦有曰"无题"者㊹，乃与唐人不类，或真亡其题，或有所避，其实失于不深考耳。

翟公巽参政守会稽日㊺，命工塑真武像㊻。既成，熟视曰："不似，不似。"即日毁之别塑，今告成观西庑小殿立像是也。道士贺仲清在旁亲见之，而不敢问。

古所谓揖，但举手而已。今所谓喏，乃始于江左诸王。方其时，惟王氏子弟为之。故支道林入东见王子猷兄弟还㊼，人问"诸王何如？"答曰："见一群白项乌，但闻哑哑声。"即今喏也。

荆公诗云："闭户欲推愁，愁终不肯去。"刘宾客诗云㊽："与老无期约，到来如等闲。"韩舍人子苍取作一联云㊾："推愁不去还相觅，与老无期稍见侵。"比古句盖益工矣。

四月十九日，成都谓之浣花遨头㊿，宴于杜子美草堂沧浪亭。倾城皆出，锦绣夹道。自开岁宴游，至是而止，故最盛于他时。予客蜀数年，屡赴此集，未尝不晴。蜀人云："虽戴白之老，未尝见浣花日雨也。"

明州护圣长老法扬㉛，藏其祖郑舍人向所得仁庙东宫日《回贺岁旦书》㉜，称"皇太子某状"，用太子左春坊之印㉝。舍人是时犹为馆职也㉞。

汤岐公初秉政⑤，偶刑寺奏牍有云"生人妇"者。高庙问："此有法否？"秦益公云⑯："法中有夫妇人与无夫者不同。"上素喜岐公，顾问曰："古亦有之否？"岐公曰："古法有无，臣所不能记。然'生人妇'之语，盖出《三国志·杜畿传》。"上大惊，乃笑曰："卿可谓博记矣。"益公阴刻，独谓岐公纯笃不忌也。

北方民家，吉凶辄有相礼者，谓之"白席"，多鄙俚可笑。韩魏公自枢密归邺⑰，赴一姻家礼席，偶取盘中一荔支，欲啖之。白席者遽唱言曰："资政吃荔支⑱，请众客同吃荔支。"魏公憎其喋喋，因置不复取。白席者又曰："资政恶发也，却请众客放下荔支。"魏公为一笑。"恶发"，犹云怒也。

唐自相辅以下皆谓之京官，言官于京师也。其常参者曰常参官，未常参者曰未常参官。国初以常参官预朝谒，故谓之升朝官，而未预者曰京官。元丰官制行，以通直郎以上朝预宴坐，仍谓之升朝官，而按唐制去京官之名。凡条制及吏牍，止谓之承务郎以上，然俗犹谓之京官。

唐所谓"丞郎"，谓左右丞、六曹侍郎也。尚书虽序左右丞上，然亦通谓之丞郎，犹今言侍从官也。俗又谓之两制，指内制而言⑲。然非翰苑，西掖亦曰"两制"，正如丞郎之称。契丹僭号，有"高坐官"，亦侍从之比。"坐"字本犯御嫌名⑳。或谓丞郎为左右丞、中书门下侍郎，亦非也㉑。

《唐高祖实录》：武德二年正月甲子，下诏曰："释典微妙㉒，净业始于慈悲；道教冲虚，至德去其残暴。况乎四时之禁，毋伐麛卵㉓；三驱之礼㉔，不取顺从。盖欲敦崇仁惠，蕃衍庶物，立政经邦，咸率斯道。朕祗膺灵命，抚遂群生，言念亭育㉕，无忘鉴昧㉖。

殷帝去网⑰,庶踵前修;齐王舍牛⑱,实符本志。自今每年正月、五月、九月十直日⑲,并不得行刑。所在公私,宜断屠杀。"此三长月断屠杀之始也⑳。唐大夫如白居易辈,盖有遇此三斋月杜门谢客,专延缁流作佛事者㉑。今法至此月,亦减去食羊钱㉒,盖其遗制。

[注释]

①陈师锡:字伯修,建州建阳(今福建南平建阳区)人。神宗熙宁中为监察御史,哲宗元祐中提点开封县镇。历知解州、宣州、苏州。徽宗时又知颍、庐、滑三州。坐元祐党,贬监衡州酒,旋又安置郴州。《宋史》有传。享仪:祭祀仪式。　②泗州普照塔:泗州供奉僧伽的塔。参看卷三下段注⑭。　③池州:治今安徽池州。　④沈存中:沈括,字存中。《梦溪笔谈》卷三:"阳燧照物皆倒,中间有碍故也。……又如窗隙中楼塔之影,中间为窗所束,亦皆倒垂,与阳燧一也。阳燧面洼,以一指迫而照之则正;渐远则无所见;过此遂倒。……《酉阳杂俎》谓'海翻则塔影倒',此妄说也。影入窗隙则倒,乃其常理。"　⑤唐彦猷:唐询,字彦猷,名臣唐肃之子。历知归州、庐州、湖州,徙江西转运使。《宋史》有传。《砚录》:唐询所著关于砚的著作。《直斋书录解题》卷十四:"《北海公砚录》一卷,唐询彦猷撰。专以青州红丝石为贵。"　⑥贺方回:贺铸,字方回,卫州(治今河南卫辉)人,太祖贺皇后族孙。北宋著名词人。哲宗元祐中,历通判泗州、太平州。晚年退居苏州,杜门校书。《宋史》有传。　⑦英气:英伟气度。程俱《贺方回诗集序》:"方回仪观甚伟,如羽人剑客。"　⑧朱黄:朱笔和黄笔,古人校点书籍时用之以示区别。《新唐书·陆龟蒙传》:"得书熟诵乃录,雠比勤勤,朱黄不去手。"　⑨潘邠老:潘大临,字邠老,祖籍福建,后为黄州(今湖北黄冈)人。从

苏轼、黄庭坚、张耒等游,徽宗大观间客死蕲春。《宋史翼》卷十九有传。　⑩诗束牛腰:言所作诗篇甚多,需要用牛来驮。李白《醉后赠王历阳》诗:"书秃千兔毫,诗裁两牛腰。"　⑪书讹马尾:《汉书·石奋传》:"(石)建为郎中令,奏事下,建读之,惊恐曰:'书"马"者与尾而五,今乃四,不足一,获谴死矣!'"颜师古注:"马字下曲者为尾,并四点为四足,凡五。"意谓"马(馬)"字连同竖勾共计五笔,如今少写了一笔(即"馬"字下面的四点写成了三点),实在该死。以此表示校书非常认真。雠(chóu):古称校书为校雠。　⑫翟耆年:字伯寿,润州丹阳(今江苏丹阳)人,名臣翟汝文长子。以父任入仕,随即放浪山水,著书自娱。事见其本人所著《翟忠惠家传》。　⑬公巽:翟汝文,字公巽,徽宗时为中书舍人、吏部侍郎,知庐州、密州。钦宗即位,为翰林学士,又知越州。绍兴元年(1131)除参知政事。《宋史》有传。　⑭许顗彦周:许顗,字彦周,开封襄邑(今河南睢县)人。绍兴中为永州军事推官。著有《许彦周诗话》。《全宋文》卷三四〇二有小传。　⑮髽(zhuā)髻:梳在头顶两旁或脑后的发髻。　⑯犊鼻裈(kūn):《汉书·司马相如传》:"相如身自著犊鼻裈。"王先谦注:"但以蔽前,反系于后,而无袴裆,即吾楚所称'围裙'是也。"　⑰高屐(jī):高底的木屐。　⑱哲庙纳后:哲宗册封皇后。《宋史·哲宗本纪一》:"(元祐七年)夏四月己未,立皇后孟氏。……五月戊戌,御文德殿册皇后。"　⑲皇太妃:神宗朱皇后。《宋史·后妃传下》:"钦成朱皇后……哲宗即位,尊为皇太妃。……追册为皇后。"　⑳宣仁:英宗宣仁圣烈皇后高氏,哲宗时尊为太皇太后。㉑诏狱既兴:哲宗立孟皇后数年,有刘婕妤得宠,张狂日甚。绍圣三年(1096)冬至,众女眷到隆祐宫看望钦圣太后,孟后按照宫中制度就座。太后出,孟后及刘婕妤起身迎拜后重回各座,孟后侍女陈迎儿悄悄将刘婕妤的坐具撤掉,致刘婕妤一屁股坐在了地上,刘婕妤大怒。宦官郝随为她划策,恰在此间,孟后那里出了一件事:"后女福庆公主疾,后有姊颇知医,尝已后危疾,以故出入禁掖。公主药弗效,持道家治病符水入治。后惊曰:'姊宁知宫中禁严,与外间异邪?'令左右藏之。……厌魅之端作矣。未几,后养母听宣夫人燕氏、尼法端与供奉官王坚为后祷祠。事闻,诏入内押班梁从政、管当御药院苏珪即皇城司鞫之,捕逮宦者、宫妾几三十人,榜掠备至,肢体毁折,至有断舌者。狱成,命侍御史董敦逸覆录,罪人过庭下,气息仅属,无一人能出声者。敦逸秉笔疑未下,郝随等以言胁之。敦逸畏祸及己,乃以奏牍上。诏废后,出居瑶华宫,号华阳教主、玉清妙静仙师。"(《宋史·后妃传下》) ㉒宦者:指与刘婕妤沆瀣一气的宦官郝随。《长编拾补》卷十三:"绍圣中宫之废,外则章惇,内则郝随,二人之罪甚大,非哲宗本意。" ㉓斜封:非朝廷正常渠道封授的官爵。墨敕:由皇帝亲笔书写,不经外廷盖印而直接下达的命令。又叫内降。 ㉔视待制:与待制官同等看待。 ㉕如夫人:等同于夫人,即妾。 ㉖横金:宋代标识官阶高低的一种佩戴。洪迈《容斋四笔·仕宦捷疾》:"权尚书、御史中丞、资政端明殿阁学士、直学士、正侍郎、给事中,金御仙花带,不佩鱼,谓之横金。"狨韀(róngjiān):用狨皮制成的马鞍垫。是标志官员等级的坐具。 ㉗閤门舍人:閤门司的属官,孝宗乾道六年(1170)置。掌皇帝朝会、宴享时赞相礼仪,凡宰相、亲王、宗室、外国使节等朝见或谢辞时,按品秩引导其序班、拜舞并纠其违失。此句意谓閤门舍人一个个衣着华丽,其实不过是卑贱的杂役而已。 ㉘聂山:即聂昌,初名聂山,字贲远,抚州临川(今江西抚州)人。钦宗时为兵部侍郎、户部尚书,领开封府事。受命前往河东,被绛州钤辖赵子清率众杀死。《宋史》有传。胡直孺:字少汲,洪州(治今江西南昌)人,绍圣四年(1097)进士。靖康间知应天府,为金人所执,不屈,不久被放归。高宗时知隆兴府,擢刑部尚书兼侍读。事迹散见于《要录》等书。

《全宋文》卷二九四八有小传。都司：尚书省左司、右司的合称。见卷七上段注⑫。　㉙姑以斋醮少间之，不暇计此曹：姑且等斋醮之事稍有减缓再说，现在实在没时间顾及这些家伙。为了迎合徽宗骄奢淫逸，蔡京晚年倡丰亨豫大之说，铸九鼎、建明堂、修方泽、制定命宝等，闹得民怨沸腾。这些"斋醮"之事史籍多有记载，文多不录。　㉚扑水：当是楼阁厅堂内的一种实用性建筑，具体架构不详。少低：稍显低矮。　㉛秦熺作状元：秦熺为秦桧养子，绍兴十二年（1142）状元。《宋史·李浩传》："（浩）绍兴十二年擢进士第。时秦熺挟宰相子以魁多士。"　㉜蔡京亲吏高栋犹在：意谓绍兴十二年时，蔡京当年的小吏高栋尚在世。关于高栋，史载甚少。《嘉泰会稽志》卷十三："（建炎二年秋八月）命（浙东）副总管高栋分部伍，知山阴县王馈集刍粮（剿贼）。"此即下文所言高栋"以武功大夫为浙东副总管"之证。由此观之，高栋自建炎初为浙东副总管，至绍兴十二年仍在其任。　㉝天下至缪汉：天下最痴愚的人。　㉞台评：御史台意见。厮养官为横行：以权臣家奴的身份而成为朝廷有高级官阶的正式武官。《宋史·职官志九》："武阶旧有横行正使、横行副使，有诸司正使、诸司副使，有使臣。政和易以新名，正使为大夫，副使为郎，横行正、副亦然。"意谓政和以后横行正使改为大夫，依旧兼横行正使旧阶；横行副使改为郎，依旧兼横行副使旧阶。　㉟沈存中辨鸡舌香为丁香：沈括辨识鸡舌香就是丁香。《梦溪笔谈》卷二二："段成式《酉阳杂俎》记事多诞。其间叙草木异物，尤多谬妄。率记异国所出，欲无根柢。如云'一木五香：根旃檀，节沉香，花鸡舌，叶藿，胶薰陆。'此尤谬。旃檀与沉香，两木元异。鸡舌即今丁香耳，今药品中所用者亦非。藿香自是草叶，南方至多。薰陆，小木而大叶，海南亦有薰陆，乃其胶也，今谓之乳头香。五物迥殊，元非同类。"　㊱亹亹（wěi）：滔滔不绝。　㊲以意度之：凭主观想象揣度。　㊳颜延年：颜延之，字延年，琅琊临沂（今山东临沂）人，南朝宋著名文学家。宋文帝时为太子中庶子，领步兵校尉，又为秘书监、光禄勋。孝武帝即位，为金紫光禄大夫，世称"颜光禄"。《宋书》有传。《靖节征士诔》：又名《陶征士诔》，颜延之为陶渊明写的诔文，载《文选》卷五七。　㊼孙少述：孙侔。见卷七下段注③。

㊵暂止：犹言"方止"，刚刚止住。　㊶不叩之以为恨：以没有仔细请教为憾。　㊷靖康初召为翰林学士：《靖康要录》卷三："（靖康元年三月十一日）翟汝文翰林学士。"　㊸须出者，须出也：胡须长出，预示着僧伽大士必须出行。　㊹吕居仁：吕本中。见卷三上段注㊹。陈去非：陈与义，字去非，洛阳人，政和三年（1113）进士。绍兴元年（1131）夏至行在，任中书舍人兼掌内制（意即中书舍人兼翰林学士、知制诰），拜吏部侍郎。七年（1137）正月除参知政事，三月跟从高宗至建康府。出知湖州，未至，提举临安洞霄宫，十一月卒。《宋史》有传。　㊺翟公巽参政守会稽：《嘉泰会稽志》卷二郡守题名："靖康元年十月，（翟汝文）以显谟阁学士中奉大夫知（越州），建炎三年正月替。"　㊻真武：真武大帝，又称玄武大帝，道教神仙中著名尊神，为北方之神。　㊼支道林：支遁，字道林，开封陈留（今河南开封东南）人，东晋高僧。曾于剡县（今浙江嵊州）讲道。哀帝时应诏入京，于东安寺讲经。王子猷：王徽之，字子猷，琅琊临沂（今山东临沂）人，东晋著名书法家王羲之第五子。王徽之弟王献之，也是著名的书法大家。此段文字载于《世说新语·轻诋》篇。　㊽刘宾客：刘禹锡，字梦得，洛阳人，唐德宗贞元九年（793）进士。为监察御史。贞元末，与柳宗元、陈谏、韩晔等结交王叔文，形成政治集团。宪宗时被贬为朗州司马，其后任连州、夔州、和州刺史，主客郎中、礼部郎中、太子宾客等职。世称刘宾客。新、旧《唐书》均有传。　㊾韩舍人子苍：韩驹，字子苍。见卷六下段注㊶。　㊿遨头：《蜀中广记》卷五五："成都游赏之盛甲于西蜀，盖地大物繁，而俗好娱

乐。凡太守岁时宴集，骑从杂沓，车服鲜华，倡优鼓吹，出入拥导。……及期则士女栉比，轻裘袨服，扶老携幼，阗道嬉游。或以坐具列于广庭，以待观者，谓之‘遨床’，而谓太守为‘遨头’。” (51)明州护圣长老法扬：明州（治今浙江宁波）护圣寺的法扬长老。此条可与卷二下段“扬老”互参。 (52)郑舍人向：郑向，字公明，开封陈留（今河南开封）人。真宗大中祥符初进士。历知濠州、蔡州。除三司户部判官，修起居注。出为两浙转运副使，复为盐铁判官，擢知制诰。知杭州，卒。《宋史》有传。称之为舍人，乃是郑向曾为中书舍人、知制诰。郑向任知制诰在天圣末。 (53)左春坊：太子宫所属官署名。唐代始置左、右二春坊，其后历代沿袭。此句谓当时仁宗尚在太子之位。 (54)舍人是时犹为馆职：谓郑向当时尚为三馆属吏。馆职，宋代在昭文馆、史馆、集贤院等部门担任修撰、编校等工作的官员。 (55)汤岐公：汤思退。见卷一下段注⑳。《宋史·宰辅表四》：“（绍兴二十五年）六月辛巳，汤思退自礼部侍郎迁端明殿学士，除签书枢密院事。十月，汤思退自签书枢密院事兼参知政事。” (56)秦益公：秦桧，绍兴十七年（1147）三月封益国公。按：秦桧绍兴二十五年（1155）十月末卒，此时汤思退与秦桧同堂回答高宗之问，只能在六月至十月内。 (57)韩魏公自枢密归邺：韩琦从枢密使任上回到老家安阳。韩琦，见卷七上段注②。邺，古邺都，在今河南安阳。 (58)资政：对韩琦的尊称。《韩魏公年表》：“庆历五年三月，罢枢密副使，以资政殿学士知扬州。”韩琦自庆历五年（1045）授资政殿学士，至八年（1048）授资政殿大学士，至皇祐三年（1051）加观文殿学士。其回安阳在庆历五年罢枢密副使、以资政殿学士知扬州期间。 (59)内制：宋代草拟圣命的部门有两个，一为翰林学士、知制诰，一为中书舍人、知制诰。翰林学士所草圣命称为“内制”，中书舍人所草圣命称为“外制”。 (60)犯御嫌名：犯了皇帝的名讳。古代避讳的原则，音相同或相近的称为“嫌讳”。检

《辽史》，其皇帝名讳没有与"坐"音同音近者，不知所指。　㉖或谓丞郎为左右丞、中书门下侍郎，亦非也：有人说"丞郎"指的是尚书左丞、尚书右丞和中书侍郎、门下侍郎，是不对的。此处涉及朝官中的部门归属问题，按陆游的说法，"丞郎"仅指尚书省内的高级官员，即尚书左丞和尚书右丞，二者均属于尚书省，其次为尚书省六部的侍郎。而中书侍郎属中书省，门下侍郎属门下省，与尚书省不属于同一系列。　㉒释典：佛经。　㉓麛（mí）卵：幼鹿和鸟卵。泛指幼小的禽兽。《礼记·曲礼下》："士不取麛卵。"孔颖达疏："麛乃是鹿子之称，而凡兽子亦得通名也。"　㉔三驱：古代君王田猎的制度。意谓田猎时网开一面，三面驱赶，以示好生之德。《周易·比卦》："王用三驱。"孔颖达疏："诸儒皆以为三面著人驱禽。必知三面者，禽唯有背己、向己、趣己，故左、右及于后，皆有驱之。"　㉕亭育：养育，培育。　㉖无忘鉴昧：勿忘于鉴昧之间。意谓连睡觉时也不能忘记。鉴昧，假寐、打瞌睡。《周书·宣帝纪》："兴言夕惕，无忘鉴昧。"　㉗殷帝去网：《史记·殷本纪》："汤出，见野张网四面，祝曰：'自天下四方皆入吾网。'汤曰：'嘻，尽之矣！'乃去其三面。祝曰：'欲左，左；欲右，右。不用命，乃入吾网。'诸侯闻之，曰：'汤德至矣，及禽兽。'"　㉘齐王舍牛：典出《孟子·梁惠王上》："（齐宣）王坐于堂上，有牵牛而过堂下者，王见之，曰：'牛何之？'对曰：'将以衅钟。'王曰：'舍之！吾不忍其觳觫，若无罪而就死地。'"意谓齐宣王见有人牵牛去祭钟，心存不忍，命人将牛放掉。　㉙十直日：指一月中规定禁止执行死刑、屠宰、渔钓的十天。始于唐律。长孙无忌《唐律疏议·断狱》下："其所犯虽不待时，若于断屠月，谓正月、五月、九月，及禁杀日，谓每月十直日，月一日、八日、十四日、十五日、十八日、二十三日、二十四日、二十八日、二十九日、三十日，虽不待时，于此月日，亦不得决死刑。"　㉚三长月：佛教分一年为三时，二、三、四、五月,六、七、八、九月,十、十一、十二、正月,各为一时。每时的最末一个月,即五月、九月、正月为"三长月"。《容斋随笔》卷十六《三长月》:"释氏以正、五、九月为'三长月',故奉佛者皆茹素。" ㊆缁流:佛徒。 ㊂食羊钱:宋代对官僚耆旧副食费的一种补贴名目。

卷 九

蜀父老言：王小皤之乱①，自言："我土锅村民也，岂能霸一方？"有李顺者②，孟大王之遗孤③。初，蜀亡，有晨兴过摩诃池上者，见锦箱锦衾覆一襁褓婴儿，有片纸在其中，书曰："国中义士为我养之"。人知其出于宫中，因收养焉，顺是也，故蜀人惑而从之。未几，小皤战死，众推顺为主，下令复姓孟。及王师薄城，城且破矣，顺忽饭城中僧数千人以祈福，又度其童子亦数千人，皆就府治削发，衣僧衣。晡后，分东、西两门出。出尽，顺亦不知所在，盖自髡而遁矣④。明日王师入城，捕得一髯士，状颇类顺，遂诛之，而实非也。有带御器械张舜卿者，因奏事，密言："臣闻顺已逸去，所献首非也。"太宗以为害诸将之功，叱出将斩之，已而贷之，亦坐免官。及真庙天禧初，顺竟获于岭南。初欲诛之于市，且令百官贺。吕文靖为知杂御史⑤，以为不可，但即狱中杀之。人始知舜卿所奏非妄也。蜀人又谓顺逃至荆渚，入一僧寺，有僧熟视曰："汝有异相，当为百日偏霸之主，何自在此？汝宜急去，今年不死，尚有数十年寿。"亦可怪也。又云：方顺之作，有术士拆顺名曰："是一百八日有西川耳，安能久也？"如朝而败⑥。

太宗太平兴国四年平太原，降为并州，废旧城，徙州于榆次。今太原则又非榆次，乃三交城也。城在旧城西北三百里，亦形胜之地，本名故军，又尝为唐明镇。有晋文公庙，甚盛。平太原后三年，帅潘美奏乞以为并州⑦，从之，于是徙晋文公庙，以庙之故址为州治。又徙阳曲县于三交,而榆次复为县。国史所载颇略。方承平时,太原为大镇,其兴废人人能知之,故史亦不备书。今陷没几七十年,遂有不可详者矣。

唐小说载:有人路逢奔马入都者,问何急如此。其人答曰:"应不求闻达科⑧。"本朝天圣中,初置贤良方正等六科⑨,许少卿、监以上奏举,自应者亦听。俄又置高蹈丘园科,亦许自于所在投状求试,时以为笑。予少时为福州宁德县主簿,提刑樊茂实以职状举予曰⑩:"有声于时,不求闻达。"后数月再见之,忽问曰:"何不来取奏状?"予笑答之曰:"恐不称举词,故不敢。"茂实亦笑,顾书吏促发奏。然予竟不投也。

成都士大夫家法严。席帽行范氏,自先世贫而未仕,则卖白龙丸,一日得官,止不复卖。城北郭氏卖豉亦然,皆不肯为市井商贾或举货营利之事。又士人家子弟,无贫富皆著芦心布衣,红勒帛狭如一指大⑪,稍异此则共嘲笑,以为非士流也。

《周礼》"蝈氏",注云:"蝈,今御所食蛙也。"《汉书·霍光传》亦有"丞相擅减宗庙羔菟蛙"。此何等物,而汉人以供玉食及宗庙之荐耶?古今事不同如此。

真宗御集有《苑中赏花诗》十首,内一首《龙柏花》。李文饶《平泉山居草木记》有"蓝田之龙柏"⑫,宋子京又有《真珠龙柏》诗⑬,刘子仪、晁以道、朱希真亦皆有此作⑭。予长于江南,未尝见也。或云本出廓、坊间⑮。

舒焕尧文⑯,东坡公客,建炎中犹在。有子为湖南一县尉,遇盗烧死,尧文年九十矣,忧悸得病而卒。

陈无己子丰⑰,诗亦可喜,晁以道集中有《谢陈十二郎诗卷》

是也。建炎中，以无己故，特命官。李邺守会稽⑱，来从邺作摄局⑲。邺降虏，丰亦被系累而去，无己之后遂无在江左者。丰亦不知存亡，可哀也。

刘道原壮舆⑳，载世藏书甚富。壮舆死，无后，书录于南康军官库㉑。后数年，胡少汲过南康㉒，访之，已散落无余矣。

行在百官，以祠事致斋于僧寺，多相与遍游寺中，因游傍近园馆，或斋于道宫亦然。按：张文昌《僧寺宿斋》诗云㉓："晚到金光门外寺，寺中新竹隔帘多。斋官禁与僧相见，院院开门不得过。"乃知唐斋禁之严如此。今律所云"作祀事悉禁"是也。

韩子苍诗喜用"拥"字㉔，如"车骑拥西畴""船拥清溪尚一樽"之类，出于唐诗人钱起"城隅拥归骑"也。

政和神霄玉清万寿宫，初止改天宁万寿观为之，后别改宫观一所，不用天宁。若州城无宫观，即改僧寺。俄又不用宫观，止改僧寺。初通拨赐产千亩，已而豪夺无涯。西京以崇德院为宫，据其产二万一千亩，赁舍钱、园利钱又在其外。三泉县以不隶州㉕，特置。已而凡县皆改一僧寺为神霄下院，骎骎日张，至宣和末方已。

天下神霄，皆赐威仪，设于殿帐座外。面南，东壁从东第一架六物：曰锦伞、曰绛节、曰宝盖、曰珠幢、曰五明扇、曰旌；从东第二架六物：曰丝拂、曰旛、曰鹤扇二、曰金钺、曰如意。西壁从东第一架六物：曰如意、曰玉斧、曰鹤扇二、曰旛、曰丝拂；西壁从东第二架曰旌、曰五明扇、曰珠幢、曰宝盖、曰绛节、曰锦伞。东南经兵火，往往不复在。蜀中多徙于天庆观圣祖殿，今犹有存者。

神霄以长生大帝君、青华帝君为主，其次曰蓬莱灵海帝君、西元大帝君、东井大帝君、西华大帝君、清都大帝君、中黄大帝君。又有左右仙伯，东西台吏二十有二人绘于壁。又有韩君丈人祀于侧殿，曰此神霄帝君之高宾也。其说皆出于林灵素、张虚白、刘栋㉖。

天禧中，以王捷所作金宝牌赐天下㉗。至宣和末，又以方士刘知常所炼金轮颁之天下神霄宫，名曰神霄宝轮。知常言，其法以汞炼之成金，可镇分野兵饥之灾，时宣和七年秋也，遣使押赐天下。太常方下奉安宝轮仪制，而虏寇已渡河矣。

本朝康保裔㉘，真庙时为高阳关都部署。契丹入寇，战死；祖志忠，后唐明宗时讨王都战死；父再遇，太祖时为将，讨李筠战死㉙。三世皆死国事。

天圣初，宋元宪公在场屋日㉚，梦魁天下。故事，四方举人集京师，当入见，而宋公姓名偶为众人之首，礼部奏举人宋郊等㉛，公大恶之，以为梦征止此矣，然其后卒为大魁。绍兴初，张子韶亦梦魁天下㉜，比省试，类榜坐位图出，其第一人则张九成也。公殊怏怏。及廷试，唱名亦冠多士，与元宪事正同。

王冀公自金陵召还㉝，不降诏，止于茶药合中赐御飞白"王钦若"三字，而中使口传密旨，冀公即上道。至国门，辅臣以下皆未知。政和中，蔡太师在钱塘㉞，一日中使赐茶药，亦于合中得大玉环径七寸，色如截肪。京拜赐，即治行。后二日，诏至，即日起发。二事略相似，然非二人者，必无此事也。

《孙策传》：张津常著绛帕头。帕头者，巾帻之类，犹今言幞头也。韩文公云"以红帕首"，已为失之。东坡云："绛帕蒙头读道书。"增一"蒙"字，其误尤甚。

贵臣有疾宣医及物故敕葬，本以为恩，然中使挟御医至，凡药必服，其家不敢问，盖有为医所误者。敕葬则丧家所费，至倾竭赀货，其地又未必善也。故都下谚曰："宣医纳命，敕葬破家。"庆历中始有诏："已降指挥敕葬，而其家不愿者听之。"西人云："姚麟敕葬乃绝地㉟，故其家遂衰。"

范文正公喜弹琴，然平日止弹《履霜》一操㊱，时人谓之"范履霜"。

韩子苍《和钱逊叔》诗云㊲："叩门忽送铜山句，知是赋诗人姓钱。"盖唐诗人钱起赋诗以姓为韵㊳，有"铜山许铸钱"之句。

抚州紫府观真武殿像，设有六丁六甲神，而六丁皆为女子像。黄次山书殿榜曰"感通之殿"㊴。感通乃醴泉观旧名，（至和二年十二月赐名）而像设亦醴泉旧制也。

东坡先生在中山作《戚氏》乐府词最得意㊵，幕客李端叔跋三百四十余字㊶，叙述甚备。欲刻石传后为定武盛事㊷，会谪去，不果㊸，今乃不载集中。至有立论排诋，以为非公作者。识真之难如此哉！

予在成都，偶以事至犀浦㊹，过松林甚茂，问驭卒："此何处？"答曰："师塔也。"盖谓僧所葬之塔。于是乃悟杜诗"黄师塔前江水东"之句。

[注释]

①王小皤之乱：即太宗淳化四年（993）发生在蜀中的王小波起义。《宋史·太宗本纪二》："（淳化四年二月丙戌）永康军青城县民王小波聚徒为寇，杀眉州彭山县令齐元振。" ②李顺：王小波死后领导义军的新帅。

《宋史·太宗本纪二》："（淳化四年十二月）戊申，西川都巡检使张玘与王小波战江原县，死之。小波中流矢死，众推其党李顺为帅。"　③孟大王：五代后蜀末代国主孟昶。太祖乾德三年（965）后蜀亡国，孟昶被俘到汴京，不久病死。　④自髡（kūn）而遁：自己剃去头发而逃逸。髡，剃去头发。　⑤吕文靖：吕夷简，字坦夫。见卷六下段注㉔。知杂御史：侍御史知杂事的简称，为御史台副长官。《宋史·吕夷简传》："提点两浙刑狱，擢刑部员外郎兼侍御史知杂事。"吕夷简任知杂事在真宗大中祥符末至天禧二年（1018）五月。参本人所撰《宋代京朝官通考》。　⑥如朝而败：正如术士所言，就在一百八日那一天应时战败。　⑦潘美：字仲询，大名人。北宋初大将，参与了陈桥兵变，平定淮南李重进、南汉刘𬬮，北征北汉刘继元等多场重大战役。《宋史》有传。　⑧不求闻达科：唐代以来朝廷制科考试所设名目之一。　⑨初置贤良方正等六科：这六科都是制科考试名目。《宋史·选举志二》："仁宗初，诏曰：'朕开数路以详延天下之士，而制举独久不设，意者吾豪杰或以故见遗也，其复置此科。'于是增其名，曰：贤良方正能直言极谏科、博通坟典明于教化科、才识兼茂明于体用科、详明吏理可使从政科、识洞韬略运筹帷幄科、军谋宏远材任边寄科，凡六。"　⑩樊茂实：樊光远，字茂实，杭州人。高宗绍兴五年（1135）进士第一。历任监察御史、工部员外郎、知兴化军，除福建路提点刑狱，后知严州。《全宋文》卷四二九八有小传。《要录》卷一七九："（绍兴二十八年正月乙亥）知兴化军樊光远为福建路提点刑狱公事。"《淳熙三山志》卷二五提刑题名："樊光远，左承议郎。绍兴二十八年二月初二日到任，三十年三月初六日除知严州。"此间陆游为宁德县主簿。

⑪红勒帛：系在腰间的红色帛带。狭如一指大：指腰带只有一指宽窄，言其细。　⑫李文饶：唐李德裕，字文饶，赵州赞皇（今河北赞皇）人，历宪宗、穆宗、敬宗、文宗四朝，其间一度为相。因受牛李党争牵连，几

度被贬出京。武宗即位后再度为相。新、旧《唐书》均有传。《平泉山居草木记》："宜春之柳柏、红豆、山樱，蓝田之栗梨、龙柏。" ⑬宋子京：宋祁。见卷四下段注㊻。 ⑭刘子仪：刘筠，字子仪，大名人。真宗咸平元年（998）进士。历官翰林学士承旨、权判尚书都省。《宋史》有传。晁以道：晁说之。见卷一上段注㊌。朱希真：朱敦儒，字希真，又称伊水老人、洛川先生。洛阳人。历兵部郎中、临安通判、浙东提刑等官。绍兴二十九年（1159）卒。《宋史》有传。 ⑮鄜：鄜州，治今陕西富县。坊：坊州，治今陕西黄陵。 ⑯舒焕尧文：舒焕，熙宁六年（1073）进士，苏轼知徐州时的州学教授。《苏轼诗集》卷十六《雨中过舒教授》施元之注："舒教授，名涣，字尧文，严陵人。东坡守徐，尧文时为徐州教授。元祐八年，以左朝散郎为校对秘书省黄本书籍，绍圣初，通判熙州。" ⑰陈无己子丰：陈师道的长子陈丰。 ⑱李邺：济州任城（今山东济宁）人。宣和末为陕西转运判官。使金求和。靖康元年（1126）奉使回，言金人如虎，不可与敌。三年复官，知越州。后降金，为伪齐刘豫属官。后为金臣。守会稽：《嘉泰会稽志》卷二守臣题名："李邺，建炎三年三月以奉议郎充徽猷阁待制知（越州）。" ⑲摄局：暂代某机构负责人。局，衙门办事机构。 ⑳刘道原壮舆：刘恕的儿子刘羲仲。刘恕，字道原，筠州高安（今江西高安）人，皇祐元年（1049）进士。曾从司马光编写《资治通鉴》。其子刘羲仲，字壮舆。《宋史·刘恕传》："（恕）死后七年，《通鉴》成，追录其劳，官其子羲仲为郊社斋郎。"《苏轼诗集》卷四五《刘壮舆长官是是堂》查慎行注："刘羲仲字壮舆。政和中，自汝州召为编修官，至京师，不谒权要，未几致仕，归庐山，一时公卿赋诗，三世济美。" ㉑南康军：治今江西星子。 ㉒胡少汲：胡直孺，字少汲，豫章（今江西南昌）人，绍圣四年（1097）进士。建炎元年为金人所获，后南归，任户部尚书。建炎二年（1128）知洪州。绍兴元年

(1131)后历刑部、礼部、兵部三尚书。事迹散见于《要录》等书。㉓张文昌:张籍,字文昌,和州乌江(今安徽马鞍山北)人,唐德宗贞元十五年(799)进士。《唐才子传》有传。㉔韩子苍:韩驹。见卷六下段注㊶。㉕三泉:宋代直属京师管辖的县,在今甘肃宁强西北。㉖林灵素:北宋末道士。见卷三上段注⑧。张虚白:北宋末道士,曾举进士不第,遂辟谷学道。《长编拾补》卷三七:"虚白,南阳人,通太乙六壬术,帝召管太一宫,恩赉无虚日,官太虚大夫、金门羽客,出入禁中,终日论道,无一言及时事,曰:'朝廷事有宰相在,非予所知也。'帝每以张胡呼之而不名。"刘栋:北宋末道士。《长编拾补》卷三六:"刘栋者,棣州人,亦儒士。自云尝遇仙人韩君者,与之丹曰剥取丹。服丹辄复如故。政和中,以其丹上之,上曰:'汝师赐服而夺之,以慕长年,非朕所用意也。'还焉。灵素乃谓仙人韩君者,乃韩君丈人也,韩君丈人乃上帝之首相,虽不隶于神霄,而实佐帝君之治。上乃命栋以官为直龙图阁,又为作韩君丈人观于其乡郡,而使栋领之。仍系籍于道流,封先生。方神降及废释氏,栋亦预焉。"㉗王捷:北宋前期道士。《长编》卷七一:"(大中祥符二年)有汀州人王捷者,咸平初贾贩至南康军,于逆旅遇道人,自言姓赵氏。是冬再见于茅山,命捷市铅录炼之,少顷成金。……未几,逃至京师,官司捕系,阁门祗候谢德权尝为岭南巡检,知捷有异术,为奏请得释,乃解军籍。刘承珪闻其事,为改名中正,得对龙图阁,且陈灵应,特授许州参军,留止皇城廨舍,时出游廛市。常有道人偶语云:'即授中正法者,司命真君也。'承珪遂筑新堂,乃以景德四年五月十三日降堂之纱帱中,戴冠佩剑,服皆青色,自是屡降。中正常达其言,既得天书,遂东封,加号司命天尊。"㉘康保裔:《宋史·康保裔传》:"河南洛阳人。祖志忠,后唐长兴中,讨王都战没。父再遇,为龙捷指挥使,从太祖征李筠,又死于兵。……(景德中)契丹兵大入,诸将与战于河间,保裔选精锐赴之，会暮，约诘朝合战。迟明，契丹围之数重，左右劝易甲驰突以出，保裔曰：'临难无苟免。'遂决战。二日，杀伤甚众，蹴践尘深二尺，兵尽矢绝，援不至，遂没焉。时车驾驻大名，闻之震悼，废朝二日，赠侍中。" ㉙李筠：太原人，后周大将。世宗柴荣时为昭义节度使，坐镇潞州（治今山西长治）。北宋建国后，李筠拒不投降，太祖遂发兵征讨，卒。《宋史》有传。 ㉚宋元宪公：宋庠。见卷五下段注㊺。《宋史·宋庠传》称其卒后谥曰元献，然宋籍中多有称"元宪"者，实为同一人。

㉛宋郊：即宋庠。亦见卷五下段注㊺。《宋史·宋庠传》："庠，初名郊，李淑恐其先己，以奇中之，言曰：'宋，受命之号；郊，交也。合姓名言之为不祥。'帝弗为意，他日以谕之，因改名庠。宝元中，以右谏议大夫参知政事。" ㉜张子韶：张九成，字子韶，杭州人。绍兴二年（1132）状元。历礼部、刑部侍郎。因与秦桧不和，被谪南安军十四年。秦桧死后，起知温州。《宋史》有传。 ㉝王冀公：王钦若，字定国，临江军新喻（今江西新余）人。真宗景德中契丹入寇，以工部侍郎、参知政事判天雄军、提举河北转运使。后首倡东封泰山，命知兖州。迁吏部尚书。次年为枢密使、同中书门下平章事。《宋史》有传。自金陵召还：《景定建康志》卷十三守臣题名："（天圣元年）以刑部尚书王钦若知府事。……八月，钦若赴阙。" ㉞蔡太师：蔡京。《宋史·蔡京传》："御史中丞石公弼、侍御史毛注数劾京，未允，至是，贬太子少保，出居杭。政和二年，召还京师，复辅政，徙封鲁国，三日一至都堂治事。" ㉟姚麟：字君瑞，与其兄姚兕均为北宋西北名将，关中号为"二姚"。元祐初，为龙神卫四厢都指挥使，历步军殿前都虞候、步军马军副都指挥使。绍圣三年（1096），以建武军节度观察留后出知渭州，卒，赠开府仪同三司。绝地：古代堪舆学中的凶地，称"死绝之地"。 ㊱《履霜》：古琴曲名。《乐府诗集·琴曲歌辞》一："《履霜操》，尹吉甫之子伯奇所作也。

伯奇无罪，为后母谗而见逐，乃集芰荷以为衣，采楟花以为食。晨朝履霜，自伤见放，于是援琴鼓之而作此操。曲终，投河而死。" ㊲钱逊叔：钱伯言，字逊叔，绍兴人，北宋名臣钱勰之子。宣和元年（1119）知袭庆府，又知海州。建炎元年（1127）知开封府，后以龙图阁直学士知杭州，事迹散见于《会要》等书。 ㊳钱起：字仲文，吴兴人。唐玄宗天宝十载（751）进士。唐代著名诗人。《唐才子传》有传。 ㊴黄次山：黄彦平，字季岑，号次山。一说名次山，字季岑。洪州丰城（今江西丰城）人，黄庭坚族子。宣和元年（1119）进士。建炎初为吏部员外郎，后知筠州，绍兴六年（1136）再为吏部员外郎。又为湖南提刑。《宋史翼》卷二七有传。 ㊵《戚氏》：苏轼在定州任上所作的乐府诗。不见于今本《苏轼诗集》。 ㊶李端叔：《宋史·李之仪传》："从苏轼于定州幕府。历枢密院编修官，通判原州。元符中，监内香药库。御史石豫言其尝从苏轼辟，不可以任京官，诏勒停。徽宗初，提举河东常平。坐为范纯仁遗表，作行状，编管太平，遂居姑熟，久之，徙唐州，终朝请大夫。" ㊷定武：即定州（中山府），治今河北定州。《宋史·地理志二》："中山府……太平兴国初，改定武军节度。本定州，庆历八年，始置定州路安抚使。" ㊸会谪去，不果：意谓尚未刻石，赶上苏轼遭贬离开定州，没能完此盛事。《东坡先生年谱》："绍圣元年甲戌，先生年五十九，知定州，就任落两职，追一官，知英州。" ㊹犀浦：在今成都郫都东部。《四川通志》卷二六："犀浦县，在（郫）县东二十五里，本成都县地，唐垂拱二年置，取李冰所造石犀为名。宋熙宁五年废为镇，并入郫县。"

南朝词人谓文为笔，故《沈约传》云①："谢玄晖善为诗②，任彦昇工于笔③，约兼而有之。"又《庾肩吾传》④，梁简文《与湘东王书》论文章之弊曰："诗既若此，笔又如之。"又曰："谢朓、沈约之诗,任昉、陆倕之笔⑤。"《任昉传》又有"沈诗""任笔"之语。老杜《寄贾至严武》诗云:"贾笔论孤愤,严诗赋几篇。"杜牧之亦云:"杜诗韩笔愁来读,似倩麻姑痒处抓。"亦袭南朝语尔。往时诸晁谓诗为诗笔,亦非也。

东蒙盖终南山峰名。杜诗云:"故人昔隐东蒙峰,已佩含景苍精龙。故人今居子午谷,独在阴崖结茅屋。"皆长安也。种明逸《东蒙新居》诗亦云⑥:"登遍终南峰,东蒙最孤秀。"南士不知,故注杜诗者妄引颛臾为东蒙主,以为鲁地。

绍兴初,程氏之学始盛⑦,言者排之,至讥其幅巾大袖。胡康侯力辨其不然⑧,曰:"伊川衣冠,未尝与人异也。"然张文潜元祐初《赠赵景平主簿》诗曰⑨:"明道新坟草已春⑩,遗风犹得见门人。定知鲁国衣冠异,尽戴林宗折角巾⑪。"则是自元祐初,为程学者幅巾已与人异矣。衣冠近古,正儒者事,讥者固非,辨者亦未然也。

晁氏世居都下昭德坊,其家以元祐党人及元符上书籍记,不许入国门者数人⑫,之道其一也⑬。尝于郑、洛道中遇降羌,作诗云:"沙场尺棰致羌浑⑭,玉陛俱承雨露恩。自笑百年家凤阙⑮,一生肠断国西门。"方是时,士大夫失职如此,安得不兆乱乎?

郑介夫喜作诗⑯,多至数千篇。谪英州,遇赦得归,有句云:"未言路上舟车费,尚欠城中酒药钱。"绝似王元之也⑰。

元祐初,苏子由为户部侍郎,建言:"都水监本三司之河渠案,将作监本三司之修造案,军器监本三司之甲胄案。三司,今户部也,而三监乃属工部。请三监皆兼隶户部。凡有所为,户部定其事之可否,裁其费之多寡,而工部任其工之良楛⑱,程其作之迟速。"朝廷从其言,为立法。及绍圣中,以为害元丰官制,罢之。建中靖国中,或欲复从元祐,已施行矣。时丰相之为工部尚书⑲,独持不可,曰:"设如都水监塞河,军器监造军器,而户部以为不可则已矣,若以为可,则并任其事可也。今若户部吝其费裁损之,乃令工部任河之决塞,器之利钝,为工部者不亦难乎?"议遂寝。相之本主元祐政事者,然其言公正不阿如此,可谓贤矣。

徽宗尝乘轻舟泛曲江⑳,有宫嫔持宝扇乞书者。上揽笔亟作草书一联云:"渚莲参法驾,沙鸟犯钩陈㉑。"俄复取笔涂去"犯钩陈"三字,曰:"此非佳语。"此联实李商隐《陈宫》诗㉒,亦不祥也。李耕道云。

东坡在黄州时,作《西捷》诗曰:"汉家将军一丈佛㉓,诏赐天池八尺龙㉔。露布朝驰玉关塞,捷烽夜到甘泉宫㉕。似闻指麾筑上郡㉖,已觉谈笑无西戎。放臣不见天颜喜㉗,但觉草木皆春容。""一丈佛"者,王中正也㉘。以此诗为非东坡作耶?气格如此,孰能办之?以为果东坡作耶?此老岂誉王中正者?盖刺之也。以《三百篇》言之㉙,"君子偕老"是矣。

南朝谓北人曰"伧父",或谓之"虏父"。南齐工洪轨㉚,上谷人,事齐高帝为青、冀二州刺史,励清节,州人呼为"虏父使君"。今蜀人谓中原人为"虏子",东坡诗"久客厌虏馔"是也,因目北人仕蜀者为"虏官"。晁子止为三荣守㉛,民有讼资官县尉者,曰:"县尉虏官,不通民情。"子止为穷治之,果负冤。民既得直,拜谢而去。子止笑谕之曰:"我亦虏官也,汝勿谓虏官不通民情。"闻者皆笑。

绍兴末,予见陈鲁公。留饭,未食,而扬郡王存中来白事㉜,鲁公留予便坐而见之。存中方不为朝论所与,予年少,意亦轻之,趋幕后听其言。会鲁公与之言及边事，存中曰："士大夫多谓当列兵淮北，为守淮计，即可守，因图进取中原；万一不能支，即守大江未晚。此说非也。士惟气全乃能坚守，若俟其败北，则士气已丧，非特不可守淮，亦不能守江矣。今据大江之险以老彼师，则有可胜之理。若我师克捷，士气已倍，彼奔溃不暇，然后徐进而北，则中原有可取之理。然曲折尚多，兵岂易言哉！"予不觉太息曰："老将要有所长。"然退以语朝士，多不解也。

东坡在岭海间，最喜读陶渊明、柳子厚二集，谓之"南迁二友"。予读宋白尚书《玉津杂诗》，有云："坐卧将何物？陶诗与柳文。"则前人盖有与公暗合者矣。

凌霄花未有不依木而能生者，惟西京富郑公园中一株^㉝，挺然独立，高四丈，围三尺余，花大如杯，旁无所附。宣和初，景华苑成，移植于芳林殿前，画图进御。

政和、宣和间，妖言至多。织文及缬帛^㉞，有遍地桃，冠有并桃，香有佩香，曲有赛儿，而道流为公卿受箓^㉟。议者谓：桃者，逃也；佩香者，背乡也；赛者，塞也；箓者，戮也。蔡京书神霄玉清万寿宫及玉皇殿之类，玉字旁一点笔势险急，有道士观之曰："此点乃金笔，而锋芒侵王，岂吾教之福哉？"侍晨李德柔胜之亲闻其言^㊱，尝以语先君。又林灵素诋释教，谓之"金狄乱华"^㊲。当时"金狄"之语，虽诏令及士大夫章奏碑版亦多用之，或以为灵素前知金贼之祸，故欲废释氏以厌之。其实亦妖言耳。

近世士大夫多不练故事^㊳，或为之语曰："上若问学校法制，当对曰：'有刘士祥在。'问典礼因革，当对曰：'有齐闻韶在。'"士祥、闻韶，盖国子监太常寺老吏也。史院吏有窃议史官者，曰：

"史官笔削有定本，个个一样。"或问："何也？"曰："将吏人编出《日历》中，'臣僚上言'字涂去'上'字，其后'奉圣旨依'字亦涂去，而从旁注'从之'二字，即一日笔削了矣㊴。"

政和后，道士有赐玉方符者，其次则金方符，长七寸，阔四寸，面为符，背铸御书曰："赐某人，奉以行教。有违天律，罪不汝贷。"结于当心，每斋醮则服之。会稽天宁万寿观有老道士卢浩真者，尝被金符之赐，予少时亲见之。

世传《唐吕府君敕葬碑》，吕名惠恭，僧大济之父。大济，代宗时内道场僧也，官至殿中监，故惠恭赠官为兖州刺史，而官为营葬。宣和中，会稽天宁观道士张若水官为蕊珠殿校籍，赠其父为朝奉大夫，母封宜人。尝见其母赐诰云："嘉其教子之勤，宠以宜家之号。"诗人林子来亦有《赠道官万大夫焚黄》诗。然二人者，品秩犹未高，若林灵素以侍晨恩数视执政，则赠官必及三代矣。大抵当时道流，滥恩不可胜载，中更丧乱，史皆不得书，此偶因事见之耳。

北都有魏博节度使田绪遗爱碑㊵，张弘靖书㊶；何进滔德政碑㊷，柳公权书，皆石刻之杰也。政和中，梁左丞子美为尹㊸，皆毁之，以其石刻新颁《五礼新仪》。

近世名士：李泰发（光）㊹，一字泰定；晁以道（说之），一字伯以；潘义荣（良贵）㊺，一字子贱；张全真（守）㊻，一字子固；周子充（必大）㊼，一字洪道；芮国器（烨）㊽，一字仲蒙；林黄中（栗）㊾，一字宽夫；朱元晦（熹），一字仲晦。人称之多以旧字，其作文题名之类，必从后字，后世殆以疑矣。

王荆公熙宁初召还翰苑㊿。初侍经筵之日，讲《礼记》"曾参易箦"一节，曰："圣人以义制礼，其详见于床笫之间㉛。君子以仁行礼，其勤至于垂死之际。姑息者㉜，且止之辞也，天下之害，未有不由于且止者也。"此说不见于文字，予得之于从伯父彦远。

[注释]

①沈约：字休文，吴兴武康（今浙江德清）人。南朝梁著名文学家、史学家。历任尚书左仆射、中书令、尚书令兼太子少傅。《南史》有传。　②谢玄晖：谢朓，字玄晖，南朝齐诗人谢灵运族人，世称二人为"大小谢"。《南齐书》有传。　③任彦昇：任昉，字彦昇，乐安郡博昌（今山东寿光）人。官至御史中丞、金紫光禄大夫。南朝梁著名文学家。《南史》有传。　④庾肩吾：字子慎，南阳新野（今河南新野）人，庾易之弟，南朝齐、梁间著名文学家。历仕太子中庶子、江州刺史等。《南史》有传。　⑤陆倕：字佐公，吴郡吴县（今江苏苏州）人。南朝梁大臣，著名文学家。梁天监初，为右军安成王主簿，历任太子中舍人、中书侍郎，守太常卿。《南史》有传。　⑥种明逸：种放，见卷五上段注①。按：各本均脱"逸"字，据《宋史·种放传》补。　⑦程氏之学：兴起于北宋中期，以洛阳程颐、程颢兄弟为首倡的古代哲学流派。该学派强调人应当自觉做道德实践以完善自身德行、圆满人格之学问。　⑧胡康侯：胡安国，字康侯，建宁崇安（今福建武夷山）人，学者称武夷先生，后世称胡文定公。哲宗绍圣四年（1097）进士。历官提举湖南、成都、江东三路学事。钦宗时除中书舍人。高宗即位，以给事中召。《宋史》有传。　⑨赵景平：赵彦道，字景平。《宋元学案》卷三〇《二程门人》："承议赵先生彦道，程氏弟子。案：先生盖字景平，取'王道平平'之义。"　⑩明道：明道先生程颢。《宋史·程颢传》："程颢，字伯淳，世居中山，后从开封徙河南。……颢之死，士大夫识与不识，莫不哀伤焉。文彦博采众论，题其墓曰'明道先生'。"　⑪林宗：东汉郭太，字林宗，

太原介休（今山西介休）人。《后汉书·郭太传》："见河南尹李膺，膺大奇之，遂相友善，于是名震京师。后归乡里，衣冠诸儒送至河上，车数千两（辆）。"折角巾：又叫"林宗巾"。《后汉书·郭太传》："（郭太）身长八尺，容貌魁伟，褒衣博带，周游郡国。尝于陈、梁间行遇雨，巾一角垫，时人乃故折巾一角，以为'林宗巾'。其见慕皆如此。"后亦泛指文士之巾冠。此句承上句"定知鲁国衣冠异"，意谓自从有了折角巾（代指二程之学），改变了鲁国传统的儒服衣冠传统（暗指有了二程之学后，改变并发展了传统儒学）。 ⑫不许入国门：太皇太后高氏死后，变法派（新党）重新执政，史称"绍述新政"，元祐大臣开始受到政治迫害。元符三年（1100），徽宗下诏求直言，于是不少大臣纷纷上书。此间蔡京重掌相印，开始疯狂打压旧党，崇宁元年（1102）九月，他把元符间上书的官员分成了正等和邪等，邪等又分为邪上、邪中、邪下三等。举凡邪等官员均遭到重贬，且勒令其家属子弟不得重新回到京师。国门，代指京师。 ⑬之道：晁咏之。见卷三下段注㉙。 ⑭尺棰：一尺长的鞭子，喻少数兵力。 ⑮凤阙：汉代宫阙名。后代指朝廷。 ⑯郑介夫：郑侠，字介夫，福州福清（今福建福清）人，治平四年（1067）进士。曾官监安上门，将所见百姓痛苦绘成一图上之，由此得罪，付御史台鞫治。又因得罪吕惠卿被流放英州（治今广东英德）。《宋史》有传。 ⑰王元之：王禹偁，字元之，济州钜野（今山东巨野）人，太平兴国八年（983）进士。历官右拾遗、左司谏、翰林学士等官。因直言敢谏屡遭贬黜。《宋史》有传。 ⑱良楛（kǔ）：好坏。楛，质量低劣，制作粗糙。 ⑲丰相之：丰稷，字相之，明州鄞（今浙江宁波）人。嘉祐四年（1059）进士。历官监察御史、国子祭酒、吏部侍郎、御史中丞，曾奏劾蔡京，转工部尚书，改礼部。因积忤权贵出知越州，蔡京得政，贬道州别驾，台州安置。《宋史》有传。《宝庆四明志》卷八《丰稷小传》："元符三年四月，拜左谏议大夫，随迁御史中丞。十月，徙工部尚书兼侍读。建中靖国元年正月，权礼部尚书。" ⑳曲江：本指汉代都城长安的曲江池，为都人游赏胜地。五代后周时在开封新郑门外开挖金明池，意在训练水军。宋朝建国后渐渐成为汴京士民游赏之地。此处即代指金明池。 ㉑钩陈：古星官名。《文选》扬雄《甘泉赋》："诏招摇与太阴兮，伏钩陈使当兵。"李善注："钩陈，神名也。紫微宫外营陈星也。" ㉒《陈宫》：李商隐《陈后宫》诗："玄武开新苑，龙舟宴幸频。渚莲参法驾，沙鸟犯句陈。" ㉓一丈佛：《苏轼诗集》卷二一《闻洮西捷报》注："《汉武故事》昆耶杀休屠王，以其众来降，得其金人，置之甘泉宫。金人皆长丈余。" ㉔天池：原本作"天闲"，句不通，兹据《苏轼诗集》改正。八尺龙：谓马之高大健壮。《周礼·夏官·庾人》："马八尺以上为龙，七尺以上为騋，六尺以上为马。" ㉕甘泉宫：汉代宫名，在今陕西淳化县甘泉山南。此处代指朝廷。 ㉖上郡：古郡名，治今陕西绥德。战国时期魏文侯所置。此处代指边塞。 ㉗放臣：苏轼此时在黄州贬所，故自称放逐之臣。 ㉘王中正：字希烈，开封人，神宗时宦官。元丰中西征灵夏，王中正所率一军为五路大军之一（签书泾原路经略司事）。朝廷命五路之师会于灵州，而王中正失期，致使粮道不继，士卒死伤甚众，因自请罢职，提举西太一宫。《宋史》有传。 ㉙三百篇：指《诗经》。《论语·为政》："子曰：'《诗》三百，一言以蔽之，曰：思无邪'。" ㉚王洪轨：刘宋末年，齐王萧道秉政，派亲将王洪轨出使柔然，希望柔然能与自己联手，从南北两面夹攻北魏。王洪轨历尽艰险，终于完成了使命。《南齐书·芮芮传》："永明元年，王洪轨还京师，经途三万余里。洪轨，齐郡临淄人，为太祖所亲信，建武中为青、冀二州刺史。" ㉛晁子止为三荣守：谓晁公武担任荣州知州。晁公武，字子止。《全宋文》卷四六六〇小传："（绍兴）十七年通判潼川府，寻知恭州，移荣州、合州，为潼川府路转运判官。二十七年被劾罢。”据本人所撰《宋代郡守通考续编》，晁公武知荣州在高宗绍兴二十年至二十三年（1150~1153年）。三荣，荣州的别称，在今四川荣县。㉜扬郡：扬州。王存中：当是淮南武官。 ㉝西京：今河南洛阳。富郑公：富弼，字彦国，河南（今河南洛阳）人。仁宗时曾两度为相。神宗即位后，为武宁军节度使，封郑国公。熙宁中，因反对新法，自请致仕，遂回到洛阳老家。元丰六年（1083）卒，年八十。《宋史》有传。宋朱弁《曲洧旧闻》卷二：“富韩公居洛，其家圃中凌霄花无所因附而特起，岁久遂成大树，高数寻，亭亭然可爱。韩秉则云：‘凌霄花必依他木，罕见如此者，盖亦似其主人耳。’予曰：‘是花岂非草木中豪杰乎？所谓不待文王而犹兴者也。’” ㉞缬（xié）帛：印染有花纹的丝帛。 ㉟受箓：道家为公卿授符箓。 ㊱侍晨：又作“侍宸”，道家称侍奉天帝的仙官。《宋史·林灵素传》：“立道学，置郎、大夫十等，有诸殿侍晨、校籍、授经，以拟待制、修撰、直阁。始欲尽废释氏，以逞前憾。” ㊲金狄：本指秦始皇时得于西北的长狄。郦道元《水经注·河水》四：“秦始皇二十六年，长狄十二，见于临洮，长五丈余，以为善祥，铸金人十二以象之，各重二十四万斤，坐之宫门之前，谓之金狄。”后借指佛或佛教。《旧唐书·武宗本纪》：“一朝隳残金狄，燔弃胡书。” ㊳不练故事：不熟悉前朝典故。 ㊴一日笔削了矣：一天的文案工作就算完成了。 ㊵北都：河北大名府。宋代有四都城，分别是东京汴梁（治今河南开封）、西京河南府（治今河南洛阳）、南都应天府（治今河南商丘）、北都大名府（治今河北大名）。魏博节度：唐代所置节度使之一，辖魏、博、相、贝、卫、澶六州，治所在今河北大名。田绪：中唐军阀，平州卢龙（今河北卢龙）人，魏博节度使田承嗣之子，兴元元年（784）杀其兄田悦，自称留后，遂得授魏博节度使。德宗贞元十二年（796）卒。两《唐书》有载。遗爱碑：古代为颂扬官员德政所立的碑。唐封演《封氏闻见记·颂德》：“在官有异政，考秩已终，吏人立碑颂德者，皆须审详事实，州司以状闻奏，恩敕听许，然后得建之，故谓之颂德碑，亦曰遗爱碑。” ㊶张弘靖：字元理，蒲州猗氏（今山西临猗）人。中书令张嘉贞之孙、尚书左仆射张延赏之子，本人亦尝为相。他又是唐代著名书法家。新、旧《唐书》有传。《书史会要》卷五：“张弘靖，字元理，蒲州人。官至太子少师，少有令问。聚书画侔秘府，兼精于书。” ㊷何进滔：唐魏博节度使。在大名十余年，民得以安。进检校司徒、同中书门下平章事。开成五年（840）卒，赠太傅。新、旧《唐书》有传。 ㊸梁左丞子美为尹：梁子美为大名知府。见卷一下段注㊿。据本人所撰《宋河北河东大郡守臣考》，梁子美政和元年至二年（1111～1112 年）、政和六年至宣和二年（1116～1120 年）两度知大名府。《水浒传》中的梁中书即暗指此人。按：吕颐浩《燕魏杂记》载何进滔碑并非梁子美所毁：“进滔治魏十余年，民安之。后累迁检校司徒、同中书门下平章事。宣和年间，内侍谭祯奉使河朔，遂磨灭此碑，邦人愤恨。可惜也。” ㊹李泰发（光）：李光。见卷一下段注㊸。 ㊺潘义荣（良贵）：潘良贵。见卷一上段注⑺。 ㊻张全真（守）：张守。见卷八上段注㊶。 ㊼周子充（必大）：周必大。见卷四下段注⑿。 ㊽芮国器（烨）：芮烨，字国器，浙江乌程人，绍兴十八年（1148）进士。乾道五年（1169）除国子司业，不久升为国子祭酒。《宋史翼》卷十三有传。 ㊾林黄中（栗）：林栗，福州福清（今福建福清）人，绍兴十二年（1142）进士。孝宗时为屯田员外郎、皇子恭王府直讲。知江州、湖州。《宋史》有传。 ㊿王荆公熙宁初召还翰苑：《翰苑群书·学士年表》：“（治平四年）十月，（王安石）以工部郎中、知制诰、知江宁府拜（翰林学士）。”按：王安石离江宁府任，至京师已在熙宁元年（1068）。 (51)其详见于床笫（zǐ）之间：其礼制之详尽，连男女床帏之事都涉及了。 (52)姑息：犹犹豫豫，且行且止。

卷 十

世多言白乐天用"相"字,多从俗语作思必切,如"为问长安月,如何不相离"是也。然北人大抵以"相"字作入声,至今犹然,不独乐天。老杜云:"恰似春风相欺得,夜来吹折数枝花。"亦从入声读,乃不失律。俗谓南人入京师,效北语,过相蓝①,辄读其榜曰"大厮国寺",传以为笑。

中贵杨戬于堂后作一大池②,环以廊庑,扃锸周密。每浴时,设浴具及澡豆之属于池上③,乃尽屏人,跃入池中游泳,率移时而出,人莫得窥,然但谓其性喜浴于池耳。一日,戬独寝堂中,有盗入其室,忽见床上乃一虾蟆,大可一床,两目如金,光彩射人。盗为之惊仆,而虾蟆已复变为人,乃戬也。起坐握剑,问曰:"汝为何人?"盗以实对。戬掷一银香球与之曰:"念汝迫贫,以此赐汝,切勿为人言所见也。"盗不敢受,拜而出。后以他事系开封狱,自道如此。

庙讳同音④:"署"字常恕反,"树"字殊遇反,然皆讳避,则以为一字也。《北史·杜弼传》:"齐神武相魏时,相府法曹辛子炎谘事云:'取署字。'子炎读'署'为'树',神武怒其犯讳,杖之。"则"署"与"树"音不同,当时虽武人亦知之,而今学士大夫乃不能辨。方嘉祐、治平之间,朝士如宋次道、苏子容辈皆精于小学⑤,亦不以为言,何也?

东坡素知李廌方叔⑥。方叔赴省试,东坡知举,得一卷子,大喜，手批数十字，且语黄鲁直曰⑦："是必吾李廌也。"及拆号，则章持致平⑧，而廌乃见黜。故东坡、山谷皆有诗在集中。初，廌试罢归，语人曰："苏公知举，吾之文必不在三名后。"及被黜，廌有乳母年七十，大哭曰："吾儿遇苏内翰知举不及第，它日尚奚望？"遂闭门睡，至夕不出。发壁视之，自缢死矣。廌果终身不第以死，亦可哀也。

杨文公云⑨："岂期游岱之魂⑩，遂协生桑之梦⑪。"世以其年四十八，故称其用"生桑之梦"为切当，不知"游岱之魂"出《河东记》韦齐休事⑫，亦全句也。

闽中有习左道者，谓之"明教"⑬。亦有明教经，甚多刻版摹印，妄取道藏中校定官名衔赘其后。烧必乳香，食必红蕈⑭，故二物皆翔贵。至有士人宗子辈众中自言："今日赴明教斋。"予尝诘之："此魔也，奈何与之游？"则对曰："不然，男女无别者为魔，男女不亲授者为明教。明教遇妇人所作食则不食。"然尝得所谓《明教经》观之，诞谩无可取，直俚俗习妖妄者所为耳。又或指名族士大夫家曰："此亦明教也。"不知信否。偶读徐常侍《稽神录》云⑮："有善魔法者，名曰明教。"则明教亦久矣。

茇，菱也。今人谓卷荷为伎荷。伎，立也。卷荷出水面，亭亭植立，故谓之伎荷。或作茇，非是。白乐天《池上早秋》诗云："荷茇绿参差，新秋水满池。"乃是言荷及菱二物耳。

蔡太师作相时，衣青道衣，谓之"太师青"；出入乘棕顶轿子，谓之"太师轿子"。秦太师作相时，裹头巾，当面偶作一折，谓之"太师错"；折样第中窗上下及中一二眼作方眼⑯，余作疏棂⑰，谓之"太师窗"。

张魏公有重望[18]，建炎以来置左右相多矣，而天下独目魏公为张右相；丞相带都督亦数人，而天下独目魏公为张都督，虽夷狄亦然[19]。然魏公隆兴中再入[20]，亦止于右相领都督，乃知有定数也。

东坡绝句云："梨花澹白柳深青，柳絮飞时花满城。惆怅东阑一株雪，人生看得几清明？"绍兴中，予在福州，见何晋之大著[21]，自言尝从张文潜游[22]，每见文潜哦此诗，以为不可及。余按：杜牧之有句云："砌下梨花一堆雪，明年谁此凭阑干？"东坡固非窃牧之诗者，然竟是前人已道之句，何文潜爱之深也，岂别有所谓乎？聊记之以俟识者。

今人谓后三日为"外后日"，意其俗语耳。偶读《唐逸史·裴老传》[23]，乃有此语。裴，大历中人也，则此语亦久矣。

严州建德县有崇胜院[24]，藏天圣五年内降札子设道场云："皇太后赐银三十两，皇太妃施钱二十贯，皇后施钱十贯，朱淑仪施钱五贯。"有仁庙飞白御书，今皆存。盖院有僧尝际遇真庙，召见，赐衣及香烛故也，犹可想见祖宗恭俭之盛。予在郡初不闻[25]，迫代归始知之，不及刻石，至今为恨。

徐敦立侍郎颇好谑[26]，绍兴末，尝为予言："柳子厚《非国语》之作，正由平日法《国语》为文章，看得熟，故多见其疵病。此俗所谓'没前程'者也。"予曰："东坡公在岭外特喜子厚文，朝夕不去手，与陶渊明并称'二友'。及北归与钱济明书[27]，乃痛诋子厚《时令》《断刑》《四维》《贞符》诸篇[28]，至以为小人无忌惮者。岂亦由朝夕紬绎耶[29]？恐是《非国语》之报。"敦立为之抵掌绝倒。

蔡攸初以淮康节领相印[30]，徽宗赐曲宴，因语之曰："相公公相子。"盖是时京为太师,号"公相"。攸即对曰:"人主主人翁。"其善为谐给如此。

白乐天云:"微月初三夜,新蝉第一声。"晏元宪云:"绿树新蝉第一声。"王荆公云:"去年今日青松路,忆似闻蝉第一声。"三用而愈工,信诗之无穷也。

苏子容诗云㉛:"起草才多封卷速,把麻人众引声长。"苏子由诗云:"明日白麻传好语,曼声微绕殿中央。"盖昔时宣制皆曼延其声,如歌咏之状。张天觉自小凤拜右揆㉜,有旨下阁门令平读㉝,遂为故事。

蔡元长当国时㉞,士大夫问轨革㉟,往往画一人戴草而祭,辄指之曰:"此蔡字也,必由其门而进。"及童贯用事,又有画地上奏乐者,曰:"土上有音,童字也。"其言亦往往有验。及二人者废,则亦无复占得此卦。绍兴中,秦会之专国柄,又多画三人,各持禾一束,则又指之曰:"秦字也。"其言亦颇验。及秦氏既废,亦无复占得此卦矣。若以为妄,则绍兴中如黑象辈畜书数百册㊱,对人检之,予亲见其有三人持禾者在其间,亦未易测也。

祖宗时,有知枢密院及同知、签署之类。治平后避讳,改曰"签书"。政和以后,宦者用事,辄改内侍省都都知曰知内侍省事,都知曰同知内侍省事,押班曰签书内侍省事,盖僭视密院也。建炎中,始复旧。近有道士之行天心法者㊲,自结衔曰"知天枢院事",亦有称同知、签书者,又可一笑也。

《考工记·弓人》注云:"胵,亦黏也;音职。"今妇人发有时为膏泽所黏,必沐乃解者,谓之胵,正当用此字。

司马侍郎朴陷虏后㊳,妾生一子于燕㊴,名之曰通国,实取苏武胡妇所生子之名名之⑩,而国史不书,其家亦讳之。

太祖开国,虽追尊僖祖以下四庙㊶,然惟宣祖、昭宪皇后为大忌㊷,忌前一日不坐,则太祖初不以僖祖为始祖可知㊸。真宗初,罢宣祖大忌。祥符中,下诏复之,然未尝议及僖祖,则真宗亦不以僖祖为始祖可知。今乃独尊僖祖,使宋有天下二百四十余年,太祖尚不正东向之位㊸,恐礼官不当久置不议也。

兴国中,灵州贡马㊹,足各有二距㊺。其后灵州陷于西戎㊻。宣和中,燕山府贡马亦然,而北虏之祸遂作。

周越《书苑》云㊼:"郭忠恕以为小篆散而八分生㊽,八分破而隶书出,隶书悖而行书作,行书狂而草书圣。以此知隶书乃今真书㊾。赵明诚谓误以八分为隶自欧阳公始㊿。"

太宗时,史官张泊等撰太祖史㉛,凡太宗圣谕及史官采摭之事,分为朱、墨书以别之,此国史有朱墨本之始也。元祐、绍圣皆尝修《神宗实录》。绍圣所修既成,焚元祐旧本,有敢私藏者皆立重法。久之,内侍梁师成家乃有朱墨本㉜,以墨书元祐所修,朱书绍圣所修,稍稍传于士大夫家。绍兴初,赵相鼎提举再撰,又或以雌黄书之,目为"黄本"。然世罕传。

先太傅庆历中赐紫章服㉝,赴阁门拜赐,乃涂金鱼袋也㉞。岂官品有等差欤?

史丞相言㉟:高庙尝临《兰亭》,赐寿皇于建邸㊱,后有批字云:"可依此临五百本来看。"盖两宫笃学如此㊲。世传智永写《千文》八百本㊳,于此可信矣。

[注释]

①相蓝:汴京(开封)大相国寺的省称。蓝为梵语"僧伽蓝摩"的

略称,意即僧院。　②中贵:中贵人,得宠的大宦官。杨戬:《宋史·杨戬传》:"杨戬,少给事掖庭,主掌后苑,善测伺人主意。自崇宁后,日有宠,知入内内侍省。立明堂,铸鼎鼐,起大晟府、龙德宫,皆为提举。政和四年,拜彰化军节度使。……宣和三年,戬死,赠太师、吴国公。"　③澡豆:古代洗沐用品,用猪胰磨成糊,加入豆粉、香料等,经自然干燥制成的块状用品。类似今天的肥皂。　④庙讳:皇帝父祖的名讳。《魏书·崔玄伯传》:"崔玄伯,清河东武城人也,名犯高祖庙讳。"古代的避讳分为三种,分别是庙讳、君讳和家讳。君讳即当代君王之讳,家讳即对自家祖宗的避讳。　⑤宋次道:宋敏求,字次道,赵州平棘(今河北赵县)人。名臣宋绶之子,宝元二年(1039)赐进士第,仁宗朝历官馆阁校勘、集贤校理,知太平、亳州,累迁工部郎中。英宗治平中同修起居注、知制诰。《宋史》有传。苏子容:苏颂,字子容,泉州南安(今福建泉州)人。仁宗时官集贤校理,在官九年。英宗即位,为提点开封府界诸县镇公事。神宗元丰初,权知开封。哲宗元祐初,拜刑部尚书,迁吏部尚书兼侍读。《宋史》有传。按:宋敏求、苏颂皆以博学闻名于时。小学:文字训诂考据之学。　⑥李廌(zhì):字方叔,华州(治今陕西华县)人。曾谒苏轼于黄州,数年后再见,被苏轼誉为"张耒、秦观之流"。举进士不第,苏轼与范祖禹欲再举荐,未几,苏、范皆遭贬谪,不果。苏轼死后,李廌大哭,遂隐于许州、汝州间。《宋史》有传。　⑦黄鲁直:黄庭坚,字鲁直。施宿《东坡先生年谱》:"(元祐三年)正月,差知贡举,同知孙觉、孔文仲,参详黄庭坚、陈轩等,点检试卷刘安世、李昭玘、晁补之、廖正一、蔡肇、李公麟等。省元章援,惇之子也。"　⑧及拆号,则章持致平:等到拆封检视才发现,第一名是章持而非李廌。罗大经《鹤林玉露》甲编卷五:"元祐中,东坡知贡举,李方叔就试。将锁院,坡缄封一简,令叔党持与方叔,值方叔出,其仆受简置几上。有顷，章子厚二子曰持、曰援者来，取简窃观，乃《扬雄优于刘向论》一篇。二章惊喜，携之以去。方叔归，求简不得，知为二章所窃，怅惋不敢言。已而果出此题，二章皆模仿坡作，方叔几于阁笔。及拆号，坡意魁必方叔也，乃章援。第十名文意与魁相似，乃章持。坡失色。二十名间，一卷颇奇，坡谓同列曰：'此必李方叔。'视之，乃葛敏修。时山谷亦预校文，曰：'可贺内翰得人，此乃仆宰太和时，一学子相从者也。'而方叔竟下第。"按：此云元祐三年（1088）省元为章惇之子章持致平，可能有误。此科省试中，章援为第一，章持为第十。苏轼《与章致平简》之一原注："致平，名援，章惇字子厚之子，于苏轼为晚辈。"《汴京遗迹志》卷十二作"章授"，亦误。　⑨杨文公：杨亿，字大年，建州浦城（今福建浦城）人。太宗淳化中赐进士及第，历任翰林学士、史馆修撰、工部侍郎。天禧四年（1020）卒，谥曰文。《宋史》有传。　⑩游岱：古泰山亦名岱岳。后遂以游岱代指人死亡。张华《博物志》卷一："泰山一日天孙，言为天帝孙也，主召人魂魄。"白居易《得景嫁殇邻人告违禁景不伏》："纵近倾筐之岁，且未从人；虽有游岱之魂，焉能事鬼？"　⑪生桑之梦：《三国志·蜀书·杨洪传》"洪迎门下书佐何祗"，裴松之注引《益部耆旧传》："（何祗）尝梦井中生桑，以问占梦赵直，直曰：'桑非井中之物，会当移植；然桑字四十下八，君寿恐不过此。'祗笑言：'得此足矣'。……年四十八卒，如直所言。"后人遂以年四十八为"生桑"之年。　⑫韦齐休：《太平广记》卷三四八《韦齐休》："韦齐休，擢进士第，累官至员外郎，为王璠浙西团练副使。太和八年，卒于润州之官舍。"注："出《河东记》。"其文甚长不尽录，内有"遽为游岱之魂，何以堪处？"一句，陆游认为"游岱之魂"典故出自于此。　⑬明教：正式名称为摩尼教，起源于古波斯萨珊王朝。唐代宗大历三年（768），应回纥之请，于江淮等地建立摩尼寺。武宗会昌五年（845）灭佛时，摩尼教亦遭到严重打击，转为秘密宗教。该教吸收了一些道教及民间信仰，改称明教。　⑭红蕈（xùn）：一种颜色发红的菌类植物。　⑮徐常侍：徐铉，字鼎臣，扬州广陵（今江苏扬州）人。原为南唐大臣，随后主李煜入宋，命为率更令，累官至散骑常侍，世称"徐常侍"。《宋史》有传。《稽神录》：徐铉所撰的一部志怪小说集。今存辑本共六卷。　⑯折样第中窗上下及中一二眼作方眼：按照这样的折样，在自家府第中的窗户上也有体现，即在窗户的上面、下面和中间一两处做成空方形眼，与其头巾的折样相同。　⑰余作疏棂：其余处都做成稀疏的窗棂。　⑱张魏公：张浚。见卷一下段注㉔。　⑲虽夷狄亦然：即便是金国人也这样称呼他。　⑳隆兴中再入：孝宗隆兴中再度为相。按：张浚绍兴五年至七年为相。《宋史·宰辅表》四："（绍兴七年）九月壬申，张浚罢右相，以观文殿大学士提举江州太平观。"至隆兴元年（1163）再入为相。《宋史·宰辅表四》："（隆兴元年十二月丁丑）张浚自降授特进、枢密使、魏国公授右仆射、同平章事兼枢密使，依前都督江淮东西路、建康镇江府、江阴军、江池州屯驻军马。"所授为"右仆射"，依旧为右相。宋代左相为首相，右相为次相。　㉑何晋之：何大圭。见卷六上段注㊷。大著：著作郎的雅称。　㉒尝从张文潜游：《容斋随笔》卷十五："张文潜暮年在宛丘，何大圭方弱冠，往谒之，凡三日，见其吟哦此诗不绝口，大圭请其故。曰：'此章乃《风》《雅》鼓吹，未易为子言。'大圭曰：'先生所赋，何必减此？'曰：'平生极力模写，仅有一篇稍似之，然未可同日语。'"　㉓唐逸史：史部杂史类著作，《郡斋读书志》《直斋书录解题》《文献通考》均未著录，属于散佚书籍。《裴老传》一段现见于《太平广记》卷四二："裴老请去，王君恳邀从容，久方许诺，曰：'明日来得否？'曰：'不得，外后日来。'"　㉔建德县：在今浙江建德东。　㉕予在郡初不闻：我在严州任上时没有听闻。《严州图经》卷一："陆游，淳熙十三年七月初三日，以朝请大夫权知（严州）。淳熙十五年七月初六日满。" ㉖徐敦立：徐度。见卷四上段注㊻。 ㉗钱济明：名世雄，钱君倚之子。苏轼《跋钱君倚书〈遗教经〉》："钱公虽不学书，然观其书，知其为挺然忠信礼义人也。轼在杭州，与其子世雄为僚，因得观其所书佛《遗教经》刻石，峭峙有不回之势。"据此可知，苏轼任杭州通判时，钱世雄亦在杭幕。 ㉘痛诋子厚《时令》《断刑》《四维》《贞符》诸篇：今本《苏轼文集》有《与钱世雄书》共十七篇，未见此语。 ㉙紬（chōu）绎：引出端绪。 ㉚蔡攸初以淮康节领相印：蔡攸最初以淮康军节度使的节钺为相。蔡攸，字居安，蔡京长子。《宋史·蔡攸传》："初置宣和殿，命为大学士，赐球文方团金带，改淮康军节度使。……历开府仪同三司、镇海军节度使、少保，进见无时，益用事。" ㉛苏子容：苏颂。见本卷上段注⑤。 ㉜张天觉：张商英，字天觉，蜀州新津（今四川崇庆）人，英宗治平二年（1065）进士。因章惇荐，为检正中书礼房擢监察御史。哲宗时为吏部、刑部侍郎，翰林学士。蔡京拜相，张商英草制词极尽褒美，拜尚书右丞，转左丞。又与蔡京议政不合，罢知亳州，入元祐党籍。《宋史》有传。小凤：唐宋时中书舍人的别称。明杨慎《丹铅总录·官爵·小凤小仪》："唐人以中书舍人为小凤，盖以中书省有凤池也。……宋人犹袭其称，张天觉自小凤拜右揆是也。"按：宋代中书舍人和翰林学士（两制学士官）皆可称为"小凤"，张商英就是从翰林学士拜相。右揆：右丞相。《宋史·宰辅表三》："（崇宁元年六月丙申）张商英自翰林学士、知制诰兼侍读、修国史、实录修撰除中大夫、尚书右丞。" ㉝平读：用正常语调朗读。 ㉞蔡元长：蔡京，字元长。 ㉟轨革：古时以图画占卜吉凶的占验术。清平步青《霞外攟屑·圆光古名轨革亦名卦影》："据诸书所言，是今之圆光，古名轨革，宋名卦影。" ㊱黑象：卦师的名字。 ㊲天心法：道教门派之一，由天师道演化而来，以传天心正法而得名。宋金允中《上清灵宝大法》

卷四三："自汉天师宏正一之宗，而天心正法出焉。" ㊳司马侍郎朴：司马朴，字文季，司马光兄司马旦之孙，宣和间为晋宁军士曹参军。《宋史·司马朴传》："靖康初，入为虞部、右司员外郎。金人次汴郊，命朴使之。二酋问朴家世，具以告。喜曰：'贤者之后也。'待之加礼，乃吐腹心，谕以亟求讲解。朴复命，任事者疑不决。……二帝将北迁，又贻书请存立赵氏，金人惮之，挟以北去。" ㊴于燕：在燕山府。即今北京。 ㊵苏武胡妇所生子：《汉书·苏武传》："武年老，子前坐事死，上闵之，问左右：'武在匈奴久，岂有子乎？'武因平恩侯自白：'前发匈奴时，胡妇适产一子通国，有声问来，愿因使者致金帛赎之。'上许焉。后通国随使至，上以为郎。" ㊶追尊僖祖以下四庙：赵匡胤建国后，依礼追尊自己的四代祖先：高祖赵朓追封僖祖，曾祖赵珽追封顺祖，祖父赵敬追封翼祖，父亲赵弘殷追封为宣祖。立庙祭祀。 ㊷昭宪皇后：赵匡胤生母杜氏。《宋史·后妃传》："太祖母昭宪杜太后，定州安喜人也。父爽，赠太师。母范氏，生五子三女，太后居长。既笄归于宣祖。治家严毅有礼法。生邕王光济、太祖、太宗、秦王廷美、夔王光赞、燕国陈国二长公主。"按："昭宪皇后"的说法不确，疑此句脱"太"字，当为"昭宪皇太后"。大忌：非同寻常的忌辰。意谓逢宣祖和杜太后忌辰时，其制度较祭其他祖先时更为隆重。 ㊸不以僖祖为始祖：没有以僖祖赵朓作为始祖。意思是说如果把赵朓尊为始祖，则僖祖赵朓理应享受"大忌"之礼，现在却是以宣祖赵弘殷之忌为大忌，说明在赵匡胤心目中，其父的地位远高于其高祖。 ㊹太祖尚不正东向之位：古代宗庙制度为七庙，三昭（左）三穆（右）分居左右，太祖居中。此言太祖尚没能居于最尊显的地位。太祖赵匡胤乃大宋开国之君，不使之居于最尊，反而让高祖居尊，是对开国帝王的轻视。 ㊺灵州：北宋初州名，治今宁夏吴忠市，后为西夏所夺。嘉靖《宁夏新志》卷三："隋大业初，置灵武郡。唐武德元年，改灵州，即回乐峰也。开元中，以州为朔方节度。天宝元年，改灵武郡大都督府。宋咸平中陷于西夏，仍为灵州。”　㊻二距：马蹄分为两部分。隐含“不一”的意思。　㊼周越：北宋著名书法家。《书史会要》卷六：“周越，字子发，或字清臣，淄州人。官至主客郎中。天圣、庆历间以书显，学者翕然宗之。落笔刚劲沉著，字字不妄作，然而真、行尤入妙，草字入能也。”《郡斋读书志》卷四：“《周越书苑》十五卷，右皇朝周越撰。越以善书名世，天圣八年四月成此书奏御，故其序称‘臣越’‘臣兄起’。”　㊽郭忠恕：字恕先，河南洛阳人。后周广顺中为宗正丞兼国子书学博士，改《周易》博士。太祖建隆初，因酗酒与监察御史符昭文争于朝堂，贬为乾州司户参军。《宋史》有传。　㊾真书：又名正书，隶书的别称。清阮葵生《茶余客话》卷十六：“庾肩吾云：‘隶书，今之正书。’张怀瓘亦云：‘隶书，程邈所作，字皆真正，亦曰真书。’”　㊿赵明诚：名臣赵挺之之子，才女李清照的丈夫。误以八分为隶自欧阳公始：把八分书当作隶书是从欧阳修开始的。意谓八分书与隶书有区别，将二者混为一谈有失客观。　(51)张洎：字偕仁。此事可与卷三上段注(55)互参。　(52)梁师成：徽宗时大宦官。见卷三下段注㊶。　(53)先太傅：陆游祖父陆佃。赐紫章服：宋代三品以上官服为紫色，五品以上官为绯色，官位不及而有大功或为皇帝所宠，特加赐紫或赐绯，以示尊宠之意。　(54)金鱼袋：古代高官所佩鱼袋之一，金饰，用以盛放金鱼符。唐制三品以上官佩金鱼袋。宋代无鱼符，官员公服则系鱼袋于带而垂于后。　(55)史丞相：高宗宰相史浩，已见前注。　(56)寿皇：南宋孝宗赵昚。孝宗禅位后，光宗上尊号为至尊寿皇圣帝，史称寿皇。建邸：孝宗立为太子后封建国公。《宋史·孝宗本纪》：“（绍兴五年五月）己亥，制授保庆军节度使，封建国公。六月己酉，听读资善堂，以徽猷阁待制范冲兼诩善，起居郎朱震兼赞读。”　(57)两宫：高宗逊位后居德寿宫，孝宗逊位后居重华宫。后人遂以两宫代指高宗、孝宗父子。⑤智永写《千文》：南朝陈僧人智永，书法家。《书史会要》卷四："释智永，会稽人，晋右将军王羲之九世孙。出家居永欣寺，学书以羲之为师法，笔力纵横，真草兼备，绰有祖风，为一时推重，求其书者，户外之履常满，门阈穿穴以铁固其限。尝作真草《千文》传于世，学者率模仿焉。"相传智永四十年不下楼，写《千文》八百遍。

晋人避其君名犹不避嫌名①。康帝名岳②，邓岳改名嶽③。

唐初不避二名④。太宗时犹有民部⑤，李世勣、虞世南皆不避也⑥。至高宗即位，始改为户部。世南已卒，世勣去"世"字，惟名勣，或者尚如古"卒哭乃讳"欤⑦？

唐王建《牡丹》诗云："可怜零落蕊，收取作香烧。"虽工而格卑。东坡用其意云："未忍污泥沙，牛酥煎落蕊⑧。"超然不同矣。

张继《枫桥夜泊》诗云："姑苏城外寒山寺，夜半钟声到客船。"欧阳公嘲之云："句则佳矣，其如夜半不是打钟时。"后人又谓惟苏州有半夜钟，皆非也。按：于邺《褒中即事》诗云⑨："远钟来半夜，明月入千家。"皇甫冉《秋夜宿会稽严维宅》诗云⑩："秋深临水月，夜半隔山钟。"此岂亦苏州诗耶？恐唐时僧寺自有夜半钟也。京都街鼓今尚废，后生读唐诗文及街鼓者，往往茫然不能知，况僧寺夜半钟乎？

宋文安公《自禁庭谪廊时》诗云⑪："九月一日奉急宣，连忙趋至阁门前。忽为典午知何罪⑫，谪向廊州更怃然。"盖当时谪黜者，召至阁门受命乃行也。

宋文安公集中有《省油灯盏》诗，今汉嘉有之，盖夹灯盏也。一端作小窍，注清冷水于其中，每夕一易之。寻常盏为火所灼而燥，故速干，此独不然，其省油几半。邵公济牧汉嘉时[13]，数以遗中朝士大夫。按：文安亦尝为玉津令[14]，则汉嘉出此物几三百年矣。

祥符中，有布衣林虎上书[15]，真庙曰："此人姓林名虎，必尚怪者也。"罢遣之。宣和中，有林虎者赐对，徽宗亦异之，赐名于"虎"上加"竹"[16]。然字书初无此字，乃自称埍箎之"箎"。而书名不敢增，但作"箎"云。

吴中卑薄，厥地二三尺辄见水。予顷在南郑[17]，见一军校，火山军人也[18]。言火山之南，地尤枯瘠，锄镬所及，烈焰应手涌出，故以"火山"名军，尤为异也。

《楚语》曰[19]："若武丁之神明也[20]，其圣之睿广也，其治之不疚也[21]，犹自为未艾[22]。"荆公尝摘取"睿广"二字入表语中[23]。蔡京为翰林学士，议神宗谥，因力主"睿广"二字，而忘其出《楚语》也。范彝叟折之曰[24]："此《楚语》所载，先帝言必称尧、舜，今乃舍六经而以《楚语》为尊号，可乎？"京遂屈。韩丞相师朴亦云[25]："睿广但可作僧法名耳。"时亦以为名言。

今人谓贝州为甘陵，吉州为庐陵，常州为毗陵，峡州为夷陵，皆自其地名也。惟严州有严光钓濑，名严陵濑。严陵乃其姓字，濑是钓处，若谓之严濑尚可，今俗乃谓之严陵，殊可笑也。

唐质肃公参禅[26]，得法于浮山远禅师[27]。尝作《赠僧》诗云："今日是重阳，劳师访野堂。相逢又无语，篱下菊花黄。"

今人谓娶妇为"索妇"，古语也。孙权欲为子索关羽女，袁术欲为子索吕布女，皆见《三国志》。

元丰间有俞充者[28]，谄事中官王中正，中正每极口称之。一日充死，中正辄侍神庙言："充非独吏事过人远甚，参禅亦超然悟解。"

今谈笑而终,略无疾恙。"上亦称叹,以语中官李舜举㉙。舜举素敢言,对曰:"以臣观之,止是猝死耳。"人重其直。

古所谓路寝,犹今言正厅也。故诸侯将薨,必迁于路寝,不死于妇人之手,非惟不渎,亦以绝妇寺矫命之祸也。近世乃谓死于堂奥为终于正寝,误矣。前辈墓志之类数数有之,皆非也。黄鲁直诗云:"公虚采蘋宫㉚,行乐在小寝。"按:鲁僖公薨于小寝。杜预谓:"小寝,夫人寝也。"鲁直亦习于近世,谓堂为正寝,故以小寝为妾媵所居耳。不然既云"虚采蘋宫",又云"在小寝",何耶?

王黼作相,其子闳孚作待制,造朝财十四岁㉛,都人目为"胡孙待制㉜"。

晋人所谓见何次道㉝,令人欲倾家酿㉞,犹云欲倾竭家赀以酿酒饮之也。故鲁直云:"欲倾家以继酎。"韩文公借以作《篝》诗云㉟:"有卖直欲倾家赀。"王平父《谢先大父赠篝》诗亦云㊱:"倾家何计效韩公。"皆得晋人本意。至朱行中舍人有句云㊲:"相逢尽欲倾家酿,久客谁能散橐金㊳?"用"家酿"对"橐金",非也。

钱勰字穆㊴,范祖禹字淳㊵,皆一字。交友以其难呼,故增"父"字,非其本也。

钱穆父风姿甚美,有九子。都下九子母祠作一巾纻美丈夫,坐于西偏,俗以为九子母之夫。故都下谓穆父为九子母夫。东坡赠诗云:"九子羡君门户壮。"盖戏之也。

保寿禅师作《临济塔铭》云:"师受黄檗印可,寻抵河北镇州城东㊶,临滹沱河侧小院住持,名临济。其后墨君和太尉于城中舍宅为寺㊷,亦以'临济'为名。"(墨君和名见《唐书》及《五代史》）其事甚详。近见吕元直丞相《燕魏录》载㊸："真定安业坊临济院，乃昭宪杜太后故宅。"按：保寿与临济乃师弟子，不应有误。岂所谓临济院者，又尝迁徙耶？

谢任伯参政在西掖草蔡太师谪散官制㊹，大为士大夫所称。其数京之罪曰："列圣诒谋之宪度，扫荡无余；一时异议之忠贤，耘锄略尽。"其语出于张文潜论唐明皇曰"太宗之法度，废革略尽；贞观之风俗，变坏无余"也。

吕进伯作《考古图》云㊺："古弹棋局状如香炉。"盖谓其中隆起也。李义山诗云："玉作弹棋局，中心亦不平。"今人多不能解。以进伯之说观之，则粗可见，然恨其艺之不传也。魏文帝善弹棋，不复用指，第以手巾角拂之。有客自谓绝艺，及召见，但低首以葛巾角拂之，文帝不能及也。此说今尤不可解矣。大名龙兴寺佛殿有魏宫玉石弹棋局，上有黄初中刻字㊻，政和中取入禁中。

昭德诸晁谓婿为"借倩"之"倩"㊼，云近世方讹为"倩盼"之"倩"㊽。予幼小，不能叩所出，至今悔之。

绍圣、元符之间有马从一者，监南京排岸司㊾。适漕使至㊿，随众迎谒。漕一见怒甚，即叱之曰："闻汝不职，正欲按汝，何以不亟去，尚敢来见我耶！"从一皇恐，自陈湖湘人，迎亲窃禄，求哀不已。漕察其语南音也，乃稍霁威云㊿¹："湖南亦有司马氏乎？"从一答曰："某姓马，监排岸司耳。"漕乃微笑曰："然则勉力职事可也。"初盖误认为温公族人㊿²，故欲害之。自是从一刺谒，但称"监南京排岸"而已。传者皆以为笑。

蔡太师父准葬临平山，为驼形。术家谓驼负重则行，故作塔于驼峰。而其墓以钱塘江为水，越之秦望山为案，可谓雄矣。然富贵既极，一旦丧败，几于覆族，至今不能振。俗师之不可信如此。

《该闻录》言[53]："皮日休陷黄巢为翰林学士，巢败被诛。"今《唐书》取其事。按：尹师鲁作《大理寺丞皮子良墓志》称[54]："曾祖日休避广明之难，徙籍会稽，依钱氏[55]，官太常博士，赠礼部尚书。祖光业，为吴越丞相[56]。父璨，为元帅府判官[57]。三世皆以文雄江东。"据此，则日休未尝陷贼为其翰林学士被诛也。光业见《吴越备史》颇详。孙仲容在仁庙时[58]，仕亦通显，乃知小说谬妄，无所不有。师鲁文章传世，且刚直有守，非欺后世者，可信不疑也。故予表而出之，为袭美雪谤于泉下。

邹忠公梦徽庙赐以笔[59]，作诗记之。未几，疾不起。说者谓"笔"与"毕"同音，盖杜牧梦改名毕之类。

唐小说载李纾侍郎骂负贩者云[60]："头钱价奴兵。""头钱"犹言"一钱"也。故都俗语云"千钱精神头钱卖"，亦此意云。

杨朴处士诗云[61]："数个胡皱彻骨干，一壶村酒胶牙酸。"《南楚新闻》亦云："一楪毡根数十皱[62]，盘中犹自有红鳞。"不知"皱"何物，疑是饼饵之属。

白乐天《寄裴晋公》诗云："闻说风情筋力在，只如初破蔡州时。"王禹玉《送文太师》诗云[63]："精神如破贝州时。"用白语而加工，信乎善用事也。

[注释]

①晋人避其君名犹不避嫌名：晋代人避君主的名字所用字，并不避讳同音字。比如下例"康帝名岳，邓岳改名嶽"，如果避嫌名，则"岳"与"嶽"同音，就算犯了嫌名，不可用所有同"岳"音的字。《礼记·曲礼

上》:"礼,不讳嫌名。"郑玄注:"嫌名,谓音声相近,若禹与雨、丘与区也。" ②康帝名岳:晋康帝司马岳,东晋第四位皇帝,字世同,明帝司马绍次子,成帝司马衍同母弟。咸康八年(342),成帝病重,立弟司马岳为皇位继承人。同年,成帝驾崩,司马岳即位。 ③邓岳:《晋书·邓岳传》:"邓岳,字伯山,陈郡人也。本名岳,以犯康帝讳,改为嶽,后竟改名为岱焉。" ④唐初不避二名:唐代初年没有避讳二名的制度。二名,指除姓之外的名字是两个字。《礼记·曲礼上》:"二名不偏讳。"郑玄注:"为其难辟也。……偏,谓二名不一一讳也。孔子之母名徵在,言在不称徵,言徵不称在。" ⑤太宗时犹有民部:太宗李世民在位时,朝廷有民部。证明那时候并没有既讳"世"又讳"民"。 ⑥李世勣、虞世南:唐初大臣。新、旧《唐书》均有传。二人的名字中都有"世"字,但当时并没有因李世民名字中有"世"字而避讳改名。 ⑦卒哭乃讳:谓人生前不避讳,人死哭过之后才避讳其名,因为此时死人已经成了"神"。《礼记·曲礼上》:"卒哭乃讳。"孔颖达疏:"古人生不讳,故卒哭前,犹以生事之,则未讳。至卒哭后,服已受变,神灵迁庙,乃神事之,敬鬼神之名,故讳之。讳,避也。生不相避名,名以名质,故言之不讳。死则质藏,言之则感动孝子,故讳之也。" ⑧牛酥:牛乳中提炼出来的酥油。 ⑨于邺:字武陵,杜曲(今陕西西安)人,唐代诗人。宣宗大中时曾举进士不第,遂携书琴往来于商洛、巴蜀间。《唐才子传》有传。 ⑩皇甫冉:字茂政,从北方避地来寓丹阳(今江苏丹阳),耕山钓湖,放诞闲淡。《唐才子传》有传。 ⑪宋文安公:宋白。太宗淳化中,有庐州尼姑道安诬讼徐铉夫人之外甥女不实。判大理寺王禹偁为徐铉辩诬,请求反治道安罪。道安击登闻鼓,称徐铉向王禹偁暗通求情。开封府判官张去华闻知,不予受理。宋白与张去华一向关系甚密,张去华遭贬后,宋白受到牵连,亦遭贬谪。《宋史·宋白传》:"张去华者,白同年生也，坐尼道安事贬。白素与去华厚善，遂出为保大军节度行军司马。"自禁庭谪鄜畤：谓宋白从翰林学士贬为保大军节度行军司马。鄜畤，鄜州的别称，治今陕西富县，军额为保大军节度。⑫典午："司马"的隐语。《三国志·蜀书·谯周传》："（谯）周语次，因书版示立曰：'典午忽兮，月酉没兮。'典午者，谓司马也。"按：谯周所谓"司马"指司马昭，宋白所谓"司马"则是指保大军节度行军司马，属于巧妙借用典故。⑬邵公济牧汉嘉：邵博，字公济，洛阳人，北宋名儒邵伯温次子。绍兴八年（1138）赐同进士出身，次年知果州，十年（1140）至十二年（1142）知嘉州。《要录》卷一四二："（绍兴十一年十月）乙酉，虚恨蛮王历阶诣嘉州乞降。……守臣邵博言于宣抚司。"汉嘉，嘉州郡名，在今四川乐山。⑭玉津：嘉州属县，治所在今四川乐山东南六十里。《宋史·宋白传》："乾德初，献文百轴，试拔萃高等，解褐授著作佐郎，廷赐袭衣、犀带。蜀平，授玉津县令。"⑮布衣林虎上书：《长编》卷七一："（大中祥符二年二月）庚戌，布衣林虎伐登闻鼓上言：'国家遣官祈雨，车驾遍诣宫寺，虽再雨而未足。愿去邪佞尸素之臣，明赏罚黜陟之令，则天自雨。'上曰：'所言邪佞尸素，当明斥其名；赏罚黜陟，悉陈非当，朕岂吝于采拔？然姓林名虎，尚怪者也。'命中书召问，虎无以对，罢之。"⑯赐名于"虎"上加"竹"：即"箎"字。林箎，徽宗政和间为京畿路提点刑狱公事，迁江南东路转运副使。宣和元年（1119）改江南西路转运副使，五年（1123）知宿州。事迹散见于《会要》等书。《全宋文》卷三一三四有小传。按：此句疑有误字，字书岂能无"箎"字？或当是"虎"上加"艸"字，方与上下文契合。意即林氏对徽宗赐名"虎"上加"艸"并不满意，故自称为埙篪之"箎"。⑰南郑：今陕西汉中。陆游乾道末在此处从军。⑱火山军：北宋军名，在今山西河曲县南八十里。《宋史·地理志二》："火山军，同下州。本岚州之地，太平兴国七年建为军。"

⑲《楚语》：即《国语·楚语》。 ⑳武丁：商代第二十三代君主，约公元前1250年至前1192年在位。武丁勤于政事，任用傅说等贤人辅政，励精图治，国势日盛。死后庙号高宗。详见《史记·殷本纪》。 ㉑不疚：无愧。《论语·颜渊》："内省不疚，夫何忧何惧？" ㉒未艾：未尽，未止。 ㉓荆公尝摘取"睿广"二字入表语中：王安石《观文殿学士知江宁府谢上表》："惟睿广之日跻，顾卑凡而坐困。" ㉔范彝叟：范纯礼，字彝叟，范仲淹第三子。以荫入官，历任三司盐铁判官，以比部员外郎出知遂州。除户部郎中、京西转运副使。元祐初为吏部郎中，迁左司，又任江淮荆浙发运使。以光禄卿召，迁刑部侍郎。徽宗初知开封府，拜礼部尚书，擢尚书右丞。《宋史》有传。折之：反驳他。 ㉕韩丞相师朴：韩忠彦，字师朴，相州安阳（今河南安阳）人，北宋名臣韩琦长子。历官知瀛州、礼部尚书、知定州、户部尚书、知枢密院事，擢尚书右仆射，再为左仆射。出知大名府。大观三年（1109）卒。《宋史》有传。 ㉖唐质肃公：唐介，字子方，湖北江陵人，北宋著名直臣。为殿中侍御史时，因与包拯等反对仁宗骤加张尧佐四使而得罪，安置英州。英宗治平元年（1064）为御史中丞。熙宁元年（1068），拜参知政事。因与王安石议不合，数争论，疽发于背而卒。《宋史·唐介传》："赠礼部尚书，谥曰质肃。" ㉗浮山远禅师：《五灯会元》卷十二《浮山法远禅师》："舒州浮山法远圆鉴禅师，郑州人也。……师暮年休于会圣岩，叙佛祖奥义。" ㉘俞充：字公达，明州鄞（今浙江宁波）人，嘉祐四年（1059）进士。神宗熙宁初为都水监丞，升成都路转运使。元丰元年（1078）为右正言、天章阁待制、知庆州。四年（1081）卒。《宋史·俞充传》："茂州羌寇边，充上十策御戎。神宗遣内侍王中正同经制，建三堡，复永康为军，因诈杀羌众以为中正功，与深相结，至出妻拜之。中正还阙，举充可任。召判都水监，进直史馆。中书都检正御史彭汝砺论其媚事中正，命遂寝。"

㉙李舜举：北宋宦官。《宋史·李舜举传》："李舜举，字公辅，开封人。世为内侍。……（熙宁中）进内侍押班，制置泾原军马。……舜举资性安重，与人言未尝及宫省事。颇览书传，能文辞笔札。在御药院十四年，神宗尝书'李舜举公忠奉上，恭勤检身，始终惟一，以安以荣'十九字赐之。" ㉚采蘋宫：正妻所居宫室。《诗经·召南·采蘋》孔颖达疏："作《采蘋》诗者，言大夫妻能循法度也。谓为女之时所学所观之法度，今既嫁为大夫妻，能循之以为法度也。" ㉛造朝财十四岁：谓王韶之子王闳孚入朝为待制高官时才十四岁。财，通"才"。 ㉜胡孙：即"树倒猢狲散"的"猢狲"。 ㉝何次道：何充，庐江灊（qián）人。东晋大臣。形貌俊美，善文章。由江州主簿迁东海王文学，娶明穆皇后之妹。历官中书侍郎、给事黄门侍郎。平定苏峻之乱有功，授散骑常侍，封都乡侯。出任东阳、会稽二郡太守，擢吏部尚书。晋成帝临终，入选顾命。康帝即位，出任徐州都督。穆帝初迁侍中、录尚书事。《晋书》有传。 ㉞令人欲倾家酿：《世说新语·赏誉》："刘尹云：'见何次道饮酒，使人欲倾家酿。'" ㉟韩文公：韩愈。 ㊱王平父：王安国，字平甫（父），王安石之弟。熙宁初赐进士及第，授崇文院校书，改秘阁校理。"屡以新法力谏安石，又质责曾布误其兄，深恶吕惠卿之奸"（《宋史·王安国传》）。 ㊲朱行中：朱服，字行中，湖州乌程（今浙江湖州）人，熙宁进士。神宗元丰中为监察御史里行。知润、泉、婺、宁、庐、寿六州，徽宗即位，再知庐州，又知广州、袁州。坐与苏轼游，贬海州团练副使，蕲州安置。《宋史》有传。 ㊳橐（tuó）金：囊中的金钱。 ㊴钱勰：字穆父，以荫授官，历任盐铁判官，提点京西、河北、京东刑狱。拜中书舍人。元祐初迁给事中，以龙图阁待制知开封府。《宋史》有传。 ㊵范祖禹：字淳甫（父），一字梦得。哲宗立，擢右正言。又除著作佐郎、修《神宗实录》检讨，迁著作郎兼侍讲。哲宗亲政，有相章惇之意，

祖禹力辨其不可用，贬昭州别驾，安置永州、贺州，又徙宾、化而卒。
㊶师受黄檗印可，寻抵河北镇州城东：师，指义玄禅师。《佛祖历代通载》卷二四：镇州临济义玄禅师，曹州南华人。姓邢氏，曾参黄檗运禅师。后住镇州城南临济禅寺，学徒甚多。《五灯会元》卷十一《临济义玄禅师》："镇州临济义玄禅师，曹州南华邢氏子。幼负出尘之志，及落发进具，便慕禅宗。初在黄檗会中，行业纯一。时睦州为第一座，乃问：'上座在此多少时？'师曰：'三年。'州曰：'曾参问否？'师曰：'不曾参问，不知问个甚么？'州曰：'何不问堂头和尚，如何是佛法的的大意？'师便去。问声未绝，檗便打。"大意是说曹州南华邢氏子弟到黄檗山运禅师门下问道，得其真传，遂来到镇州（今河北正定）建临济禅院。临济宗为禅宗五个主要流派之一，义玄禅师在黄檗山从希运禅师门下学佛三十余年，到镇州创建临济禅院。㊷墨君和：五代时人，原为屠夫。此人在《旧唐书》《旧五代史》中所记甚略。《太平广记》卷一九二所载甚详。大意说真定墨君和之母在怀孕时梦见一胡僧送给她一个婴儿，面色黧黑。十几岁时，赵王镕即位，见之如昆仑般壮健，于是称之为"墨昆仑"。后在一次战斗中力救赵王镕立下奇功。"赵主既免燕主之难，召墨生以千金赏之，兼赐上第一区，良田万亩，仍恕其十死，奏授光禄大夫。终赵王之世，四十年间，享其富贵"（《太平广记》引《刘氏耳目记》）。
㊸吕元直：吕颐浩，字元直，齐州（治今山东济南）人，哲宗绍圣元年（1094）进士。高宗南渡，赖其护驾得以安然。《宋史》有传。《宋史·宰辅表》四："（建炎三年）四月癸丑，吕颐浩自资政殿学士、签书枢密院事授宣奉大夫、守右仆射兼中书侍郎。"《燕魏录》：吕颐浩所撰笔记名，《忠穆集》卷八又有《燕魏杂记》数篇，与《燕魏录》非同一部书。㊹谢任伯：谢克家，字任伯，上蔡（今河南上蔡）人。绍圣四年（1097）进士，建炎元年为翰林学士，二年（1128）知台州，三年

（1129）试兵部侍郎，知泉州。四年（1130）为工部尚书、礼部尚书，拜参知政事。事迹散见于《要录》等书。西掖：中书省的别称。因中书舍人、知制诰属中书省，故宋人习称舍人为西掖。蔡太师谪散官制：散官，有官名而无固定职事之官。《宋史·蔡京传》："钦宗即位，边遽日急，京尽室南下，为自全计。天下罪京为六贼之首，侍御史孙觌等始极疏其奸恶，乃以秘书监分司南京，连贬崇信、庆远军节度副使、衡州安置，又徙韶、儋二州。行至潭州死，年八十。"检《宋大诏令集》未见此制。谢克家担任中书舍人在宣和末靖康初。 ㊺吕进伯：吕大忠，字进伯，宰相吕大防之兄。历知代州、石州。元丰中为河北转运判官。元祐中历工部郎中、陕西转运副使，知陕州、秦州。绍圣二年（1095）知渭州。《宋史》有传。《考古图》：此处陆游所记有误。《考古图》的作者是吕大临而非吕大忠。大临乃吕大防之弟，《宋史》亦有传。《郡斋读书志》卷四："《考古图》十卷。右皇朝吕大临与叔撰。裒诸家所藏三代、秦、汉尊彝鼎敦之属，绘之于幅而辨论形制文字。" ㊻黄初：三国魏文帝曹丕年号，220年至226年。 ㊼昭德诸晁：指晁补之、晁咏之、晁说之等兄弟。本书卷九："晁氏世居都下昭德坊，其家以元祐党人及元符上书籍记，不许入国门者数人，之道其一也。"借倩：暂时借用。 ㊽倩盼：相貌美好，神态俊俏。《诗经·卫风·硕人》："巧笑倩兮，美目盼兮。"此二句意谓女婿的本意为"借来使用的劳动力"，直到近代才被人错误理解为"俊美的少年郎"。 ㊾监南京排岸司：宋代职事官名，即监管南京（今河南商丘）的船坞往来事务。《宋史·职官志五》："排岸司四（全国共四个），掌水运纲船输纳雇直之事。" ㊿漕使：转运使司的长官。 (51)稍霁威：稍稍收敛官威。 (52)温公族人：司马光家族的子弟。当时新党掌权，将司马光划定为元祐党魁。 (53)《该闻录》：宋代李畋著的一部笔记小说。《郡斋读书志》卷十三："《该闻录》十卷。右皇朝李畋撰。畋，蜀人，张咏客也,与范镇友善。熙宁中致仕,归,与门人宾客燕谈,衮衮忘倦。门人请编录,遂以'该闻'为目。" ㊹尹师鲁:尹洙,字师鲁,河南(今河南洛阳)人。韩琦知秦州时辟为州通判。后知泾州、渭州,受人陷害,贬崇信军节度副使,卒。《宋史》有传。 ㊺徙籍会稽,依钱氏:迁居会稽(今浙江绍兴),投靠吴越王钱镠。 ㊻祖光业,为吴越丞相:《十国春秋》卷八六:"皮光业字文通,世为襄阳竟陵人。父日休,有盛名,唐末为苏州军事判官、太常博士,遂家焉。光业生于姑苏,十岁能属文,及长,以所业谒武肃王,与沈崧、林鼎同辟幕府,累署浙西节度推官,赐绯。……天福二年,国建,拜光业丞相,与曹仲达、沈崧同日受命。" ㊼父璨,为元帅府判官:《十国春秋·皮光业传》:"子璨,官元帅府判官,著有《鹿门家钞诗咏》。三世皆以文雄江东,识者荣之。" ㊽孙仲容:《长编》卷一二九:"(康定元年十二月)戊申,屯田员外郎、通判河中府皮仲容知商州,兼提点采铜铸铁钱事。仲容尝建议铸大钱,一当十,既下两制及三司议其事,谓可权行以助边费,故有是命。"同书卷一四六:"(庆历四年二月)壬子,都官员外郎皮仲容提举陕西路银铜坑铸钱事。" ㊾邹忠公:邹浩,字志完,常州晋陵(今江苏常州)人,元丰五年(1082)进士,调颍昌府教授。吕公著、范纯仁为郡守,皆礼遇之。哲宗朝为右正言,因得罪宰相章惇羁管新州。徽宗立,复为右正言,累迁兵部侍郎。卒谥忠。《宋史》有传。 ㊿李纾:字仲舒,天宝末为秘书省校书郎。大历初为左补阙,累迁司封员外郎。自虢州刺史拜礼部侍郎。德宗居奉天时为同州刺史,再拜兵部侍郎。《新唐书》有传。 ㉑杨朴:《宋史·杨朴传》:"杨朴,字契元,郑州新郑(今河南新郑)人。善歌诗,士大夫多传诵。与毕士安尤相善,每乘牛往来郭店,自称东里遗民。" ㉒楪(dié):同"碟",盛食物的小盘。毡根:羊肉的别称。五代薛昭纬《谢银工》诗:"一楪毡根数十皴,盘中犹更有红鳞。" ㉓王禹玉：王珪，字禹玉，北宋名相。见卷四下段注㊲。文太师：文彦博。《宋史·文彦博传》："贝州王则反，明镐讨之，久不克。彦博请行，命为宣抚使，旬日贼溃，槛则送京师。……以太师致仕，居洛阳。"

入蜀记

卷 一

乾道五年十二月六日①，得报差通判夔州②。方久病，未堪远役，谋以夏初离乡里。

六年闰五月十八日，晚行，夜至法云寺③。兄弟饯别，五鼓始决去④。

十九日黎明，至柯桥馆⑤，见送客。巳时至钱清⑥，食亭中，凉爽如秋。与诸子及送客步过浮桥。桥坚好非昔比，亭亦华洁，皆史丞相所建也⑦。申后，至萧山县⑧，憩梦笔驿⑨。驿在觉苑寺旁，世传寺乃江文通旧居也⑩。有大碑，叶道卿文⑪。寺额及佛殿榜，皆沈睿达所书⑫，有碑亦睿达书，尤精古。又有毗陵人戚舜臣所画水⑬，盖佛后座大壁也。卒然见之，觉涛澜汹涌可骇，前辈或谓之死水，过矣⑭。县丞权县事纪旬、尉曾盘来⑮。曾原伯逢招饮于其子盘廨中，二鼓归。原伯复来，共坐驿门，月如昼，极凉。四鼓，解舟行，至西兴镇⑯。

二十日黎明，渡江，江平无波。少休仙林寺，寺僧为开馆设汤饮。遂买小舟出北关，登漕司所假舟于红亭税务之西⑰，夜无蚊。

二十一日。省三兄。

二十二日至二十四日，皆留兄家。

二十五日晚，叶梦锡侍郎衡招饮⑱，案间设矾山数盆⑲，望之如雪。

二十六日晚，芮国器司业晔招饮⑳，同集仲高兄、詹道子大著亢宗、张叔潜编修渊㉑。坐中，国器云："顷在广东作漕㉒，有提举茶盐石端义者㉓，性残忍，每捕官吏系狱，辄以石盐木枷枷之㉔，盖木之至坚重者。每曰：'木名石盐，天生此为我用也。'其后石坐罪㉕，竟荷校云㉖。"

二十七日。

二十八日，同仲高出閶门㉗，买小舟泛西湖，至长桥寺㉘。予不至临安八年矣，湖上园苑竹树皆老苍，高柳造天，僧寺益葺，而旧交多已散去，或贵不复相通，为之绝叹。

二十九日，沈持要检正枢招饮㉙，邂逅赵德庄少卿彦端。晚出涌金门，并湖绕城，至舟中。

三十日。

六月一日早，移舟出闸，几尽一日，始能出三闸㉚。船舫栉比。热甚，午后小雨，热不解。泊籴场前㉛。

二日，禺中解舟。乡仆来言，乡中闵雨㉜，村落家家车水。比连三年颇稔，今春父老言，占岁可忧㉝，不知终何如也。过赤岸班荆馆㉞，小休前亭。班荆者，北使宿顿及赐燕之地㉟，距临安三十六里。晚，急雨，颇凉。宿临平㊱，临平者，太师蔡京葬其父准于此㊲，以钱塘江为水，会稽山为案㊳，山形如骆驼，葬于驼之耳㊴，而筑塔于驼之峰。盖葬师云："驼负重则行远也。"然东坡先生乐府固已云："谁似临平山上塔，亭亭，迎客西来送客行。"则临平有塔亦久矣。当是蔡氏葬后增筑或迁之耳。京《责太子少保制》云"托祝圣而饰临平之山"是也㊵。夜半解舟。

三日黎明，至长河堰，亦小市也，鱼蟹甚富。午后，至秀州崇德县㊶，县令右从政郎吴道夫㊷、丞右承直郎李植㊸、监秀州都税务右从政郎章湜来㊹。旧闻戴子微云："崇德有市人吴隐㊺，忽弃家寓旅邸，终日默坐一室。室中惟一卧榻，客至，共坐榻上。或载酒过之，亦不拒，清谈竟日。隐初不学问，至是间与人言《易》数，皆造精微，亦能先知人吉凶寿夭，见者莫能测也。"因见吴令问之，云皆信然㊻，今徙居村落间矣。是晚行十八里，宿石门㊼，火云如山㊽，明日之热可知也。

四日，热甚，午后始稍有风。晚泊本觉寺前㊾。寺故神霄宫也㊿，废于兵火，建炎后再修，今犹甚草创。寺西庑有莲池十余亩，飞桥小亭，颇华洁。池中龟无数，闻人声，皆集，骈首仰视㊾，儿曹惊之不去。亭中有小碑，乃郭功甫元祐中所作《醉翁操》㊾，后自跋云："见子瞻所作未工㊾，故赋之。"亦可异也。

五日早，抵秀州，见通判权郡事右通直郎朱自求㊾、员外通判右承事郎直秘阁赵师夒㊾、方务德侍郎滋㊾。务德留饭。饭罢，还舟小憩，极热。谒樊自强主管、樊自牧教授、（广、抑，皆茂实吏部子㊾）闻人伯卿教授。（阜民，茂德删定子㊾）二樊居城外，居第颇壮，茂实晚岁所筑，尚未成也。隔水有小园，竹树修茂，荷池渺弥可喜㊾。池上有堂曰读书堂。游宝华尼寺，拜宣公祠堂㊾，有碑，缺坏磨灭之余，时时可读，苏州刺史于頔书㊾。大略言秘书监陆公齐望始作尼寺于此㊾，其后灞、沪、沣兄弟又新之㊾。后又有贤妹字意者㊾，陆氏尝有女子为尼云。然不言宣公所以有祠者。（家谱沣作澧，赖此证误，讳灞者则宣公之父也。）老尼妙济、大师法淳及其弟子居白留啜茶，且言方新祠堂也。移舟北门宣化亭，晚复过务德饭。

六日。右奉议郎通判荆南吕援来㊾，援字彦能。进士闻人纲来⑥，纲字伯纪，方务德馆客，自言识毛德昭。德昭名文，衢州江山县人⑥⑦，居于秀⑥⑧，予儿时从之甚久。德昭极苦学，中年不幸病盲而卒⑥⑨，无子。纲言：其盲后犹终日危坐⑦⑩，默诵六经⑦⑪，至数千言不已，可哀也。赴郡集于倅廨中⑦⑫。坐花月亭，有小碑，乃张先子野"云破月来花弄影"乐章⑦⑬，云得句于此亭也。晚赴方夷吾导之集于陈大光县丞家⑦⑭，二樊、吕倅皆在。大光字子充，莹中谏议孙⑦⑮，居第洁雅，末利花盛开⑦⑯。

七日早，遍辞诸人，赴方务德素饭。晚，移舟出城，泊禾兴馆前。馆亦颇闳壮，终日大雨不止，招姜医视家人及绹。

八日，雨霁，极凉如深秋。遇顺风，舟人始张帆。过合路，居人繁伙，卖鲊者尤众⑦⑦。道旁多军中牧马。运河水泛溢，高于近村地至数尺。两岸皆车出积水⑦⑧，妇人儿童竭作⑦⑨，亦或用牛。妇人足踏水车，手犹绩麻不置⑧⑩。过平望，遇大雨暴风，舟中尽湿。少顷，霁。止宿八尺，闻行舟有覆溺者。小舟叩舷卖鱼，颇贱。蚊如蜂虿⑧⑪，可畏。

九日，晴而风，舟人惩昨夕狼狈，不敢解舟，日高方行。自至崇德，行大泽中，至此，始望见震泽远山⑧⑫。午间，至吴江县⑧⑬。渡松江⑧⑭，风极静。癯庵竹树益茂，而主人死矣。知县右承议郎管鋭、尉右迪功郎周郲来。县治有石刻曾文清公《渔具图诗》⑧⑮，前知县事柳楫所刻也。《渔具》比《松陵倡和集》所载又增十事云⑧⑯。托周尉招医郑端诚，为统、绹诊脉，皆病暑也。市中卖鱼鲊颇珍。晚解舟中流，回望长桥层塔，烟波渺然，真若图画。宿尹桥，登桥观月。

十日，至平江⑧⑦，以疾不入。沿城过盘门⑧⑧，望武丘楼塔⑧⑨，正如吾乡宝林⑩,为之慨然。宿枫桥寺前⑪,唐人所谓"半夜钟声到客船"者⑫。

十一日五更,发枫桥,晓过许市,居人极多。至望亭小憩,自是夹河皆长冈高垄,多陆种菽粟,或灌木丛篠⑬,气象窘隘⑭,非枫桥以东比也。近无锡县⑮,始稍平旷。夜泊县驿。近邑有锡山⑯,出锡。汉末谶记云⑰:"有锡天下兵,无锡天下清。有锡天下争,无锡天下宁。"至今锡见辄揜之⑱,莫敢取者。

十二日早,谒喻子材郎中樗⑲。子材来谢,以两夫荷轿,不持胡床⑳,手自授谒云。知县右奉议郎吴澧来。晚行,夜四鼓,至常州城外㉑。

十三日早,入常州,泊荆溪馆㉒。夜月如昼,与家人步月驿外㉓。绚始小愈。

十四日早,见知州右朝奉大夫李安国、通判右朝奉郎蒋谊、员外倅左朝散郎张坚。坚,文定公纲之子㉔。教授左文林郎陈伯达、员外教授左从政郎沈瀛、司户右从政郎许伯虎来㉕。伯达字兼善,瀛字子寿,皆未识。子寿仍出近义一卷。伯虎字子威,余儿时笔砚之旧也㉖。至东岳庙观古桧㉗,数百年物也。又小憩崇胜寺纳凉,遂解舟。甲夜㉘,过奔牛闸。宋明帝遣沈怀明击孔觊,至奔牛筑垒㉙,即此也。闸水湍激,有声甚壮。遂抵吕城闸㉚。自祖宗以来,天下置堰军止四处㉛,而吕城及京口二闸在焉。

十五日早,过吕城闸,始见独辕小车。过陵口㉜,见大石兽偃仆道傍,已残缺,盖南朝陵墓。齐明帝时,王敬则反㉝,至陵口,恸哭而过是也。余顷尝至宋文帝陵,道路犹极广,石柱承露盘及麒麟、辟邪之类皆在㉞,柱上刻"太祖文皇帝之神道"八字㉟。又至梁文帝陵。文帝，武帝父也，亦有二辟邪尚存。其一为藤蔓所缠，若縶缚者⑯。然陵已不可识矣。其旁有皇业寺，盖史所谓皇基寺也，疑避唐讳所改。二陵皆在丹阳⑰，距县三十余里。郡士蒋元龙子云谓予曰："毛达可作守时，有卖黄金石榴、来禽者⑱，疑其盗，捕得之，果发梁陵所得。"夜抵丹阳，古所谓曲阿⑲，或曰云阳。谢康乐诗云⑳："朝日发云阳，落日到朱方㉑。"盖谓此也。

[注释]

①乾道五年：1169年。本年作者四十五岁。　②得报差通判夔州：接到朝命出任夔州通判。夔州治今重庆秭归，是内地自东入蜀的第一个州郡。通判，宋代州郡官名，位在知州之下，但负有监察知州及其他所属官员的职责。《宋史·职官志七》："宋初惩五代藩镇之弊，乾德初，下湖南，始置诸州通判，命刑部郎中贾玭等充。建隆四年，诏知府公事并须长吏、通判签议连书，方许行下。时大郡置二员。余置一员。州不及万户不置，武臣知州，小郡亦特置焉。其广南小州，有试秩通判兼知州者，职掌倅贰郡政，凡兵民、钱谷、户口、赋役、狱讼听断之事，可否裁决，与守臣通签书施行。所部官有善否及职事修废，得刺举以闻。"　③法云寺：在绍兴府山阴县西北。《嘉泰会稽志》卷七："法云寺，在（山阴）县西北八里。本名王舍城。……大中祥符中，改额法云。"　④决去：分别而去。　⑤柯桥馆：在法云寺旁。　⑥巳时：上午九时至十一时。钱清：河流名，又名小江、浦阳江。　⑦史丞相：高宗、孝宗时丞相史浩。乾道四年（1168）四月至六年（1170）六月任绍兴知府。　⑧萧山县：今浙江萧山。　⑨梦笔驿：《嘉泰会稽志》卷十三："萧山县东北一百三十步有江淹故宅，今为觉苑寺，寺前有梦笔驿，亦以文通得名。"　⑩江文通：南朝梁江淹，字文通。相传他当浦城县令时，一日漫步城外，歇宿时做了

个梦，梦见神人授他一支五彩神笔，自此文思如涌，遂成一代文章魁首，当时人称为"梦笔生花"。　⑪叶道卿：叶清臣，字道卿，苏州人，天圣二年（1024）进士。仁宗时翰林学士，宋祁、范仲淹等人都与他有所交往。《宋史》有传。　⑫沈睿达：沈辽，字睿达，钱塘（今浙江杭州）人，沈括从侄。为人无意功名，后经三司使吴充举荐官监内藏库。《宋史》有传。　⑬毗陵：江苏常州郡名。戚舜臣：仁宗时人，曾官尚书虞部郎中。曾巩《戚元鲁墓志铭》称戚元鲁的父亲即戚舜臣。　⑭前辈或谓之死水，过矣：前人说这幅画里的水画得死板，缺乏神趣，有些过分了。　⑮县丞权县事：谓纪旬原官萧山县丞，因新县令暂缺，故临时代理县令处理一县政务。权，临时代理。县丞，县里的副职。尉：县尉，县里的主要属官，掌治安、盗贼之事。　⑯西兴镇：《嘉泰会稽志》卷十二："西兴镇在（萧山）县西一十二里。"　⑰漕司：宋代路分中的转运使司。所假舟：所借的舟船。红亭税务：设在红亭的地方税务机构。　⑱叶梦锡侍郎衡：叶衡，字梦锡，南宋名臣。《宋史》有传。此时叶衡为户部侍郎。《宋史·叶衡传》："……除户部侍郎。"　⑲砚山：宋代士大夫暑月宴客，堆明矾于盘中，置席上以像冰雪，称为"砚山"。　⑳芮国器司业晔：芮晔，字国器，乌程（今浙江湖州）人，绍兴十八年（1148）进士。乾道五年（1169）除国子司业，不久升为国子祭酒。《宋史翼》卷十三有传。　㉑詹道子大著亢宗：著作郎詹亢宗（字道子）。张叔潜编修渊：编修官张渊（字叔潜）。大著，著作郎的美称。编修，国史院编修官的简称。　㉒顷在广东作漕：此芮烨自言前不久担任广南东路转运使（或副使、判官）。据《宋史翼·芮烨传》载，芮烨在广东时任官为广东提刑，而不是转运司官员，或是在任广东提刑时兼任转运司官。　㉓提举茶盐：全称为"广南东路提举常平茶盐公事"，即宋代常平官，为宋代路分四司之一，神宗熙宁间王安石变法时所设。石端义：此处可能有误。据本人编纂的

《宋代路分长官通考》，此人应该叫"石敦义"。《广东通志·提举常平题名》载，石敦义，隆兴元年（1163）任提举常平。《会要·选举》二三之一八"（隆兴）二年六月五日，广南东路提举常平茶事石敦义言"云云，指的就是此人。㉔石盐：树木名，产于我国南方，其质地坚实，不易为虫蛀蚀。苏轼《两桥》诗引："栖禅院僧希固筑进两岸，为飞楼九间，尽用石盐木，坚若铁石。"㉕其后石坐罪：后来石敦义犯了罪。㉖荷校：颈上戴枷。意思是说石敦义遭到报应，也被戴上了石盐木枷。㉗闇门：古代凿于城壁的秘密出入口，以备出兵袭敌。㉘长桥寺：故址在杭州涌金门内。《咸淳临安志》卷七六载，此寺是一座废寺。㉙沈持要检正枢：中书门下省检正诸房公事官沈枢。字持要，一作持正，湖州德清（今浙江德清）人，绍兴十五年（1145）进士。历官监察御史、提点福建路刑狱、福建转运使等。事迹散见于《福建通志》等书。㉚三闸：杭州水上的闸门。《咸淳临安志》卷三八："清湖上、中、下三闸，在余杭门外。"㉛籴场：临安场圃名。《咸淳临安志》卷三八："籴场在德胜桥东。"㉜闵雨：为没有雨水感到忧虑。㉝占岁：占卜一年吉凶。《史记·天官书》："夫自汉之为天数者，星则唐都，气则王朔，占岁则魏鲜。"这里指占卜年成丰歉。㉞赤岸班荆馆：临安府赤岸港旁边的馆舍，是专门接待外国使臣起居之所。《咸淳临安志》后注："班荆馆在赤岸港。《系年录》：'绍兴三年二月庚寅，诏以法惠寺为同文馆。'《梦粱录》载都亭驿在候潮门里泥路西侍从宅侧次，为馆伴外国使人之地也。"㉟北使：北方使者，特指金国遣来的使臣。宿顿及赐燕之地：歇息和赐宴的处所。㊱临平：临安镇名。《咸淳临安志》卷二〇："临平镇在（临安）府之东四十五里。"㊲太师蔡京葬其父准于此：宰相蔡京把他父亲蔡准安葬在这里。㊳以钱塘江为水，会稽山为案：古代选择葬地有一套专门的理论，讲究地势前后高低、有无山水。古人以葬地有山依靠为贵象，有水弯环为富象。案，墓地前形似香案的高地。 ㊴葬于驼之耳：葬在“骆驼”的耳部。 ㊵《责太子少保制》：蔡京被贬为太子少保的圣命。《宋大诏令集》卷二一二《蔡京降太子少保制》：“门下政事所寄，尤严误国之诛。人臣之奸，莫重欺君之罪。我有常宪，扬于大廷。具官蔡京，顷以时才，荐膺柄任。两冠台衡之峻，三登公衮之崇。庶图尔庸，以弼予治，而总秉众务，出入八年。事浸紊于复来，谋悉违于初议。擅作威福，妄兴事功。轻爵禄以市私恩，滥锡予以蠹邦用。□借恩戚，密布要途。援引凶邪，合成死党。”这是大观四年（1110）五月二十六日徽宗责降蔡京的圣旨。 ㊶秀州：治今浙江嘉兴。崇德县：治今浙江桐乡西南。

㊷右从政郎：宋代低级官阶名，分左、右。有资格担任县令。《宋史·职官志八》：“从政郎，旧司录事参军、县令。” ㊸右承直郎：宋代低级官阶名，分左、右。可担任州县属官。此处指崇德县丞。 ㊹监秀州都税务：管理秀州税务的主管官员，相当于今地方税务局局长。 ㊺市人：市井小民。 ㊻信然：的确如此。 ㊼石门：秀州地名。《至元嘉禾志》卷十三：“石门在（崇德）县北一十八里。越王垒石为门，以为限界之所。”

㊽火云如山：火烧云浓密得像大山一样。火烧云出现预示第二天天气炎热。 ㊾本觉寺：秀州寺名。《至元嘉禾志》卷十三：“三过堂在（嘉禾）县西二十七里本觉寺方丈之东偏。宋苏东坡与文长老游，三过于此。” ㊿神霄宫：全称神霄玉清万寿宫。徽宗崇尚道教，故政和中，诏诸路州郡皆建神霄宫。《皇宋通鉴长编纪事本末》卷一二七：“政和七年二月辛未，御笔：‘天下天宁万寿观改作神霄玉清万寿宫。如小州、军、监无道观，以僧寺充……仍于殿上设长生大帝君、青华帝君圣像。’” (51)骈（pián）首：头挨着头并排而视。 (52)郭功甫：北宋诗人郭祥正，字功父，一作功甫。安徽当涂人。仁宗皇祐五年（1053）进士。历官汀州通判等。所著有《青山集》三十卷。元祐中所作《醉翁操》：哲宗元祐年间作《醉

翁操》诗。《醉翁操》，乐府题名。 (53)见子瞻所作未工：谓郭祥正见到苏轼写的《醉翁操》，认为不甚工整。苏轼《醉翁操》原诗："琅然，清圆。谁弹，响空山。无言，惟翁醉中知其天。月明风露娟娟，人未眠。荷蒉过山前，曰有心也哉此贤。醉翁啸咏，声和流泉。醉翁去后，空有朝吟夜怨。山有时而童巅，水有时而回川。思翁无岁年，翁今为飞仙。此意在人间，试听徽外三两弦。"陆游认为郭祥正口气太大，所以说他"可异也"。 (54)通判权郡事：通判秀州、临时代理知州事。宋代前任知州离任后，会有一段时间新知州没有到位，由通判或主簿临时兼任。右通直郎：宋代文散官官阶名，正八品。 (55)员外通判：南宋时官多位少，有些官员无法正常安置，故以"员外"的名义添差安置。员外指正员以外临时充任的官员，待遇与员内相同，但一般不过问政务。右承事郎：宋代文散官官阶名。直秘阁：宋代三馆学士官名，属带职官。 (56)方务德侍郎滋：方滋，字务德，严州桐庐（今浙江桐庐）人，绍兴十年（1140）知秀州，历广东转运判官，知静江府、广州、福州、镇江府等。乾道改元，官刑部、户部侍郎。事迹见《南涧甲乙稿》卷二一《方公墓志铭》。 (57)广、抑，皆茂实吏部子：谓广、抑都是吏部郎官樊茂实的儿子。广即上言樊自强主管，自强为樊广的字；抑即上言樊自牧教授，自牧为樊抑的字。樊茂实，樊光远，字茂实，杭州人。历官监察御史、工部员外郎、知兴化军、福建提刑、知严州、吏部郎官等，孝宗隆兴二年（1164）卒。事迹见汪应辰《文定集》卷二二《吏部郎樊茂实墓志铭》。 (58)闻人伯卿教授（阜民，茂德删定子）：谓闻人阜民是删定官闻人茂德的儿子。伯卿是闻人阜民的字。闻人茂德，即闻人滋，南宋大儒，曾任敕令所删定官，与当时名公巨卿多有交往。周必大有《送闻人茂德删定归嘉禾》诗："七年束带趁朝参，共喜儒林得指南。经传注成头未白，公卿阅遍绶犹蓝。秋来去国怀张翰，此去论诗忆郑覃。别酒易阑情不尽，会凭清梦听清谈。"删定，宋代敕令所删定官的简称。 (59)渺弥可喜：水流旷远，十分可爱。 (60)宣公祠堂：唐代陆贽的祠堂。陆贽，字敬舆，嘉兴人。唐德宗即位后，由监察御史升为翰林学士。贞元八年（792）为中书侍郎、同平章事。十年，因户部侍郎裴延龄诬陷罢相。永贞元年（805）卒，谥为“宣”，世称陆宣公。新、旧《唐书》均有传。《至元嘉禾志》卷十六有《唐相陆宣公祠堂记》云：“晚节为相，经世之业出之，固有次第。……公之精蕴，列于乡论者旧矣，故于祠宇之成，诵所闻以质其中否焉。淳熙四年四月旦日，东莱吕祖谦记。” (61)苏州刺史于頔（dí）：于頔，字允元，河南洛阳人。唐德宗贞元七年（791）任湖州刺史。调任苏州刺史。在苏州时毁淫祠，拆庙宇，修街道，开沟洫，卓有政绩。后迁大理卿、陕虢观察使。新、旧《唐书》均有传。 (62)秘书监陆公齐望始作尼寺于此：谓唐代秘书监陆齐望曾在这里修建宝华尼寺。陆齐望是陆贽的曾祖父，官至秘书监。唐玄宗开元年间，陆齐望由吴县（今苏州）徙居嘉兴，子孙遂为嘉兴人。 (63)灞、浐、沣兄弟又新之：谓陆齐望的儿子陆灞、陆浐、陆沣又时有修补。陆灞为陆贽的祖父。 (64)贤妹字意者：贤惠的妹妹叫陆意的。 (65)右奉议郎：宋代文散官官阶名，分左右。通判荆南：新任荆南府通判。荆南府治所在今湖北江陵。 (66)进士：此处指考中贡士尚未取得进士资格的人。因这种人离真正意义上的进士只有一步之遥，故尊称其为进士。也叫乡贡进士。 (67)衢州：治今浙江衢州。江山县：今衢州江山。 (68)居于秀：客居秀州。 (69)病盲而卒：因患目盲病而死。 (70)危坐：恭谨端直地坐着。 (71)六经：古代《诗经》《尚书》《礼记》《周易》《乐记》《春秋》的合称。 (72)赴郡集于倅廨（cuìxiè）：到通判厅赴全郡官员大宴的聚会。倅廨，州通判的办公衙署。 (73)张先子野“云破月来花弄影”乐章：张先《天仙子·时为嘉禾小倅以病眠不赴府会》：“《水调》数声持酒听，午醉醒来愁未醒。送春春去几时回？临晚镜，伤流景，往事后期空记省。 沙上并禽池上暝，云破月来花弄影。重重帘幕密遮灯，风不定，人初静，明日落红应满径。"张先，字子野，乌程（今浙江湖州）人。天圣八年（1030）进士。历永兴军通判，知渝州、虢州。英宗治平元年（1064）致仕，元丰元年（1078）卒，年八十九。是北宋著名词人。　⑭晚赴方夷吾导之集于陈大光县丞家：谓晚间承方导之（字夷吾）之请，宴于无锡县丞陈大光家。　⑮莹中谏议：北宋后期左司谏陈瓘。《宋史·陈瓘传》："陈瓘，字莹中，南剑州沙县人。……通判沧州，知卫州。徽宗即位，召为右正言，迁左司谏。"　⑯末利花：即"茉莉花"。　⑰卖鲊（zhà）者尤众：卖鲊鱼的商贩很多。鲊，用盐和红曲腌制的鱼。　⑱车出积水：两岸的车都行进在积水之中。　⑲妇人儿童竭作：妇女儿童一齐上阵。　⑳绩麻不置：手中搓麻不停。　㉑蜂虿（chài）：蜂和虿，都是长有毒刺的螫虫。《国语·晋语九》："蝮蚁蜂虿，皆能害人。"　㉒震泽：即今江苏太湖。　㉓吴江县：苏州属县名，在今江苏吴江。　㉔松江：吴江城南连接太湖的吴淞江。　㉕县治：县衙。曾文清公：南宋初名臣曾几，字吉甫，自号茶山居士。南宋诗人。历官提举湖北茶盐，广西运判，江西、浙西提刑。又知台州。绍兴二十七年（1157）授秘书少监，擢权礼部侍郎。以老请谢，提举洪州玉隆观。乾道二年（1166）卒，年八十二，谥文清。《宋史》有传。　㉖《松陵倡和集》：唐人陆龟蒙所编、记录他与皮日休唱和的一部诗歌总集。增十事：增添了十件渔具。　㉗平江：今江苏苏州。　㉘盘门：苏州城内门名。范成大《吴郡志》卷三："盘门，《吴地记》云：'吴尝名蟠门。'刻木作蟠龙以镇此。"　㉙武丘：即"虎丘"，苏州地名。《吴郡志》卷三九："吴王阖庐墓在虎丘山剑池下。……池广六十步，黄金珠玉为凫雁，扁诸之剑、鱼肠之干在焉。葬之三日，金精上扬为白虎据坟，故曰虎丘。"　㉚吾乡：我的家乡。指绍兴山阴。宝林：宝林寺，故址在今浙江绍兴。《嘉泰会稽志》卷七："报恩光孝禅寺在府南二里二百二十二步。宋元徽元年，制《法华经》《维摩经疏》，僧遗教等与法师惠基于宝林山下建宝林寺。"　㉑枫桥寺：苏州郭外寺名。《吴郡志》卷二三："普明禅院即枫桥寺也，在吴县西十里，旧枫桥妙利普明塔院也。"　㉒唐人所谓"半夜钟声到客船"者：即唐代张继《枫桥夜泊》诗："月落乌啼霜满天，江枫渔火对愁眠。姑苏城外寒山寺，夜半钟声到客船。"　㉓丛篠（xiǎo）：茂密的小竹林。　㉔窘隘：窄小。　㉕无锡：宋县名，属常州，在今江苏无锡。　㉖近邑有锡山：近城之处有座锡山。《无锡县志》卷二："锡山，去州西七里开元乡，在惠山之东，本惠山之脉也。惠山至是中断，伏而为山冈，缺半里许，复起为锡山。至锡山而山脉始绝。"　㉗汉末谶（chèn）记：东汉末年，谶纬之风甚盛。谶是指儒家编造的预示吉凶的隐语，纬是汉代附会儒家经义衍生出来的一类书。谶纬之学就是对未来的一些政治预言。　㉘至今见锡辄掩（yǎn）之：谓郡人只要见到锡就将其掩埋起来。掩，同"掩"。　㉙喻子材郎中樗：《宋史·喻樗传》："喻樗，字子才，其先南昌人。……少慕伊、洛之学，中建炎三年进士第。……知舒州怀宁县，通判衡州，已而致仕。桧死，复起为大宗正丞，转工部员外郎，出知蕲州。孝宗即位，用为提举浙东常平，以治绩闻。淳熙七年卒。"此言"郎中"有误，当是"员外郎"。　㉚两夫荷轿，不持胡床：两个役夫抬着轿子，没有备设胡床。胡床，古代供人仰靠的一种坐具。　㉛常州：治今江苏常州。　㉜荆溪馆：常州馆舍名。《咸淳毗陵志》卷五："荆溪馆，旧名毗陵驿，在天禧桥东。枕漕渠以通荆溪，故名。"　㉝月驿：荆溪馆附近的驿舍名。《咸淳毗陵志》卷五："南唐徐铉尝有'驿桥风月'之句。"月驿得名于此。　㉞文定公纲：张纲，字彦正，润州丹阳（今属江苏）人。徽宗时为校书郎。高宗绍兴间，历官两浙提刑、江东提刑、中书舍人、给事中。秦桧死后，召为吏部侍郎兼侍读，知婺州，致仕卒，年八十四。谥文定。《宋史》有传。　㉟司户：司户参军的简称，宋代州县属官名，掌户籍、赋税、仓库交纳等事。　⑯余儿时笔砚之旧：自己少年时的同学。　⑰东岳庙：江苏宜兴庙名。《咸淳毗陵志》卷十四："东岳行庙在县东荆溪北。"　⑱甲夜：初更时分。北齐颜之推《颜氏家训·书证》："汉魏以来，谓为甲夜、乙夜、丙夜、丁夜、戊夜；又云鼓，一鼓、二鼓、三鼓、四鼓、五鼓；亦云一更、二更、三更、四更、五更，皆以五为节。"　⑲宋明帝遣沈怀明击孔觊：《至顺镇江志》卷二："（南朝）宋泰始二年，庾业至长塘河，即与义兴太守刘延熙令于湖口夹岸筑城。制遣沈怀明等东讨，以督护任农夫助之，自延陵出长塘湖，力战大破业，遂弃城走。"至奔牛筑垒：到奔牛堰修筑城垒。⑩吕城闸：丹阳古水闸名。《至顺镇江志》卷二："吕城堰在丹阳县东南五十四里。淳化元年二月，诏废润州之京口、吕城；常州之望亭、奔牛四堰。……元祐中复堰，置（吕城）闸。"　⑪置堰军止四处：设置守卫闸堰的军队只有四处。参上条注。　⑫陵口：地名，在今江苏丹阳市东南。⑬齐明帝时，王敬则反：南朝齐明帝时，王敬则反叛朝廷。王敬则，南朝射阳（今江苏宝应）人，以武艺受到宋前废帝青睐，后参与杀宋后废帝。齐武帝时位至司空。齐明帝疑忌旧臣，王敬则惧怕祸及自身，于是举兵造反，兵败被杀。　⑭石柱：古代帝王陵墓正前方所矗的石柱。承露盘：又叫仙人承露盘，始于汉武帝。其形状为一个扁平的盘子，金属铸成，称其可以承接甘露。麒麟：传说中瑞兽名，多用于贵族墓道两旁。辟邪：传说中一种形似狮而有翼的神兽，亦多置于贵族墓道两旁。　⑮神道：墓道。古人以为乃神行之道。《后汉书·中山简王焉传》："大为修冢茔，开神道。"李贤注："墓前开道，建石柱以为标，谓之神道。"　⑯若縶缚者：好像紧紧拴缚着的样子。　⑰二陵皆在丹阳：梁武帝、梁文帝两座陵墓都在丹阳。丹阳，今江苏丹阳。　⑱毛达可作守时，有卖黄金石榴、来禽者：毛友任润州（即后来的镇江府）知州时，有私卖黄金制成的石榴、沙果的贼。据本人编撰的《宋两浙路郡守年表》，毛友宣和二年至三年（1120～1121年）任润州知州。《浙江通志》卷一七一："毛友，字达可，西安人。崇宁间守镇江。"此处有误，毛友知镇江在宣和而不是崇宁。《宋史翼》有传。来禽，即沙果，又叫花红、林檎、文林。古人称此果味甘，果林能招众禽，故名。 ⑲曲阿：江苏丹阳的古称，战国时为云阳邑，秦改为云阳县，又改为曲阿县。 ⑳谢康乐：南朝宋文学家谢灵运。祖籍陈郡阳夏（今河南太康），生于会稽始宁（今浙江绍兴上虞区），东晋名将谢玄之孙。世袭为康乐公，世称谢康乐。 ㉑朱方：春秋时吴国地名，在今江苏丹徒东南。《史记·吴太伯世家》："吴予庆封朱方之县，以为奉邑。"裴骃集解引《吴地记》："朱方，秦改曰丹徒。"

十六日早，发丹阳，汲玉乳井水①。井在道旁观音寺，名列《水品》②，色类牛乳，甘冷熨齿。井额陈文忠公所作③，堆玉八分也④。寺前又有练光亭，下瞰练湖⑤，亦佳境，距官道甚近，然过客罕至。是日，见夜合花方开⑥。故山开过已月余⑦，气候不齐如此。过夹冈，有二石人植立冈上，俗谓之石翁石媪，其实亦古陵墓前物。自京口抵钱塘⑧，梁、陈以前不通漕⑨，至隋炀帝始凿渠八百里，皆阔十丈。夹冈如连山，盖当时所积之土。朝廷所以能驻跸钱塘，以有此渠耳。汴与此渠，皆假手隋氏，而为吾宋之利，岂亦有数邪？过新丰⑩，小憩。李太白诗云："南国新丰酒，东山小妓歌⑪。"又唐人诗云："再入新丰市，犹闻旧酒香⑫。"皆谓此，非长安之新丰也⑬。然长安之新丰亦有名酒，见王摩诘诗⑭。至今居民市肆颇盛。夜抵镇江城外⑮。是日立秋。

十七日平旦，入镇江，泊船西驿。见知府、右朝散郎、直秘阁蔡洸子平⑯，都统、庆远军节度使成闵⑰，通判、右朝奉大夫章汶，右朝奉郎陶之真⑱，府学教授、左文林郎熊克⑲，总领司干办公事、右承奉郎史弥正端叔⑳。

十八日，右奉议郎、签书节度判官厅公事葛郇㉑，观察推官、右文林郎徐务滋㉒，司户参军、左迪功郎杨冲㉓，焦山长老定圜㉔，甘露长老化昭来㉕。

十九日，金山长老宝印来㉖，字坦叔，嘉州人㉗。言自峡州以西㉘，滩不可胜计，白傅诗所谓“白狗到黄牛，滩如竹节稠”是也㉙。赴蔡守饭于丹阳楼。热特甚，堆冰满坐，了无凉意。蔡自点茶㉚，颇工，而茶殊下㉛。同坐熊教授，建宁人，云：“建茶旧杂以米粉㉜，复更以薯蓣㉝，两年来，又更以楮芽㉞，与茶味颇相入，且多乳，惟过梅则无复气味矣㉟。非精识者，未易察也。”申后㊱，移舟出三闸㊲，至潮闸而止。

二十日，迁入嘉州王知义船㊳，微雨，极凉。

二十一日。

二十二日，郡集卫公堂后圃㊴。比旧唯增染香亭。饮半，登寿丘普照寺终宴㊵。寿丘者，宋高祖宅，有故井尚存。寺本名延庆，隆兴中复泗州㊶，有普照寺僧奉僧伽像来归㊷，寓焉㊸，因赐名普照寺，侨置僧伽道场㊹。东望京山㊺，连亘抱合，势如缭墙㊻，官寺楼观如画，西阚大江㊼，气象极雄伟也。

二十三日，至甘露寺，饭僧。甘露盖北固山也㊽。有狠石，世传以为汉昭烈、吴大帝尝据此石共谋曹氏㊾。石亡已久，寺僧辄取一石充数，游客摩挲太息，僧及童子辈往往窃笑也。拜李文饶祠㊿。登多景楼(51)。楼亦非故址，主僧化昭所筑，下临大江，淮南草木可数，登览之胜，实过于旧。邂逅左迪功郎、新太平州教授徐容[52]。容字子公，泉州人。此山多峭崖如削，然皆土也，国史以为石壁峭绝，误矣。

二十四日。

二十五日早，以一豨、壶酒谒英灵助顺王祠[53]，所谓下元水府也[54]。祠属金山寺，寺常以二僧守之，无他祝史[55]。然榜云"赛祭猪头，例归本庙"，观者无不笑。初，绍兴末，完颜亮入寇[56]，枢密叶公审言督视大军守江[57]，祷于水府祠，请事平奏加帝号[58]。既而不果[59]。隆兴中[60]，虏再入[61]，有近臣申言之，议者谓四渎止封王[62]，水府不应在四渎上，乃但加美称而已。庙中遇武人王秀，自言博州人[63]，年五十一，完颜亮寇边时，自河朔从义军[64]，攻下大名[65]，以待王师，既归期不见录[66]，且自言孤远，无路自通[67]，歔欷不已。是晚，欲出江，舟人辞以潮不应，遂宿江口。

二十六日，五鼓发船。是日，舟人始伐鼓。遂游金山，登玉鉴堂、妙高台[68]，皆穷极壮丽，非昔比。玉鉴，盖取苏仪甫诗云[69]："僧于玉鉴光中坐，客蹋金鳌背上行。"仪甫果终于翰苑[70]，当时以为诗谶[71]。新作寺门亦甚雄，翟耆年伯寿篆额[72]，然门乃不可泊舟。凡至寺中者，皆由雄跨阁[73]。长老宝印言："旧额，仁宗皇帝御飞白[74]，张之则风波汹涌，蛟鼍出没[75]，遂藏之寺阁，今不复存矣。"印住山近十年，兴造皆其力。寺有两塔，木曾子宣丞相用西府俸所建[76]，以荐其先者[77]。政和中[78]，寺为神霄宫，道士乃去塔上相轮而屋之[79]，谓之郁罗霄台。至是五十余年，印始复为塔，且增饰之，工尚未毕，山绝顶有吞海亭，取气吞巨海之意，登望尤胜。每北使来聘[80]，例延至此亭烹茶。金山与焦山相望，皆名蓝[81]，每争雄长㉜。焦山旧有吸江亭㉝,最为佳处,故此名"吞海"以胜之,可笑也。夜,风水薄船,鞺鞳有声㉞。

二十七日,留金山,极凉冷。印老言蜀中梁山军鹭鸶为天下第一㉟。

二十八日夙兴㊱,观日出江中,天水皆赤,真伟观也。因登雄跨阁,观二岛。左曰鹘山㊲,旧传有栖鹘,今无有。右曰云根岛,皆特起不附山㊳,俗谓之郭璞墓㊴。奉使金国起居郎范至能至山㊵,遣人相招食于玉鉴堂。至能名成大,圣政所同官㊶,相别八年,今借资政殿大学士、提举万寿观、侍读为金国祈请使云㊷。午间过瓜洲㊸,江平如镜。舟中望金山,楼观重复,尤为巨丽。中流风雷大作,电影腾掣,止在江面㊹,去舟财丈余㊺,急系缆。俄而开霁,遂至瓜洲。自到京口无蚊,是夜蚊多,始复设㡉㊻。

二十九日,泊瓜洲,天气澄爽。南望京口月观㊼、甘露寺、水府庙,皆至近。金山尤近,可辨人眉目也㊽。然江不可横绝㊾,放舟稍西,乃能达,故渡者皆迟回久之㊿。舟人以帆弊,往姑苏买帆,是日方至[101]。两日间,阅往来渡者无虑千人[102],大抵多军人也。夜,观金山塔灯。

[注释]

①玉乳井:又名玉乳泉,在丹阳城北观音山下。《至顺镇江志》卷六:"玉乳泉在丹阳县观音山废寺中。" ②名列《水品》:其名列在《水品》之中。意思是说这里的水十分有名。《至顺镇江志》卷六:"(玉乳井)水品为第四,或以为第十一。唐张又新《水记》以丹阳井第四,李秀卿以为第十一。" ③井额:井旁的题名。陈文忠公:北宋名臣陈尧

佐。《至顺镇江志》卷六："井上有'玉乳泉'三字，乃陈尧佐隶书。"陈尧佐，字希元，阆州阆中（今属南充）人，左谏议大夫陈省华次子、枢密使陈尧叟之弟、天雄军节度使陈尧咨之兄。端拱元年（988）进士。历翰林学士、枢密副使、参知政事。景祐四年（1037）拜相。庆历四年（1044）去世，谥"文惠"。　④堆玉八分：当作"堆墨八分"。谓其字体肥大，如同用墨堆砌而成。宋董更《书录》卷中："《类苑》云：'陈文惠公善八分书，变古之法，自成一家。虽点画肥重，而笔力劲健。能为方丈大字，谓之堆墨八分。凡天下名山胜处，碑刻题榜，多公亲迹。世或效之而莫能及也。'"八分，八分书的简称，隶书之一种。因其字的左右撇捺尽量向两边延伸，如同八字，故名。　⑤练湖：丹阳境内的湖泊名。《嘉定镇江志》卷六："练湖在（丹阳）县北百二十步。"　⑥夜合花：又名夜香木兰，常绿灌木或小乔木，高二至四米，树皮灰色，小枝绿色。花圆球形，直径三四厘米，花片肉质，倒卵形。　⑦故山开过已月余：这种花在家乡山阴已经开过一个多月了。　⑧自京口抵钱塘：从镇江到杭州。京口，镇江的古称。　⑨梁、陈以前不通漕：梁、陈以前不通水路。梁，南朝第三个王朝，武帝萧衍缔建，都城在建康（今江苏南京），历四帝五十六年。陈，南朝第四个王朝，陈霸先所建，都城也在建康，控制湖北江陵以东、长江以南广大地区。　⑩新丰：古丹阳地名。《嘉定镇江志》卷六："新丰塘在（丹阳）城东南三十五里。"新丰市镇即在新丰湖旁。⑪南国新丰酒，东山小妓歌：李白《出妓金陵子呈卢六》诗："南国新丰酒，东山小妓歌。对君君不乐，花月奈愁何？"　⑫唐人诗云："再入新丰市，犹闻旧酒香"：唐陈存《丹阳作》原诗："暂入新丰市，犹闻旧酒香。抱琴沽一醉，尽日卧垂杨。"　⑬长安之新丰：汉初，刘邦之父刘煓到长安后，思念家乡故老，于是刘邦便在长安城东南秦骊邑基础上为其修建宫邸，并置新丰县。故址在今西安临潼区新丰镇西南五里沙河村。

入蜀记 | 255

⑭王摩诘：唐代诗人王维。其原诗《杂曲歌辞·少年行》："新丰美酒斗十千，咸阳游侠多少年。相逢意气为君饮，系马高楼垂柳边。" ⑮镇江：今江苏镇江。 ⑯知府、右朝散郎、直秘阁蔡洸子平：右朝散郎、直秘阁、知镇江府蔡洸，字子平。《嘉定镇江志》卷十五："蔡洸，端明殿学士襄之孙。乾道庚寅三月，以户部郎官总饷淮东。才数日，会复置大漕总司之，在京口者省之，就命为守。寻加直秘阁。明年总司复旧，兼摄。五月，除司农少卿，再领兵饷。又明年，升正卿。" ⑰都统、庆远军节度使成闵：镇江都统制、庆远军节度使成闵。《嘉定镇江志》卷十五："成闵，庆远军节度使、主管侍卫马军、京西河北等路制置招讨使。召拜太尉，为殿帅。"此人在绍兴年间一直在军中供职。 ⑱通判、右朝奉大夫章汶，右朝奉郎陶之真：宋代大郡有时会设两个通判。此时镇江府便是如此。据《嘉定镇江志·北厅壁记》，章汶以右朝奉郎任镇江通判，或是在任时有所升迁。同书《南厅壁记》载，陶之真以朝散郎，乾道六年（1170）任镇江通判。同书又载此人绍兴二十六年（1156）时曾任丹阳县令。 ⑲府学教授：镇江府学教授。左文林郎：宋代文散官官阶名。熊克：《宋史·熊克传》载，熊克，字子复，建宁建阳人。绍兴中进士第，知绍兴府诸暨县。入为提辖文思院。除起居郎兼直学士院，以言者论出知台州，奉祠。熊克博闻强记，尤淹习宋朝典故，有问者酬对如响。家素俭约，虽贵不改，旧所居卑陋，门不容辙，虽部使者、郡守至，必降车乃入。人称其清介。 ⑳总领司：南宋前期朝廷设置的直属部门名，主要为应对战争环境下军队的钱粮供给，主官称为"总领"。《宋史·职官志七》："总领四人，掌措置移运应办诸军钱粮……朝廷科拨州军上供钱米，则以时拘催，岁较诸州所纳之盈亏，以闻于上而赏罚之。初，建炎间，张浚出使川陕，用赵开总领四川财赋，置所系衔，总领名官自此始。其后大军在江上，间遣版曹或太府、司农卿少卿调其钱粮，皆以'总领'为名。

绍兴十一年，收诸帅之兵改为御前军，分屯诸处，乃置三总领，以朝臣为之，仍带专一报发御前军马文字。盖又使之预闻军政，不独职饷馈而已。其序位在转运副使之上。镇江诸军钱粮，淮东总领掌之；鄂州、荆南、江州诸军钱粮，湖广总领掌之；建康、池州诸军钱粮，淮西总领掌之。"此处的"总领司"，指的就是淮东总领司。干办公事：类似于今办公厅主任。史弥正端叔：史弥正，字端叔，高宗朝宰相史浩次子、宁宗朝宰相史弥远之兄。史弥正以荫入仕，历浙东提刑、知台州等职。㉑签书节度判官厅公事：宋代帅府主要属僚名，位在通判之下、诸曹之上，类似于今之办公厅主任或秘书处主任。㉒观察推官：宋代帅府属官名。《宋史·职官志六》："时置帅在镇江府……通判二员，签书节度判官厅公事、节度推官、观察推官、观察判官、录事参军、左司理参军、右司理参军、司户参军、司法参军各一员。"右文林郎：宋代文散官低级官阶名。㉓司户参军：宋代州郡属僚名，又名户曹参军。《宋史·职官志七》："户曹参军掌户籍赋税、仓库受纳。"左迪功郎：宋代文散官最低一级阶官。㉔焦山长老定圜：焦山普济院住持高僧定圜。焦山，镇江对面长江中的岛屿。《嘉定镇江志》卷六："焦山在江中，去城九里，旁有海门二山。金、焦相望，凡十五里。"㉕甘露长老化昭：甘露寺住持高僧化昭。甘露，甘露寺，镇江寺名。《嘉定镇江志》卷八："甘露寺在北固山，唐宝历中李德裕建，以资穆宗冥福。时甘露降此山，因名。"㉖金山长老宝印：金山寺住持高僧宝印。金山，镇江对面长江中的岛屿。《嘉定镇江志》卷六："金山在江中，去城七里。"㉗嘉州：治今四川乐山。㉘峡州：今湖北宜昌。㉙白傅诗所谓"白狗到黄牛，滩如竹节稠"：白居易《发白狗峡次黄牛峡登高寺却望忠州》诗："白狗次黄牛，滩如竹节稠。路穿天地险，人续古今愁。忽见千花塔，因停一叶舟。畏途常迫促，静境暂淹留。巴曲春全尽，巫阳雨半收。北归虽引领，南望亦回头。昔去悲殊俗，今来念旧游。别僧山北寺，抛竹水西楼。郡树花如雪，军厨酒似油。时时大开口，自笑忆忠州。"　㉚蔡自点茶：知府蔡洸亲自点茶。宋人点茶法：将茶叶末放在茶瓯中，注入少量沸水调成糊状，再注入沸水，或者直接向茶瓯中注入沸水，再用茶筅搅动，使茶末上浮，形成粥面。　㉛茶殊下：意谓茶叶末多数沉了底。　㉜建茶旧杂以米粉：福建茶过去是掺入米粉制成。宋朝人最看重福建茶。　㉝更以薯蓣（yù）：后来把米粉替换为薯蓣粉。薯蓣即今所谓山药，不是红薯。　㉞又更以楮（chǔ）芽：再往后又把薯蓣粉换成了楮树的嫩芽。楮，落叶乔木，叶似桑，树皮是制造桑皮纸的原料。楮皮、楮叶和楮实等均可入药。　㉟过梅则无复气味：过了梅雨季节就没有原本的香味了。　㊱申后：下午五点以后。申，古指下午三点到五点这段时间。　㊲三闸：镇江水路出城进入长江的三个闸门。《嘉定镇江志》卷六："京口闸距江里许，又南为腰闸，又东为下、中、上三闸。下闸在转般仓东，中闸在大军北仓后，上闸在程公桥团楼北。"　㊳迁入嘉州王知义船：换乘蜀中嘉州来的王知义所驾的船上。　㊴郡集卫公堂后囿：全郡官员集合在李德裕祠堂后面的园林中。大致相当于今言全府大宴会。　㊵寿丘普照寺：《至顺镇江志》卷六："普照寺在寿丘山颠，宋高祖故宅也。至陈立寺，名慈和。宋号为延庆寺之上方。先是，泗州有僧伽塔，绍兴中寓建塔院于此，以奉僧伽像，名曰普照。"终宴：为客人饯别的宴会。寿丘乃是南朝宋高祖刘裕的旧宅。刘裕，字德舆，小名寄奴。祖籍彭城（在今江苏徐州），生于丹徒县京口（今江苏镇江），两晋南北朝时期杰出的政治家、军事家，南朝宋开国皇帝。永初三年（422），刘裕准备出征北魏，尚未出兵而病逝，享年五十九岁。庙号高祖，谥号武皇帝。《嘉定镇江志》卷六："寿丘山在城中，宋武帝潜龙旧宅基也。后封今名。"　㊶隆兴中复泗州：孝宗隆兴年间宋朝收复泗州。《宋史·孝宗本纪一》："（隆兴元年五月）金知泗州蒲察徒穆及同知泗州大周仁降。"泗州，治今江苏盱眙。　㊷普照寺僧奉僧伽像来归：泗州普照寺的僧人带着僧伽画像逃到镇江。当时泗州处在宋、金争夺状态，虽然金人暂时投降，但金国发誓一定要夺回泗州。在这样的情况下，普照寺僧人们认为此地太不安全，决定护送僧伽像南逃。泗洲僧伽大士从碎叶国游方到西凉地区，后继续东行，在洛阳驻锡。大士最初被安置在楚州（治今江苏淮安）龙兴寺。唐中宗李显特地为他度脱了慧俨、慧岸、木叉三人为随身侍者，并亲笔为其所居寺院题写了"普光王"三大字庙额。睿宗李旦景云二年（711），僧伽大士圆寂，睿宗敕命将其全身归于泗州普光王寺，塑身建塔。此人是唐代最著名的高僧，所以泗州僧人认为有义务保护僧伽大士的画像。　㊸寓焉：临时寓居在此寺。　㊹侨置僧伽道场：意谓在镇江普照寺又建了一座临时道场供奉僧伽大士。　㊺京山：京岘山的省称。镇江山名。《嘉定镇江志》卷六："京岘山在府治东五里。《润州类集》云：'州谓之京。镇京口者因此山。'《太平寰宇记》：'梁武帝望京岘山盘纡似龙，掘其左右为龙目二湖。'"　㊻势如缭墙：其势如同环绕高墙一般。　㊼西阚（kàn）大江：向西俯瞰长江。阚，通"瞰"。　㊽甘露：甘露寺。北固山：镇江山名。《嘉定镇江志》卷六："北固山即今府治与甘露寺是。唐《元和郡县图志》：'山在（丹阳）县北一里。下临长江，其势险固，因以为名。'"　㊾狠石：甘露寺里的一块巨石。《至顺镇江志》卷十九："（甘露）寺有石似羊，相传谓之狠石。诸葛孔明坐其上，与孙仲谋论曹公。《蔡宽夫诗话》云：'润州甘露寺有块石，状若伏羊，形制略具，号狠石。相传孙权尝据其上，与刘备论曹公。'"汉昭烈：三国蜀汉第一代皇帝刘备，谥号昭烈皇帝，庙号烈祖，后遂称为昭烈皇帝。吴大帝：三国吴大帝孙权。　㊿李文饶祠：唐代名相李德裕的祠堂。李德裕，字文饶，历任监察御史、翰林学士、浙西观察使、中书侍郎、淮南节度使等职。仕宪宗、穆宗、敬宗、文宗四朝，一度入相，因党争倾轧又多次被排挤出京。 (51)多景楼：镇江北固山上的名楼。《嘉定镇江志》卷十一：“丹徒县多景楼在甘露寺，天下之殊景也。……登者以为尽得江山之胜，盖东瞰海门，西望浮玉，江流萦带，海潮腾迅，而惟扬城堞、浮图陈于几席之外，断山零落，出没于烟云杳霭之间。至天清日明，一目万里。……京口气象雄伟，殆甲东南，北固濒江而山耸峙斗绝，在京口为最胜。而今之建楼之地，又为北固胜处。” (52)邂逅：意外相遇。左迪功郎：宋代文散官官阶名，分左、右。新太平州教授：新任太平州州学教授。太平州，治今安徽当涂。 (53)以一豨（xī）、壶酒谒英灵助顺王祠：用一只猪头、一壶酒拜谒英灵助顺王祠。豨，猪。此处代指猪头肉。助顺王祠，供奉福建女子林氏的祠庙。《至顺镇江志》卷七载，此女能保佑旅人及舟船水行安全：“林氏生于莆之海上湄洲。洲之土皆紫色，咸曰必出异人。御灾患，有功德于民，宜秩典祀。而地之相去，则有疑焉。或曰：妃龙种也。龙之出入窈冥，无所不寓，神灵亦无所不至。今祠更诸爽垲，北濒江淮。……累加封灵惠助顺嘉应英烈圣妃。” (54)下元水府：镇江庙名，为祭奠江水的神庙。《至顺镇江志》卷七：“下元水府庙在还京门外，宋祥符初赐额曰显济，旧在金山，元丰中，僧了元移于此。建炎庙焚，大帅刘光世重创。绍兴丁卯，都统制王胜重修，延平黄俞为记。其略曰：上、中、下三水府，上居江州马当，中居太平州采石，下居润州金山。江南保大中，各加王封。至大中祥符二年九月，始易去伪号，赐庙额，封王爵。下府额曰显济，爵曰昭信泰江王。载在祀典。国家岁时遣中使到山，陈设醮筵，投金龙玉简。” (55)祝史：主管祭祀的庙官。 (56)绍兴末，完颜亮入寇：高宗绍兴末年，金主完颜亮调发重兵，企图一举消灭南宋，形势万分危急。然当时金国很多将帅并不希望继续打仗，于是在完颜亮准备渡江南下的前一天将其杀死，金人宣布退兵，战争没打响便结束了。 (57)枢密叶公审言：叶义问，字审言，严州寿昌（今属浙江建德）人，高宗建炎初进士。绍兴末年,由吏部侍郎兼侍读拜同知枢密院事。督视大军守江:指孝宗派遣叶义问到前线督军。《宋史·叶义问传》:"上(孝宗)闻金有犯边意,遣义问奉使觇之,还奏:'彼造舟船,备器械,其用心必有所在,宜屯驻沿海要害备之。'金主亮果南侵。命视师。" ㉘请事平奏加帝号:奏请金人退师战事平息后为水府神灵加封帝号。意即为水府神加号为水府帝。 ㉙不果:没有实现。 ㉚隆兴:孝宗第一个年号,1163至1164年,共两年。 ㉛虏再入:金兵再次入侵宋朝。此次金兵南侵,起因是金人要求宋朝归还绍兴末年占领的淮南几个州郡。孝宗不与,故两国遂起兵端。初时宋朝打了几场胜仗,前面提到的收复泗州就是其中之一。 ㉜四渎止封王:意谓四渎之神才仅封王爵(水府神比四渎还低,怎么能超越它们而封帝号呢)。四渎(dú),古代对四条独流入海之水的称呼,即长江、黄河、淮河、济水。 ㉝博州:治今山东聊城。靖康后沦入金国。 ㉞自河朔从义军:从河北一带参加义军。义军,指敌占区百姓自发组成的抗金军队。 ㉟大名:大名府,为河北路安抚使司所在地,治今河北大名县,建炎后沦入金国。 ㊱既归期不见录:回归南宋后没有得到应有的录用。意思是说南宋朝廷没有承认他抗金战功,故未对他加以擢用。 ㊲自言孤远,无路自通:自称来自北方远地,这里没有得力的人引荐帮助。 ㊳妙高台:在金山上。《嘉定镇江志》卷六:"妙高台,元祐初主僧了元所立。翰林学士苏轼有诗。" ㊴苏仪甫:苏绅,字仪甫,福建泉州人。历通判洪州、扬州,为开封府推官、三司盐铁判官。进史馆修撰,擢知制诰,入翰林为学士,再迁尚书礼部郎中。知扬州,复为翰林学士、权判尚书省。苏绅汲汲于进取,喜中伤他人。曾陷害大将王德用,称王德用貌类太祖,日后必有不祥。仁宗对他甚为反感,出其知河阳,徙河中府。未行感疾,为医者用药所误而卒。《宋史》有传。 ㊵仪甫果终于翰苑:意谓苏绅果然官止于翰林学士(没能继续升迁)。 ㊶诗谶(chèn):此诗成为其官运的先兆。谶，指将要应验的预兆。 ⑫翟耆年伯寿篆额：当地耆旧翟伯寿题写的匾额。耆年，德高望重的老人。 ⑬雄跨阁：又名雄跨堂，金山玉鉴堂旁的堂名。《至顺镇江志》卷六："雄跨堂，乾道初，淮东总领洪适取圣制诗中词揭之玉鉴堂。" ⑭旧额，仁宗皇帝御飞白：原来的匾额是仁宗皇帝亲书的飞白大字。飞白，书法中的一种特殊笔法，相传汉代蔡邕受到修鸿都门工匠用扫帚蘸白粉刷字的启发而创。其笔画有的部分呈枯丝平行，转折处笔画突出，北宋黄伯思称取其发丝的笔迹谓之白，其势若飞举者谓之飞。 ⑮张之则风波汹涌，蛟鼍（tuó）出没：只要将它（仁宗题写的匾额）张挂出来，就会波涛汹涌，且有蛟龙鼋鼍出没于水中。鼍，即扬子鳄，也称鼍龙、猪婆龙。体长丈余，背部与尾部有角质鳞甲。穴居于江河岸边和湖沼底部。 ⑯曾子宣丞相：曾布，字子宣。曾巩之弟。徽宗朝任尚书右仆射，因得罪左仆射蔡京遭贬，死于润州（治今江苏镇江），年七十二。《宋史》有传。用西府俸所建：用他担任枢密使时的俸禄修建而成。西府，宋代枢密院的俗称。神宗熙宁中，于京师建东、西两府，西府为枢密使所居，因代称枢密使。《宋史·宰辅表三》："（绍圣四年）闰二月壬寅，曾布自同知枢密院事除太中大夫、知枢密院事。……（元符三年四月）壬寅，曾布自知枢密院事加银青光禄大夫、守尚书右仆射兼中书侍郎。" ⑰以荐其先：用来追荐祭奠其先祖。 ⑱政和：徽宗年号，1111至1118年，共八年。 ⑲去塔上相轮而屋之：将塔上部的相轮拆除并在原处修建房屋。相轮，佛塔屋根的金属部分，也是塔刹的主要部分。 ⑳北使来聘：金国使者前来公干。 ㉑皆名蓝：都是很有名的佛寺。古代佛寺又名伽蓝，故云。 ㉒每争雄长：经常互相争夺谁为第一。 ㉓吸江亭：镇江焦山上亭名。《至顺镇江志》卷二十："金、焦两山对峙。然金山当津渡之冲，骚人墨客无不登览；焦山僻处下流，人迹罕到，气象不侔。故东坡诗云：'金山楼观何耽耽，撞钟击鼓闻淮南。

焦山何有有修竹，采薪汲水僧两三。'其后梵宇浸盛，遂与金山角立，于是金山名亭曰吞海，而焦山名亭曰吸江，示不相上下也。" ⑧鞺鞳（tāngtà）：钟鼓声或与之类似的响声。皮日休《二游诗·任诗》："袞衣竞璀璨，鼓吹争鞺鞳。" ⑧蜀中梁山军：宋代军名，在今重庆梁平。鹭鸶（lùsī）：又名鸬鹚。翼大尾短、颈和腿很长的一种水鸟。 ⑧凤兴：清晨醒来。 ⑧鹘（gǔ）山：镇江山名。《至顺镇江志》卷四："金山之东有石山，鹘常栖息其上，因名鹘山。" ⑧特起不附山：独立矗起，不依附其他山势。 ⑧俗谓之郭璞墓：当地百姓称之为郭璞墓。此句意谓小山本是座山，不是墓，因郭璞是神仙，故称此山为郭璞的墓地。郭璞，字景纯，河东闻喜（今山西闻喜）人，晋代最著名的方士。传说他擅长预卜先知及各种奇异方术，精通天文、历算、卜筮，被后世称为神仙。《晋书》有传。 ⑨奉使金国起居郎范至能：奉命出使金国的起居郎范成大。起居郎，负责记录皇帝言行的官员，属门下省。《宋史·职官志一》："起居郎一人，掌记天子言动。御殿则侍立，行幸则从，大朝会则与起居舍人对立于殿下螭首之侧。凡朝廷命令赦宥、礼乐法度损益因革、赏罚劝惩、群臣进对、文武臣除授及祭祀宴享、临幸引见之事，四时气候、四方符瑞、户口增减、州县废置，皆书以授著作官。"范成大字至能。至山：也来到此山。 ⑨圣政所：南宋官署名。高宗绍兴三十二年（1162），由编修敕令所改置。掌修纂庆历、建中靖国编载未尽的勋臣，以及元祐、靖康、建炎以来功勋卓著的忠义之士姓名、职位、事迹，并聚集建炎、绍兴以来诏旨条例，编类高宗在位时的重要政事。孝宗隆兴元年（1163）归入国史院日历所，仍由宰相提举。陆游绍兴三十年（1160）三十六岁时曾任敕令所删定官，与范成大有过一段同僚的日子。同官：同一部门供职的官员。 ⑨借资政殿大学士、提举万寿观、侍读为金国祈请使：意谓范成大临时借用资政殿大学士、提举万寿观、侍读的资格出使金国。宋朝向外国派遣使节时，必须在官资上与对方等同。范成大当时官职卑微，不符合对等出使的要求，于是朝廷采用临时手段，为其加官资政殿大学士，并以守宫祠的身份（提举万寿观）以及太子侍读官的名义作为使臣。范成大绍兴二十四年（1154）中进士，至乾道六年（1170），实官仅为礼部员外郎兼崇政殿说书，临时擢升为起居郎而已。　㊂瓜洲：扬州渡口名，又称瓜洲渡。《嘉定镇江志》卷二二："润州（镇江）大江本与今扬子桥对岸，而瓜洲乃江中一洲耳，故潮水悉通扬州城中。"　㊃电影腾掣，止在江面：电光闪耀，到江面而止。　㊄去舟财丈余：离我们的船仅一丈多。言距离甚近。财，通"才"。　㊅设幪：（因蚊子太多）重新张挂纱幪。纱幪，古代用来遮挡蚊虫的薄纱帐子。　㊆月观：镇江楼观名。《至顺镇江志》卷十三："月观在谯楼之西，即古万岁楼也。楼亦王恭所创，至唐犹存。宋呼为站台，后改名月观。"　㊇可辨人眉目：连远处人的眉毛眼睛都看得一清二楚。　㊈江不可横绝：谓这段江面水流湍急，无法横渡。　㊉迟回久之：因走了不少冤枉水路耽搁很长时间。　㉑往姑苏买帆，是日方至：到苏州雇船，此日才到。此句作者自注："樯高五丈六尺，帆二十六幅。"

㉒阅往来渡者无虑千人：看来来往往乘船渡江的，不下千人之众。

卷　二

　　七月一日黎明，离瓜洲，便风挂帆。晚至真州①，泊鉴远亭。州本唐扬州扬子县之白沙镇②。杨溥有淮南③，徐温自金陵来觐溥于白沙④，因改曰迎銮镇。或谓周世宗征淮时⑤，诸将尝于此迎谒，非也。国朝乾德中，升为建安军⑥。祥符中，建玉清昭应宫⑦。即军之西北小山置冶，铸玉皇、圣祖、太祖、太宗四圣像⑧。既成，遣丁谓、李宗谔为迎奉使、副⑨。至京，车驾出迎，肆赦，建军曰真州，而于故冶筑仪真观。政和中修《九域图志》，又名曰仪真郡。旧以水陆之冲，为发运使治所⑩，今废。

　　二日，见知州右朝奉郎王察⑪。市邑官寺，比数年前颇盛。携统游东园，园在东门外里余，自建炎兵火后，废坏涤地，漕司租与民，岁入钱数千。昔之闳壮巨丽，复为荆棘荒墟之地者四十余年，乃更茸为园。以《记》考之⑫，惟清宴堂、拂云亭、澄虚阁粗复其旧，与右之清池、北之高台尚存。若所谓流水横其前者，湮塞仅如一带，而百亩之园，废为蔬畦者，尚过半也，可为太息。登台，望下蜀诸山⑬，平远可爱，徘徊久之。过报恩光孝寺，少留。辛巳之变⑭，仪真焚荡无余，而此寺独存。堂中僧百人，长老妙湍，常州人。

　　三日，右迪功郎、监税务闻人尧民来。尧民，茂德删定之兄子⑮，以恩科入官。北山永庆长老蕴常来。郡集于平易堂，遍游澄澜阁、快哉亭，遂至壮观以归。壮观旧有米元章所作赋石刻⑯，今亡矣。初问王守仪真观去城远近，云在城南里许。方怪与国史异，既归，亟往游，则信城南也[17]。有老道士出迎，年七十余，自言庐州人[18]，能述仪真本末。云旧观实在城西北数里小土山之麓，祥符所铸乃金铜像，并座高三丈[19]，以黄麾全仗道门幢节迎赴京师[20]，皆与国史合。故当时乐章曰："范金肖像申严奉[21]，宫馆状翚飞[22]。万灵拱卫瑞烟披，堤柳映黄麾。"道士又言赐号"瑞应福地"，则史所不载也。今所谓仪真观者，昔黄冠入城休憩道院耳[23]。晚大风，舟人增缆。

四日，风便，解缆挂帆，发真州。岸下舟相先后发者甚众。烟帆映山，缥渺如画。有顷，风愈厉，舟行甚疾。过瓜步山[24]，山蜿蜒蟠伏，临江起小峰，颇巉峻。绝顶有元魏太武庙[25]，庙前大木可三百年。一井已眢[26]，传以为太武所凿，不可知也。太武以宋文帝元嘉二十七年南侵至瓜步，建康戒严[27]。太武凿瓜步山为蟠道[28]，于其上设毡庐，大会群臣，疑即此地。王文公诗所谓"丛祠瓜步认前朝"是也[29]。梅圣俞题庙云："魏武败忘归，孤军驻山顶。"按：太武初未尝败，圣俞误以佛狸为曹瞒耳[30]。山出玛瑙石，多虎豹害人，往时大将刘宝每募人捕虎于此[31]。周世宗伐南唐，齐王景达自瓜步渡江[32]，距六合二十里设栅，亦此地也。入夹行数里，沿岸园畴衍沃，庐舍竹树极盛，大抵多长芦寺庄[33]。出夹望长芦，楼塔重复。自江淮兵火，官寺民庐，莫不残坏，独此寺之盛不减承平，至今日常数百众。江面渺弥无际，殊可畏，李太白诗云"维舟至长芦，目送烟云高"是也。晚泊竹篠港，有居民二十余家，距金陵三十里。

五日，大风。将晓，覆夹衾[34]，晨起凄然如暮秋。过龙湾[35]，浪涌如山，望石头山不甚高㊱，然峭立江中，缭绕如垣墙，凡舟皆由此下至建康，故江左有变，必先固守石头，真控扼要地也。自新河入龙光门㊲。城上旧有赏心亭、白鹭亭㊳，在门右，近又创二水亭在门左，诚为壮观。然赏心为二亭所蔽，颇失往日登望之胜。泊秦淮亭㊴，说者以为钟阜艮山㊵，得庚水为宗庙水㊶。秦凿淮，本欲破金陵王气，然庚水反为吉。天下事，信非人力所能胜也。见留守右朝请大夫、秘阁修撰唐琢㊷，通判右朝散郎潘恕。建康行宫在天津桥北㊸，桥琢青石为之，颇精致，意其南唐之旧也。晚，小雨。右文林郎、监大军仓王烜来㊹。王言京口人用七月六日为七夕㊺，盖南唐重七夕，而常以帝子镇京口，六日辄先乞巧，翌旦，驰入建康赴内燕㊻，故至今为俗云。然在太宗皇帝时，尝下诏禁以六日为七夕，则是北俗亦如此。此说恐不然。

六日，见左朝散大夫、太府少卿、总领两淮财赋沈夏㊼，武泰军节度使、建康诸军都统郭振㊽，右宣教郎、知江宁县何作善。右文林郎、观察推官褚意来。作善字百祥，意字诚叔。晚，见秦伯和侍郎。伯和名埙，故相益公桧之孙㊾。延坐画堂，栋宇闳丽，前临大池，池外即御书阁，盖赐第也。家人病创㊿，托何令招医刘仲宝视脉。

七日早，游天庆观，在冶城山之麓㉛。地理家以为此山脉络自蒋山来，不可知也。吴、晋间城垒，大抵多因山为之。观西有忠烈庙，卞壶庙也㉜，以嵇绍及壶二子眕、盱配食㉝。绍死于惠帝时，在壶前，且非江左事，而以配壶，非也。庙后丛木甚茂，传以为壶墓。墓东北又有亭，颇疏豁，曰忠孝亭㉞。亭本南唐忠贞亭，后避讳改焉。忠贞，壶谥，今曰忠孝，则并以其二子死父难也。云堂道士陈德新，字可久，姑苏人，颇开敏，相从登览。久之，遂出西门，游清凉广慧寺。寺距城里许，据石头城，下临大江，南直牛头山[55]，气象甚雄，然坏于兵火。旧有德庆堂，在法堂前，堂榜乃南唐后主撮襟书[56]，石刻尚存，而堂徙于西偏矣。又有祭悟空禅师文曰："保大九年，岁次辛亥九月，皇帝以香茶乳药之奠，致祭于右街清凉寺悟空禅师。"按：南唐元宗以癸卯岁嗣位[57]，改元保大，当晋出帝之天福八年[58]，至辛亥，实保大九年，当周太祖之广顺元年[59]。则祭悟空者，元宗也。《建康志》以为后主，非是。长老宝余，楚州人[60]，留食，赠德庆堂榜墨本[61]。食已，同登石头，西望宣化渡及历阳诸山[62]，真形胜之地。若异时定都建康，则石头当仍为关要。或以为今都城徙而南，石头虽守无益，盖未之思也。惟城既南徙，秦淮乃横贯城中，六朝立栅断航之类，缓急不可复施。然大江天险，都城临之，金汤之势，比六朝为胜，岂必依淮为固邪？左迪功郎新湖州武康尉刘炜，右迪功郎监比较务李膺来[63]。炜，秦伯和馆客也，言秦氏衰落可念，至屡典质[64]，生产亦薄[65]。问其岁入几何，曰米七万斛耳。

八日晨，至钟山道林真觉大师塔焚香。塔在太平兴国寺上，宝公所葬也[66]。塔中金铜宝公像，有铭在其膺[67]，盖王文公守金陵时所作[68]。僧言古像取入东都启圣院[69]，祖宗时每有祈祷，启圣及此塔皆设道场，考之信然。塔西南有小轩，曰木末。其下皆大松，髯甲夭矫如蛟龙，往往数百年物。木末，盖后人取王文公诗"木末北山云冉冉"之句名之。《建康志》谓公自命此名，非也。塔后又有定林庵。旧闻先君言，李伯时画文公像于庵之昭文斋壁[70]，著帽束带，神彩如生。文公没，斋常扃闭，遇重客至，寺僧开户，客忽见像，皆惊耸，觉生气逼人，写照之妙如此。今庵经火，尺椽无复存者。予乙酉秋尝雨中独来游⑦，留字壁间，后人移刻崖石，读之感叹，盖已五六年矣。归途过半山，少留。半山者，王文公旧宅，所谓报宁禅院也。自城中上钟山，此为中途，故曰半山，残毁尤甚。寺西有土山，今谓之培塿，亦后人取文公诗所谓"沟西顾丁壮，担土为培塿"名之也。寺后又有谢安墩⑫。文公诗云："在冶城西北。"即此是也。

[注释]

①真州：治今江苏仪征。 ②白沙镇：《宋史·地理志》四："真州，望，军事。……县二：扬子，中。本扬州永正县之白沙镇，南唐改为迎銮镇。" ③杨溥：五代十国时期吴末代帝王，太祖杨行密第四子，烈祖杨渥、高祖杨隆演之弟。武义二年（920）杨隆演去世，杨溥为徐温所迎继吴王位，次年改元顺义。顺义七年（927），即皇帝位，改元乾贞。天祚三年（937），杨溥禅位徐知诰，吴亡。详参《十国春秋》卷三《睿帝本纪》。 ④徐温：字敦美，海州朐山（今江苏连云港）人。唐末大乱，隶于杨行密部下，至高祖杨隆演时，遂专其政。《十国春秋》卷十三："（天祐）十二年，高祖封温齐国公兼侍中，充水陆马步诸军都指挥使、两浙都招讨使，始就镇润州，以升、润、常、宣、歙、池、六州为巡属。温城升州，建太都督府。十四年，徙治之，以子知训辅政于广陵，而大事温遥决之。……高祖既薨，温越次立睿帝。顺义十年，温又请睿帝即皇帝位，未许而温病死，年六十六，追封齐王。"自金陵来觐溥于白沙：谓徐温从升州（即金陵）到白沙镇迎立杨溥。 ⑤周世宗：五代后周世宗柴荣，邢州龙冈（今河北邢台）人。其姑嫁后周太祖郭威，姑之兄柴守礼生子

名荣,一直在姑家长大,郭威甚爱之,遂以为己子。郭威为后汉枢密使时,柴荣为左监门卫大将军。郭威镇天雄军,柴荣为天雄军牙内都指挥使。郭威死后,柴荣即位,改元显德元年。征淮:《新五代史·周本纪》:"(显德三年正月)壬寅,南征。辛亥,侍卫亲军都指挥使李重进及唐人战于正阳,败之。甲寅,重进为淮南道行营都招讨使。二月丙寅,幸下蔡浮桥。壬申,克滁州。甲戌,李景来求成,不答。壬午,景使其臣钟谟来奉表。丙戌,取扬州。辛卯,取泰州。三月庚子,内外马步军都军头袁彦为竹龙都部署。是月,取光、舒、蕲州。"⑥国朝乾德中,升为建安军:《元丰九域志》卷五:"乾德二年,以扬州永贞县迎銮镇为建安军,大中祥符六年升为(真)州。治扬子县。"⑦祥符中,建玉清昭应宫:《长编》卷七八:"(大中祥符五年八月乙巳)初议铸玉清昭应宫正殿圣像,令江淮发运使李溥访巧匠,得杭州民张文昱等,就建安军西北小山置冶,溥领视之。丙午,溥奏道场有神雀、异光、庆云之瑞。诏修宫使丁谓驰往醮谢,宴犒官吏、将校、耆老,赐役夫缗钱。溥与谓相为表里,多载奇木怪石,尽括东南巧匠以附会帝意。"⑧玉皇:玉皇大帝。圣祖:太上老君。⑨丁谓:字谓之,苏州人。天禧初以吏部尚书参知政事,未久拜同中书门下平章事、昭文馆大学士、监修国史、玉清昭应宫使、平章事兼太子少师。乾兴元年(1022)封晋国公。《宋史》有传。李宗谔:字昌武,深州饶阳(今河北饶阳)人,宋初名臣李昉之子。真宗即位拜起居舍人,参与重修《太祖实录》。景德二年(1005)为翰林学士。《宋史·李宗谔传》:"(大中祥符)五年,迎真州圣像,副丁谓为迎奉使。五月,以疾卒,年四十九。"⑩为发运使治所:发运使全称淮南江浙荆湖等路发运使,简称六路发运使,是北宋唯一一个疏通南北粮米茶盐等货物的中枢机构。《宋史·职官志七》:"发运使、副、判官,掌经度山泽财货之源,漕淮、浙、江、湖六路储廪以输中都,而兼制茶盐、泉宝之政,及专举刺官吏之事。"欧阳修《真州东园记》:"真为州,当东南之水会,故为江淮两浙荆湖发运使之治所。" ⑪王察:隆庆《仪真县志》郡守题名:"王察,乾道中任。" ⑫以《记》考之:以欧阳修《真州东园记》考证。《真州东园记》云:"岁秋八月,子春(许元)以其职事走京师,图其所谓东园者来以示予,曰:园之广百亩,而流水横其前,清池浸其右,高台起其北。台,吾望以拂云之亭;池,吾俯以澄虚之阁;水,吾泛以画舫之舟。敞其中以为清燕之堂,辟其后以为射宾之圃。芙蕖芰荷之的历,幽兰白芷之芬芳,与夫佳花美木列植而交阴,此前日之苍烟白露而荆棘也。高甍巨桷,水光日景动摇而下上,其宽闲深靓,可以答远响而生清风,此前日之颓垣断堑而荒墟也。" ⑬下蜀:下蜀港一带。此港在江苏句容北长江南岸,与真州隔江相望。《读史方舆纪要》卷二十:"下蜀港,(句容)县北六十里。西南至府九十里,东北至镇江府六十里。俗呼为官港。" ⑭辛巳之变:指绍兴三十一年(辛巳,1161),金主完颜亮突然发兵南侵,很快打到扬州、真州一带,将扬州、真州杀掠一空。就在金人准备渡江继续南下之际,金国内部发生哗变,一些厌战的将帅杀死完颜亮,金军宣布退兵。此事史书多有记载,文多不录。 ⑮茂德:闻人滋,见卷一上段注㊽。 ⑯米元章:北宋末书法家米芾,字元章。《宋史》有传。 ⑰信城南:的确在真州城南。 ⑱庐州:治今安徽合肥。 ⑲并座高三丈:大中祥符年间所铸的金铜像,连同底座高三丈。 ⑳黄麾:古代天子所乘车舆的饰品。明王圻《三才图会·黄麾》:"唐太宗法夏后之前制,取中方之正色,故制大麾色黄。宋制以绛帛为之,如幡,错彩成黄麾篆字,下绣交龙及云日,朱漆竿,金龙首,上垂朱丝,小盖四角垂佩,末有横板作碾玉文。" 全仗:规制所允许的全部仪卫。道门幢节:道教仪式所用的旗帜仪仗。 ㉑范金:用模具浇铸的金属品。《礼记·礼运》:"范金合土,以为台榭宫室牖户。"孔颖达疏:"范金者,谓为形范以铸金器。" ㉒翬(huī)飞:

锦彩飞扬。《诗经·小雅·斯干》:"如鸟斯革,如翚斯飞。"郑玄笺:"五色皆备成章曰翚。翚者,鸟之奇异者也。" ㉓黄冠:道士戴的黄色帽子。代指道士。 ㉔瓜步山:在今南京六合区东南,南临大江,自古为军事要地。《读史方舆纪要》卷二十:"下蜀,盖置堡于瓜步山。" ㉕元魏太武:南北朝北魏太武帝。北魏第三位皇帝拓跋焘,小字佛狸伐,代郡平城(今山西大同)人,鲜卑族。此时南朝宋国力昌盛,于是宋文帝刘义隆有了北伐之意。元嘉二十七年(450)七月,刘义隆下诏北伐。刘宋军队前期进展顺利,拓跋焘准备反攻,一举击溃王玄谟,而后兵分五路,向南长驱直入,取得节节胜利,几路魏军同时抵达长江北岸。刘义隆被迫求和。然而魏军都是北方人,不习惯南方气候,许多士卒染病。北魏军队攻打盱眙时,在刘宋大将臧质等的顽强抵抗下损失惨重,魏军不得不后撤北归。 ㉖一井已眢(yuān):一口水井已经干涸。 ㉗建康戒严:金陵全城戒严,严阵以待。 ㉘蟠道:蟠曲的山间小道。 ㉙丛祠瓜步认前朝:王安石《送吴仲纯守仪真》:"拱木延陵瞻故国,丛祠瓜步认前朝。登临莫负山川好,终欲东归听楚谣。"李壁注:"《陈胜传》:'间令广之次所旁丛祠中,夜篝火狐鸣。'师古曰:'丛,谓草木岑蔚者。祠,神祠也。'……瓜步有魏太武祠。" ㉚圣俞误以佛狸为曹瞒:意谓魏太武帝最初并没有战败,因拓跋焘和曹操都是"魏武帝",故梅尧臣误将曹操战败的故事安在北魏太武帝头上了。曹操小字阿瞒,古人常以"曹瞒"称之。 ㉛刘宝:宋高宗时大将,原为韩世忠部属,自绍兴初即在江淮一带带兵。事迹散见于《要录》等书。《要录》卷一五四:"(绍兴十五年七月)戊寅,江州观察使、镇江府驻扎、御前游奕军统制刘宝降授果州团练使。" ㉜齐王景达:南唐李景达。烈祖李昪第四子、中宗李璟之弟,字子通。《十国春秋》有传。按:齐王景达自瓜步渡江受到周军重挫,是赵匡胤指挥取胜的一次辉煌战役。《宋史·太祖本纪一》:"(后周显德三年)韩令坤平扬州，南唐来援，令坤议退，世宗命太祖率兵二千趋六合。太祖下令曰：'扬州兵敢有过六合者，断其足！'令坤始固守。太祖寻败齐王景达于六合东，斩首万余级。还，拜殿前都指挥使。" ㉝大抵多长芦寺庄：大多数都是长芦寺左近的庄客。长芦寺，长芦崇福禅寺的省称，在今南京六合区，为禅宗著名寺院，修建于南朝梁普通八年（527）之前，宋代曾两次重建。 ㉞覆夹（jiá）衾：盖上夹被。夹衾，有夹层的被子。 ㉟龙湾：金陵地名，在上元县。《至大金陵新志》卷四下："上元县龙湾水站在金陵乡，去县十五里。" ㊱石头山：《读史方舆纪要》卷二十："石头城者，天生城壁，有如城然，在清凉寺北覆舟山上，江行自北来者，循石头城，转入秦淮。……《一统志》：今清凉报恩寺，即石头城之地，杨吴名兴教寺。南唐曰石城清凉寺。" ㊲新河：即新开河。《读史方舆纪要》卷二十："新开河在（金陵）府西南。《实录》云：'旧城濠在通济门内，旁入秦淮，又自通济门外与秦淮分流，绕而南经聚宝门外长干桥，至三山门外与秦淮水复合，此杨吴时旧城濠也。'" ㊳赏心亭、白鹭亭：故址在今南京水西门上，下临秦淮河，自古为观赏胜景之处。辛弃疾有《水龙吟·登建康赏心亭》词："楚天千里清秋，水随天去秋无际。遥岑远目，献愁供恨，玉簪螺髻。"《至大金陵新志》卷十二上："赏心亭在下水门之城上，下临秦淮，尽观览之胜。丁晋公谓建。……白鹭亭在赏心亭西，下瞰白鹭洲。景定元年马光祖重建。李白《登金陵凤凰台》诗有'二水中分白鹭洲'之句。亭对此洲，故名。苏东坡尝题其柱。" ㊴秦淮亭：建在秦淮河上的一座小亭，故址已湮灭。 ㊵钟阜：金陵山名。《至大金陵新志》卷二："（秦始皇）三十七年，东游还，过吴……望气者言：五百年后金陵有天子气。因凿钟阜，断金陵长垄以通流，至今呼为秦淮。"艮山：按八卦方位处在艮向的山。艮，八卦之一，代表山。 ㊶得庚水为宗庙水：能得庚向之水为利于宗庙的水。庚，十天干之一，位在西方。 ㊷唐瑑：杭州钱塘（今浙江杭州）人，名臣唐恪之子。乾道初为度支郎中，四年升司农少卿。事迹散见于《要录》《会要》等书。《景定建康志》卷十三：“（乾道六年）三月一日，朝请大夫、秘阁修撰唐瑑知府事。七年三月初十日，瑑改除太府卿、淮东总领。” ㊸天津桥：《至大金陵新志》卷四下：“天津桥，宋行宫前。旧史虹桥，政和中蔡嶷建为石桥，号曰蔡公桥，后改今名。” ㊹监大军仓：负责军队粮草器具管理出纳的官员，隶属于主管江东军马钱粮司。《宋史·职官志七》：“淮东、西（总领所）有分差粮料院、审计司、审计以通判权。榷货务、都茶场、御前封桩甲仗库、大军仓、大军库。” ㊺京口：今江苏镇江。 ㊻内燕：即“内宴”，皇帝在宫中为臣下所设的宴会。南宋建康府为行宫，规格比照行在所临安，故亦曰内宴。 ㊼总领两淮财赋：南宋共有四个总领所，分别是总领四川财赋军马钱粮、总领湖广江西财赋湖北京西军马钱粮、总领淮东军马钱粮、总领淮西江东军马钱粮，总领两淮军马钱粮属于临时措置，大致职事与总领淮西江东军马钱粮相当，该所置司于建康府。《景定建康志》卷二六：“沈夏，左朝请郎、太府少卿，乾道六年二月十四日到任，四月二十二日，兼发运副使。八月二十四日改除湖广总领。” ㊽建康诸军都统：建康府诸路大军总管。《至大金陵新志》卷十一下：“都统制司，在宋行宫城之后。” ㊾伯和名埙：秦埙，字伯和，秦桧之孙，秦熺长子，绍兴二十四年（1154）进士。历官工部侍郎、礼部侍郎等，秦桧死后放罢。事迹散见于《要录》等书。此时秦埙已放罢闲居于建康老家旧宅。 ㊿家人病创：家属患了毒疮。 (51)冶城山：建康府山名。《至大金陵新志》卷四下：“永寿宫冶城山，即（谢）安与王羲之所登悠然遐想之地。”同书卷十一上：“永寿宫即旧天庆观，在城西门内崇道桥北。” (52)卞壶庙：《至大金陵新志》卷八：“晋侍中骠骑将军忠贞公卞望之，名壶。庙在冶城南。”卞壶，字望之，济阴冤句（今山东菏泽）人。晋明帝初为吏部尚书。平定王敦之乱，封建兴县公。成帝即位为尚书令。咸和三年（328），率兵平定苏峻叛乱，以身殉国，赠侍中、骠骑将军、开府仪同三司，谥曰忠贞。《晋书》有传。　㊌嵇绍：字延祖，谯郡铚（今安徽濉溪）人。曹魏中散大夫嵇康之子。永兴元年（304），朝廷讨伐成都王司马颖复官侍中。奔赴荡阴，值王师大败，百官奔走，嵇绍拼死护卫晋惠帝，最终遇害。赠司空、金紫光禄大夫，谥曰忠穆。壶二子眕、盱配食：卞壶平叛时，二子卞眕、卞盱皆随父在军中。卞壶死后，二子继续作战，双双战死。成帝赠卞眕散骑侍郎，卞盱奉军都尉。　㊌忠孝亭：《至大金陵新志》卷十二上："忠孝亭在永寿宫西。"　㊌南直：正南。牛头山：《至大金陵新志》卷四上："牛头山，状如牛头。……在城南三十里，周回四十七里，高一百四十丈。"　㊌撮襟书：指李煜不用笔而以卷帛书写的大字。《书史会要》卷六："李煜字重光，南唐主景第六子，嗣位称后主。……其作大字不事笔，卷帛而书之，皆能如意。世谓'撮襟书'。"　㊌南唐元宗以癸卯岁嗣位：南唐元宗李璟于癸卯年（943）继承王位，是年改元为保大元年。　㊌晋出帝：五代后晋出帝石重贵。天福：后晋石敬瑭、石重贵所用的年号，936至944年。天福八年，即公元943年，是石重贵即位的当年。石重贵在位四年余为契丹所灭。开运三年（946）末，契丹主耶律德光入后晋都城开封，四年（947）初，将石重贵及方技、百工、图籍、历象、石经、铜人、明堂刻漏、太常乐谱等统统掠到北国，同时建国号为大辽。石重贵初迁于黄龙府，后居建州，十八年后卒。　㊌周太祖：后周太祖郭威。广顺元年：公元951年。　㊌楚州：治今江苏淮安。　㊌德庆堂榜：《至大金陵新志》卷十二下："德庆堂题榜，南唐后主书，宋僧昙月刻石。在清凉寺。"同书卷十一下："清凉广惠禅寺在石头城，去府城一里。吴顺义中徐温建为兴教寺，南唐升元初改为石头清凉大道场。宋太平兴国五年改今额。旧传寺尝为李氏避暑宫。寺中有德庆堂，今法堂前旧基是也。"墨本：拓片。　㉒宣化渡：《至大金陵新志》卷十："宣化渡在府界下采石，江阔而险。"历阳：治今安徽和县。　㉓比较务：隶属于转运使司（或发运使司）的临时性经济部门，具有今天统计部门及监察部门的功能。《宋史·食货志下七》："政和二年，淮南发运副使董正封言：'杭州都酒务甲于诸路，治平前岁课三十万缗，今不过二十万。请令分务为三，更置比较务二，毋增官吏兵匠，仍请本路诸郡并增务比较。'从之。四年，两浙转运司亦请置务比较，定课额酿酒收息，以增亏为赏罚。"　㉔典质：典当质押。　㉕生产亦薄：田产租赋的收入也很微薄。　㉖宝公：南朝梁高僧。《至大金陵新志》卷十一下："昔有圣僧曰宝公者，自梁以来，实委灵兹山，能显我国家之神庥，以覆护吾民也。……宝公之塔在（钟山）峰上，正当其前，来兹山者，仰而望之，如见天宫于林壑之表。"　㉗有铭在其膺：有铭文在他的胸前。　㉘王文公守金陵：据《景定建康志》卷十三郡守题名，王安石曾两度担任建康知府，一次在治平四年（1067）二月至九月，另一次在熙宁七年（1074）四月至八年（1075）二月。　㉙东都启圣院：汴京启圣院。《铁围山丛谈》卷五："太宗皇帝以东都有诞育之地，乃新作启圣禅院。太平兴国之末，始命迎取旃檀洎宝公二像自金陵。"《汴京遗迹志》卷十一："启圣院在大梁门内街北，即太宗诞生之地，晋防圣营也。太平兴国六年建院，雍熙二年成，赐名启圣。"　㉚李伯时：李公麟，字伯时，北宋著名画家。《宋史》有传。　㉛乙酉：孝宗乾道元年，公元 1165 年。　㉜谢安墩：晋谢安与王羲之登临处。遗迹在今南京城东隅蒋山半山上。

九日。至保宁、戒坛二寺①。保宁有凤凰台、揽辉亭。台有李太白诗云："三山半落青天外，二水中分白鹭洲。"今已废为大军甲仗库。惟亭因旧址重筑，亦颇宏壮。寺僧言："亭榜本朱希真隶书②。已为俗子易之。"法堂后有片石，莹润如黑玉，乃宋子嵩诗题云③："凤台山亭子，陈献司空④。乡贡进士宋齐丘。"司空者，徐知诰也。后改姓名曰李昪。是为南唐烈祖，而齐丘为大臣。后又有题字云："升元三年奉敕刻石。"盖烈祖既有国，追念君臣相遇之始而表显之。昪、齐丘虽皆不足道，然当攘夺分裂横溃之时，其君臣相遇，不如是，亦不能粗成其功业也。戒坛额曰崇胜戒坛寺，古谓之瓦棺寺，有阁因冈阜，其高十丈。李太白所谓"钟山对北户⑤，淮水入南荣"者⑥；又《横江词》"一风三日吹倒山，白浪高于瓦棺阁"是也。南唐后主时，朝廷遣武人魏丕来使⑦。南唐意其不能文，即宴于是阁，因求赋诗。丕揽笔成篇，末句云"莫教雷雨损基扃"⑧。后主君臣皆失色。及南唐之亡，为吴越兵所焚。国朝承平二百年，金陵为大府，寺观竞以崇饰土木为事，然阁终不能复。绍兴中，有北僧来居，讲《惟识百法论》，誓复兴造，求伟材于江湖间，事垂集者屡矣，会建宫阙，有司往往辄取之。僧不以此动心⑨，愈益经营，卒成卢舍那阁⑩。平地高七丈，雄丽冠于江东。旧阁基相距无百步，今废为军营。秦伯和遣医柴安恭来视家人疮。柴，邢州龙冈人⑪。晚，褚诚叔来。诚叔尝为福州闽清尉⑫，获盗，应格当得京官，不忍以人死为己利，辞不就，至今在选调。又有为它邑尉者⑬，亦获盗，营赏甚力，卒得京官。将解去，入郡，过刑人处，辄掩目大呼，数日神志方定。后至他郡，见通衢有石幢。问此何为，从者曰："法场也。"亦大骇叫呼，几坠车。自此所至皆迁道，以避刑人之地。人之不可有愧于心如此。移舟泊赏心亭下。秦伯和送药。

十日早，出建康城，至石头，得便风，张帆而行。然港浅而狭，行亦甚缓。宿大城冈⑭。金陵冈陇重复，如梅岭冈、石子冈、佘（读如蛇）婆冈，尤其著者也。居民数十家。亦有店肆。

十一日早，出夹，行大江，过三山矶、烈洲、慈姥矶、采石镇⑮，泊太平州江口⑯。谢玄晖《登三山还望京邑》⑰、李太白《登三山望金陵》，皆有诗。凡山临江皆有矶，水湍急，篙工并力撑之乃能上。然今年闰余秋早⑱，水落已数尺矣，则盛夏可知也。三山自石头及凤凰台望之，杳杳有无中耳。及过其下，则距金陵财五十余里。晋伐吴，王浚舟师过三山，王浑要浚议事⑲。浚举帆曰"风利不得泊"，即此地也。是日便风，击鼓挂帆而行。有两大舟东下者，阻风泊浦溆⑳，见之大怒，顿足诟骂不已。舟人不答，但抚掌大笑，鸣鼓愈厉，作得意之状。江行淹速，常也㉑，得风者矜而阻风者怒，可谓两失之矣。世事盖多类此者，记之以寓一笑。烈洲在江中，上有小山曰烈山，草木极茂密，有神祠在山巅。慈姥矶，矶之尤巉绝峭立者。徐师川有《慈姥矶诗》㉒，序云："矶与望夫石相望，正可为的对㉓，而诗人未尝挂齿牙㉔。"故其诗云："离鸾只说闺中恨㉕，舐犊谁知目下情㉖。"然梅圣俞《护母丧归宛陵发长芦江口》诗云㉗："南国山川都不改，伤心慈姥旧时矶。"师川偶忘之耳。圣俞又有《过慈姥矶下》及《慈姥山石崖上竹鞭》诗，皆极高奇，与此山称。采石一名牛渚㉘，与和州对岸㉙，江面比瓜洲为狭㉚，故隋韩擒虎平陈及本朝曹彬下南唐，皆自此渡㉛，然微风辄浪作，不可行。刘宾客云㉜："芦苇晚风起，秋江鳞甲生。"王文公云："一风微吹万舟阻㉝。"皆谓此矶也。矶即南唐樊若冰献策作浮梁渡王师处㉞。初，若冰不得志于李氏，诈祝发为僧，庐于采石山，凿石为窍及建石浮图，又月夜系绳于浮图，棹小舟急渡，引绳至江北，以度江面。既习知不谬，即亡走京师上书。其后王师南渡，浮梁果不差尺寸。予按：隋炀帝征辽，盖尝用此策渡辽水，造三浮桥于西岸。既成，引趋东岸，桥短丈余不合。隋兵赴水接战，高丽乘岸上击之，麦铁杖战死㉟，始敛兵。引桥复就西岸，而更命何稠接桥㊱，二日而成，遂乘以济，然隋终不能平高丽。国朝遂下南唐者㊲，实天意也，若冰何力之有？方若冰之北走也，江南皆知其献南征之策，或请诛其母妻。李煜不敢，但羁置池州而已㊳。其后若冰自陈母妻在江南，朝廷命煜护送㊴。煜虽愤切，终不敢违，厚遗而遣之。然若冰所凿石窍及石浮图，皆不毁，王师卒用以系浮梁，则李氏君臣之暗且怠，亦可知矣。虽微若冰㊵，有不亡者乎？张文潜作《平江南议》，谓当缚若冰送李煜，使甘心焉，不然，正其叛主之罪而诛之，以示天下，岂不伟哉？文潜此说，实天下正论也。予自金陵得疾，是日方小愈，尚未能食。夜雨。

十二日早，移舟泛姑熟溪五里㊶，泊阅武亭。初询舟人，云："江口泊船处距城二十里，须步乃可入。"及至阅武，乃止在城闉之外㊷。徽猷阁直学士左朝请郎知州周元特操闻予病㊸，与医郭师显俱来视疾。自都下相别，迨今八年矣。太平州本金陵之当涂县，周世宗时，南唐元宗失淮南，侨置和州于此，谓之"新和州"，改为雄远军。国朝开宝八年下江南，改为平南军，然独领当涂一邑而已。太平兴国二年，遂以为州，且割芜湖、繁昌来属，而治当涂，与兴国军同时建置㊹，故分纪年以名之。

十三日，通判右朝请郎叶棻、员外通判左朝奉郎钱同仲耕㊺、军事判官左文林郎赵子觊、知当涂县右通直郎王权来。午后，入州见元特，呼郭医就坐间为予切脉，且议所用药。州正据姑熟溪北，土人但谓之姑溪，水色正绿而澄澈如镜，纤鳞往来可数㊻。溪南皆渔家，景物幽奇。两浮桥悉在城外，其一通宣城，其一可至浙中。姑熟堂最号得溪山之胜，适有客寓家其间，故不得至。又有一酒楼，登望尤佳，皆城之南也。往时溪流分一支贯城中，湮塞已久，近岁尝浚治，然惟春、夏之交暂通，今七月，已绝流矣。《李太白集》有《姑熟十咏》。予族伯父彦远尝言：东坡自黄州还，过当涂，读之抚手大笑曰："赝物败矣㊼，岂有李白作此语者？"郭功父争以为不然㊽，东坡又笑曰："但恐是太白后身所作耳㊾。"功父甚愠。盖功父少时，诗句俊逸，前辈或许之，以为太白后身，功父亦遂以自负，故东坡因是戏之。或曰：《十咏》及《归来乎》《笑矣乎》《僧伽歌》《怀素草书歌》，太白旧集本无之，宋次道再编时㊿，贪多务得之过也。

十四日，晚晴，开南窗观溪山。溪中绝多鱼，时裂水面跃出，斜日映之，有如银刀。垂钓挽罟者弥望(51)，以故价甚贱，僮使辈日皆餍饫(52)。土人云："此溪水肥宜鱼。"及饮之，水味果甘，岂信以肥故多鱼耶？溪东南数峰如黛，盖青山也(53)。

十五日早，州学教授左文林郎吴博古敏叔、员外教授左文林郎杨恂信伯来。饭已，游黄山东岳庙广福寺，遂登凌歊台(54)。岳庙栋宇颇盛，本谓之黄山大监庙。大监者不知何神，盖淫祠也。今既为岳庙，而大监反寓食庑下。广福本寿圣寺，以绍兴壬午诏书改额。败屋二十余间，残僧三四人，萧然如古驿。主僧惠明，温州平阳人(55)。凌歊台，正如凤凰、雨花之类，特因山巅名之，宋高祖所营，面势虚旷，高出氛埃之表。南望青山、龙山、九井诸峰(56)，如在几席。龙山即孟嘉登高落帽处(57)。九井山有桓玄僭位坛。稍西江中二小山相对，云东梁、西梁也。北户临和州新城，楼橹历历可辨，盖自绝江至和州㊳，财十余里。李太白有《黄山凌歊台送族弟泛舟赴华阴》诗，即此地也。台后有一塔，塔之后又有亭曰怀古云。余初至当涂，饮姑熟溪水，喜其甘滑。已而遍饮城中水皆甘，盖泉脉佳也。

十六日，郡集于道院，历游城上亭榭，有坐啸亭，颇宜登览。城濠皆植荷花。是夜，月白如昼，影入溪中，摇荡如玉塔，始知东坡"玉塔卧微澜"之句为妙也。

[注释]

①保宁：金陵寺名。《至大金陵新志》卷十二上："览辉亭在今保宁寺后凤凰台旧基侧。寺有览辉亭，碑刓缺不可读，莫详其人，唯岁月可考，盖熙宁三年夏四月也。"戒坛：《至大金陵新志》卷十二下："妙果寺，古名翠灵，宋昭宪杜太后改乾明。今名戒坛。" ②朱希真：朱敦儒，字希真，洛阳人。历官兵部郎中、临安府通判、都官员外郎、浙东提刑，绍兴二十九年（1159）卒。《宋史》有传。 ③宋子嵩：宋齐丘，字子嵩，吉州庐陵（今江西吉安）人，历任吴及南唐宰相，晚年隐居九华山。《十国春秋》有传。 ④陈献：敬献。司空：即下文所说徐知诰，也就是南唐第一代君王烈祖李昪。事迹见《十国春秋》，文多不录。 ⑤北户：古国名，亦代指南方边远地区。《尔雅·释地》："觚竹、北户、西王母、日下，谓之四荒。"邢昺疏："北户者，即日南郡是也。颜师古曰：'言其在日之南，所谓北户以向日者。'" ⑥南荣：亦指南方之地。《楚辞》王褒《九怀·思忠》："玄武步兮水母，与吾期兮南荣。"王逸注："南方冬温，草木常茂，故曰南荣。" ⑦朝廷：刚刚建国的宋朝。魏丕：字齐

物,相州(今河南安阳)人。自后周始担任作坊副使、正使十余年。《长编》卷十七:"(开宝九年正月)初,上即位,召供备库副使魏丕,谓曰:'作坊久积弊,尔为我修整之。'即授作坊副使。丕在职甚尽力,居八年,乃迁正使。上讨泽潞、维扬,下荆、广,收川、峡,征河东,平江南,皆先期谕旨,令治兵器,无不精办。" ⑧莫教雷雨损棋局:《宋史·魏丕传》:"丕好歌诗,颇与士大夫游接,有时称。南唐主李煜妻卒,遣丕充吊祭使,且使观其意趣。煜邀丕登升元阁赋诗,丕有'朝宗海浪拱星辰'之句,以风动之。"按:"莫教雷雨损棋局"即"朝宗海浪拱星辰"的上句。 ⑨动心:灰心丧气。 ⑩卢舍那阁:供奉卢舍那佛的楼阁。卢舍那佛是佛教诸佛之一,又名报身佛,意谓智慧广大,光明普照,汉译为"大日如来"。相传东土卢舍那佛是仿照武则天的形象塑造。 ⑪邢州龙冈:今河北邢台。 ⑫福州闽清:今福建闽清。尉:县尉,县令属官,类似于今天的县公安及武装部门负责人。《宋史·职官志七》:"尉:建隆三年,每县置尉一员,在主簿之下,奉赐并同。至和二年,开封、祥符两县各增置一员,掌阅羽弓手,戢奸禁暴。" ⑬它邑尉:其他县的县尉。 ⑭大城冈:在金陵上元县。《至大金陵新志》卷五下:"大城冈,今作港。有大城港水驿。" ⑮三山矶:《至大金陵新志》卷五下:"三山矶在城西南七十五里。"烈洲:《至大金陵新志》卷五:"烈洲在城西南七十里,吴旧津所也。内有小河,可泊船商,客多停此,以避烈风,故名。"慈姥矶:按:自此将离开金陵地界。《读史方舆纪要》卷二十:"慈姥山,(建康)府西南百十里。以山有慈姥庙而名。积石临江,崖壁峻绝,一名鼓吹山,以山产箫管也。山下有慈姥溪,与太平府当涂县接界。旧《志》:慈姥港泄慈湖以东之水入江。近港又有慈姥矶。"采石镇:按:舟行至此进入太平州辖界。《读史方舆纪要》卷二七:"采石山,(太平)府西北二十五里,滨江为险。昔时自横江渡者,必道采石趋金陵。江津襟要,此为最冲。……今为采石镇。"　⑯太平州：治今安徽当涂。　⑰谢玄晖：谢朓，字玄晖，南朝齐著名诗人，与谢灵运并称"二谢""大小谢"。《登三山还望京邑》：即《晚登三山还望京邑》诗。诗曰："灞涘望长安，河阳视京县。白日丽飞甍，参差皆可见。余霞散成绮，澄江静如练。喧鸟覆春洲，杂英满芳甸。去矣方滞淫，怀哉罢欢宴。佳期怅何许，泪下如流霰。有情知望乡，谁能鬒不变。"李善注引《丹阳记》："江宁县北十二里滨江有三山相接，即名为三山。旧时津济道也。"　⑱闰余：农历一年和一回归年相比多出来的时日。农历一年为三百五十四天余，太阳回归年为三百六十五天余。《史记·历书》："黄帝考定星历，建立五行，起消息，正闰余。"裴骃集解："以岁之余为闰，故曰闰余。"　⑲王浑：字玄冲，太原晋阳（今山西太原）人。曹魏司空王昶之子。咸熙中为越骑校尉。晋武帝受禅，加扬烈将军，迁徐州刺史。历任征虏将军、豫州刺史，亦参与筹划伐吴之策。迁征东大将军、左仆射。晋惠帝即位，为侍中。《晋书》有传。濬：王濬，字士治，弘农湖（今河南灵宝阌乡）人。曾任广汉太守，平定益州之乱，迁益州刺史。晋武帝咸宁六年（280）上书请求伐吴，率兵顺流而下，熔毁横江铁链，攻克丹阳，继而攻取石头城，完成了西晋统一。累迁特进、抚军大将军、开府仪同三司。卒后谥为"武"。《晋书》有传。　⑳浦溆：水边，江边。　㉑江行淹速，常也：在江中行船，快些慢些是常有的事。　㉒徐师川：徐俯，字师川，洪州分宁（今江西修水）人，元丰名臣徐禧之子，绍兴二年（1132）赐进士出身，三年迁翰林学士，又升签书枢密院事。四年，兼权参知政事。《宋史》有传。　㉓的（dí）对：谓慈姥矶与望夫石相对言，是绝妙的对子。　㉔挂齿牙：形诸诗文。　㉕离鸾只说闺中恨：写男女离别的诗只说闺中的愁怨。　㉖舐犊谁知月下情：有谁知舐犊情深的老母对游子望眼欲穿之情？　㉗梅圣俞：北宋诗人梅尧臣。宛陵：宣州的古称。梅尧臣为宣州人。长芦江：《读史方舆纪要》卷二十："沙河在（六合）县南长芦镇，亦曰西河，亦曰长芦江，自江浦县导流入境。"㉘采石一名牛渚：采石矶，又名牛渚矶，在今安徽马鞍山西南长江边，为牛渚山北部突入长江的部分，这段水域是长江中游最狭窄的部分，历来为兵家争夺之要津。王安石《牛渚》诗沈钦韩注："牛渚山突出江中，世谓之牛渚圻，古津渡处也。" ㉙和州：治今安徽和县。 ㉚瓜洲：见卷一上段注㉝。 ㉛隋韩擒虎平陈及本朝曹彬下南唐，皆自此渡：《读史方舆纪要》卷二十："韩擒虎以兵五百人，自横江宵济采石，而陈以亡。……宋开宝七年，曹彬败江南兵于采石矶。先是，樊若水尝渔于采石，以小舟载丝绳维南岸，疾棹至北岸，以度江之广狭，遂诣阙，请造舟为梁以济师，繇是大军长驱，如履平地。" ㉜刘宾客：刘禹锡。其《晚泊牛渚》诗："芦苇晚风起，秋江鳞甲生。残霞忽变色，游雁有余声。戍鼓音响绝，渔家灯火明。无人能咏史，独自月中行。" ㉝王文公：王安石。其《牛渚》诗："历阳之南有牛渚，一风微吹万舟阻。华戎蛮蜀支百川，合为大江神所鹽。山盘水怒不得泄，到此乃有无穷渊。朱衣乘车作官府，操制生杀非无权。阴灵秘怪不欲露，毁犀得祸岂偶然。" ㉞樊若冰：当作"樊若水"，其本名若水，字叔清，宋太祖改其名曰知古，字仲师。其祖上为京兆长安人，父潜事李璟为汉阳、石埭二县令，因家池州。献策作浮梁渡王师：《宋史·樊知古传》："知古尝举进士不第，遂谋北归，乃渔钓采石江上数月，乘小舟载丝绳，维南岸，疾棹抵北岸，以度江之广狭。开宝三年，诣阙上书，言江南可取状，以求进用。" ㉟麦铁杖：南雄始兴（今广东始兴）人，南朝陈太建间曾结伙为盗，为广州刺史捕获，罚为官奴。入隋后加入杨素军中，深得杨素信任，官至大将军。他曾随杨素征讨突厥，立下战功。大业八年（612），隋炀帝征高句丽，麦铁杖为前锋。将渡辽河，桥未成而高句丽兵马冲杀过来。麦铁杖与高句丽军奋力拼搏，不幸战死。《隋书》有传。 ㊱何稠：字桂林，隋炀帝大业初为太府少卿，升太府卿。《隋书·何稠传》："辽东之役，摄右屯卫将军，领御营弩手三万人。时工部尚书宇文恺造辽水桥不成，师不得济，右屯卫大将军麦铁杖因而遇害。帝遣稠造桥，二日而就。" ㊲遂下南唐：顺利地攻下南唐。 ㊳羁置池州：看管在池州（治今安徽池州）。 ㊴朝廷命煜护送：《宋史·樊知古传》："尝启于上，言老母亲属数十口在江南，恐为李煜所害，愿迎至治所。即诏煜令遣之。煜方闻命，即厚给赀装，护送至境上。" ㊵虽微若冰：即便没有樊若水。微，无。

㊶姑熟溪：在当涂，为长江支流。《读史方舆纪要》卷二十："丹阳湖……一西出芜湖，一北出当涂县姑熟溪，俱注于大江。" ㊷城闉（yīn）：古代城门外瓮城的城门。 ㊸知州周元特操：周操，湖州人。《会要·选举》三四之二二："（乾道五年四月九日）尚书吏部侍郎周操除徽猷阁直学士，差知太平州。"《宋史翼·周操传》："知太平州。廉勤恺悌，政绩著闻。六年八月，改知泉州。" ㊹兴国军：治今湖北阳新。《元丰九域志》卷六："同下州，兴国军。太平兴国二年，析鄂州永兴县置永兴军，三年改兴国。" ㊺员外通判：正员以外增加委派的通判。宋代冗官众多，为安排这些官员，朝廷往往采用"员外"的形式。此类官员虽名为通判，实则并不过问州事，有时正官也可以礼节性地征询其意见。

㊻纤鳞：游鱼。 ㊼赝物：假货。 ㊽郭功父：郭祥正，字功父，太平州当涂人。熙宁中知武冈县，后通判汀州，知端州，辞官而去，隐于县当涂青山。《宋史》有传。 ㊾太白后身：《苕溪渔隐丛话》卷二七："郭祥正，字功父。自梅圣俞赠诗，有'采石月下闻谪仙'，以为李白后身，缘此有名。" ㊿宋次道：宋敏求，字次道，赵州平棘（今河北赵县）人。宝元二年（1039）赐进士，仁宗朝历馆阁校勘，集贤校理，知太平、亳二州，累迁工部郎中。英宗治平中同修起居注、知制诰。《宋史》有传。

(51)挽罟者：用网捕鱼的人。弥望：满眼都是。 (52)餍饫（yànyù）：谓食品肥美丰盛。 ⑸青山：《读史方舆纪要》卷二十："青山，（太平）府东南三十里，一名青林山。……山绵亘甚远，周八十里。唐天宝十二载，改名谢公山，以齐宣城太守谢朓居此。" ⑸凌歊（xiāo）台：在今当涂县姑孰镇北，南朝宋武帝刘裕建、孝武帝刘骏又在台上筑避暑离宫。《读史方舆纪要》卷二十："黄山在（太平）府西北五里，一名浮丘山。山有刘宋时离宫及凌歊台、怀古台，并浮图在焉。《志》云：凌歊台周五里一百步，高四十丈。" ⑸平阳：今浙江平阳。 ⑸龙山、九井诸峰：《读史方舆纪要》卷二十："龙山，（太平）府南十里，桓温尝以九日与僚佐游宴于此，陈宣帝谓'郡之形胜，牛首北临，龙山南指'者也。《金陵志》云：山在建康西南九十五里，周二十五里，高百二十丈，稍南为九井山，相传桓温所凿。晋元兴二年，桓玄筑禅位坛于九井山北，即此。"
⑸孟嘉登高落帽：《晋书·孟嘉传》："孟嘉字万年。……为征西桓温参军，温甚重之。九月九日，温燕龙山，僚佐毕集。时佐吏并著戎服，有风至，吹嘉帽堕落，嘉不之觉。温使左右勿言，欲观其举止。嘉良久如厕，温令取还之，命孙盛作文嘲嘉，著嘉坐处。嘉还见，即答之，其文甚美，四坐嗟叹。" ⑸绝江至和州：从长江下船陆行到和州城。

卷　三

十七日，郡集于青山李太白祠堂，二教授同集。祠在青山之西北，距山尚十五里。墓在祠后，有小冈阜起伏，盖亦青山之别支也。祠莫知其始，有唐刘全白所作墓碣及近岁张真甫舍人所作重修祠碑①。太白乌巾白衣锦袍。又有道帽氅裘侑食于侧者，郭功甫也②。早饭罢，游青山。山南小市有谢玄晖故宅基，今为汤氏所居。南望平野极目，而环宅皆流泉奇石，青林文篠，真佳处也。遂由宅后登山，路极险巇，凡三四里，有两道人持汤饮迎劳于松石间。又里许，至一庵，老道人出迎，年七十余，姓周，潍州人③，居此山三十年，颧颊如丹，须鬓无白者。又有李媪，八十矣，耳目聪明，谈笑不衰，自言尝得异人秘诀。庵前有小池曰谢公池④，水味甘冷，虽盛夏不竭。绝顶又有小亭，亦名谢公亭。下视四山，如蛟龙奔放，争赴川谷，绝类吾乡舜山。但舜山之巅丰沃夷旷，无异平陆，此所不及也。亭北望正对历阳。周生言"完颜亮入寇时，战鼓之声震于山中"云。夜归舟次，已一鼓尽矣。坐间，信伯言桓温墓亦在近郊，有石兽石马，制作精妙，又有碑，悉刻当时车马衣冠之类，极可观，恨不一到也。

十八日，小雨，解舟出姑熟溪，行江中。江溪相接，水清浊各不相乱。挽行夹中三十里，至大信口泊舟⑤。盖自此出大江，须风便乃可行，往往连日阻风。两小山夹江，即东梁、西梁，一名天门山。李太白诗云："两岸青山相对出，孤帆一片日边来。"王文公诗云："崔嵬天门山，江水绕其下。"梅圣俞云："东梁如仰蚕，西梁如浮鱼。"徐师川云："南人北人朝暮船，东梁西梁今古山。"皆得句于此也。水浒小儿卖菱芡莲藕者甚众。夜行堤上，观月大信口。欧阳文忠公《于役志》谓之带星口，未详孰是。《于役志》盖谪夷陵时所著也⑥。

十九日，便风，过大小褐山矶⑦，奇石巉绝。渔人依石挽罾，宛如画图间所见。过枭矶⑧，在大江中，耸拔特起，有道士结庐其上。政和中，赐名宁渊观。旧说枭矶有枭能害人，故得名。方郡县奏乞观额时，恶其名，因曰矶在水中，水常沃石，故曰"浇矶"。今观屋亦二十余间，然止一道人居之。相传有二人，则其一辄死，故无敢往者。至芜湖县，泊舟吴波亭，知县右通直郎吕昭问来⑨。按：汉丹阳郡有芜湖县，吴陆逊屯芜湖。又杜预注《春秋》"楚子伐吴，克鸠兹"，亦云在芜湖。至东晋，乃改名于湖，不知所自。王敦反，屯于湖，今故城尚存。又有玩鞭亭⑩，亦当时遗迹。唐温飞卿有《湖阴曲》叙其事⑪。近时张文潜以为《晋书》所云"帝至于湖，阴察营垒"，当以于湖为句，飞卿盖误读也⑫。作《于湖曲》以反之⑬。刘梦得《历阳书事》诗叙道中事云："望夫人化石，梦帝日环营。"盖梦得自夔州移牧历阳⑭，过此邑也。邑人云："数年前，邑境有盗，发大墓，棺椁已坏，得镜及刀剑之属甚众。"甓砖有"大将军墓"四字，或疑为敦墓云⑮。

二十日，宁国太平县主簿⑯左迪功郎陈炳来见，泛小舟往谢之。则寓宁渊观下院，以提刑司檄来督大礼钱帛⑰。宁渊在枭矶，隔大江，故置下院于近邑。道流十余，坛宇像设甚盛，有观主何守诚者，今选居太一宫矣。炳字德先，婺州义乌人，自言其从姑得道徽宗朝，赐号妙静练师⑱，结庐葛仙峰下⑲，平生不火食⑳，惟饮酒，啖生果，为人言祸福死生，无毫厘差。每风日清和时，辄掩关独处。或于户外窃听之㉑，但闻若二婴儿声，或歌或笑，往往至中夜方止，莫有能测者。年九十，正旦，自言四月八日当远行，果以是日坐逝。每为德先言："汝有仙骨，当遇异人。"后因得疾委顿，有皖山徐先生来㉒，饵以药，即日疾平。徐因留，教以绝粒诀，德先父母方望其成名，固不许。然自是绝滋味，日食淡汤饼及饭而已。如此者六年，益觉身轻，能日行二百里。会中第娶妻，复近荤血，徐遂告别。临行，语德先曰："汝二纪后当复从我究此事㉓。"德先送至溪上，方呼舟欲渡，徐褰裳疾行水上而去，呼之不复应。德先至今怅恨，有弃官入灊皖之意㉔。予遂游东寺，登王敦城以归。城并大江，气象宏敞。邑出绿毛龟，就船卖者，不可胜数。将午，解舟，过三山矶㉕。矶上新作龙祠，有道人半醉立薜崖峭绝处，下观行舟，望之使人寒心，亦奇士也。江中江豚十数出没，色或黑或黄，俄又有物长数尺，色正赤，类大蜈蚣，奋首逆水而上，激水高二二尺，殊可畏也。宿过道口。

二十一日，过繁昌县㉖，南唐所置，初隶宣城，及置太平州，复割隶焉。晚泊荻港，散步堤上，游龙庙，有老道人守之，台州仙居县人。自言居此十年，日伐薪二束卖之以自给。雨雪，则从人乞，未尝他营也。又至一庵，僧言隔港即铜陵界㉗。远山崭然，临大江者，即铜官山㉘，太白所谓"我爱铜官乐，千年未拟还"是也，恨不一到。最后至凤凰山延禧观㉙，观废于兵燹者四十余年，近方兴葺。羽流五六人。观主陈廷瑞，婺州义乌县人，言此古青华观也。有赵先生，荻港市中人，父卖茗，先生幼名王九，年十三，疾亟，父抱诣青华㉚，愿使入道。是夕，先生梦老人引之登高山，谓曰："我阴翁也。"出柏枝啖之，及觉，遂不火食。后又梦前老人教以天篆数百字，比觉，悉记不遗。太宗皇帝召见，度为道士，赐冠简，易名自然，给装钱遣还，遂为观主。祥符间再召至京师，赐紫衣，改青华额曰延禧。先生恳求还山养母，得归，一日，无疾而逝。门人葬之山中，行半途，棺忽大重不可举。其母曰："吾儿必有异。"命发棺，果空无尸，惟剑履在耳。遂即其处葬之。今冢犹在，谓之"剑冢"。自然，国史有传，大概与廷瑞言颇合，惟剑冢一事无之。荻港盖繁昌小墟市也。归舟已夜矣。

二十二日，过大江，入丁家洲夹，复行大江。自离当涂，风日清美，波平如席，白云青嶂，相远映带，终日如行图画，殊忘道途之劳也。过铜陵县不入，晚泊水洪口。江湖间谓分流处为洪，王文公诗云"东江木落水分洪"是也。

二十三日，过阳山矶㉛，始见九华山㉜。九华本名九子，李太白为易名。太白与刘梦得皆有诗，而刘至以为可兼太华、女儿之奇秀㉝。南唐宋子嵩辞政柄，归隐此山，号九华先生，封青阳公㉞，由是九华之名益盛。惟王文公诗云"盘根虽巨壮，其末乃修纤"，最极形容之妙。大抵此山之奇，在修纤耳。然无含蓄敦大气象，与庐阜、天台异矣㉟。岸傍荻花如雪，旧见天井长老彦威云㊱："庐山老僧用此絮纸衣，威少时在惠日亦为之，佛灯珣禅师见而大嗔云㊲：'汝少年，辄求温暖如此，岂有心学道邪？'退而问兄弟，则堂中百人，有荻花衣者财三四，皆年七十余矣。威愧恐，亟除去。"泊梅根港㊳。巨鱼十数，色苍白，大如黄犊，出没水中，每出，水辄激起，沸白成浪，真壮观也。

二十四日，到池州㊴，泊税务亭子。州唐置，南唐尝为康化军节度，今省。又尝割青阳隶建康，今复故。惟所置铜陵、东流二县及改秋浦为贵池，今因之。盖南唐都金陵，故当涂、芜湖、铜陵、繁昌、广德、青阳，并江宁、上元、溧阳、溧水、句容凡十一县，皆隶畿内。今建康为行都，而才有江宁等五邑，有司所当议也。李太白往来江东，此州所赋尤多，如《秋浦歌》十七首及《九华山》《青溪》《白笴陂》《玉镜潭》诸诗是也。《秋浦歌》云："秋浦长似秋，萧条使人愁。"又曰："两鬓入秋浦，一朝飒已衰。猿声催白鬓，长短尽成丝。"则池州之风物可见矣。然观太白此歌高妙乃尔，则知《姑熟十咏》决为赝作也。杜牧之池州诸诗正尔㊵，观之亦清婉可爱。若与太白诗并读，醇醨异味矣㊶。初，王师平南唐，命曹彬分兵自荆州顺流东下㊷，以樊若冰为乡导，首克池州，然后能取芜湖、当涂，驻军采石而浮桥成㊸。则池州今实要地，不可不备也。

二十五日，见知州右朝议大夫直秘阁杨师中㊹，通判右朝奉郎孙德刍。游光孝寺。寺有西峰圣者所留铁笛，圣者生当吴武王杨行密时㊺，阳狂不羁。好吹笛，能役鬼神蛟龙，尝寓池州乾明寺。乾明，即光孝也㊻。及去，留笛付主事僧。笛似铜铁而非。色绿，而莹润如绿玉，不知何物。僧惧为好事者所夺，郡官求观之，辄出一凡铁笛充数。予偶与监寺僧有旧，独得一见。有石刻沈睿达所作《西峰铭》㊼，文辞古雅可爱，恨非其自书也。僧言贵池去城八十里，在秀山下，江之一支，别汇为池，四隅皆因山石为岸。产鲤鱼，金鳞朱尾，味极美，本以此得贵池之目。秀山有梁昭明太子墓㊽，拱木森然。今池州城西有神甚灵者曰九郎，或云九郎即昭明。晚登弄水亭㊾，杜牧之所赋诗也㊿。亭殊不葺(51)，然正对清溪齐山(52)，景物绝佳。州虽濒江，然据冈阜上，颇难得水。

[注释]

　　①刘全白：唐代宗时人，大历八年（773）时为浙西节度从事，后官膳部员外郎。德宗贞元六年（790），以尚书膳部员外郎出为池州刺史，途经当涂龙山，凭吊李白，见其坟将毁，乃请当涂县令顾游秦修坟立碑，刘全白自撰《碣记》。碑文见清王琦注《李太白全集》卷三一附录。十年改湖州刺史，迁秘书监致仕。《嘉泰吴兴志》卷十四："刘全白，正（贞）元十年自池州刺史授（湖州刺史），迁秘书监致仕。"张真甫：张震，字真甫，汉州（治今四川广汉）人，绍兴二十一年（1151）进士。历著作佐郎、殿中侍御史。孝宗朝为中书舍人，出知夔州、遂宁府。乾道六年（1170）知成都府，乾道八年（1172）卒于官。其事迹散见于《要录》等书。《全宋文》卷四九八六有小传。　②郭功甫：郭祥正。　③潍州：今山东潍坊。　④谢公池：《读史方舆纪要》卷二十："青山，（太平）府东南三十里。……山绵亘甚远，周八十里。唐天宝十二载改名谢公山，以齐宣城太守谢朓居此。山顶有池及井，皆以谢公名也。"　⑤大信口：大信河的河口。《读史方舆纪要》卷二十："大信河，（太平）府西南二十五里。大江自天门山南酾为夹河，曰大信，下达采石入江，亦谓之南浦。"　⑥《于役志》盖谪夷陵时所著：《于役志》，景祐三年（1036），欧阳修贬为夷陵县令赴任途中所作的一部笔记。《欧阳文忠公年谱》："（景祐三年）公年三十。是岁，天章阁待制、权知开封府范仲淹言事忤宰相，落职知饶州。公切责司谏高若讷，若讷以其书闻。五月戊戌，降为峡州夷陵县令。公自京师，沿汴，绝淮，溯江，奉母夫人赴贬所。十月，至夷陵。"于役，取自《诗经·王风·君子于役》："君子于役，不知其期。"　⑦褐山矶：褐山突出的巨石。《读史方舆纪要》卷二十："褐山，（太平）府西

南三十五里，临大江。亦曰曷山，稍东即东梁山也。" ⑧枭矶：长江中石矶名。《读史方舆纪要》卷二十："淮南即姑孰也。又西南二里大江中有枭矶山。枭，老蛟也。……矶之西即无为州界也。" ⑨吕昭问：历官通直郎、将作监主簿。宋孝宗乾道中知芜湖县。宋宁宗庆元中知黄州。《直斋书录解题》卷八："《齐安志》二十卷，郡守吕昭问俾教授厉居正重修。庆元己未也。" ⑩玩鞭亭：《晋书》载，东晋太宁二年（324）王敦谋反，明帝探知其详，便衣轻骑悄至于湖，暗察王敦营垒，被王敦发觉。为脱身，明帝将七宝马鞭交给路旁卖食老妪曰："后骑来，可以此示。"追者至，见鞭珍贵，传玩良久，明帝乘机逃脱。此亭始建于北宋元丰中，后遭焚毁。 ⑪温飞卿：唐代诗人温庭筠，字飞卿。《湖阴曲》：《全唐诗》作《湖阴词》。诗曰："祖龙黄须珊瑚鞭，铁骢金面青连钱。虎髯拔剑欲成梦，日压贼营如血鲜。海旗风急惊眠起，甲重光摇照湖水。苍黄追骑尘外归，森索妖星阵前死。五陵愁碧春萋萋，霸川玉马空中嘶。" ⑫"帝至于湖，阴察营垒"，当以于湖为句，飞卿盖误读：意谓张耒认为此句当断句为"帝至于湖，阴察营垒"，而温庭筠误将句子断为"帝至于湖阴，察营垒"，才有了所谓"湖阴"的诗题。 ⑬作《于湖曲》以反之：张耒作了一首《于湖曲》来纠正温庭筠之误："武昌云旗蔽天赤，夜筑于湖洗锋镝。巴滇骡骏风作蹄，去如灭没来不嘶。日围万里缠孤壁，虏气如霜已潜释。蛇矛贱士识天颜，玉帐髯奴落妖魄。君不见铜驼陌上尘沙起，胡骑春来饮瀍水。浮江天马是龙儿，蹙踏扬州开帝里。王气高悬五百秋，弄兵老瞒空白头。石城战骨卧秋草，更欲君王分上流。" ⑭梦得自夔州移牧历阳：刘禹锡自夔州刺史调任和州刺史。《新唐书·刘禹锡传》："易连州，又徙夔州刺史。……由和州刺史入为主客郎中。"夔州治今重庆奉节。 ⑮疑为敦墓：怀疑此墓就是晋朝逆臣王敦的墓葬。 ⑯宁国：宁国府，治今安徽宣州。太平：在今安徽黄山。 ⑰以提刑司檄来督大礼钱帛：意谓太平县主簿陈炳带着江东路提刑司的公文前来催督向朝廷献礼的钱帛。太平县距芜湖甚远，陈炳此行为到太平州公干，偶遇陆游来拜。　⑱练师：道士之德高望重者。《唐六典》卷四："道士修行有三号，其一曰法师，其二曰威仪师，其三曰律师；其德高思精谓之练师。"　⑲葛仙峰：在今江西上饶铅山县境内，三国吴赤乌年间高道葛玄在此炼丹飞升，故名葛仙山。　⑳不火食：不生火做饭。　㉑或于户外窃听之：有人在窗外偷偷听她有何动静。　㉒皖山：又名天柱山、潜山，在今安徽潜山。汉武帝元封中南巡至此，封为"南岳"。　㉓二纪：二十四年。《文选》卷二六谢灵运《永初三年七月十六日之郡初发都》诗："从来渐二纪，始得傍归路。"李善注引《尚书传》："十二年曰纪。"究此事：探究道教法术。　㉔灊（qián）皖：即潜山一座山，并非两座山合称。　㉕三山矶：《读史方舆纪要》卷二十："三山矶，（芜湖）县东北四十里，临江滨，有巡司戍守。上至荻港巡司七十里，下至芜湖县河口镇巡司三十里。"　㉖繁昌县：在今安徽芜湖。　㉗隔港即铜陵界：过了荻港就进入铜陵县。即今安徽铜陵。　㉘铜官山：《读史方舆纪要》卷二十："铜官山，（繁昌）县南十里。有泉源，冬夏不竭，可以浸铁烹铜。唐于此置铜官场，宋置利国监。……稍西有铜官渚。"　㉙凤凰山：《读史方舆纪要》卷二十："凤凰山，（繁昌县）西南二十里，下临荻港，有珠金沙。"　㉚青华：道教观名。按：此事载于《宋史·赵自然传》甚详，今录之："赵自然，太平繁昌人，家荻港旁，以鬻茗为业，本名王九。始十三，疾甚，父抱诣青华观，许为道士。后梦一人状貌魁伟，纶巾素袍，鬓发班白，自云姓阴，引之登高山，谓曰：'汝有道气，吾将教汝辟谷之法。'乃出青柏枝令啖，梦中食之。及觉，遂不食，神气清爽，每闻火食气即呕，惟生果清泉而已。岁余，复梦向见老人，教以篆书数百字，窥悉能记。写以示人，皆不能识。或云：'此非篆也，乃道家符箓耳。'尝为《元道歌》，言修炼之要。知州王洞表其事，太宗召赴阙，亲问之，赐道士服，改名自然，赍钱三十万。月余遣还，住青华观。" ㉛阳山矶：《读史方舆纪要》卷二十："大阳山，在（繁昌）县西，其相接者为小阳山，有龙池，虽旱不竭。山之西麓尽于江中，有板子矶。" ㉜九华山：中国佛教四大名山之一，位于安徽池州青阳县西南四十里。《九华山录》云："此山奇秀，高出云表，峰峦异状。厥数有九，故号九子山。李白因游江汉，睹其山秀异，遂更号九华山。" ㉝刘至以为可兼太华、女几之奇秀：刘禹锡甚至认为九华山兼有太华山、女几山的耸奇秀美。太华，即今陕西华山。女几，山名，在今河南宜阳，距洛阳九十公里。《读史方舆纪要》卷四八："女几山在（宜阳）县西九十里。晋张轨少隐于宜阳女几山，即此。"此山自古以来多有文人题咏，如刘禹锡称此山为"仙山"，其《三乡驿楼伏睹玄宗望女几山诗》："开元天子万事足，唯惜当时光景促。三乡陌上望仙山，归作霓裳羽衣曲。" ㉞号九华先生，封青阳公：《十国春秋·元宗本纪》："侍中周宗年老，恭谨自守，中书令宋齐丘广树朋党，百计倾之。宗泣诉于中主，中主由是薄齐丘。既而陈觉被疏，乃出齐丘为镇海节度使。齐丘怼怼，表乞归九华旧隐，中主知其诈，一表即从之，赐书曰：'明日之行，昔时相许。朕实知公，故不夺公志。'仍赐号九华先生，封青阳公，食一县租税。" ㉟庐阜：庐山。天台：天台山。 ㊱天井：天井院，又名天寿寺，故址在今浙江宁波。《开庆四明续志》卷六九："天寿寺，（鄞）县西南六十里，旧号天井院，宋建隆元年建。" ㊲佛灯珣禅师：禅宗守珣禅师。《五灯会元》卷十九："何山佛灯守珣禅师，郡（安吉州，治今浙江湖州）之施氏子。参广鉴瑛禅师，不契，遂造太平，随众咨请，邈无所入。乃封其衾曰：'此生若不彻去，誓不展此。'于是昼坐宵立，如丧考妣。逾七七日，忽佛鉴上堂曰：'森罗及万象，一法之所印。'师闻顿悟。" ㊳梅根港：《读史方舆纪要》卷二七："梅根河，（池州）府东四十五里。（其源）一出太婆山，泻马衔桥，绕龙潭，与九华之流合，交于双河，又北达大江。亦曰梅根港。"　㊴池州：治今安徽池州。　㊵杜牧之：唐杜牧，字牧之，著名诗人，与杜甫合称"大小杜"。他在池州写过很多诗，如《题池州弄水亭》《春末题池州弄水亭》《登池州九峰楼寄张祜》《池州废林泉寺》《池州清溪》《游池州林泉寺金碧洞》等。正尔：雅正之作。　㊶醇醨异味：味道醇美的酒与味道寡薄的酒，完全不是同一感觉。醨，薄酒。　㊷命曹彬分兵自荆州顺流东下：《宋史·曹彬传》："（开宝）七年，将伐江南。九月，彬奉诏与李汉琼、田钦祚先赴荆南发战舰，潘美帅步兵继进。十月，诏以彬为升州西南路行营马步军战棹都部署，分兵由荆南顺流而东，破峡口砦，进克池州，连克当涂、芜湖二县，驻军采石矶。十一月，作浮梁，跨大江以济师。十二月，大破其军于白鹭洲。八年正月，又破其军于新林港。二月，师进次秦淮，江南水陆十余万陈于城下，大败之，俘斩数万计。及浮梁成，吴人出兵来御，破之于白鹭洲。"　㊸采石：采石矶，在安徽马鞍山西南十里处长江南岸，峭壁千寻，突兀江中，历来为兵家必争之地。《读史方舆纪要》卷十九："宋开宝七年，曹彬败江南兵于采石矶。先是，樊若水尝渔于采石，以小舟载丝绳维南岸，疾棹至北岸，以度江之广狭，遂诣阙，请造舟为梁以济师，繇是大军长驱，如履平地。"　㊹杨师中：高宗绍兴中知建昌军，又自知严州移知江阴军，次年移知高邮军，未久奉祠。孝宗乾道中知池州。事迹散见于《要录》等书。　㊺吴：五代十国时期由杨行密所建的割据政权。杨行密，字化源，庐州合肥人。历经唐末大乱，占据淮南，受封吴王，未久自立。死后被尊为吴太祖。新、旧《五代史》，《十国春秋》均有纪传。　㊻乾明，即光孝也：前代的乾明寺即今天的光孝寺。　㊼沈睿达：沈辽，字睿达。见卷一注⑫。　㊽梁昭明太子：南朝梁昭明太子萧统，字德施，梁武帝萧衍长子。卒年三十一，谥为昭明，史称昭明太子。他所编撰的《文选》，为中国第一部文学总集。 ㊾弄水亭：在池州府南门外，唐杜牧建。张舜民《郴行录》：“池州弄水亭，杜牧之所创，俯溪流，望齐山，景致清绝，人皆采为图画。亭上石刻，尽载小杜诗篇。” ㊿杜牧之所赋诗：杜牧《题池州弄水亭》：“弄水亭前溪，飐滟翠绡舞。绮席草芊芊，紫岚峰伍伍。螭蟠得形势，翚飞如轩户。一镜奁曲堤，万丸跳猛雨。槛前燕雁栖，枕上巴帆去。丛筠侍修廊，密蕙媚幽圃。杉树碧为幢，花骈红作堵。停樽迟晚月，咽咽上幽渚。” 51亭殊不葺（qì）：亭子已许久未经修缮，显得十分败落。 51清溪齐山：《读史方舆纪要》卷二七：“清溪河，在（池州）城南，源出西南之涔溪及石岭，与棠溪峡川之水交于白洋，汇于江祖潭，注于上清溪，沿流与上洛岭水会，绕于平天湖，涌于黄沙滩，过齐山湖。……齐山，（池州）府南三里。山有十余峰，其高齐等，因名。周必大《记》曰：唐刺史齐映所尝游也。山周围二十里，岩洞三十，有二泉，大小十一亭，台二十余，其九顶洞，亦曰翠微寨。”

二十六日，解舟，过长风沙罗刹石[1]，李太白《江上赠窦长史》诗云：“万里南迁夜郎国，三年归及长风沙。”梅圣俞《送方进士游庐山》云：“长风沙浪屋许大，罗刹石齿水下排。历此二险过溢浦[2]，始见瀑布悬苍崖。”即此地也，又太白《长干行》云：“早晚下三巴，预将书报家。相迎不道远，直到长风沙。”盖自金陵至此七百里，而室家来迎其夫，甚言其远也。地属舒州[3]，旧最号湍险。仁庙时，发运使周湛役三十万夫[4]，疏支流十里以避之，至今为行舟之利。罗刹石在大江中，正如京口鹘峰而稍大[5]，白石拱起，其上丛篠乔木。亦有小神祠旛竿，不知何神也。西望群山靡迤，岩嶂深秀，宛如吾庐南望镜中诸山[6]，为之累欷。宿怀家洑。

怀，姓也。吴有尚书郎怀叙，见《顾雍传》⑦。

二十七日五鼓，大风自东北来。舟人不告，乘便风解船。过雁翅夹⑧，有税场，居民二百许家。岸下泊船甚众，遂经皖口至赵屯。未朝食，已行百五十里，而风益大，乃泊夹中。皖口即王师破江南大将朱令赟水军处⑨。赵屯有戍兵，亦小市聚也。是日大风，至暮不止。登岸。行至夹口，观江中惊涛骇浪，虽钱塘八月之潮不过也。有一舟掀簸浪中。欲入夹者再三，不可得，几覆溺矣，号呼求救，久方能入。北望正见皖山，太白《江上望皖公山》诗云："巉绝称人意。""巉绝"二字，不刊之妙也。南唐元宗南迁豫章⑩，舟中望皖山，爱之，谓左右曰："此青峭数峰何名？"答曰："舒州皖山。"时方新失淮南，伶人李家明侍侧⑪，献诗曰："龙舟千里扬东风，汉武浔阳事正同。回首皖公山色好，日斜不到寿杯中。"元宗为悲愤欷歔。故王文公诗云："南狩皖山非故地，北师淮水失名王。"计其处，当去此不远也。夜，雨。

二十八日，过东流县不入⑫，自雷江口行大江⑬。江南群山，苍翠万叠，如列屏障，凡数十里不绝，自金陵以西，所未有也。是日，便风张帆，舟行甚速，然江面浩渺，白浪如山，所乘二千斛舟，摇兀掀舞，才如一叶。过狮子矶⑭，一名佛指矶，藓壁百尺，青林绿筱，倒生壁间，图画有所不及，犹恨舟行北岸，不得过其下。旁有数矶，亦奇峭，然皆非狮子比也。至马当⑮，所谓下元水府⑯，山势尤秀拔。正面山脚，直插大江。庙依峭崖架空为阁，登降者皆自阁西崖腹小石径，扪萝侧足而上，宛若登梯。飞甍曲槛，丹碧缥缈，江上神祠，惟此最佳。舟至石壁下，忽昼晦，风势横甚。舟人大恐失色，急下帆，趋小港，竭力牵挽，仅能入港。系缆同泊者四五舟，皆来助牵。早间同行一舟，亦蜀舟也，忽有大鱼正绿，腹下赤如丹，跃起柂旁，高三尺许，人皆异之。是晚，果折樯破帆，几不能全，亦可怪也。入夜，风愈厉，增十余缆。迨晓，方少定。

二十九日，阻风马当港中，风雨凄冷，初御夹衣。有小舟冒风涛来卖薪菜豨肉，亦有卖野彘肉者，云猎芦场中所得。饭已，发南岸，望马当庙，北风吹人劲甚，至不能语。既暮，风少定，然怒涛未息，击船终夜有声。

八月一日，过烽火矶。南朝自武昌至京口，列置烽燧，此山当是其一也。自舟中望山，突兀而已。及抛江过其下，嵌岩窦穴，怪奇万状，色泽莹润，亦与它石迥异。又有一石不附山，杰然特起，高百余尺，丹藤翠蔓，罗络其上，如宝装屏风[17]。是日风静，舟行颇迟，又秋深潦缩，故得尽见杜老所谓"幸有舟楫迟，得尽所历妙"也。过澎浪矶、小孤山[18]，二山东西相望。小孤属舒州宿松县，有戍兵。凡江中独山，如金山、焦山、落星之类[19]，皆名天下，然峭拔秀丽，皆不可与小孤比。自数十里外望之，碧峰巉然孤起，上干云霄，已非它山可拟，愈近愈秀，冬夏晴雨，姿态万变，信造化之尤物也。但祠宇极于荒残，若稍饰以楼观亭榭，与江山相发挥，自当高出金山之上矣。庙在山之西麓，额曰惠济，神曰安济夫人。绍兴初，张魏公自湖湘还[20]，尝加营葺，有碑载其事。又有别祠在澎浪矶，属江州彭泽县[21]，三面临江，倒影水中，亦占一山之胜。舟过矶，虽无风，亦浪涌，盖以此得名也。昔人诗有"舟中估客莫漫狂，小姑前年嫁彭郎"之句[22]，传者因谓小孤庙有彭郎像，澎浪庙有小姑像，实不然也。晚泊沙夹，距小孤一里。微雨，复以小艇游庙中，南望彭泽、都昌诸山㉓，烟雨空濛，鸥鹭灭没，极登临之胜，徙倚久之而归。方立庙门，有俊鹘抟水禽，掠江东南去，甚可壮也。庙祝云㉔："山有栖鹘甚多。"

二日早，行未二十里，忽风云腾涌，急系缆。俄复开霁，遂行。泛彭蠡口㉕，四望无际，乃知太白"开帆入天镜"之句为妙㉖。始见庐山及大孤。大孤状类西梁㉗，虽不可拟小姑之秀丽，然小孤之旁，颇有沙洲葭苇，大孤则四际渺弥皆大江，望之如浮水面，亦一奇也。江自湖口分一支为南江，盖江西路也㉘。江水浑浊，每汲用，皆以杏仁澄之，过夕乃可饮。南江则极清澈，合处如引绳不相乱㉙。晚抵江州，州治德化县，即唐之浔阳县㉚，柴桑、栗里㉛，皆其地也。南唐为奉化军节度，今为定江军。岸土赤而壁立，东坡先生所谓"舟人指点岸如赪"者也㉜。泊湓浦，水亦甚清，不与江水乱。自七月二十六日至是，首尾才六日，其间一日阻风不行，实以四日半溯流行七百里云。

三日，移泊琵琶亭㉝，见知州左朝请郎周昇强仲㉞、通判左朝散郎胡适、发运使户部侍郎史正志志道㉟、发运司干办公事程坦履道㊱、察推左文林郎蔡戡定夫㊲。始得夔州公移㊳。

四日，游天庆观，李太白诗所谓"浔阳紫极宫"也。苏、黄诗刻㊴，皆不复存。太白诗有一石，亦近时俗书。见观主李守智，问玉芝，亦不能答。观皆古屋，初不更兵烬，而遗迹扫地，独太清殿老君像乃唐人所塑，特为奇古。真人、女真、仙官、力士、童子各二躯，又有唐明皇帝金铜像，衣冠如道士，而气宇粹穆，有五十年安享太平富贵气象。李守智者，滁州来安人㊵，自言家故富饶，遇乱弃家为道人，大将岳飞以度牒与之，始为道士，至今画岳氏父子事之。史志道招饮于发运廨中。登高远亭，望庐山，天气澄霁，诸峰尽见。志道出新鼓铸铁钱。

五日，郡集于庾楼㊶。楼正对庐山之双剑峰㊷，北临大江，气象雄丽。自京口以西，登览之地多矣，无出庾楼右者。楼不甚高，而觉江山烟云皆在几席间，真绝景也。庾亮尝为江荆豫州刺史㊸，其实则治武昌。若武昌南楼名庾楼，犹有理，今江州治所，在晋特柴桑县之湓口关耳，此楼附会甚明。然白乐天诗固已云"浔阳欲到思无穷，庾亮楼南湓口东"，则承误亦久矣。张芸叟《南迁录》云"庾亮镇浔阳，经始此楼㊹"，其误尤甚。

六日甲夜，有大灯球数百，自湓浦蔽江而下，至江面广处，分散渐远，赫然如繁星丽天。土人云，此乃一家放五百碗以禳灾祈福，盖江乡旧俗云。

七日，往庐山，小憩新桥市，盖吴蜀大路。市肆壁间，多蜀人题名，并溪乔木㊺，往往皆三二百年物㊻。盖山之麓也，自江州至太平兴国宫三十里㊼，此适当其半。是日，车马及徒行者憧憧不绝，云"上观"㊽，盖往太平宫焚香，自八月一日至七日乃已，谓之"白莲会"。莲社本远法师遗迹㊾，旧传远公尝以一日偕道流，故至今太平宫岁以为常。东林寺亦自作会㊿，然来者反不若太平之盛，亦可笑也。晚至清虚庵。庵在拨云峰下，皇甫道人所居㉛。皇甫名坦，嘉州人，出游旁郡，独见其弟子曹弥深。登绍兴焕文阁，实藏光尧皇帝御书㉜。又有神泉清虚堂，皆宸翰题榜㉝。宿清虚西室，曹君置酒堂中，炙鹿肉甚珍，酒尤清醇。夜寒，可附火。

[注释]

①长风沙罗刹石：长风沙又名长风夹，在今安徽安庆迎江区。是长江中与瞿塘峡、滟滪堆并称的江流险段。《读史方舆纪要》卷二六："（安庆）府东四十里曰长风镇。又有长风沙，在府东五十里，亦曰长风夹，滨大江。……江中有新洲、磨盘洲，又有罗刹石，嶒岩森立，舟帆艰险，其洲亦曰罗刹洲。" ②溢浦：溢水至长江入口处，在今江西九江市西。 ③舒州：治今安徽潜山。 ④周湛：字文渊，邓州穰（今河南邓州）人。历知虔州、提点广南东路刑狱、三司户部判官、夔州路转运使等职。《宋史》有传。《长编》卷一七七："（至和元年十月）丙辰，太常少卿周湛直昭文馆、为淮南江浙荆湖制置发运使。" ⑤京口：今江苏镇江。鹘峰：在大江中金山。《嘉定镇江志》卷六："江中山后孤峰，以鹘栖其上，曰鹘山。" ⑥宛如吾庐南望镜中诸山：宛如在会稽老家南望镜湖边的群山。 ⑦顾雍：《三国志·吴书·顾雍传》："尚书郎怀叙面詈辱（吕）壹，雍责叙曰：'官有正法，何至于此！'……雍为相十九年，年七十六，赤乌六年卒。" ⑧雁翅夹：水口小镇，在皖山西。陆游有《雁翅夹口小酌》诗："墟烟淡将散，江雨细欲无。回风吹衣襟，晴光满菰蒲。隐几乐此时，清和如夏初。犬吠船丁归，小市得美蔬。欢言酌清醥，侑以案上书。虽云泊江渚，何异归林庐。"当是此次途经雁翅夹所作。 ⑨皖口即王师破江南大将朱令赟水军处：《长编》卷十六："（开宝八年十月）朱令赟自湖口以众入援，号十五万，缚木为筏，长百余丈，战舰大者容千人，顺流而下，将焚采石浮梁。王明率所部兵屯独树口，遣其子驰骑入奏，且请增造战船三百，以袭令赟。上曰：'此非应急之策也。令赟朝夕至，金陵之围解矣。'乃密遣使令明于洲浦间多立长木若帆樯之状。令赟望见，疑有伏，即稍逗遛。时江水浅涸，不利行舟，令赟独乘大航，高十余重，

上建大将旗旛。至皖口，行营步军都指挥使刘遇聚兵急攻之，令赟势蹙，因纵火拒斗。会北风甚，火反及之，其众悉溃。己未，生擒令赟及战棹都虞候王晖等，获兵仗数万。"　　⑩南唐元宗南迁豫章：南唐李璟即位后，后周柴荣屡屡派兵南下，占领了淮南江北大片领土。迫于后周的军事威胁，李璟不得不将都城从建康迁往豫章（今江西南昌）。《十国春秋》卷十六《元宗本纪》："秋七月，国主议徙都洪州，曰：'建康与敌境隔江而已，今吾徙都豫章，据上流而制根本，上策也。'群臣多不欲，惟枢密使唐镐赞成之。"　　⑪伶人李家明：《十国春秋·李家明传》："李家明，庐州人。与杨花飞为同伍，善诙谐滑稽。……元宗失江北，迁南都，龙舟至赵屯，举酒望皖公山曰：'好青峭数峰，不知何名？'家明对曰：'此舒州皖公山也。'因献诗曰：'皖公山纵好，不落御觞中。'元宗太息，为罢酒。"马令《南唐书》载此诗为"龙舟轻舰锦帆风，正值宸游望远空。回首皖公山色翠，影斜不到寿杯中"。　　⑫东流：今安徽池州东至县。不入：没有下船前往县城。　　⑬雷江口：《读史方舆纪要》卷二六："雷池，（宿松）县东三十里。源出宿松县界，东流二百余里，经县东南，积而为池，又东十五里入江。三国时有雷池监……亦曰雷港，亦曰雷江口，亦曰大雷江。"　　⑭狮子矶，宿松界长江中诸矶之一。《读史方舆纪要》卷二六载：江中有莲花、白沙、雁落、七团、鬼颈、雀料、大新、狮子、稠林等矶。所谓"旁有数矶"即指此。　　⑮马当：马当山，在今江西彭泽县东北。其山虽不甚高，然横枕江中，使其旁水道流急浪高，形势十分险要。《太平寰宇记》卷一一一："其山横枕大江，山像马形，回风撼浪，舟船艰阻。"　　⑯下元水府：道教水神的封号。按：此处或误，当为上元水府。《宋史·礼志五》："诏封江州马当上水府福善安江王，太平州采石中水府顺圣平江王，润州金山下水府昭信泰江王。"　　⑰宝装屏风：奇珍异宝装点的屏风。　　⑱澎浪矶：《读史方舆纪要》卷二六："小孤山，（宿

入蜀记　|　303

松）县东南百二十里，与江西彭泽县接界。旧时峙江北岸，与南岸群山对峙，为控扼处。……其南下曰彭浪矶，矶蹴为马当山。"小孤山：《读史方舆纪要》卷二六："大江合九江、鄱阳之水，东北经流（江州）府城东、西、南三面，而小孤山旧为大江控扼处，屹峙江北岸，孤峰峭拔，与南岸山对峙如门。大江之水至此，扼束而出，其下深险可畏。"⑲金山、焦山：均在镇江长江水中。落星：落星山，在今江苏南京东北，北临长江。《至大金陵新志》卷四下："落星山在城西南五十里，周回二里，高一十丈。西临大江。旧《图经》云：昔有大星落此，因名。"⑳张魏公自湖湘还：高宗绍兴五年（1135），湖南钟相、杨么聚众起义，朝廷命同中书门下平章事兼知枢密院事张浚前往弹压。《宋史·张浚传》："至潭，贼众二十余万相继来降，湖寇尽平。"㉑江州：治今江西九江。彭泽县：今江西彭泽。㉒小姑前年嫁彭郎：苏轼《李思训画长江绝岛图》："山苍苍，江茫茫，大孤小孤江中央。崖崩路绝猿鸟去，惟有乔木搀天长。客舟何处来，櫂歌中流声抑扬。沙平风软望不到，孤山久与船低昂。峨峨两烟鬟，晓镜开新妆。舟中贾客莫漫狂，小姑前年嫁彭郎。"㉓都昌：宋县名，在今江西都昌。㉔庙祝：寺庙中操持香火的僧人。㉕彭蠡：即今江西鄱阳湖。彭蠡之口，今江西湖口。苏轼《石钟山记》序："《水经》云：'彭蠡之口，有石钟山焉。'郦元以为'下临深潭，微风鼓浪，水石相搏，声如洪钟'。"㉖开帆入天镜：李白《下寻阳城泛彭蠡寄黄判官》："开帆入天镜，直向彭湖东。"㉗大孤状类西梁：大孤山形状与此前经过的西梁山相似。西梁，卷二下段十五日、十八日两段原文所述甚详，可参。㉘江自湖口分一支为南江，盖江西路：长江从湖口另分出一条支流，叫作南江。江南东路和江南西路即以此江为界。㉙合处如引绳不相乱：谓浑浊的长江与清澈的南江中间，就像有条绳子分隔开一样。㉚州治德化县，即唐之浔阳县：江州治所在德化县，唐朝叫作浔阳县。德化，今江西九江。　㉛柴桑：古县名，西汉时置，因县西南有柴桑山而得名，在今江西九江市西南。晋陶渊明家乡即在此县。栗里：在庐山温泉北，是陶渊明经常躬耕之处。《读史方舆纪要》卷八三："栗里原在（九江）府西三十六里，为晋陶潜隐居处。"　㉜舟人指点岸如赭：按：此处有误。此句并非出自苏轼，而是其弟苏辙《自黄州还江州》中的诗句："身浮一叶返滏城，凌犯风涛日夜行。把酒独斟从睡重，还家渐近觉身轻。岸回樊口依稀见，日出庐山紫翠横。家在庾公楼下泊，舟人遥指岸如赭。"自注："江州城下土赤如赭。"　㉝琵琶亭：始建于唐，在九江城西长江之滨，当年白居易《琵琶行》中所言送客之处。　㉞周昇：字强仲，乾道六年至八年（1170~1172年）知江州。　㉟史正志：字志道，润州丹阳（今江苏丹阳）人，绍兴二十一年（1151）进士。乾道三年（1167）知建康府，六年（1170）为两浙京湖福建等路都大发运使。晚归苏州以终老。《嘉定镇江志》卷十九有传。　㊱干办公事：即勾当公事，宋朝设在地方军政及路分中的主要属官，南宋初避高宗赵构讳改。其职责大致相当于今之办公厅主任。　㊲察推：观察推官的简称，为州府主要属官之一，掌纠察官员违失等事。蔡戡：字定夫，福建仙游人，北宋名臣蔡襄四世孙，乾道二年（1166）进士。初为江州观察推官、知江阴军，淳熙初知随州，历京西、广东运判，广东提刑。淳熙十年（1183）为淮西总领，改湖广总领。《宋史翼》卷十八有传。　㊳夔州公移：夔州方面发来的公文。陆游此次赴任夔州通判，在江州时已得到夔州接应的文牒。㊴苏、黄：苏轼、黄庭坚。　㊵来安：今安徽来安。　㊶郡集：阖郡官员的集会。庾楼：江州楼名，相传为晋代庾亮镇守江州时所建。唐孙元晏《庾楼》诗："江州楼上月明中，从事同登眺远空。玉树忽薶千载后，有谁重此继清风。"　㊷双剑峰：庐山高峰之一。《读史方舆纪要》卷八三："其在九江界者，曰双剑峰，在（九江）府南五十里，形势插天，宛如双剑。"

入蜀记 | 305

㊸庾亮：字元规，颍川鄢陵（今河南鄢陵）人。镇豫州，又代陶侃为征西将军，兼领江、荆、豫三州刺史，都督七州诸军事。《晋书》有传。㊹张芸叟：张舜民，字芸叟。神宗元丰中遭贬郴州，南行作《郴行录》。此言《南迁录》即指此书。 ㊺并溪乔木：即“溪水边的乔木”，意谓溪水岸上的大树。并，通“傍”。 ㊻往往皆三二百年物：大多是生长了两三百年的古树。 ㊼太平兴国宫：庐山道教宫观名，始建于唐玄宗时，名通玄府。北宋太宗太平兴国时，敕封太平兴国观，徽宗宣和中更名太平兴国宫。宋代祠禄官有“提举太平兴国宫”，即本此。 ㊽云“上观”：叫作“上观”。意即登山到太平宫去朝圣上香。 ㊾莲社：即白莲社，东晋高僧慧远在庐山东林寺同慧永等人结社，发誓往生西方净土，又掘池植白莲，称为“白莲社”。远法师：慧远。《历代佛祖统记》卷十二：“法师慧远，姓贾氏，雁门楼烦人。幼而好学，年十三，随舅令狐氏游学许洛，博综六经，尤善庄老。……（晋孝武帝）太元六年，至寻阳。见庐山闲旷可以息心。乃立精舍。……不期而至者，慧永、慧持、道生、昙顺、僧睿昙、恒道、昺昙、诜道敬、佛驮耶舍、佛驮跋陀罗，名儒刘程之、张野、周续之、张诠、宗炳、雷次宗等，结（白莲）社念佛。世号十八贤。” ㊿东林寺：庐山佛寺名。陈舜俞《庐山记》卷一：“舣舟寻阳郭，始见香炉峰，即此峰也。东林寺正在其下。” (51)皇甫道人：皇甫坦。曾预言荆南帅臣李道之女李凤娘贵不可言，高宗信之，为其孙迎娶凤娘，立为皇后。《宋史·皇甫坦传》：“皇甫坦，蜀之夹江人。……隆兴初，（李）道入朝，高宗、孝宗问之，皆称皇甫先生而不名。坦又善相人，尝相（李）道中女必为天下母，后果为光宗后。”《江西通志》卷十二：“绍兴间，皇甫坦隐庐山。” (52)光尧皇帝：高宗退位后，孝宗上其尊号为“光尧寿圣宪天体道性仁诚德经武纬文绍业兴统明谟盛烈太上皇帝”。世称光尧皇帝。(53)宸翰题榜：皇帝亲笔题写的匾额。

卷　四

八日早，由山路至太平兴国宫，门庭气象极闳壮。正殿为九天采访使者像①，衮冕如帝者。舒州灊山灵仙观祀九天司命真君②，而采访使者为之佐，故南唐名灵仙曰丹霞府③，太平曰通玄府④，崇奉有自来矣。至太宗皇帝时，尝遣中使送泥金绛罗云鹤帔，仍命三年一易。神宗皇帝时，又加封应元保运真君⑤，及赐涂金殿额。两壁图十真人，本吴生笔⑥。建炎中，李成、何世清二盗以庐山为巢⑦，宫屋焚荡无余。先是山中有太一宫，摹吴笔于殿庑。及太平再兴，复摹取太一本，所托非善工，无复仿佛⑧。憩于云无心堂，盖冷翠亭故址也。溪声如大风雨，至使人毛骨寒栗，一宫之最胜处也。采访殿前有钟楼，高十许丈，三层，累砖所成，不用一木，而楣桷翚飞⑨，虽木工之良者不能加也。但钟为砖所掩蔽⑩，声不甚扬，亦是一病。观主胡思齐云："此一楼为费三万缗，钟重二万四千余斤。"又有经藏亦佳，扁曰"云章琼室"。太平规模，大概类南昌之玉隆⑪，然玉隆不经焚，尚有古趣为胜也。遂至东林太平兴龙寺。寺正对香炉峰⑫，峰分一支东行，自北而西，环合四抱，有如城郭，东林在其中，相地者谓之"倒挂龙格"⑬。寺门外虎溪⑭，本小涧，比年甃以砖，但若一沟，无复古趣。予劝其主僧法才去砖，使少近自然，不知能用吾言否。食已，煮观音泉啜茶。登华严罗汉阁。阁与卢舍阁钟楼鼎峙，皆极天下之壮丽，虽闽、浙名蓝⑮，所不能逮⑯。遂至上方五杉阁、舍利塔、白公草堂⑰。上方者，自寺后支径穿松阴，躐石磴而上，亦不甚高。五杉阁前旧有老杉五本，传以为晋时物，白傅所谓"大十尺围"者⑱，今又数百年，其老可知矣。近岁主僧了然辄伐去，殊可惜也。塔中作如来示寂像，本宋佛驮跋陀尊者⑲，自西域持舍利五粒来葬于此。草堂，以白公记考之，略是故处。三间两注⑳，亦如记所云。其他如瀑水、莲池㉑，亦皆在。高风逸韵，尚可想见。白公尝以文集留草堂，后屡亡逸。真宗皇帝尝令崇文院写校，包以斑竹帙送寺，建炎中又坏于兵，今独有姑苏版本一帙，备故事耳。草堂之旁又有一故址，云是王子醇枢密庵基㉒。盖东林为禅苑始于王公，而照觉禅师常总实第一祖㉓。总公有塑像，严重英特人也㉔。宿东林。

九日，至晋慧远法师祠堂及神运殿焚香㉕。憩官厅堂中，有耶舍尊者、刘遗民等十八人像，谓之十八贤㉖。远公之侧，又有一人执军持侍立㉗，谓之辟蛇童子。传云东林故多蛇，此童子尽拾取，投之蕲州㉘。神运殿本龙潭，深不可测，一夕鬼神塞之，且运良材以作此殿，皆不知实否也。然"神运殿"三字，唐相裴休书㉙，则此说亦久矣。官厅重堂邃庑，厨厩备设。壁间有张文潜题诗。寺极大，连日游历，犹不能遍。唐碑亦甚多，惟颜鲁公题名㉚，最为时所传。又有聪明泉在方丈之西，卓锡泉在远公祠堂后，皆久废不汲，不可食，为之太息。食已，游西林乾明寺。西林在东林之西，二林之间，有小市曰雁门市，传者以为远公雁门人，老而怀故乡，遂仿佛雁门邑里作此市，汉作新丰之比也㉛。西林本晋江州刺史陶范舍地建寺，绍兴十五六年间方为禅居，褊小非东林比，又绝弊坏。主僧仁聪，闽人，方渐兴葺，然流泉泠泠，环绕庭际，殊有野趣。正殿释迦像著宝冠。他处未见。僧云："唐塑也。"殿侧有慧永法师祠堂㉜。永公盖远公之兄，像下一虎偃伏，又有一居士立侍，不知何人。方丈后有砖塔不甚高，制度古朴，予登二级而止。东厢有小阁曰待贤，盖往时馆客之地，今亦颓弊。东、西林寺旧额，皆牛奇章八分书㉝，笔力极浑厚，西林亦有颜鲁公题名，书家以为二林题名，颜书之冠冕也。旧闻庐山天池砖塔初成，有僧施经二匣，未几塔震一角，经亦失所在。是日因登望以问僧，僧云诚然，或谓经乃刺血书，故致此异。又云今年天池火，尺椽不遗，盖旁野火所及也。晚，复取太平宫路还江州，小憩于新亭，距州二十五里。过董真人炼丹井㉞，汲饮，味亦佳。董真人者，奉也。

十日，史志道饷谷帘水数器，真绝品也。甘腴清冷，具备众美。前辈或斥《水品》以为不可信㉟，《水品》固不必尽当。然谷帘卓然，非惠山所及。则亦不可诬也。水在庐山景德观。晚别诸人。连夕在山中，极寒，可拥炉。比还舟，秋暑殊未艾㊱，终日挥扇。

十一日，解舟。吴发干约待夔州书㊲，因小留江口，望庐山。自到江州，至是凡十日皆晴，秋高气清，长空无纤云，甚宜登览，亦客中可喜事也。泊赤沙湖口，东北望，犹见庐山。老杜《潭州道林》诗云："殿脚插入赤沙湖。"此湖当在湖南。然岳州华容县及此皆有赤沙湖㊳，盖江湖间地名多同。犹赤壁也㊴。

十二日，江中见物，有双角，远望正如小犊，出没水中有声。晚泊橹脐洑，隔江大山中，有火两点若灯，开阖久之。问舟人，皆不能知。或云蛟龙之目，或云灵芝丹药光气，不可得而详也。

十三日，至富池昭勇庙㊵，以壶酒特豕谒昭毅武惠遗爱灵显王神㊶。神，吴大帝时折冲将军甘兴霸也㊷。兴霸尝为西陵太守㊸，故庙食于此。开宝中既平江南，增江淮神祠封爵，始封褒国公，宣和中，进爵为王。建炎中，大盗张遇号"一窝蜂"㊹，拥兵过庙下，相率卜珓㊺，一珓腾空中不下，一珓跃出户外。群盗惶恐引去，未几遂败。大将刘光世以闻㊻，复诏加封。岳飞为宣抚使㊼，大葺祠宇，江上神祠，皆不及也。门起大楼曰卷雪，有钉洲正对庙㊽，故庙虽俯大江。而可泊舟。钉洲者，以锐下得名。神妃封顺祐夫人，神二子，封绍威、绍灵侯，神女封柔懿夫人，皆有像，而后殿复有王与妃像偶坐，祭享之盛，以夜继日，庙祝岁输官钱千二百缗，则神之灵可知也。舟人云："若精虔致祷，则神能分风以应往来之舟㊾。"庑下有关云长像。云长不应祀于兴霸之庙者，岂各忠所事，神灵共食，皆可以无愧耶？彻奠，自祠后步至旌教祠，寺为酒务及酒官廨，像设敛置一屋㊿，尽逐去僧辈，亦事之已甚者㉑。富池盖隶兴国军。

十四日，晓雨。过一小石山，自顶直削去半，与余姚江滨之蜀山绝相类㉒，抛大江，遇一木筏，广十余丈，长五十余丈，上有三四十家，妻子、鸡犬、臼碓皆具，中为阡陌相往来㉓，亦有神祠，素所未睹也。舟人云："此尚其小者耳。大者于筏上铺土作蔬圃，或作酒肆，皆不复能入夹，但行大江而已。是日，逆风挽船，自平旦至日昳㉔，才行十五六里，泊刘官矶旁，蕲州界也。儿辈登岸，归云："得小径至山后，有陂湖渺然，莲芰甚富。沿湖多木芙蕖㉕，数家夕阳中，芦藩旁舍，宛有幽致，而寂然无人声。有大梨，欲买之，不可得。湖中小艇采菱，呼之亦不应。更欲穷之㉖，会见道旁设机，疑有虎狼，遂不敢往。"刘官矶者，传云汉昭烈入吴尝舣舟于此㉗。晚，观大鼋浮沉水中。

十五日，微阴，西风益劲，挽船尤艰。自富池以西，沿江之南，皆大山起伏如涛头。山麓时有居民，往往作棚，持弓矢，伏其上以伺虎。过龙眼矶，江中拳石耳。矶旁山上有龙祠。晡后得便风。次蕲口镇㊾，居民繁错，蜀舟泊岸下甚众。监税秉义郎高世栋来，旧在京口识之，言此镇岁课十五万缗，雁翅岁课二十六万缗。夜与诸子登岸，临大江观月。江面远与天接，月影入水，荡摇不定，正如金虬，动心骇目之观也。是日，买熟药于蕲口市㊾，药贴中皆有煎煮所须，如薄荷、乌梅之类，此等皆客中不可仓卒求者。药肆用心如此，亦可嘉也。

[注释]

①九天采访使者：道教神名。《太平广记》卷二九："唐开元中，玄宗梦神仙羽卫千乘万骑集于空中，有一人朱衣金冠，乘车而下，谒帝曰：'我九天采访，巡纠人间，欲于庐山西北置一下宫，自有木石基址，但须工力而已。'帝即遣中使诣山西北，果有基迹宛然。"　②舒州：治今安徽安庆。灊山：今安徽潜山。九天司命真君：道教中主管九天性命的神。《太平广记》卷二九："（天台道士司马）承祯奏曰：'今名山岳渎血食之神，以主祭祠，太上虑其妄作威福，以害蒸黎，分命上真，监莅川岳，有五岳真君焉。又青城丈人为五岳之长，潜山九天司命立九天生籍，庐山九天使者执二天之符，弹劾万神，皆为五岳上司，盍各置庙，以斋食为飨。'玄宗从之。是岁，五岳三山，各置庙焉。"　③南唐名灵仙曰丹霞府：南唐时称如今的灵仙观为丹霞府。　④太平曰通玄府：南唐时称如今的太平兴国宫为通玄府。《江西通志》卷一一三："太平宫在（九江）府城南三十里，唐开元建，额曰九天采访祠。南唐改通元（玄）府。宋宣

和改太平兴国宫。" ⑤神宗皇帝时,又加封应元保运真君:《长编》卷三一一:"(元丰四年正月)壬寅,诏江州庐山太平兴国观九天采访使者、蜀州青城山丈人观九天丈人并天之贵神,与世为福,宜加号九天丈人储福定命真君,九天采访应元保运真君。令有司具香币,就遣监司即其祠上之。" ⑥吴生:唐代名画家吴道子,阳翟(今河南禹州)人。开元间以善画召入宫廷,历任供奉、内教博士。擅长画佛道、神鬼、人物、山水、鸟兽、楼阁等,尤精于人物,后世称为画圣。 ⑦李成、何世清二盗以庐山为巢:李成,字伯友,雄州归信(今河北雄县)人,本为弓箭手,北宋末大乱,李成在淄川起兵南下,接受南宋官职,不久投降伪齐。高宗绍兴三年(1133)进占襄阳等郡,四年(1134)被岳飞击溃。伪齐废后降金为将。《江西通志》卷一五六:"南宋建炎中,李成陷江州,为张浚岳飞所败。"何世清,李成部将。 ⑧无复仿佛:不像原本那样真切生动。 ⑨橛桷(jué):屋檐的椽子。橛,通"檐"。古称细木椽子为桷。翚(huī)飞:形容屋室的高峻。《诗经·小雅·斯干》:"如翚斯飞,君子攸跻。"郑玄笺:"五色皆备成章曰翚。……翚者,鸟之奇异者也。" ⑩掩蔽:掩盖遮蔽。 ⑪太平规模,大概类南昌之玉隆:太平兴国宫的规模,与南昌的玉隆万寿宫差不多。《江西通志》卷一一一:"玉隆万寿宫在新建县逍遥山,旧名游帷观,即许旌阳故宅。相传旌阳尝以五色帷施黄堂谌母祠,及仙去,锦帷飞还故宅,民因立观,南唐徐铉书额。宋大中祥符三年更今名。" ⑫香炉峰:《江西通志》卷七:"香炉峰在进贤县东南四十里,状如香炉。时雨将作,烟雾渹然。上有许旌阳祠。" ⑬相地者:古堪舆师,俗谓之风水先生。倒挂龙格:堪舆家术语,谓山头低卧后重新扬起的姿态。 ⑭虎溪:《江西通志》卷十二:"虎溪在东林寺前,相传慧远送客过此,虎辄鸣吼。" ⑮闽、浙名蓝:福建、两浙的著名寺院。佛家谓佛寺为伽蓝,简称为"蓝"。 ⑯不能逮:不能比肩。 ⑰白公草堂：《江西通志》卷四二："白乐天草堂，《明一统志》：元和中，白居易贬江州司马，喜曰：'匡庐在念久矣，今得青山绿水中，为风月主人。'乃筑草堂于香炉峰北以自适。其自记云：'山北峰曰香炉，寺曰遗爱，介峰寺间，其境绝胜，因面峰腋寺作为草堂。'朱子《山北纪行》诗注：'白公草堂基在东林寺东。'" ⑱白傅：唐白居易。晚年在洛阳时官太子少傅，后人称为"白傅"。大十尺围：句不通，当作"大十人围"，意谓粗大到需要十个人合抱。白居易《草堂记》："南抵石涧，夹涧有古松老杉，大仅十人围，高不知几百尺。" ⑲宋佛驮跋陀尊者：南朝刘宋时期的西域高僧，以译经著名。《高僧传》卷二："佛驮跋陀罗，此云觉贤，本姓释氏，迦维罗卫人，甘露饭王之苗裔也。……义熙十四年。吴郡内史孟顗、右卫将军褚叔度即请贤为译匠。乃手执梵文，共沙门法业慧严等百有余人，于道场译出，诠定文旨，会通华戎，妙得经意，故道场寺犹有华严堂焉。" ⑳三间两注：当作"三间两柱"。白居易《草堂记》："草堂成，三间两柱，二室四牖，广袤丰杀，一称心力。" ㉑瀑水、莲池：白居易《草堂记》："是居也，前有平地，轮广十丈，中有平台半平地，台南有方池倍平台，环池多山竹野卉，池中生白莲白鱼。……堂东有瀑布，水悬三尺，泻阶隅，落石渠，昏晓如练色。" ㉒王子醇：北宋名臣王韶，字子纯，曾为建昌军司理参军，不能遂其志，乃客游西陲，为神宗献《平戎策》，力主征伐西北。熙宁六年（1073）为枢密副使，求外任，出知洪州。《宋史》有传。 ㉓照觉禅师常总：东林寺高僧。《五灯会元》卷十七："江州东林兴龙寺常总照觉禅师，延平施氏子。久依黄龙，密授大法决旨，出住泐潭，次迁东林，皆符谶记。" ㉔严重英特：庄严持重英伟不凡。 ㉕慧远法师：见卷三下段注㊾。神运殿：东林寺殿名，建于东晋时。《江西通志》卷一二〇："元和初，江西观察使韦君丹于庐山东林寺神运殿左、甘露坛右建修多罗藏一所。" ㉖十八贤：《江西通志》

入蜀记 | 313

卷一二四宋李冲元《莲社图记》："龙眠李伯时为余作《莲社十八贤》，追写当时事。按十八贤行状：沙门慧远初为儒，因听道安讲《般若经》，豁然大悟，乃与其弟慧持俱弃儒落发。太元中至庐山，时沙门慧永先居香谷，远欲驻锡是山，一夕山神见梦，稽首留师，忽于后夜雷电大震，平旦地皆坦夷，材木委积。江州刺史桓伊表奏其异，为师建寺，是为东林，因号其殿为神运。时有彭城遗民刘程之、豫章雷次宗、雁门周续之、南阳宗炳、张诠、张野凡六人，皆名重一时，弃官舍禄，来依远师。复有沙门道昺、昙常、惠叡、昙诜、道敬、道生、昙顺凡七人，又有梵僧佛驮跋陀罗、佛驮邪舍二尊者，相结为社，号庐山十八贤。" ㉗军持：佛教徒所持的净瓶，又名军墀、君迟、群持。 ㉘蕲州：治今湖北蕲春。 ㉙裴休：字公美，河南济源人，唐代中晚期名相，亦工于诗画，擅长书法。晚年官太子少师。新、旧《唐书》有传。 ㉚颜鲁公：唐代大书法家颜真卿。 ㉛汉作新丰：汉高祖刘邦定都长安后，接其父到京。其父怀念故土，刘邦遂仿照故乡街邑新建一城，取名新丰（新的丰县）。《陕西通志》卷三："高帝王关中，太上皇思东归，故象旧里制兹新邑，名为新丰。" ㉜慧永法师：参本节注㉖。 ㉝牛奇章：本指隋代名臣牛弘。唐牛僧孺乃其后人，亦称"牛奇章"或"奇章公"。此处即指唐臣牛僧孺。陆游《寄题李季章侍郎石林堂》诗："君不见，牛奇章与李卫公，一生冰炭不相容。门前冠盖各分党，惟有爱石心则同。"言牛僧孺与李德裕为牛李党争的首脑人物。 ㉞董真人：董奉，字君异，侯官（今福建福州）人。他医术高超，治病不取钱财，只要求重病愈者栽杏五株，轻病愈者栽杏一株。数年后有杏万株，郁然成林。后世称医家为"杏林"即源于此。晚年到庐山隐居，继续行医。 ㉟《水品》：唐张又新《煎茶水记》的别名，又名《水经》。《四库全书总目提要》说："其书前列刑部侍郎刘伯刍所品七水，次列陆羽所品二十水。云元和九年初成名时，在荐福寺得于楚僧，本题曰

《煮茶记》，乃代宗时湖州刺史李季卿得于陆羽口授。"又云："陆游《入蜀记》曰：史志道饷谷帘水数器，真绝品也。甘腴清冷，具备诸美。前辈或斥《水品》以为不可信，《水品》固不必尽当。至谷帘泉，卓然非惠山所及，则亦不可诬也。是游亦有取于是书矣。"意谓陆游所据即《煎茶水记》。　㊱秋暑殊未艾：秋天的暑气还没完全消退。　㊲吴发干：吴姓发运司干办公事。本书卷三曾有"发运司干办公事程坦履道"。发运司干办公事非止一员，此处是指另一位吴姓官员。　㊳岳州：治今湖南岳阳。华容县：今湖南华容。　㊴犹赤壁：如同"赤壁"也有多处。今湖北黄冈西部的赤壁矶，一名赤鼻矶。关于三国时期发生赤壁大战的遗迹究竟在何处，历来有多种不同说法。《读史方舆纪要》卷七六说："赤壁山，（嘉鱼）县西七十里。《元和志》：'山在蒲圻县西一百二十里。'时未置嘉鱼也。其北岸相对者为乌林，即周瑜焚曹操船处。《武昌志》：'操自江陵追备，至巴丘，遂至赤壁，遇周瑜兵，大败，取华容道归。'《图经》云：'赤壁，在嘉鱼县。苏轼指黄州赤鼻山为赤壁，误矣。时刘备据樊口，进兵逆操，遇于赤壁，则赤壁当在樊口之上。又赤壁初战，操军不利，引次江北，则赤壁当在江南也。操诗曰：西望夏口，东望武昌。此地是矣。今江汉间言赤壁者有五，汉阳、汉川、黄州、嘉鱼、江夏也。'"　㊵富池：《读史方舆纪要》卷七六："富池湖，（兴国）州东六十里。《志》云：自州西之西碎石至三溪，汇上流诸水，经州治南。至此，众流益集潴而为湖，北注于江。《水经注》'江之右岸，富水注之'是也。"按：陆游此行到此已经离开江州，进入江南西路兴国军（治今湖北阳新）地界。

㊶特豕：公猪的左肩。属于一般士大夫和庶民的祭奠之物。《礼记·少仪》孔颖达疏："若祭唯特豕，以用豕左肩，亦用五个以为膳也。"㊷甘兴霸：三国时吴国大将甘宁，字兴霸，巴郡临江（今重庆忠县）人，为吴国屡立战功，官至西陵太守、折冲将军。《三国志·吴书》有传。

㊸西陵：魏晋时郡名，治今湖北宜昌夷陵区。 ㊹大盗张遇：《要录》卷十："（建炎元年十一月丁亥）张遇入池州。遇本真定府马军，聚众为盗，号'一窝蜂'，自淮西渡江，水陆并进，至是犯池州，守臣朝请郎滕祐弃城走，遇遂入城纵掠，驱强壮以益其军。" ㊺卜珓（jiào）：古代占卜术之一，用一杯形器物投掷于地，视其仰覆以占吉凶输赢。 ㊻刘光世：南宋初名将，《宋史》有传。《要录》卷十一："（建炎元年十二月）丙寅，张遇寇江州。守臣承议郎陈彦文视事始十日，固守不下，遇引去。江淮制置使刘光世截其后军，破之。" ㊼岳飞为宣抚使：《宋史·岳飞传》："岳飞字鹏举。……（绍兴六年）张浚至江上会诸大帅，独称飞与韩世忠可倚大事，命飞屯襄阳，以窥中原，曰：'此君素志也。'飞移军京西，改武胜、定国军节度使，除宣抚副使，置司襄阳。" ㊽钉洲：像钉子一样的洲渚，即上面宽大下面尖锐的小洲。 ㊾分风以应往来之舟：谓上行、下行之舟都可以得到顺风。 ㊿像设敛置一屋：塑像等神物都收拢在一间屋里。 ○51事之已甚者：这种做法对道徒们来说实在太过分了。 ○52与余姚江滨之蜀山绝相类：与余姚江边的蜀山十分相似。余姚，今浙江余姚。 ○53中为阡陌相往来：大筏上居然还有小路互相通达。 ○54日昳（dié）：日落。 ○55木芙蕖：又叫木芙蓉、拒霜花，花形似牡丹，凌霜绽放，非常漂亮。 ○56更欲穷之：还想往更远处走。 ○57汉昭烈：三国蜀汉皇帝刘备。 ○58蕲口镇：《读史方舆纪要》卷七六："蕲水出州东北三角山，逶迤而来，至（蕲）州西北与蕲水县接境，回曲注于大江，谓之蕲口……宋置蕲口镇于此。" ○59熟药：经加工炮制过的药材。

十六日，过新野夹，有石濑茂林，始闻秋莺。沙际水牛至多，往往数十为群，吴中所无也。地属兴国军大冶县①，当是土产所宜尔。晚过道士矶，石壁数百尺，色正青，了无窍穴，而竹树进根交络其上，苍翠可爱。自过小孤，临江峰嶂无出其右。矶一名西塞山②，即玄真子《渔父辞》所谓"西塞山前白鹭飞"者③。李太白《送弟之江东》云："西塞当中路，南风欲进船。"必在荆楚作，故有"中路"之句。张文潜云："危矶插江生，石色擘青玉。"殆为此山写真。又云："已逢妩媚散花峡，不泊艰危道士矶。"盖江行，惟马当及西塞最为湍险难上④。抛江泊散花洲。洲与西塞相直，前一夕，月犹未极圆，盖望正在是夕⑤，空江万顷，月如紫金盘自水中涌出，平生无此中秋也。

十七日，过回风矶。无大山，盖江滨石碛耳，然水急浪涌，舟过甚艰。过兰溪⑥，东坡先生所谓"山下兰芽短浸溪"者。买鹿肉供膳。晚泊巴河口，距黄州二十里⑦，一市聚也。有马祈寺、吴大帝刑马坛。传云吴攻寿春，刑白马祭江神于此⑧。自兰溪而西，江面尤广，山阜平远，两日皆逆风。舟人以食尽，欲来巴河籴米。极力牵挽，日皆行八九十里。苏黄门谪高安⑨，东坡先生送至巴河，即此地也。张文潜亦有《巴河道中》诗云："东南地缺天连水，春夏风高浪卷山。"

十八日，食时方行，晡时至黄州。州最僻陋少事，杜牧之所谓"平生睡足处，云梦泽南州"。然自牧之、王元之出守⑩，又东坡先生、张文潜谪居⑪，遂为名邦。泊临皋亭⑫，东坡先生所尝寓，《与秦少游书》所谓"门外数步即大江"是也。烟波渺然，气象疏豁。见知州右朝奉郎、直秘阁杨由义⑬，通判右奉议郎陈绍复。州治陋甚，厅事仅可容数客，倅居差胜⑭。晚移舟竹园步，盖临皋多风涛，不可夜泊也。黄州与樊口正相对⑮，东坡所谓"武昌樊口幽绝处"也⑯。汉昭烈用吴鲁子敬策⑰，自当阳进驻鄂县之樊口⑱，即此

入蜀记 | 317

地也。

十九日早，游东坡[19]。自州门而东，冈垄高下，至东坡，则地势平旷开豁。东起一垄颇高，有屋三间，一龟头曰居士亭，亭下面南一堂，颇雄，四壁皆画雪，堂中有苏公像，乌帽紫裘，横按筇杖，是为雪堂[20]。堂东大柳，传以为公手植。正南有桥，榜曰"小桥"，以"莫忘小桥流水"之句得名[21]。其下初无渠涧，遇雨则有涓流耳。旧止片石布其上，近辄增广为木桥，覆以一屋，颇败人意。东一井曰暗井，取苏公诗中"走报暗井出"之句[22]。泉寒熨齿，但不甚甘。又有四望亭[23]，正与雪堂相直，在高阜上。览观江山，为一郡之最。亭名见苏公及张文潜集中。坡西竹林，古氏故物[24]，号南坡，今已残伐无几，地亦不在古氏矣。出城五里至安国寺[25]，亦苏公所尝寓，兵火之余，无复遗迹，惟绕寺茂林啼鸟，似犹有当时气象也。郡集于栖霞楼，本太守闾丘孝终公显所作[26]。苏公乐府云："小舟横截春江，卧看翠壁红楼起[27]。"正谓此楼也。下临大江，烟树微茫，远山数点，亦佳处也。楼颇华洁。先是郡有庆瑞堂，谓一故相所生之地，后毁以新此楼。酒味殊恶，苏公"齑汤""蜜汁"之戏不虚发[28]。郡人何斯举诗亦云[29]："终年饮恶酒，谁敢憎督邮？"然文潜乃极称黄州酒，以为自京师之外无过者，故其诗云："我初谪官时，帝问司酒神。曰此好饮徒，聊给酒养真。去国一千里，齐安酒最醇。失火而得雨，仰戴天公仁。"岂文潜谪黄时，适有佳匠乎？循小径缭州宅之后，至竹楼，规模甚陋，不知当王元之时，亦止此邪？楼下稍东即赤壁矶[30]，亦茅冈尔，略无草木，故韩子苍待制诗云[31]："岂有危巢与栖鹘，亦无陈迹但飞鸥。"此矶《图经》及传者皆以为周公瑾败曹操之地，然江上多此名，不可考质。李太白《赤壁歌》云："烈火张天照云海，周瑜于此败曹公。"不指言在黄州。苏公尤疑之，赋云："此非曹孟德之困于周郎者乎？"乐府云："故垒西边，人道是当日周郎赤壁。"盖一字不轻下如此。至韩子苍云"此地能令阿瞒走"，则真指为公瑾之赤壁矣。又黄人实谓赤壁曰赤鼻，尤可疑也。晚复移舟菜园步，又远竹园三四里。盖黄州临大江，了无港澳可泊。或云旧有澳，郡官厌过客，故塞之。

二十日晓，离黄州。江平无风，挽船正自赤壁矶下过。多奇石，五色错杂，粲然可爱，东坡先生《怪石供》是也[32]。挽行十四五里，江面始稍狭。隔江冈阜延袤，竹树葱蒨，渔家相映，幽邃可爱。复出大江，过三江口[33]，极望无际。泊戚矶港。

二十一日，过双柳夹[34]。回望江上，远山重复深秀。自离黄，虽行夹中，亦皆旷远，地形渐高，多种菽粟荞麦之属。晚泊杨罗洑，大堤高柳，居民稠众，鱼贱如土，百钱可饱二十口，又皆巨鱼。欲觅小鱼饲猫，不可得。

二十二日，平旦微雨。过青山矶[35]，多碎石及浅滩。晚泊白杨夹口，距鄂州三十里[36]，陆行止十余里。居民及泊舟甚多，然大抵皆军人也。

二十三日，便风挂帆。自十四日至是，始得风。食时至鄂州，泊税务亭，贾船客舫，不可胜计，衔尾不绝者数里，自京口以西皆不及。李太白《赠江夏韦太守》诗云："万舸此中来，连帆过扬州。"盖此郡自唐为冲要之地。夔州迓兵来参[37]。见知州右朝奉郎张郯之彦[38]、转运判官右朝奉大夫谢师稷[39]。市邑雄富，列肆繁错，城外南市亦数里，虽钱塘、建康不能过，隐然一大都会也。吴所都武昌，乃今武昌县。此州在吴名夏口㊵，亦要害，故周公瑾求以精兵进住夏口。而晋武帝亦诏王浚、唐彬既定巴丘㊶，"与吴奋、王戎共平夏口、武昌，顺流长骛"也。自江州至此七百里，溯流，虽日得便风，亦须三四日。韩文公云"盆城去鄂渚㊷，风便一日耳"，过矣㊸，盖退之未尝行此路也。

二十四日，早，谢漕招食于漕园光华堂㊹。依山亭馆十余，不甚葺。晚，郡集于奇章堂，以唐牛思黯尝为武昌节度使也㊺。

二十五日，观大军教习水战。大舰七百艘，皆长二三十丈，上设城壁楼橹，旗帜精明，金鼓鞺鞳㊻，破巨浪往来，捷如飞翔，观者数万人，实天下之壮观也。

二十六日，与统、纾同游头陀寺㊼。寺在州城之东隅石城山，山缭绕如伏蛇，自西亘东，因其上为城，缺坏仅存，州治及漕司皆依此山。寺毁于兵火，汴僧舜广住持三十年，兴葺略备。自方丈西北蹑支径，至绝顶，旧有奇章亭㊽，今已废。四顾江山井邑，靡有遗者。李太白《江夏赠韦南陵》诗云："头陀云外多僧气。"正谓此寺也。黄鲁直亦云："头陀全盛时，宫殿梯空级。"藏殿后有南齐王简栖碑㊾，唐开元六年建，苏州刺史张庭圭温玉书㊿，韩熙载撰碑阴�，徐锴题额㊿，最后云："唐岁在己巳㊿，武昌军节度观察留后、知军州事杨守忠重立，前鄂州唐年县主簿、秘书省正字韩夔书。"碑阴云："乃命犹子夔正其旧本而刊写之㊿。"以是知夔为熙载兄弟之子也。碑字前后一手㊿，又作温字不全㊿，盖南唐尊徐温为义祖㊿，而避其名，则此碑盖夔重书也。碑阴又云："皇卜鼎新文物，教被华夷，如来妙旨，悉已遍穷，百代文章，罔不备举，故是寺之碑，不言而兴。"按：此碑立于己巳岁，当皇朝之开宝二年，南唐危蹙日甚，距其亡六年尔。熙载大臣，不以覆亡为惧，方且言其主"鼎新文物，教被华夷"，固已可怪。又以穷佛旨、举遗文，及兴是碑为盛，夸诞妄谬，真可为后世发笑。然熙载死，李主犹恨不及相之，君臣之惑如此。虽欲久存，得乎？唐制：节度使不在镇，而以副大使或留后居任，则云"知节度事"。此云"知军州事"，盖渐变也，唐年县，本故唐时名，梁改曰临夏，后唐复，晋又改临江。然历五代，鄂州未尝属中原，皆遥改耳㊳。故此碑开宝中建，而犹曰"唐年"也，至江南平，始改崇阳云㊴。简栖为此碑，骈俪卑弱，初无过人，世徒以载于《文选》故贵之耳，自汉、魏之间，骎骎为此体，极于齐、梁，而唐尤贵之，天下一律。至韩吏部、柳柳州㉚，大变文格，学者翕然慕从。然骈俪之作，终亦不衰，故熙载、锴号江左辞宗，而拳拳于简栖之碑如此。本朝杨、刘之文擅天下㉛，传夷狄。亦骈俪也。及欧阳公起，然后扫荡无余㉜，后进之士，虽有工拙，要皆近古。如此碑者，今人读不能终篇，已坐睡矣，而况效之乎？则欧阳氏之功，可谓大矣。若鲁直云"惟有简栖碑，文章岿然立"，盖戏也。

[注释]

①大冶：今湖北大冶。 ②矶一名西塞山：道士矶又名西塞山。《读史方舆纪要》卷七六："西塞山，（武昌）县东百二十里。《志》云：在大冶县东北九十里。盖地介两县间，状如关塞。《图经》云：山高百六十丈，周三十七里，吴、楚分界处也。" ③玄真子：唐张志和的号。《唐才子传》卷三："（张）志和，字子同，婺州人。初名龟龄，诏改之。十六擢明经，尝以策干肃宗，特见赏重，命待诏翰林。以亲丧辞去，不复

仕。居江湖，性迈不束，自称'烟波钓徒'。撰《玄真子》二卷。"《渔父辞》："西塞山前白鹭飞，桃花流水鳜鱼肥。青箬笠，绿蓑衣，斜风细雨不须归。"　④马当：见卷三下段注⑮。　⑤望正在是夕：八月十五月圆正在今晚。古人称每月初一为朔，十五为望。　⑥兰溪：《读史方舆纪要》卷七六："大江在（武昌）县北，自江夏县流入境，与黄州府分江为界。《志》云：江入县境，播为三江，过中洲，至双柳夹。又自崢嵘洲过磻矶，至大洲，为三江口。……又过县北，至白田洲、杨叶洲，过兰溪，至西塞山侧之散花滩，又东即兴国州界矣。"　⑦黄州：治今湖北黄冈。　⑧刑白马：杀白马以祭江神，以求神明护佑，亦有誓师的意味。张耒有《自黄州至巴河，游灵岩寺，观孙仲谋刑马坛。相传权于此刑马祀江神，遂提师伐寿春云》诗。　⑨苏黄门谪高安：苏辙被贬筠州。高安，筠州郡名，在今江西高安。苏辙《追和张公安道赠别绝句并引》："元丰初，子瞻以诗获罪，窜居黄州，予谪监筠州酒税。"　⑩牧之：杜牧，唐武宗会昌二年（842）至四年（844）任黄州刺史。《全唐诗》卷五二〇小传："杜牧，字牧之，京兆万年人，太和二年擢进士第，复举贤良方正。……历黄、池、睦三州刺史，入为司勋员外郎。"王元之：王禹偁，字元之。《宋史·王禹偁传》："咸平初，预修《太祖实录》，直书其事。时宰相张齐贤、李沆不协，意禹偁议论轻重其间，出知黄州。"　⑪东坡先生：《东坡先生年谱》："（元丰二年）言事者以先生《湖州到任谢表》以为谤，七月二十八日，中使皇甫遵到湖追摄。……十二月二十九日，责授黄州团练副使、本州安置。"张文潜：《宋史·张耒传》："张耒字文潜，楚州淮阴人。……坐党籍，徙宣州，谪监黄州酒税，徙复州。徽宗立，起为通判黄州。"　⑫临皋亭：《舆地纪胜》卷四九《黄州》："临皋馆在朝宗门外，元名瑞庆堂。又有临皋亭，东坡曾寓居焉。"　⑬杨由义：字宜之，开封人。其父为军将，从高宗南渡，因加秀州盐官。孝宗乾道、淳熙间历知黄州、建州、滁州，为福建运判、江西运副。《全宋文》卷四九七三有小传。 ⑭厅事仅可容数客，倅居差胜：知州厅堂只能容下几位客人，通判厅反倒略宽敞些。倅，州府通判。 ⑮樊口：《读史方舆纪要》卷七六："樊山在（武昌）县西三里，一名西山，一名樊冈，下为樊口。" ⑯武昌樊口幽绝处：苏轼《书王定国所藏烟江叠嶂图》："君不见，武昌樊口幽绝处，东坡先生留五年。春风摇江天漠漠，暮云卷雨山娟娟。丹枫翻鸦伴水宿，长松落雪惊醉眠。" ⑰汉昭烈：蜀汉皇帝刘备。吴鲁子敬：三国吴大臣鲁肃，字子敬。《三国志·吴书·鲁肃传》："时刘备为曹公所破，欲引南渡江，与鲁肃遇于当阳，遂共图计，因进住夏口，遣诸葛亮诣权，权遂遣瑜及程普等与备并力逆曹公，遇于赤壁。时曹公军众已有疾病，初一交战，公军败退，引次江北。" ⑱当阳：今湖北当阳。 ⑲东坡：苏轼贬黄州后所营雪堂之地。《东坡先生年谱》："元丰四年辛酉，先生年四十六，在黄州，寓居临皋亭。……是年，先生请故营地之东，名之以东坡。" ⑳雪堂：《东坡先生年谱》："元丰五年壬戌，先生年四十七，在黄州寓居临皋亭，就东坡筑雪堂，自号东坡居士。以《东坡图》考之，自黄州门南至雪堂四百三十步。《雪堂问》云：'苏子得废圃于东坡之胁，号其正曰雪堂。以大雪中为之，因绘雪于四壁之间，无容隙。'其名盖起于此，先生自书'东坡雪堂'四字以榜之。试以《东坡图》考雪堂之景，堂之前则有细柳，前有浚井，西有微泉。堂之下则有大冶长老桃花茶、巢元修菜、何氏丛橘。种秔稌，莳枣栗，有松期为可斫，种麦以为奇事。作陂塘，植黄桑，皆足以供先生之岁用，而为雪堂之胜景云耳。" ㉑莫忘小桥流水：苏轼《如梦令·春思》词："手种堂前桃李，无限绿阴青子。帘外百舌儿，惊起五更春睡。居士，居士，莫忘小桥流水。" ㉒走报暗井出：苏轼《东坡八首》之二："荒田虽浪莽，高庳各有适。下隰种秔稌，东原莳枣栗。江南有蜀士，桑果已许乞。好竹不难栽，但恐鞭横逸。

入蜀记 | 323

仍须卜佳处,规以安我室。家童烧枯草,走报暗井出。一饱未敢期,瓢饮已可必。" ㉓四望亭:东坡雪堂对面的小亭。苏轼有《雨晴后步至四望亭下鱼池上遂自乾明寺前东冈上归二首》,其二云:"高亭废已久,下有种鱼塘。暮色千山入,春风百草香。市桥人寂寂,古寺竹苍苍。鹳鹤来何处,号鸣满夕阳。" ㉔古氏:古耕道,苏轼在黄州时的当地朋友。《苏轼年谱》卷十九:"至黄后,与潘鲠、潘丙、潘原兄弟游。古耕道、郭遘、何颉亦从游。"苏轼《书赠古氏》:"古氏南坡修竹数千竿,大者皆七寸围,盛夏不见日,蝉鸣鸟呼,有山谷气象。竹林之西,又有隙地数亩,种桃李杂花。今年秋冬,当作三间一龟头,取雪堂规模,东荫修竹,西眺江山。若果成此,遂为一郡之嘉观也。" ㉕安国寺:苏轼《黄州安国寺记》:"元丰二年十二月,余自吴兴守得罪,上不忍诛,以为黄州团练副使,使思过而自新焉。其明年二月,至黄。……得城南精舍曰安国寺,有茂林修竹,陂池亭榭。间一二日辄往,焚香默坐,深自省察,则物我相忘,身心皆空,求罪垢所从生而不可得。一念清净,染污自落,表里翛然,无所附丽,私窃乐之。旦往而暮还者,五年于此矣。"据此文,苏轼并没有寓居安国寺,只是常去而已。 ㉖闾丘孝终公显:范成大《吴郡志》卷二六:"闾丘孝终字公显,郡人。尝守黄州。苏文忠公在东坡时,与交从甚密,公后经从,必访孝终,赋诗为乐。孝终既挂冠,与诸名人耆艾为九老会。" ㉗小舟横截春江,卧看翠壁红楼起:苏轼《水龙吟·小舟横截春江》词:"公旧注云:'闾丘大夫孝直公显尝守黄州,作栖霞楼,为郡中胜绝。元丰五年,余谪居于黄。正月十七日,梦扁舟渡江,中流回望,楼中歌乐杂作。舟中人言:公显方会客也。觉而异之,乃作此词。公显时已致仕在苏州。'小舟横截春江,卧看翠壁红楼起。云间笑语,使君高会,佳人半醉。危柱哀弦,艳歌余响,绕云萦水。念故人老大,风流未减,独回首、烟波里。 推枕惘然不见,但空江、月明千里。五湖闻道,扁舟归去,仍携西子。云梦南州,武昌南岸,昔游应记。料多情梦里,端来见我,也参差是。"据此小序,同丘孝终知黄州时,苏轼尚未谪黄,而苏轼到黄州后,同丘孝终已致仕离开黄州回到家乡苏州。　㉘"斋汤""蜜汁":苏轼《岐亭五首》之四:"酸酒如斋汤,甜酒如蜜汁。三年黄州城,饮酒但饮湿。我如更拣择,一醉岂易得?"意谓黄州的酸酒味如斋汤(又酸又咸),甜酒味如蜜汁(只有甜味没有酒味),来黄州已经三年,所谓饮酒,仅仅是沾湿口唇而已,如果还想有所拣择,就干脆不要饮酒。(因为黄州的酒无论酸甜都很不好喝)陆游曾用这两个典故写过一首《陈少监饷澄清堂酒》:"酣畅年来岂易逢,斋汤蜜汁亦时中。玉醴忽逐春风至,一吸悬知百榼空。"斋汤,用芥菜或白菜等加盐腌制的菜汤。　㉙何斯举:何颉之,苏轼在黄州时与之相识的少年之辈。其后为黄州布衣,徽宗靖康中仍在世。见张邦基《墨庄漫录》卷九。然该书谓何斯举名"何颉",当是脱"之"字。《万姓统谱》卷三四小传:"何颉之,字斯举,黄冈人,自号樗叟,笃学善属文。东坡先生谪居齐安,斯举少年,因侍教论。"　㉚赤壁矶:即赤壁。古时名赤壁的有数处。宋张邦基认为黄州赤壁非周瑜胜曹操之地,属于以讹传讹,真正的赤壁当在湖北嘉鱼。《墨庄漫录》卷九:"黄之赤壁,土人云本赤鼻矶也,故东坡长短句:'故垒西边,人道是、三国周郎赤壁。'则亦是传疑而云也。今岳阳之下、嘉鱼之上有乌林赤壁,盖公瑾自武昌列舰,风帆便顺,溯流而上,遇战于赤壁之间也。杜牧有《寄岳州李使君诗》云:'乌林芳草远,赤壁健帆开。'则此真败魏军之地也。"　㉛韩子苍:韩驹,字子苍,仙井(今四川仁寿)人,徽宗宣和六年(1124)为中书舍人兼权直学士院。靖康中知黄州。高宗即位,知江州。《宋史》有传。《墨庄漫录》卷九:"靖康初,韩子苍知黄州,颇访东坡遗迹,常登赤壁,而赋所谓'栖鹘之危巢'者,不复存矣,悼怅作诗而归。"　㉜《怪石供》:苏轼在黄州所作小品。文云:

"《禹贡》:'青州有铅、松、怪石。'解者曰:'怪石,石似玉者。'今齐安江上往往得美石,与玉无辨,多红、黄、白色。其文如人指上螺,清明可爱,虽巧者以意绘画,有不能及,岂古所谓'怪石'者耶?"《舆地纪胜》卷四九《黄州·景物下》:"聚宝山在州治之后,赤壁之上。山多小石,红黄粲然。东坡所作《怪石供》,即此石也。" ㉝三江口:《读史方舆纪要》卷七六:"黄子矶在(武昌)县西三江口,相传黄巢尝结寨于此,滨江险要处也。" ㉞双柳夹:武昌江面上的夹口。《读史方舆纪要》卷七六:"大江在(武昌)县北,自江夏县流入境,与黄州府分江为界。《志》云:江入县境,播为三江,过中洲,至双柳夹。又自峥嵘洲过碛矶,至大洲,为三江口。" ㉟青山矶:《读史方舆纪要》卷七六云在鄂州府东北二十五里,滨大江。又东三十里江北岸,即黄州之阳逻镇。㊱鄂州:治今湖北武昌。 ㊲迓(yà)兵:前来迎接的士兵。 ㊳张郯之彦:鄂州知州。陆游《渭南文集》卷三七《朝议大夫张公墓志铭》载其主管淮西转般仓,监登闻检院、太府寺丞,知真州、鄂州,提举江南东路常平茶盐公事,复主管崇道观。《宋史翼》卷十三有传。 ㊴谢师稷:字务本,福建邵武人,乾道间提举湖北常平、转运判官,淳熙中为夔州路运判、福建提刑。又知明州、平江府。事迹散见于《会要》等书。《全宋文》卷四六七三有小传。 ㊵此州在吴名夏口:鄂州在三国吴时叫作夏口。《读史方舆纪要》卷七六:"夏口在今武昌府城西,今府城,即古夏口城也。亦曰沔口,亦曰汉口,亦曰鲁口。或以夏水名,或以汉水名,或以对鲁山岸为名,实一处也。"《湖广通志》卷三:"夏口一曰沔口,见《水经注》,在江北夏口城,乃孙吴所筑。《水经注》云:对岸则入沔津,故城以夏口名。可见在江南。"夏口即今武汉汉口。 ㊶晋武帝亦诏王浚、唐彬既定巴丘:《晋书·武帝纪》:"(太康元年)二月戊午,王浚、唐彬等克丹阳城。庚申,又克西陵,杀西陵都督、镇军将军留宪,征南将军成璩，西陵监郑广。……乙亥，以浚为都督益、梁二州诸军事……浚进破夏口、武昌，遂泛舟东下，所至皆平。” ㊷韩文公：韩愈。盆城去鄂渚：由江州到鄂州。盆城，即湓城，在今江西瑞昌，县北即为长江。此地距九江不远，古人多以湓城代指江州。鄂渚，鄂州的别称。 ㊸过矣：过于夸张了。 ㊹谢漕招食于漕园光华堂：转运判官谢师稷在转运使司内的光华堂请客宴饮。 ㊺牛思黯：牛僧孺，字思黯，安定鹑觚（今甘肃灵台）人，牛李党争中牛党的领袖人物。穆宗朝累官户部侍郎、同平章事。敬宗时出为武昌节度使。大和四年（830）任兵部尚书、同平章事。新、旧《唐书》均有传。 ㊻鞺鞳（tāngtà）：打击金鼓发出的响声。苏轼《石钟山记》："空中而多窍，与风水相吞吐，有窾坎镗鞳之声。" ㊼头陀寺：《湖广通志》卷七七："压云亭在黄鹄山椒，旧为头陀寺顶院。" ㊽奇章亭：《湖广通志》卷七七："奇章堂……即古楚观楼旧趾，宋知州陈邦光建，初名戏彩堂，后知州汪叔詹梦前身为奇章公改名。又黄鹄山有奇章亭。奇章公，牛僧孺也。" ㊾南齐王简栖碑：即南齐王巾《头陀寺碑文》。李善注《文选》卷五九云："王巾，字简栖，琅邪临沂人也。有学业，为《头陀寺碑》，文词巧丽，为世所重。起家郢州从事、征南记室，天监四年卒。碑在鄂州，题云：齐国录事参军琅邪王巾制。" ㊿张庭圭：唐代书法家张庭珪。古珪、圭二字时常通用。《书史会要》卷五："张庭珪，河南人，慷慨有志尚。第进士，官至少府监。善八分。吕总评其书谓'如古木崩沙，闲花映竹'。" (51)韩熙载：字叔言，青州北海（今山东青州）人，五代南唐大臣，历吏部侍郎、兵部尚书、勤政殿学士承旨、中书侍郎、光政殿学士承旨。《十国春秋》有传。 (52)徐锴：字鼎臣，会稽（今浙江绍兴）人，南唐名臣徐铉之弟，著名文字学家。累官内史舍人。宋军围困金陵时忧惧而卒。《十国春秋》有传。 (53)唐岁在己巳：相当于北宋太祖开宝二年（969）。此处"唐"指的是南唐。 (54)犹子：兄弟之子。 (55)碑字前后一手：此碑的碑阳和碑阴为同一人的手笔。 (56)作温字不全：意谓“温”字写得不完整，有缺笔。属于古代避讳的一种。 (57)徐温：五代十国时期吴国大臣。《十国春秋·徐温传》：“徐温，字敦美，海州朐山人也。……太祖病，出长子渥为宣州观察使，即烈祖也，温私致殷勤，烈祖涕泣，谢温而行。太祖病甚，平生旧将皆以战守在外，而温居帐下，遂预立嗣之功。” (58)遥改：封疆之外一厢情愿的改动。以上数句的意思是：鄂州在五代时期从没有归属过中原政权，所以后梁朱氏改唐年为临夏、后唐李氏改回唐年、后晋石氏改为临江，都属于域外改动，不可能派遣官员前往治理，仅在名义上宣示该地应属于中原领土而已，所以此碑仍按南唐的称谓写作“唐年”。 (59)至江南平，始改崇阳：宋朝平定南唐后，将唐年县改为崇阳县。在今湖北崇阳。 (60)韩吏部：韩愈。柳柳州：柳宗元。 (61)杨、刘：宋初文坛巨擘杨亿、刘筠。以他们为首的一派诗文，刻意追求形式完美，其诗辞藻华丽、声律和谐、对仗工整，号为“西昆体”，然其作品思想内容贫乏，缺乏真情实感。杨、刘，《宋史》均有传。 (62)欧阳公起，然后扫荡无余：自欧阳修树起文学大旗，骈俪浮华之文风才被扫荡殆尽。《宋史·欧阳修传》：“知嘉祐二年贡举。时士子尚为险怪奇涩之文，号‘太学体’，修痛排抑之，凡如是者辄黜。毕事，向之嚣薄者伺修出，聚噪于马首，街逻不能制；然场屋之习，从是遂变。”

卷　五

二十七日，郡集于南楼①，在仪门之南石城上，一曰黄鹤山。制度闳伟，登望尤胜。鄂州楼观为多，而此独得江山之要会，山谷所谓"江东湖北行画图，鄂州南楼天下无"是也。下瞰南湖，荷叶弥望。中为桥曰广平，其上皆列肆，两旁有水阁极佳，但以卖酒，不可往。山谷云"凭栏十里芰荷香②"，谓南湖也。是日早，微雨，晚晴。

二十八日，同章冠之秀才甫登石镜亭，访黄鹤楼故址③。石镜亭者，石城山一隅，正枕大江，其西与汉阳相对，止隔一水，人物草木可数。唐沔州治汉阳县，故李太白《沔州泛城南郎官湖》诗序云："白迁于夜郎，遇故人尚书郎张谓出使夏口，沔州牧杜公、汉阳令王公觞于江城之南湖。"其后沔州废，汉阳以县隶鄂州④。周世宗平淮南，得其地，复以为军⑤。太白诗云："谁道此水广，狭如一匹练。江夏黄鹤楼，青山汉阳县。大语犹可闻⑥，故人难可见。"形容最妙。黄鲁直"宵征江夏县，睡起汉阳城"亦此意。老杜有《公安送李晋肃入蜀余下沔鄂》及《登舟将适汉阳》诗，而卒于末水⑦，可恨也⑧。汉阳负山带江，其南小山有僧寺者，大别山也⑨。又有小别⑩，谓之"二别"云。黄鹤楼，旧传费祎飞升于此，后忽乘黄鹤来归，故以名楼，号为天下绝景，崔颢诗最传⑪，而太白奇句，得于此者尤多。今楼已废，故址亦不复存。问老吏，云："在石镜亭南楼之间，正对鹦鹉洲。"犹可想见其地。楼榜李监篆⑫，石刻独存。太白登此楼，《送孟浩然》诗云："孤帆远映碧山尽，惟见长江天际流。"盖帆樯映远山，尤可观，非江行久，不能知也。复与冠之出汉阳门游仙洞，止是石壁数尺，皆直裂无洞穴之状。旧传有仙人隐其中，尝启洞出游，老兵遇之，得黄金数饼，后化为石。东坡先生有诗纪其事。初不云所遇何人，且太白固已云"颇闻列仙人，于此学飞术。一朝向蓬海，千载空石室"。今鄂人谓之吕公洞⑬，盖流俗附会也。有道人，澶州人⑭，结庐洞侧，设吕公像其中。洞少南，即石镜山麓，粗顽石也，色黄赤皴驳，了不能鉴物⑮，可谓浪得名者。由江滨堤上还船，民居市肆，数里不绝。其间复有巷陌，往来憧憧如织，盖四方商贾所集，而蜀人为多。

二十九日早，有广汉僧世全、左绵僧了证，来附从人舟⑯。日昳，移舟江口，回望堤上，楼阁重复，灯火歌呼，夜分乃已。招医赵随为灵照视脉。

三十日，黎明离鄂州，便风挂帆，沿鹦鹉洲南行⑰。洲上有茂林神祠，远望如小山。洲盖祢正平被杀处⑱，故太白诗云："至今芳洲上，兰蕙不敢生。"梁王僧辩击邵陵王纶军至鹦鹉洲⑲，即此地也。自此以南为汉水，《禹贡》所谓"嶓冢导漾，东流为汉"者。水色澄澈可鉴。太白云"楚水清若空"，盖言此也。过谢家矶、金鸡洑，矶不甚高，而石皆横裂，如累层甓。得缩项鳊鱼，重十斤。洑中有聚落，如小县。出鲟鱼，居民率以卖鲊为业。晚泊通济口，自此入沌⑳。沌读如篆，字书云："水名，在江夏。"过九月，则沌涸不可行，必由巴陵至荆渚㉑。

九月一日，始入沌，实江中小夹也。过新潭，有龙祠，甚华洁。自是遂无复居人，两岸皆葭苇弥望，谓之"百里荒"。又无挽路,舟人以小舟引百丈,入夜财行四十五里,泊丛苇中,平时行舟,多于此遇盗。通济巡检持兵来警逻,不寐达旦。

二日,东岸苇稍薄缺,时见大江渺弥,盖巴陵路也。晡时次下郡,始有二十余家,皆业渔钓,芦藩茅屋,宛有幽致,鱼尤不论钱。自此始复有挽路,登舟背望竟陵远山[22]。泊白臼,有庄居数家,门外皆古柳侵云。

三日,自入沌,食无菜,是日始得蒁及芦菔[23],然不肯厮根,皆刈叶而已。过八叠洑口,皆有民居。晚泊归子保,亦有十余家,多桑柘榆柳。

四日平旦,始解舟。舟人云:"自此陂泽深阻,虎狼出没,未明而行,则挽卒多为所害。"是日早,见舟人焚香祈神,云:"告红头须小使头长年三老[24],莫令错呼错唤。"问何谓"长年三老",云:"梢工是也。"长读如长幼之长,乃知老杜"长年三老长歌里,白昼摊钱高浪中"之语盖如此。因问何谓"摊钱",云:"博也。"按:梁冀能意钱之戏[25]。注云:"即摊钱也。"则摊钱之为博亦信矣。过纲步,有二十余家,在夕阳高柳中,短篱晒罾[26],小艇往来,正如画图所见,沌中之最佳处也。泊毕家池,地势爽垲,居民颇众。有一二家,虽茅荻结庐,而窗户整洁,藩篱坚壮,舍傍有果园甚盛,盖亦一聚之雄也。与诸子及二僧步登岸,游广福永固寺,阒然无一人。东偏白云轩前,橙方结实,虽小而极香,相与烹茶破橙。抵暮乃还舟中。毕家池,盖属复州玉沙县沧浪乡云[27]。

五日,泊紫湄。

六日,过东场。并水皆茂竹高林,堤净如扫,鸡犬闲暇,凫鸭浮没。人往来林樾间,亦有临渡唤船者。使人恍然如造异境。舟人云:"皆村豪园庐也。"泊鸡鸣。

七日,泊湛江。

八日早,次江陵之建宁镇,盖沌口也。晋王澄弃荆州,别驾郭舒不肯从澄东下[23],乃留屯沌口[29],陈侯安都讨王琳至沌口[30],皆此地也。阻风,大鱼浮水中无数。凡行沌中七日,自是泛江,入石首县界[31]。夜观隔江烧芦场,烟焰亘天如火城,光照舟中皆赤。

九日早,谒后土祠。道旁民屋,苫茅皆厚尺余,整洁无一枝乱。挂帆抛江行三十里,泊塔子矶,江滨大山也。自离鄂州,至是始见山。买羊置酒,盖村步以重九故,屠一羊,诸舟买之,俄顷而尽。求菊花于江上人家,得数枝,芬馥可爱。为之颓然径醉。夜雨极寒,始覆絮衾[32]。

十日,阻风雨。遣小舟横绝江面,至对岸买肉食,得大鱼之半,又得一乌牡鸡,不忍杀,畜于舟中。俄有村翁持荌萌一束来饷[33],不肯受直[34]。遣人先之爨。晚晴,开船窗观月。

十一日,舟行,望西南一角,水与天接。舟人云:"是为潜军港,古尝潜军伺敌于此。"遥见港中有两点正黑,疑其远树,则下不属地[35],久之,渐近可辨,盖二千五百斛大舟也。又有水禽双浮江中,色白,类鹅而大,楚人谓之天鹅,飞骞绝高。有弋得者,味甚美,或曰:即鹄也。泊三江口,水浅,舟行甚艰,自此遂不复有山。太白诗"山随平野尽,江入大荒流",盖荆渚所作也。

十二日,过石首县,不入。石首自唐始为县,在龙盖山之麓[36],下临汉水,亦形胜之地。杜子美有《送石首薛明府》诗,即此邑也。泊藕池。

十三日,泊柳子[37]。夜过全、证二僧舟中,听诵梵语《般若心经》，此经惟蜀僧能诵。

十四日，次公安㊳，古所谓油口也，汉昭烈驻军，始更今名，规模气象甚壮。兵火之后，民居多茅竹，然茅屋尤精致可爱，井邑亦颇繁富，米斗六七十钱。知县右儒林郎周谦孙来，湖州人。游二圣报恩光孝禅寺。二圣谓青叶髻如来、娄至德如来也㊴，皆示鬼神力士之形，高二丈余，阴威凛然可畏。正殿中为释迦，右为青叶髻，号大圣；左为娄至德，号二圣，三像皆南面。予按，藏经：驹字函娑罗浮殊童子成道，为青叶髻如来；青叶髻如来再出世，为楼至如来，则二如来本一身耳。有碑言：邑人一夕同梦二神人，言我青叶髻、娄至德如来也。有二巨木在江干，我所运者。俟鄀行者来，令刻为我像，已而果有人自称鄀行者，又善肖像，邑人欣然请之。像成，人皆谓酷类所梦。然碑无年月，不知何代也。长老祖珠，南平军人㊵。寺后有废城，仿佛尚存㊶，《图经》谓之吕蒙城㊷。然老杜乃曰："地旷吕蒙营，江深刘备城。"盖玄德、子明皆屯于此也。老杜《晓发公安》诗注云："数月憩息此县。"按，公《移居公安》诗云："水烟通径草，秋露接园葵。"而《留别公安太易沙门》诗云："沙村白雪仍含冻，江县红梅已放春。"则是以秋至此县，暮冬始去。其曰"数月憩息"，盖为此也。泊弭节亭，驯鸥低飞往来，竟日不去。

[注释]

①南楼：武昌名楼。《湖广通志》卷七七："南楼在黄鹄山顶。……庾亮镇武昌，诸佐吏殷浩辈乘秋夜登高楼。亮至，众将避之。亮曰：'老子于此，兴复不浅。'便坐谈咏。至今名庾公楼。" ②凭栏十里芰荷香：黄庭坚《鄂州南楼书事》："四顾山光接水光，凭阑十里芰荷香。清风明

月无人管,并作南楼一味凉。" ③黄鹤楼:鄂州名楼。《湖广通志》卷七:"黄鹤楼在黄鹄矶上。《南齐书》:仙人子安乘黄鹄过此。又世传费文祎登仙驾鹤憩此,唐阎伯理作记,以文祎事为信。按《述异记》:荀怀,字叔祎,憩楼上西望,有物飘然,降自云端,乃驾鹤之宾也。宾主欢对。辞去跨鹤腾空,渺然烟灭。后人误为文祎也。" ④汉阳以县隶鄂州:沔州被废后,汉阳便以一个县的建置隶属于鄂州。 ⑤复以为军:周世宗柴荣平定淮南后,将汉阳县升格为汉阳军。按:五代以来至宋,中级行政区划有四种,分别是府、州、军、监,汉阳军由县升军,即跃入了中级区划。然其县并没有完全革除,因为其治所仍在汉阳县。《元丰九域志》卷十:"汉阳军:周以鄂州汉阳地建军,领县一。皇朝太平兴国二年(977),以安州汉川县隶军,领县二。熙宁四年废军,省汉川县为镇,并汉阳县隶鄂州。"意谓后周于汉阳县设立汉阳军,领汉阳一个县,县治即军治。宋太平兴国二年(977),原安州汉川县划归汉阳军,于是汉阳军辖下有了两个县:汉阳县和汉川县。 ⑥大语:典雅的话语。 ⑦卒于耒水:杜甫自唐代宗大历三年(768)从蜀中出峡,一直在湖南一带漂泊。大历五年(770)冬,杜甫在湖南耒江乘船北行时,患病死于耒水之上。享年五十九岁。 ⑧可恨:非常遗憾。 ⑨大别山:《湖广通志》卷七:"大别山,(汉阳)县东北半里。……今汉阳军汉阳县北大别是也。《元和志》:鲁山一名大别山,在汉阳县东北一百步。其山前枕蜀江,北带汉水。" ⑩小别:《湖广通志》卷七:"小别山,(汉阳)县南十里。《太平寰宇记》:山形如甑,谚名甑山。《左传·定公四年》:吴人伐楚,令尹子常济汉而阵,自小别至于大别。即此。" ⑪崔颢:崔颢,汴州(治今河南开封)人,玄宗开元十一年(723)进士。天宝间为司勋员外郎。他的《黄鹤楼》诗最为人所称道:"昔人已乘黄鹤去,此地空余黄鹤楼。黄鹤一去不复返,白云千载空悠悠。晴川历历汉阳树,芳草萋萋鹦鹉洲。日暮乡关何处？烟波江上使人愁。" ⑫楼榜：楼的匾额。李监：唐代大书法家李阳冰，因担任过将作少监，世称"李少监"或"李监"。《书史会要》卷五："李阳冰，字少温，赵郡人，官至将作少监。留心小篆迨三十年。……有唐三百年，以篆称者，惟阳冰独步。吕总评其书谓'若古钗倚物，力有万钧。李斯之后，一人而已'。" ⑬吕公洞：《湖广通志》卷一一九："吕公洞，张舜民《南迁录》：江夏吕公洞前有军巡夜，逢三人，衣冠甚古，遗黄金数片。携归，光彩焕发。官觉收之，则皆化为石。命藏之军资库。"吕公，即仙人吕洞宾。 ⑭澶州：治今河南濮阳。 ⑮了不能鉴物：完全不能照见人物。 ⑯广汉：汉州，治今四川德阳。左绵，绵州，治今四川绵阳。附从人舟：搭乘跟从人员所乘的船（回蜀中）。 ⑰鹦鹉洲：长江中洲名。《湖广通志》卷七："鹦鹉洲，城西大江中。黄祖杀祢衡处。尝作《鹦鹉赋》，故遇害之地得名。上有祢处士墓。" ⑱祢正平：东汉末名士祢衡，字正平。《三国志·魏书·荀彧传》注："衡字正平，建安初，自荆州北游许都，恃才傲逸，臧否过差，见不如己者不与语，人皆以是憎之。唯少府孔融高贵其才，上书荐之。……衡南见刘表，表甚礼之。将军黄祖屯夏口，祖子射与衡善，随到夏口。祖嘉其才，每在坐，席有异宾，介使与衡谈。后衡骄蹇，答祖言俳优饶言，祖以为骂己也，大怒，顾伍伯捉头出。左右遂扶以去，拉而杀之。" ⑲梁王僧辩：字君才，太原祁（今山西祁县）人，南朝梁大将军，累官至骠骑大将军、尚书令。曾参加平定侯景之乱。后为陈霸先所杀。《梁书》有传。 ⑳入沌（dùn）：进入沌水。沌水为长江支流。《读史方舆纪要》卷七六："沌水在（汉阳）府西南四十里，有沌口。《水经注》：沌水南通洒阳之太白湖，湖水东南流经沌阳县，注于江，谓之沌口。" ㉑巴陵：今湖南岳阳，东接湖北通城，南达湖南汨罗。荆渚：荆州江陵府的俗称，在今湖北沙市。 ㉒竟陵：治今湖北天门。 ㉓菘（sōng）：白菜。芦菔：

入蜀记 | 335

萝卜。 ㉔红头须小使头长年三老：此为当地船家祷神的土语，大意谓红头发红胡须主行船艄公的小神。 ㉕意钱：赌钱。《后汉书·梁冀传》："能挽满、弹棋、格五、六博、蹴鞠、意钱之戏。" ㉖罾（zēng）：渔网。 ㉗复州：宋州名，即上所言竟陵，治今湖北天门。玉沙：在天门南一百余里，复州最南的县。 ㉘晋王澄弃荆州，别驾郭舒不肯从澄东下：王澄，字平子，琅琊临沂（今山东临沂）人，名士王衍之弟。郭舒，字稚行。《晋书·郭舒传》："王澄闻其名，引为别驾。澄终日酣饮，不以众务在意，舒常切谏之。"《晋书·王澄传》："山简参军王冲叛于豫州，自称荆州刺史。澄惧，使杜蕤守江陵。澄迁于孱陵，寻奔沓中。郭舒谏曰：'使君临州，虽无异政，未失众心。今西收华容向义之兵，足以擒此小丑，奈何自弃？'澄不能从。" ㉙留屯沌口：《晋书·郭舒传》："澄之奔败也，以舒领南郡。澄又欲将舒东下，舒曰：'舒为万里纪纲，不能匡正，令使君奔亡，不忍渡江。'乃留屯沌口，采稆湖泽以自给。" ㉚陈侯安都讨王琳至沌口：《北齐书·王琳传》："陈武帝遣将侯安都、周文育等诛琳，仍受梁禅。安都叹曰：'我其败乎，师无名矣。'逆战于沌口。" ㉛石首：今湖北石首。 ㉜絮衾：棉被。 ㉝荞萌：鲜嫩的荞菜。荞，一种类似今天小白菜的蔬菜。 ㉞不肯受直：不肯收钱。 ㉟下不属地：下段不与地面相接，即悬浮之意。 ㊱龙盖山：《读史方舆纪要》卷七八："龙盖山，在（石首）县东二里，县之主山也。与绣林、马鞍为三峰，俱错列江滨。" ㊲柳子：《读史方舆纪要》卷七八："县西六十里有柳子口，旧与杨林、小岳相灌注。" ㊳公安：《读史方舆纪要》卷七八："公安县，（江陵）府东南七十里。……建安十四年，孙权表刘备领荆州牧，分南郡之南岸地以给备。备营油口，改名公安。《荆州记》：时备为左将军，人称为左公，故曰公安。"在今湖北公安。 ㊴青叶髻如来、娄至德如来：古代佛门两边侍立的两尊佛，即俗说的两大金刚。《资治通鉴·唐肃宗上元二年》："以宫人为佛菩萨，士为金刚神王。"胡三省注："在处寺门有两金刚神，是千佛数中最后者，一名娄至德，一名青叶髻。"㊵南平军：宋军名，在今重庆南川区。㊶仿佛尚存：大致的规模和轮廓还有残存。㊷吕蒙城：《读史方舆纪要》卷七八："吕蒙城，在（公安）县北二十五里，蒙尝屯孱陵，筑城于此。"吕蒙，字子明，汝南富陂（今安徽阜南）人，三国吴名将。历庐江太守、南郡太守，封孱陵侯。《三国志·吴书》有传。

十五日，周令说："县本在近，北枕汉水，沙虚岸摧，渐徙而南，今江流乃昔市邑也。"又云："县有五乡，然共不及二千户，地旷民寡如此。民耕尤苦，堤防数坏，岁岁增筑不止。"晚，携家再游二圣寺。众寮有维摩刻木像甚佳，云沙市工人所为也①。方丈西有竹轩，颇佳。珠老说②："五祖法演禅师初住四面山③，孑然独处凡二年，始有一道士来问道，乃请作知事。又三年，僧宝良来，与道士朝夕参叩，皆得法，于是演公之道浸为人知，而四方学者始稍有至者。虽其后门人之盛称天下，然终身不过数十众。"珠闻此于其师万庵颜禅师。荆州绝无禅林④，惟二圣而已。然蜀僧出关，必走江浙，回者又已自谓有得，不复参叩，故语云："下江者疾走如烟，上江者鼻孔撩天。徒劳他二佛打供，了不见一僧坐禅。"

十六日，过白湖，渺然无津。抛江至升子铺，有天鹅数百，翔泳水际。日入，泊沙市。自公安至此六十里，自此至荆南陆行十里，舟不复进矣。老杜诗云："买薪犹白帝，鸣橹已沙头。"刘梦得云："沙头樯干上，始见春江阔。"皆谓此也。

十七日，日入后，迁行李过嘉州赵青船⑤，盖入峡船也。沙市堤上居者大抵皆蜀人，不然，则与蜀人为婚姻者也。

十八日，见知府资政殿学士刘恭父珙⑥、通判右奉议郎权嗣衍⑦、左宣教郎陈孺⑧。《荆南图经》以为楚之郢都⑨，梁元帝亦尝都焉，唐为江陵府荆南节度⑩，今因之，然牧守署衔但云"知荆南军府"，与永兴、河阳正同⑪。初无意义，但沿旧而已。

十九日，郡集于新桥马监。监在西门外四十里，自出城，即黄茅弥望。每十余里，有村疃数家而已⑫。道遇数十骑纵猎，获狐兔皆系鞍上，割鲜藉草而饮，云襄阳军人也⑬。是日极寒如穷冬，土人云：此月初已尝有雪。

二十日，倒樯竿，立橹床。盖上峡惟用橹及百丈⑭，不复张帆矣，百丈以巨竹四破为之，大如人臂，予所乘千六百斛舟，凡用橹六枝、百丈两车。

二十一日，刘帅丁内艰⑮，分辽兵之半负肩舆⑯，自山路先归夔州。是日重雾四塞。

二十二日，五鼓，赴能仁院，建会庆节道场⑰。中夜后，舟人祀峡神，屠一豨⑱。

二十三日，奠刘帅母安定郡太夫人卓氏⑲。刘帅受吊礼，与吴人同。

二十四日，见左朝奉郎、湖北安抚司主管机宜文字牛达可，右奉议郎、安抚司干办公事汤衡⑳、右朝奉郎、安抚司干办公事赵蕴。

二十五日，右文林郎知归州兴山县高祁来㉑。

二十六日，修船始毕，骨肉入新船。祭江渎庙，用壶酒特豕。庙在沙市之东三四里，神曰昭灵孚应威惠广源王㉒，盖四渎之一㉓，最为典祀之正者。然两庑淫祠尤多，盖荆楚旧俗也。司法参军、右迪功郎王师点录其叔祖君仪待制《讼卦讲义》来[24]。君仪，严州人[25]，师事先大父[26]，精于《易》[27]，然遗书不传，《讲义》止存一篇而已，然亦其少作也。

二十七日，解舟，击鼓鸣橹，舟人皆大噪，拥堤观者如堵墙。泊新河口，距沙市三四里，盖蜀人修船处。

二十八日，泊方城。有嘉州人王百一者，初应募为船之招头。招头，盖三老之长，顾直差厚，每祭神，得胙肉倍众人[28]。既而船户赵清改用所善程小八为招头，百一失职怏怏，又不决去，遂发狂赴水，予急遣人拯之，流一里余，三没三踊，仅得出。一招头得丧，能使人至死，况大于此者乎！

二十九日，阻风。

十月一日，过瓜洲坝、仓头、百里洲，泊沱灆，皆聚落，竹树郁然，民居相望。亦有村夫子聚徒教授，群童见船过，皆挟书出观，亦有诵书不辍者。沱，江别名。《诗》"江有沱"[29]、《禹贡》"岷山导江，东别为沱"是也。灆则《尔雅》所谓"春秋夏有水，冬无水曰灆"也。

二日，泊桂林湾。全、证二僧陆行来，云："沿路民居大抵多四方人，土著财十一也[30]。舟人杀猪十余口祭神，谓之'开头'。"

三日，舟人分胙，行差晚。与儿辈登堤观蜀江，乃知李太白《荆门望蜀江》诗"江色绿且明"为善状物也。自离塔子矶，至是始望见巴山，山在松滋县[31]。泊灌子口，盖松滋、枝江两邑之间[32]。松滋，晋县[33]，自此入蜀江；枝江，唐县，古罗国也[34]，江陵九十九洲在焉[35]。晋柳约之、罗述、甄季之闻桓玄死[36]，自白帝至枝江[37]，即此地也。欧阳文忠公有《枝江山行》五言二十四韵，盖文忠赴夷陵时㊳，自此陆行至峡州㊴，故其《望州坡》诗云："崎岖几日山行倦，却喜坡头见峡州。"灌子口，一名松滋渡，刘宾客有诗云㊵："巴人泪应猿声落，蜀客船从鸟道回。"

四日，过杨木寨。盖松滋有四寨，曰杨木、车羊、高平、税家云。泊龙湾。

五日，过白羊市，盖峡州宜都县境上㊶。宜都，唐县也。谒张文忠公天觉墓㊷，残伐墓木横道，几不可行。天觉之子直龙图阁茂已卒，二孙，一有官，病狂易㊸，一白丁也。初作墓江滨，已而不果葬，改葬山间，今墓是也，而旧墓亦不复毁。启隧道出入，中可容数十人坐，有道人结屋其旁守之。道人出一石刻草书云："莫将外物寻奇宝，须问真师决汞铅。寄八琼张子高㊹。钟离权始自王屋游都下㊺，弟子浮玉山人来乞此字，今又将西还，丹元子再请书卷之末㊻。绍圣元年仲冬望日。"权即世所谓钟离先生；子高即天觉；丹元子即东坡先生与之酬倡者。后有魏泰道辅跋云㊼："天觉修黄箓醮法成㊽，浮玉山人谓之曰：'上天录公之功，为须弥山八琼洞主㊾，宜刻印谢帝而佩之。'天觉不以为信，故浮玉又出钟离公书为证。后丹元子又为天觉求书卷末。"又有徐注者跋云："天觉舟过真州，方出谒，有布衣幅巾者径入舟中，索笔大书'闲人吕洞宾来谒张天觉'十字㊿，掷笔即去。而天觉适归，墨犹未干。"注，真州人，云亲见之。坟前碑楼壁间有诗一篇云："秋风十驿望台星[51]，想见冰壶照坐清[52]。霖雨已回公旦驾[53]，挽须聊听野王筝[54]。三朝元老心方壮[55]，四海苍生耳已倾。白发故人来一别[56]，却归林下看升平。"盖魏道辅赠天觉诗，后人所题者[57]。唐立夫舍人亦有一诗[58]，末句云："无碑堪堕泪[59]，著句与招魂[60]。"宜都知县右文林郎吕大辨来。泊赤崖。

[注释]

  ①沙市：今湖北荆州沙市。　②珠老：即上文所说二圣寺住持祖珠。③五祖法演禅师：《五灯会元》卷十九："蕲州五祖法演禅师，绵州邓氏子。三十五始弃家，祝发受具。往成都，习《唯识》《百法论》。……初住四面，迁白云，晚居东山。"　④荆州：荆南府的古称，治今湖北江陵。　⑤嘉州：治今四川乐山。此句谓从此换乘从四川来的入川船。⑥刘恭父珙：刘珙，字恭父，福建崇安人，南宋初名臣刘子羽长子，绍兴十二年（1142）进士。曾任礼部郎官，绍兴二十五年（1155）因忤秦桧被罢。隆兴元年（1163），知泉州。《朱文公文集》卷九四《刘枢密墓记》载，刘珙乾道五年（1169）四月除资政殿学士、知荆南府。六年九月丁母忧离任。　⑦权嗣衍：北宋末南宋初大臣权邦彦继子。权邦彦，字朝美，绍兴元年（1131）为兵部尚书兼侍读，又兼权参知政事，三年卒。无子，以其侄嗣衍为后。《宋史》有传。　⑧陈孺：此处陈孺未注明官职，实则此人也是荆南府通判，与权嗣衍官相同，宋代一些重要州府往往同时差遣两位通判，此处就属于这种情况。　⑨楚之郢都：战国时楚国都城。《湖广通志》卷三："荆州府……春秋时楚郢都，秦拔郢置南郡。汉初改临江郡，寻复。三国初归蜀汉，后属吴。晋改新郡，寻复曰南郡，为荆州刺史治所。东晋为重镇。南北朝宋、齐俱仍南郡。梁元帝都此。"⑩唐为江陵府荆南节度：此地唐代府名江陵府，节度名荆南节度。唐宋时期，州府既有行政名又有节度名，前者表示政区，后者表示该府的军事等级。　⑪与永兴、河阳正同：与永兴军和河阳情况相同。按：永兴军是长安的节度名，准确的府名叫京兆府，但习惯上把此处的知府叫成"知永兴军"而很少叫成"知京兆府"；河阳是"河阳三城"的省称，也属于节

入蜀记 | 341

度名，准确的行政名称叫孟州，人们习惯上总把知孟州官员叫成"知河阳"，而很少叫成"知孟州"。结合上文，江陵府是行政区划名，这里的最高长官准确的称呼应该是"知江陵府"，而人们习惯上总叫成"知荆南府"。　⑫村疃（tuǎn）：村落。　⑬襄阳：今湖北襄阳。　⑭百丈：牵船用的篾缆。程大昌《演繁露·百丈》："杜诗身行多用百丈，问之蜀人，云：水峻，岸石又多廉棱……故劈竹为大瓣，以麻索连贯其际，以为牵具，是名'百丈'。"　⑮刘帅丁内艰：指荆南知府刘珙丁忧，已见上注⑥。　⑯肩舆：左右两长竿、中间放置坐具的简易轿子。　⑰会庆节：孝宗赵昚的诞节。孝宗生于十月二十二日，其在位时，每年此日举国均需举行庆贺活动。驾崩或退位之后，此节自行取消，再庆贺下一位皇帝的诞节。《宋史·孝宗本纪一》："皇帝讳昚，字元永，太祖七世孙也。……以建炎元年十月戊寅生帝于秀州青杉闸之官舍。（八月）庚寅，以生日为会庆节。"　⑱屠一豨（xī）：杀一口猪。豨，本指野猪，后泛指猪。　⑲奠刘帅母安定郡太夫人卓氏：祭奠刘珙母亲卓氏。《朱文公文集》卷九四《刘枢密墓记》："父讳子羽……妣熊氏，秦国夫人。继卓氏，庆国夫人。"按：这里说卓氏所封为"安定郡太夫人"是初封之号，故低于庆国夫人，且是依其父刘子羽在世时的封号。　⑳汤衡：字平甫，临安人，绍兴二十一年（1151）进士。乾道三年（1167）知贵池县，六年（1170）任湖北安抚司干办公事。《全宋文》卷五四二一有小传。　㉑兴山：今湖北兴山县。　㉒神曰昭灵孚应威惠广源王：宋代所封江神名。《宋史·礼志·吉礼五》："仁宗康定元年，诏封江渎为广源王，河渎为显圣灵源王，淮渎为长源王，济渎为清源王。"　㉓四渎：长江、黄河、淮河、济水的合称。《尔雅·释水》："江、河、淮、济为四渎。四渎者，发源注海者也。"　㉔君仪：王升。《淳熙严州图经》卷一："王升字君仪，郡人。博洽多识，尤邃《礼》《易》。家居不仕，以尚书左丞山阴陆公（佃）荐，特起于家，遂历礼官。晚以徽猷阁待制还乡里,知数,预语人以将死。绍兴二年无疾而卒,年七十九。"　㉕严州:治今浙江建德。　㉖先大父:陆游祖父陆佃。陆佃《陶山集》中有《赠王君仪》诗:"尝思孔子昔在世,门生弟子三千人。大哉卷舒圣人道,弦歌讲诵邹鲁滨。立身非以利欲诱,至诚惟学义与仁。雍容德艺愈磨厉,烜赫光辉弥日新。追尘力行慕汲汲,忘疲善诱思循循。外荣岂就卿相位?内乐惟知探道真。所以万世作师法,望之仰之如北辰。"对王升不慕荣利的高风亮节大加赞赏。　㉗精于《易》:对《周易》颇有研究。陆游《跋王君仪待制易说》:"王公《易》学,虽出于葆光张先生,然得于心者多矣。建炎间,胡骑在钱塘,明、越俱陷,王公端居于严,曰:'虏决不至此,且狼狈而归,自此穷天地不复渡江矣。'其妙于《易》数盖如此。淳熙丁酉元日,山阴陆某书于锦官阁下。"　㉘胙(zuò)肉:祭神所剩的肉。　㉙江有沱:《诗经·召南·江有汜》:"江有沱,之子归,不我过。不我过,其啸也歌。"毛亨传:"沱,江之别者。"　㉚土著财十一:当地人不过十分之一左右。　㉛松滋县:今湖北松滋北。　㉜枝江:今湖北枝江南,与松滋隔江相望。　㉝松滋,晋县:松滋是晋代才设置的县。《湖广通志》卷三:"松滋县,唐虞鸠兹地,周郧地。汉高城县,属南郡。晋松滋县,南北朝宋因之。"　㉞枝江,唐县,古罗国也:枝江是唐代所设的县,为古罗国旧地。《湖广通志》卷二七:"宜城县西旧罗国,后徙枝江。……楚文王徙罗子自枝江居此。今平江县南三十五里有古罗城故址,即罗子所迁地也。"　㉟江陵九十九洲在焉:《读史方舆纪要》卷七五:"大江自蜀东流入荆州界,出三峡,至枝江,分为诸洲,凡数十处,盘布川中。"　㊱晋柳约之、罗述、甄季之闻桓玄死:《晋书·毛璩传》:"桓玄篡位,遣使加璩散骑常侍、左将军。璩执留玄使,不受命。……传檄远近,列玄罪状,遣巴东太守柳约之、建平太守罗述、征虏司马甄季之击破希等,仍率众次于白帝。……玄败,谋奔梁州。璩弟瑾、子修之时为玄屯骑校尉，诱玄使入蜀，既而修之与祐之、费恬及汉嘉人冯迁共杀玄。约之等闻玄死，进军到枝，复攻没江陵。"　㊱白帝：白帝城，在夔州奉节。《读史方舆纪要》卷六九："初，公孙述据蜀，殿前井有白龙出，自称白帝，因更鱼复城为白帝城。先主征吴败还，至白帝，改为永安。今卧龙山下有永安故宫。白帝城周回七里，西南二里。"　㊳文忠赴夷陵：《欧阳文忠公年谱》："景祐三年丙子，公年三十。是岁，天章阁待制、权知开封府范仲淹言忤宰相，落职知饶州。公切责司谏高若讷，若讷以其书闻。五月戊戌，降为峡州夷陵县令。"夷陵在今湖北宜昌。　㊴峡州：宋州名，在今湖北宜昌，夷陵即峡州治所所在县。　㊵刘宾客：唐刘禹锡。其《松滋渡望峡中》诗："巴人泪应猿声落，蜀客船从鸟道回。十二碧峰何处所，永安宫外是荒台。"　㊶宜都县：今湖北宜都。　㊷张文忠公天觉：张商英，字天觉，法号无尽居士，蜀州新津人，英宗治平二年（1065）进士。徽宗时为河北都转运使，降知随州。崇宁初为吏部、刑部侍郎，翰林学士。蔡京拜相，商英素与之善，拜尚书右丞，转左丞，又与蔡京议不合，罢知亳州，入元祐党籍。蔡京再相，以散官安置归、峡二州。《宋史》有传。　㊸狂易：即今之精神分裂症。《汉书·外戚·孝元冯昭仪传》："由素有狂易病。"颜师古注："狂易者，狂而变易常性也。"　㊹八琼：八石。唐吕岩《赠刘方处士》："八琼秘诀君自识，莫待铅空车又破。"宋洪朋《雪霁陪诸公登滕王阁》诗："伊余千载裔，未炼八琼药。"　㊺钟离权：字云房，号正阳子，东汉咸阳人，道教中神仙。曾官至大将军，后因兵败，隐居于晋州羊角山。他既是道教传说中的八仙之一，也是道教主流全真派的始祖。自王屋游都下：从隐居的王屋山来游长安。王屋山，道教名山，在今河南西北部济源市，东为太行山，西为中条山，北为太岳山，南面为黄河，为道教十大洞天之首，道教主流全真派的圣地。　㊻丹元子：本名王绎，后改道号为姚丹元，北宋中晚期道士，与苏轼多有唱酬。《苏轼诗集》有《丹元子示诗飘飘然有谪仙风气吴传正继作复次其韵》《次王定国韵书丹元子宁极斋》《书丹元子所示李太白真》诸诗。叶梦得《避暑录话》卷上：“苏子瞻亦喜言神仙……晚因王巩，又得姚丹元者，尤奇之，直以为李太白所化，赠诗数十篇，待之甚恭。姚本京师富人王氏子，不肖，为父所逐去，事建隆观一道士，天资慧，因取道藏遍读，或能成诵，又多得其方术丹药。大抵有口才，好大言，作诗间有放荡奇谲语，故能成其说。浮沉淮南，屡易姓名，子瞻初不能辨也。后复其姓名王绎。崇宁间，余在京师，则已用技术进为医官矣，出入蔡鲁公门下，医多奇中。余犹及见其与鲁公言从子瞻事，且云：‘海上神仙宫阙，吾皆能以说致之，可使空中立见。’蔡公亦微信之。坐事编置楚州。梁师成从求子瞻书帖，且荐其有术，宣和末复为道士，名元城，力诋林灵素，为所毒，呕血死。” ㊼魏泰道辅：魏泰，字道辅，襄阳人。徽宗崇宁、大观间，宰相章惇欲任以官，辞不就。晚年居家，倚仗姐夫曾布权势横行乡里。所著有《东轩笔录》。 ㊽黄箓醮：又名黄箓斋，道教洁斋法。《资治通鉴·唐僖宗光启三年》：“邀高骈至其第建黄箓斋，乘其入静缢杀之。”胡三省注：“黄箓大斋者，普召天神、地祇、人鬼而设醮焉，追忏罪根，冀升仙界，以为功德不可思议，皆诞说也。” ㊾须弥山：传说中佛教名山。佛徒认为此山为宇宙中枢，日月星辰皆赖其转动。㊿吕洞宾来谒张天觉：宋人传言，谓张商英与吕洞宾有所交集，亦属荒诞之语。赵与时《宾退录》卷一：“忽京城传吕洞宾访灵素，遂捻土烧香，气直至禁中，遣人探问，杳气自通真宫来。上亟乘小车到宫，见壁间有诗云：‘捻土焚香事有因，世间宜假不宜真。太平无事张天觉，四海闲游吕洞宾。’京城印行，绕街叫卖，太子亦买数本进。上大骇。” (51)台星：宰相代称。此处指张商英。《晋书·天文志上》：“三台六星，两两而居，起文昌，列抵太微。一曰天柱，三台之位也。在人曰三公，在天曰三台。”

㊷冰壶：喻月亮。　㊾霖雨：喻帝王恩泽。《尚书·说命上》："爰立作相，王置诸其左右，命之曰：'……若岁大旱，用汝作霖雨。'"孔安国传："霖，三日雨。霖以救旱。"公旦：周公旦，周文王之子，武王建立周朝后不久病死，其子成王年幼，由周公旦摄政当国，平定了管叔、蔡叔之乱。详见《史记·鲁周公世家》。此句言张商英很快会得到帝王的恩泽重回相位。　㊿挽须聊听野王筝：晋代名臣谢安受孝武帝猜忌，一次宴饮时，桓伊为其鸣冤。《晋书·桓伊传》："帝召伊饮宴，（谢）安侍坐。帝命伊吹笛。伊神色无迕，即吹为一弄，乃放笛云：'臣于筝分乃不及笛，然自足以韵合歌管，请以筝歌，并请一吹笛人。'帝善其调达，乃敕御妓奏笛。……奴既吹笛，伊便抚筝而歌《怨诗》曰：'为君既不易，为臣良独难。忠信事不显，乃有见疑患。周旦佐文武，《金滕》功不刊。推心辅王政，二叔反流言。'声节慷慨，俯仰可观。安泣下沾衿，乃越席而就之，捋其须曰：'使君于此不凡！'帝甚有愧色。"此句谓张商英受到权臣排挤，皇帝终会有愧于此。　㉖三朝元老：指张商英历仕神宗、哲宗、徽宗三朝。　㊼白发故人：魏泰自指。　㊽后人所题者：陆游认为此诗并非魏泰所作，而是后人伪作。　㊾唐立夫：唐文若，字立夫，四川眉山人，绍兴五年（1135）进士。历知邵州、饶州、温州，绍兴末除中书舍人。《宋史》有传。　㊿无碑堪堕泪：晋代羊祜都督荆州诸军事，驻襄阳。死后其部属在岘山羊祜生前游息之地建碑立庙，年年祭祀，见碑者莫不流泪。杜预因称此碑为堕泪碑。　⓺著句与招魂：写下这些文字，无非是为张商英招魂而已。意谓张商英再相不过是美好的愿望，实则很难实现。招魂，战国宋玉所作楚辞名，文中多处用"魂兮归来"之语。

卷　六

六日，过荆门十二碛①，皆高崖绝壁，崭岩突兀，则峡中之险可知矣。过碛，望五龙及鸡笼山②，嵯峨正如夏云之奇峰③。荆门者，当以险固得名。碛上有石穴，正方，高可通人，俗谓之荆门，则妄也。晚至峡州④，泊至喜亭下⑤。峡州在唐为"硖州"，后改"峡"，而印文则为"陕州"。元丰中，郎官何洵直建言⑥："陕与陕相乱，请改铸印文从山⑦。"事下少府监⑧，而监丞欧阳发言⑨，湖北之"陕州"，从阜从夾（夾从两入），陕西之"陕州"，从阜从夾（夾从两人）。偏旁不同，本不相乱，恐四方谓小府监官皆不识字。当时朝士之议皆是发⑩，而卒从洵直言改铸云⑪。《至喜亭记》，欧阳公撰，黄鲁直书。

七日，见知州右朝奉大夫叶安行字履道⑫。以小舟游西山甘泉寺⑬，竹桥石磴，甚有幽趣。有静练、洗心二亭，下临江，山颇疏豁。法堂之右，小径数十步，至一泉，曰孝妇泉，谓姜诗妻庞氏也⑭，泉上亦有庞氏祠。然欧阳文忠公不以为信⑮，故其诗曰："丛祠已废姜祠在，事迹难寻楚语讹。"又此篇首章云"江上孤峰蔽绿萝"，初读之，但谓孤峰蒙藤萝耳，及至此，乃知山下为绿萝溪也⑯。又至汉景帝庙及东山寺，景帝不知何以有庙于此。欧阳公为令时，有《祈雨文》在集中⑰。东山寺⑱，亦见欧阳公诗。距望京门五里，寺外一亭，临小池，有山如屏环之，颇佳。亭前冬青及柏，皆百余年物。遂至夷陵县，见县令左从政郎胡振。厅事东至喜堂，郡守朱虞部为欧阳公所筑者⑲，已焚坏，柱础尚存，规模颇雄深。又东则祠堂，亦简陋，肖像殊不类，可叹。厅事前一井，相传为欧阳公所浚，水极甘寒，为一郡之冠。井旁一榊，合抱，亦传为公手植。晚，郡集于楚塞楼，遍历尔雅台、锦嶂亭，亭前海棠二本，亦百年物。尔雅台者，《图经》以为郭景纯注《尔雅》于此⑳。又有绛雪亭，取欧阳公《千叶红梨》诗㉑，而红梨已不存矣。

八日，五鼓尽，解船，过下牢关㉒。夹江千峰万嶂，有竞起者，有独拔者，有崩欲压者，有危欲坠者，有横裂者，有直坼者㉓，有凸者，有洼者，有罅者㉔，奇怪不可尽状。初冬，草木皆青苍不凋，西望重山如阙，江出其间，则所谓下牢溪也。欧阳文忠公有《下牢津》诗云"入峡山渐曲，转滩山更多"，即此也。系船，与诸子及证师登三游洞㉕，蹑石磴二里，其险处不可著脚。洞大如三间屋，有一穴通人过，然阴黑峻险尤可畏。缭山腹，伛偻自岩下，至洞前，差可行。然下临溪潭，石壁十余丈，水声恐人。又一穴，后有壁，可居。钟乳岁久，垂地若柱，正当穴门，上有刻云："黄大临弟庭坚，同辛纮子大方，绍圣二年三月辛亥来游㉖。"旁石壁上刻云："景祐四年七月十日，夷陵欧阳永叔。"下缺一字。又云："判官丁"，下又缺数字。丁者，宝臣也㉗，字元珍。今"丁"字下二字，亦仿佛可见，殊不类元珍字。又永叔但曰夷陵，不称令。洞外溪上又有一崩石偃仆，刻云："黄庭坚弟叔向子相、侄槃同道人唐履来游，观辛亥旧题，如梦中事也。建中靖国元年三月庚寅。"按：鲁直初谪黔南㉘，以绍圣二年过此，岁在乙亥，今云辛亥者，误也。泊石牌峡。石穴中有石，如老翁持鱼竿状，略无少异。

九日，微风，过扇子峡。重山相掩，政如屏风扇，疑以此得名。登虾蟆碚㉙,《水品》所载第四泉是也㉚。虾蟆在山麓,临江,头鼻吻颔绝类,而背脊疱处尤逼真,造物之巧,有如此者。自背上深入,得一洞穴,石色绿润,泉泠泠有声,自洞出,垂虾蟆口鼻间,成水帘入江。是日极寒,岩岭有积雪,而洞中温然如春。碚、洞相对,稍西有一峰,孤起侵云,名天柱峰。自此山势稍平,然江岸皆大石堆积,弥望正如浚渠积土状㉛。晚次黄牛庙㉜,山复高峻。村人来卖茶菜者甚众,其中有妇人,皆以青斑布帕首,然颇白晰,语音亦颇正。茶则皆如柴枝草叶,苦不可入口。庙曰灵感,神封嘉应保安侯,皆绍兴以来制书也。其下即无义滩,乱石塞中流,望之可畏,然舟过乃不甚觉,盖操舟之妙也。传云:神佐夏禹治水有功,故食于此。门左右各一石马,颇卑小,以小屋覆之。其右马无左耳,盖欧阳公所见也。庙后丛木似冬青而非,莫能名者。落叶有黑文,类符篆,叶叶不同,儿辈亦求得数叶。欧诗刻石庙中,又有张文忠一赞㉝,其词曰:"壮哉黄牛,有大神力。辇聚巨石,百千万亿。剑戟齿牙,礧硊江侧㉞。壅激波涛,险不可测。威胁舟人,骇怖失色。刲羊酾酒㉟,千载庙食。"张公之意,似谓神聚石壅流以胁人求祭飨。使神之用心果如此,岂能巍然庙食千载乎?盖过论也。夜,舟人来告,请无击更鼓,云庙后山中多虎,闻鼓则出。

十日早,以特豕壶酒祭灵感庙,遂行。过鹿角、虎头、史君诸滩,水缩已三之二,然湍险犹可畏。泊城下,归州秭归县界也㊱。与儿曹步沙上回望,正见黄牛峡。庙后山如屏风叠,嵯峨插天,第四叠上有若牛状,其色赤黄,前有一人,如著帽立者。昨日及今早,云冒山顶,至是始见之。因至白沙市慈济院,见主僧志坚,问地名城下之由。云:"院后有楚故城,今尚在。"因相与访之。城在一冈阜上，甚小，南北有门，前临江水，对黄牛峡。城西北一山，蜿蜒回抱，山上有伍子胥庙。大抵自荆以西，子胥庙至多。城下多巧石，如灵壁、湖口之类㊲。

十一日，过达洞滩。滩恶，与骨肉皆乘轿陆行过滩。滩际多奇石，五色粲然可爱，亦或有文成物象及符书者㊳。犹见黄牛峡庙后山。太白诗云："三朝上黄牛，三暮行太迟。三朝又三暮，不觉鬓成丝㊴。"欧阳公云："朝朝暮暮见黄牛，徒使行人过此愁。山高更远望犹见，不是黄牛滞客舟㊵。"盖谚谓"朝见黄牛，暮见黄牛。一朝一暮，黄牛如故"，故二公皆及之。欧阳公自荆渚赴夷陵，而有《下牢》《三游》及《虾蟆碚》《黄牛庙》诗者，盖在官时来游也。故《忆夷陵山》诗云："忆尝祗吏役，巨细悉经觏㊶。"其后又云："荒烟下牢戍㊷，百仞塞溪漱。虾蟆喷水帘，甘液胜饮酎㊸。"亦尝到黄牛泊舟听猿狖也。晚泊马肝峡口㊹。两山对立，修耸摩天，略如庐山。江岸多石，百丈萦绊㊺，极难过。夜，小雨。

十二日早，过东尘濡滩，入马肝峡。石壁高绝处，有石下垂如肝，故以名峡。其傍又有狮子岩，岩中有一小石，蹲踞张颐㊻，碧草被之，正如一青狮子。微泉泠泠，自岩中出，舟行急，不能取尝，当亦佳泉也。溪上又有一峰孤起，秀丽略如小孤山。晚抵新滩㊼，登岸宿新安驿。夜，雪。

[注释]

①荆门：《读史方舆纪要》卷七五："荆门山在荆州府夷陵州宜都县西北五十里。章怀太子贤曰：荆门在夷陵东南、宜都西北，今有故城基址在山下大江南岸。北岸有虎牙山，与此相对。荆门上合下开，有若门然。

虎牙石壁色红而有白文，类牙形。二山，楚之西塞也。江流出其间，水势峻急。"十二碚（bèi）：荆门山下临江的十二座山峰。王十朋《楚塞楼》诗："楚国封疆六千里，荆门岩岚十二碚。南标铜柱北虎牙，天险城边古西塞。"见《舆地纪胜》卷七三。碚，临江堆积的巨石。　②五龙：《读史方舆纪要》卷七六："五龙山，（荆）州西北八十里。盘纡高耸，状如五龙。"　③夏云之奇峰：谓夏天的浓云宛如座座奇峰。《湖广通志》卷七五引《书苑》："怀素与邬彤友，尝从彤受笔法。彤曰：'长史私教彤云：孤蓬自振，惊沙坐飞。余自是得奇怪草圣，尽于此矣。'颜真卿曰：'师亦有自得乎？'素云：'吾观夏云多奇峰，尝师之。'"　④峡州：治今湖北宜昌。　⑤至喜亭：北宋峡州知州朱庆基创。欧阳修《峡州至喜亭记》："夷陵为州，当峡口，江出峡始漫为平流。故舟人至此者，必沥酒再拜相贺，以为更生。尚书虞部郎中朱公再治是州之三月，作至喜亭于江津，以为舟者之停留也。"　⑥何洵直：字邦彦，治平四年（1067）进士。元丰中历任太常博士、礼部员外郎、司勋员外郎，出知楚州。事迹散见于《会要》《长编》等书。　⑦陕与陕相乱，请改铸印文从山："陕"与"陕"二字极容易混淆，请朝廷改铸该州印文从山字旁（即峡字）。　⑧少府监：宋代五监之一。《宋史·职官志五》："少府监……掌造门戟、神衣、旌节、郊庙诸坛祭玉、法物，铸牌印诸记。"　⑨监丞：少府监丞，少府监中的中级官员，在监、少监之下。欧阳发：欧阳修长子。《宋史·欧阳发传》："发，字伯和，少好学，师事安定胡瑗，得古乐钟律之说，不治科举文词，独探古始立论议。自书契以来，君臣世系、制度文物，旁及天文、地理，靡不悉究。"欧阳发是元丰改官制之后第一任监丞。《张耒集》卷五九《欧阳伯和墓志铭》："官制改，为奉议郎，俄权少府监丞。迁承议郎。"　⑩朝士之议皆是发：朝官们大都认为欧阳发所言有理。　⑪卒从洵直言改铸：然而最终还是采纳了何洵直的提议，将印文改成了

"峡州"。 ⑫叶安行:《咸淳毗陵志》卷九载,叶安行于乾道元年(1165)四月至三年(1167)五月,以右朝请郎通判常州。又《福建通志》卷二六载其庆元中任汀州通判。 ⑬甘泉寺:欧阳修《和丁宝臣游甘泉寺》诗题下原注:"寺在临江一山上,与县廨相对。" ⑭姜诗妻庞氏:《后汉书·列女传》:"广汉姜诗妻者,同郡庞盛之女也。诗事母至孝,妻奉顺尤笃。母好饮江水,水去舍六七里,妻常溯流而汲。后值风,不时得还,母渴,诗责而遣之。妻乃寄止邻舍,昼夜纺绩,市珍羞,使邻母以意自遗其姑。如是者久之,姑怪问邻母,邻母具对。姑感惭呼还,恩养愈谨。其子后因远汲溺死,妻恐姑哀伤不敢言,而托以行学不在。姑嗜鱼鲙,又不能独食,夫妇常力作供鲙,呼邻母共之。舍侧忽有涌泉,味如江水,每旦辄出双鲤鱼,常以供二母之膳。" ⑮欧阳文忠公不以为信:《和丁宝臣游甘泉寺》"丛林已废姜祠在"二句下原注:"寺有清泉一泓,俗传为姜诗泉。亦有姜诗祠。案:诗,广汉人。疑泉不在此。"意谓姜诗乃蜀中汉州人,距此处甚远,所以不太可能是姜诗祠。 ⑯绿萝溪:欧阳修《冬后三日陪丁元珍游东山寺》诗:"翠藓苍崖森古木,绿萝盘石暗深溪。" ⑰《祈雨文》:欧阳修《求雨祭汉景帝文》:"维年月日,具官修告于汉孝景帝之神:县有州帖,祈雨诸祠。县令至愚,以谓雨泽颇时,民不至于不足,不敢以烦神之视听。癸丑出于近郊,见民稼之苗者荒在草间,问之,曰:'待雨后耘耔。'又行见老父,曰:'此月无雨,岁将不成。'然后乃知前所谓雨泽颇时者,徒见于城郭之近,而县境数百里山陵田亩之间,盖未及也。修以有罪,为令于此,宜勤民事神以塞其责。令既治民狱讼之不明,又不求民之所急,至去县十余里外,凡民之事,皆不能知,顽然慢于事神,此修为罪,又甚于所以来为令之罪。惟神为汉明帝,生能惠泽其民,布义行刚,威灵之名,照临后世,而尤信于此土之人。" ⑱东山寺:欧阳修集中有《冬后三日陪丁元珍游东山寺》《初晴独游东山寺五言六韵》二诗。　⑲郡守朱虞部：朱庆基。《欧阳修集》卷三九《夷陵县至喜堂记》："景祐二年，尚书驾部员外郎朱公治是州。……（三年夏）某有罪来是邦，朱公于某有旧，且哀其以罪而来，为至县舍，择其厅事之东以作斯堂，度为疏洁高明，而日居之，以休其心。"　⑳郭景纯：郭璞，字景纯，河东闻喜（今山西闻喜）人，晋代著名学者，又精通五行、天文、卜筮之术。曾注《尔雅》《山海经》《方言》等古籍。《晋书》有传。　㉑《千叶红梨》诗：欧阳修《千叶红梨花》："根盘树老几经春，真赏今才遇使君。风轻绛雪樽前舞，日暖繁香露下闻。"　㉒下牢关：《元和郡县志逸文》："下牢镇在夷陵县西二十八里，隋于此置峡州。贞观九年移于步阐垒，其旧城因置镇。"　㉓直坼（chè）：径直裂开。㉔罅（xià）：开裂。　㉕三游洞：《嘉庆重修一统志》卷三五〇引《荆州府志》："在（峡）州治西北二十里，唐白居易与弟行简及元稹三人游此，作记刻石，因名为三游洞。"白居易《三游洞序》："平淮西之明年冬，予自江州司马授忠州刺史，微之自通州司马授虢州长史。又明年春，各祗命之郡，与知退偕行。三月十日，参会于夷陵。……以吾三人始游，故因为三游洞。洞在峡州上二十里北峰下，两崖相崟间。"　㉖"黄大临弟庭坚"三句：黄庭坚《黔南道中记》："绍圣二年三月辛亥，次下牢关，同伯氏元明、巫山尉辛弦旁崖寻三游洞，绕山行竹间。"此石刻即当时所留。　㉗丁者，宝臣也：所谓丁，即丁宝臣。此人在欧阳修任夷陵令时为峡州军事判官。欧阳修《集贤校理丁君墓表》："君讳宝臣，字元珍，姓丁氏，常州晋陵人也。景祐元年，举进士及第，为峡州军事判官。"㉘鲁直初谪黔南：《山谷年谱》卷二六："绍圣二年乙亥，先生是岁拜黔州谪命。"　㉙虾蟆碚：在峡州西北扇子峡。欧阳修有诗。　㉚水品所载第四泉：唐陆羽《茶经》载有二十处水最宜烹茶：庐山康王洞帘水第一，常州无锡惠山石泉第二，蕲州兰溪石下水第三，硖州扇子硖下石窟泄水第四,苏州虎丘山下水第五。 ㉛弥望正如浚渠积土状:远远望去,恰如人们开挖沟渠堆砌成的土山。 ㉜黄牛庙:苏轼《黄牛庙跋》:"昔轼尝闻之欧阳公曰:'予昔以西京留守推官为馆阁校勘时,同年丁宝臣元珍适来京师。梦与予溯江入一庙中,拜谒堂下,予班元珍下,既出门,见一马只耳。觉而语予,固莫识也。已而元珍出峡州判官,余亦贬夷陵令。一日,与元珍同溯峡谒黄牛庙,入门惘然,皆梦中所见。予为县令,固班元珍下。出门外,镌石为马,缺一耳,相视大惊,乃留诗庙中,盖私识其事也。" ㉝张文忠:张商英。《宋史·张商英传》:"靖康褒表司马光、范仲淹,而商英亦赠太保。绍兴中,又赐谥文忠。" ㉞碌硵(lěiwěi):又作"磊嵬""碌嵬",属联绵词,高大雄壮之貌。 ㉟刲(kuī)羊酾(shāi)酒:杀羊斟酒。 ㊱归州秭归县:今湖北秭归。宋代秭归县即归州治所所在县。 ㊲灵璧:今安徽灵璧。产灵璧石。宋杜绾《云林石谱》卷上:"灵璧石,宿州灵璧县,地名磬山。石产土中,岁久,穴深数丈,其质为赤泥渍满,土人多以铁刃遍刮,凡三两次。既露石色,即以黄蓓帚或竹帚兼磁末刷治清润,扣之铿然有声。"湖口:今江西湖口。《云林石谱》卷上:"湖口石:江州湖口石有数种,或在水中,或产水际。一种色青,混然成峰峦岩壑,或类诸物状;一种匾薄嵌空,穿眼通透,几若木板似利刀剜刻之状。石理如刷丝色,亦微润,扣之有声。土人李正臣蓄此石,大为东坡称赏,目之为'世中九华',有'百金归买小玲珑'之语。" ㊳有文成物象及符书:石上有纹路,如同某种器物之象或道家符篆之状。 ㊴"不觉鬓成丝"四句:李白《上三峡》诗的后四句。 ㊵"不是黄牛滞客舟"四句:欧阳修《黄牛峡祠》诗最后四句。句下原注:"语曰:'朝见黄牛,暮见黄牛。一朝一暮,黄牛如故。'言江恶难行,久不能过也。"《水经注·江水注》:"峡中有滩,名曰黄牛,岩石既高,江流纡回,虽途经信宿,犹望见之。故行者谣云:'朝见黄牛,暮见黄牛。三朝三暮，黄牛如故。'" ㊶巨细悉经觏（gòu）：大大小小的景致尽收眼底。觏，看见。 ㊷下牢戍：此数句见欧阳修《忆山示圣俞》乐府。《明史·地理志》："大江在南，西北有下牢关，夹江为险。"欧阳修《下牢津》诗："依依下牢口，古戍郁嵯峨。入峡江渐曲，转滩山更多。" ㊸甘液胜饮酎（zhòu）：谓此水甘甜，胜过饮酒。酎，经过两次或更多次酿制的美酒。 ㊹马肝峡：《读史方舆纪要》卷七八："马肝峡，在（归）州东二十里，峭壁间悬石如马肝，因名。" ㊺萦绊：缠绕牵挂。 ㊻张颐：张开大口。颐，下巴。 ㊼新滩：《读史方舆纪要》卷七八："（归）州东五里有王家滩，又有新滩，在州东二十里，宋时尝徙县治此。其相近者又有小新滩。"

十三日，舟上新滩，由南岸上。及十七八①，船底为石所损，急遣人往拯之，仅不至沉。然锐石穿船底，牢不可动，盖舟人载陶器多所致。新滩两岸，南曰官漕，北曰龙门。龙门水尤湍急，多暗石。官漕差可行②，然亦多锐石，故为峡中最险处，非轻舟无一物不可上下。舟人冒利以至此③，叼为戒云。游江渎北庙，庙止临龙门，其下石罅中有温泉④，浅而不涸，一村赖之。妇人汲水，皆背负一全木盎⑤，长二尺，下有三足，至泉旁，以枓挹水⑥，及八分，即倒坐旁石，束盎背上而去。大抵峡中负物率著背，又多妇人，不独水也。有如人负酒卖，亦如负水状，呼买之，长跪以献⑦。未嫁者率为同心髻⑧，高二尺，插银钗至六只，后插大象牙梳，如手大。

十四日，留驿中。晚，以小舟渡江南，登山，至江渎南庙。新修未毕，有一碑，前进士曾华旦撰⑨，言因山崩石壅成此滩，害舟不可计，于是著令，自十月至二月禁行舟。知归州尚书都官员外郎赵诚闻于朝⑩，疏凿之，用工八十日而滩害始去，皇祐三年也。盖江绝于天圣中，至是而复通，然滩害至今未能悉去，若乘十二月、正月水落石尽出时，亦可并力尽镵去锐石。然滩上居民皆利于败舟，贱卖板木及滞留买卖，必摇沮此役⑪，不则赂石工，以为石不可去，须断以必行乃可成⑫。又舟之所以败皆失于重载，当以大字刻石置驿前，则过者必自惩创。二者皆不可不讲，当以告当路者⑬。

十五日，舟人尽出所载⑭，始能挽舟过滩。然须修治，遂易舟。离新滩，过白狗峡⑮，泊舟兴山口，肩舆游玉虚洞。去江岸五里许，隔一溪，所谓香溪也⑯，源出昭君村，水味美，录于《水品》，色碧如黛。呼小舟以渡，过溪又里余，洞门小才袤丈。既入则极大，可容数百人，宏敞壮丽，如入大宫殿中。有石成幢盖、幡旗、芝草、竹笋、仙人、龙虎、鸟兽之属，千状万态，莫不逼真。其绝异者，东石正圆如日，西石半规如月，予平生所见岩窦，无能及者。有熙宁中谢师厚、岑岩起题名⑰，又有陈尧咨所作记⑱，叙此洞本末，云唐天宝中，猎者始得之。比归已夜，风急不可秉烛炬，然月明如昼，儿曹与全师皆杖策相从，殊不觉崖谷之险也。

十六日，到归州，见知州右奉议郎贾选子公⑲、通判左朝奉郎陈端彦民瞻，馆于报恩光孝寺，距城一里许，萧然无僧。归之为州，才三四百家⑳，负卧牛山，临江，州前即人鲊瓮㉑。城中无尺寸平土，滩声常如暴风雨至。隔江有楚王城㉒，亦山谷间，然地比归州差平。或云楚始封于此。《山海经》"夏启封孟涂于丹阳城㉓"，郭璞注云："在秭归县南。"疑即此也。然《史记》"成王封熊绎于丹阳㉔"，裴骃乃云："在枝江。"未详孰是。

十七日，郡集于望洋堂玩芳亭，亦皆沙石荦确之地。贾守云：

州仓岁收秋、夏二料,麦粟、粳米共五千余石,仅比吴中一下户耳㉕。

十八日,初得艨船㉖,差小,然底阔而轻,于上滩为便。

十九日,郡集于归乡堂。欲以是晚行,不果。访宋玉宅㉗,在秭归县之东,今为酒家。旧有石刻"宋玉宅"三字,近以郡人避太守家讳去之㉘,或遂由此失传,可惜也。

二十日早,离归州,出巫峰门,过天庆观,少留。观唐天宝元年碑,载明皇梦老子事㉙,巴东太守刘瑫所立㉚,字画颇清逸。碑侧题当时郡官吏胥姓名,字亦佳。又有周显德中荆南判官孙光宪为知归州高从让所立碑㉛。从让,盖南平王家子弟㉜。光宪亦知名,国史有事迹。盖五代时,归、峡皆隶荆渚也㉝。殿前有柏,数百年物。观下即吒滩,乱石无数。饭于灵泉寺,遂登舟过业滩,亦名滩也。水落舟轻,俄顷遂过。

二十一日,舟中望石门关㉞,仅通一人行,天下至险也。晚泊巴东县㉟。江山雄丽,大胜秭归。但井邑极于萧条,邑中才百余户,自令廨而下皆茅茨㊱,了无片瓦。权县事秭归尉右迪功郎王康年㊲、尉兼主簿右迪功郎杜德先来㊳,皆蜀人也。谒寇莱公祠堂㊴,登秋风亭㊵,下临江山。是日重阴微雪,天气飂飘㊶。复观亭名,使人怅然㊷,始有流落天涯之叹。遂登双柏堂、白云亭㊸。堂下旧有莱公所植柏㊹,今已槁死。然南山重复,秀丽可爱。白云亭则天下幽奇绝境,群山环拥,层出间见,古木森然,往往二三百年物。栏外双瀑泻石涧中,跳珠溅玉,冷入人骨。其下是为慈溪,奔流与江会。予自吴入楚,行五千余里,过十五州,亭榭之胜,无如白云者,而止在县廨听事之后。巴东了无一事㊺,为令者可以寝饭于亭中，其乐无涯，而阙令，动辄二三年无肯补者⁴⁶。何哉！

二十二日，发巴东，山益奇怪。有夫子洞者，一窦在峭壁绝高处，人迹所不可至，然仿佛若有栏楯，不知所谓夫子者何也？过三分泉，自山窦中出，止两派⁴⁷。俗云："三派有年⁴⁸，两派中熟⁴⁹，一派或绝流饥馑。"泊疲石。夜，雨。

二十三日，过巫山凝真观⁵⁰，谒妙用真人祠，真人即世所谓巫山神女也⁵¹。祠正对巫山，峰峦上入霄汉，山脚直插江中，议者谓太华、衡庐皆无此奇⁵²，然十二峰者不可悉见⁵³。所见八九峰，惟神女峰最为纤丽奇峭，宜为仙真所托。祝史云："每八月十五夜月明时，有丝竹之音往来峰顶，山猿皆鸣，达旦方渐止。"庙后山半有石坛平旷，传云：夏禹见神女，授符书于此。坛上观十二峰，宛如屏障。是日天宇晴霁，四顾无纤翳，惟神女峰上有白云数片，如鸾鹤翔舞徘徊，久之不散，亦可异也。祠旧有乌数百，送迎客舟。自唐夔州刺史李贻诗已云"群乌幸胙余"矣⁵⁴。近乾道元年忽不至，今绝无一乌，不知其故。泊清水洞。洞极深，后门自山后出，但黢暗⁵⁵，水流其中，鲜能入者，岁旱祈雨颇应。权知巫山县左文林郎冉徽之、尉右迪功郎文庶几来。

二十四日早，抵巫山⁵⁶，县在峡中，亦壮县也，市井胜归、峡二郡⁵⁷。隔江南陵山极高大⁵⁸，有路如线，盘屈至绝顶，谓之"一百八盘"，盖施州正路⁵⁹。黄鲁直诗云："一百八盘携手上，至今归梦绕羊肠⁶⁰。"即谓此也。县廨有故铁盆，底锐似半瓮状，极坚厚，铭在其中，盖汉永平中物也⁶¹。缺处铁色光黑如佳漆，字画淳质可爱玩。有石刻鲁直作《盆记》，大略言："建中靖国元年，予弟叔向嗣直自涪陵尉摄县事⁶²。予起戎州⁶³，来寓县廨。此盆旧以种莲，余洗涤,乃见字云'游楚故离宫',俗谓之细腰宫⁶⁴。"有一池,亦当时宫中燕游之地,今湮没略尽矣。三面皆荒山,南望江山奇丽。又有将军墓,东晋人也。一碑在墓后,跌陷入地,碑倾前欲压,字才半存。

二十五日,晡后⁶⁵,至大溪口泊舟⁶⁶。出美梨,大如升。

二十六日,发大溪口,入瞿唐峡⁶⁷,两壁对耸,上入霄汉。其平如削成,仰视天如匹练,然水已落,峡中平如油盎。过圣姥泉,盖石上一罅,人大呼于旁则泉出,屡呼则屡出,可怪也。晚至瞿唐关,唐故夔州与白帝城相连。杜诗云"白帝夔州各异城",盖言难辨也,关西门正对滟滪堆,堆碎石积成,出水数十丈。土人云:"方夏秋水涨时,水又高于堆数十丈。"肩舆入关⁶⁸,谒白帝庙⁶⁹,气象甚古,松柏皆数百年物。有数碑,皆孟蜀时所立。庭中石笋,有黄鲁直建中靖国元年题字。又有越公堂,隋杨素所创⁷⁰,少陵为赋诗者⁷¹,已毁,今堂近岁所筑,亦甚宏壮。自关而东即东屯⁷²,少陵故居也。

二十七日早,至夔州。州在山麓沙上,所谓鱼复永安宫也⁷³。宫今为州仓,而州治在宫西北甘夫人墓西南,景德中转运使丁谓、薛颜所徙⁷⁴,比白帝颇平旷,然失关险,无复形势。在瀼之西,故一曰瀼西⁷⁵,土人谓山间之流通江者曰瀼云。州东南有八阵碛⁷⁶,孔明之遗迹,碎石行列如引绳。每岁江涨,碛上水数十丈,比退,阵石如故。

[注释]

①及十七八:行了十分之七八。意谓走了一大半的路程。 ②官漕差

可行：官府漕运的大船勉强可行。　③舟人冒利以至此：船家贪图财利，以至于差点倾覆。　④石罅（xià）：石缝。　⑤盎（àng）：盆类的容器。《后汉书·逢萌传》：" 首戴瓦盎哭于市。" 李贤注：" 盎，盆也。"　⑥以杓挹（shóo）（yì）水：用木勺舀水。　⑦长跪：直身而跪。　⑧同心髻：将头发绾至头顶，编扎成圆形发髻，状如同心结，故名。　⑨前进士：指取得进士资格尚未授官的人。李肇《唐国史补》卷下：" 投刺谓之乡贡，得第谓之前进士。"　⑩赵诚：《福建通志》卷四六载：赵诚，天圣五年（1027）进士。知归州。入为三司户部判官，知明州。按：赵诚知归州在仁宗皇祐中。《舆地纪胜》卷七四：" 天圣丙戌，州东二十里赞唐山崩，蜀江断流，沿溯易舟以行。皇祐间，郡守赵诚首以此留意，躬亲督责。"　⑪摇沮：煽惑阻挠。　⑫须断以必行乃可成：需要官府强令必须凿掉兀石才能实施开工。　⑬当路者：朝廷权臣。　⑭舟人尽出所载：船上的人将重物全部搬下。　⑮白狗峡：《读史方舆纪要》卷七八：" 白狗峡，（归）州东十五里，两崖如削，白石隐起如狗然。"　⑯香溪：《读史方舆纪要》卷七八：" 香溪，（归）州东北十里，源出兴山县流入江。《州志》所云'大江经前，香溪绕后'者也。或谓之乡溪，又名昭君溪。州东北四十里，盖有昭君村云。"　⑰谢师厚：谢景初，字师厚，富阳（今浙江富阳）人，名臣谢绛之子。历通判秀、汾、唐、海四州，迁湖北转运判官，再擢为益州路提点刑狱。因上疏反对新法免官。事迹见范纯仁《朝散大夫谢公墓志铭》。此所谓题词，当是谢景初为湖北运判时所作。岑岩起：岑象求，字岩起，梓州（治今四川三台）人。神宗熙宁中为梓州路提举常平，哲宗元祐元年（1086）知郑州，徙利州路转运判官，改提点刑狱。五年为殿中侍御史。六年为两浙路转运副使。七年为户部郎中。《宋史翼》卷四有传。　⑱陈尧咨：字嘉谟，阆州阆中（今四川阆中）人。名臣陈省华第三子，陈尧叟、陈尧佐弟。真宗咸平三年（1000）

状元。历右正言、知制诰、知永兴军，以尚书工部侍郎权知开封府。《宋史》有传。　⑲贾选：字子公，湖州乌程（今浙江湖州）人，名臣贾安宅之子。乾道中知归州，淳熙中历官大理卿、刑部侍郎、吏部侍郎。事迹散见于《会要》等书。　⑳归之为州，才三四百家：归州作为一个州郡，其实只有三四百户人家。　㉑人鲊瓮：在今湖北秭归县西瞿塘峡之下，号称峡下最凶险处，吞人犹如"腌鱼的瓮"。《读史方舆纪要》卷七八："叱滩在州西三里。水石相激，如喷叱声。《志》曰：（叱）滩在雷鸣洞南，分为三叱，官漕口为上叱，雷鸣洞为中叱，黄牛口为下叱，舟行至此多覆。亦名人鲊瓮。"　㉒楚王城：《读史方舆纪要》卷七八："郡城，（宜城）县东南九十里。……郡城东五里有楚王城，西南去乐乡县三十三里，楚昭王迁郡时所居。"　㉓夏启封孟涂于丹阳城：《山海经·海内南经》："夏后启之臣曰孟涂，是司神于巴，人请讼于孟涂之所，其衣有血者乃执之，是请生。居山上；在丹山西。丹山在丹阳南。"　㉔成王封熊绎于丹阳：《史记·楚世家》："熊绎当周成王之时，举文、武勤劳之后嗣，而封熊绎于楚蛮，封以子男之田，姓芈氏，居丹阳。楚子熊绎与鲁公伯禽、卫康叔子牟、晋侯燮、齐太公子吕伋俱事成王。"　㉕仅比吴中一下户：此连上句意谓归州全年的租赋所入共计五千余担，仅相当于吴地一个下等民户的产出。　㉖艬（chán）船：《广韵》解释为"合木船"。据陆游此处所言，当属于宽底平船。　㉗宋玉：战国时楚国著名辞赋家，多篇文章被收入《文选》。《湖广通志》卷七七："宋玉宅在（宜城）县南三十里宋玉墓之南。"　㉘避太守家讳：古代避讳有三种情况，即庙讳、君讳和家讳。庙讳即宗庙之讳，君讳即国君帝王之讳，家讳即自家祖宗之讳。此处所言"避太守家讳"，即指归州郡人避知州贾选的家讳。贾选之父名贾安宅，与"宋玉宅"的"宅"字相嫌，故郡人为巴结知州而将"宋玉宅"石刻除掉。对此陆游不以为然。　㉙明皇梦老子：唐玄宗曾梦见老子托梦，称其能享国长远。苏轼《五郡》诗："羽客衣冠朝上象，野人香火祝春蚕。汝师岂解言符命，山鬼何知托老聃。"自注云："观有明皇碑，言梦老子告以享国长久之意。" ㉚巴东：唐郡名，即归州。《新唐书·地理志》："归州巴东郡，下。武德二年析夔州之秭归、巴东置。……县三：秭归、巴东、兴山。" ㉛荆南判官孙光宪：荆南割据政权判官孙光宪。此时荆南高氏还没有归属中原。《十国春秋·孙光宪传》："孙光宪字孟文，贵平人。……天成初避地江陵，武信王奄有荆土，招致四方之士，用梁震荐，入掌书记。……光宪事南平三世，皆处幕中，累官荆南节度副使、朝议郎、检校秘书少监、试御史中丞，赐紫金鱼袋。继冲时，宋使慕容延钊等平湖南，假道于荆，约以兵过城外，大将李景威劝继冲严兵备之，光宪叱之曰：'汝峡江一民尔，安识成败？中国自周世宗时，已有混一天下之志，况圣宋受命，真主出邪！王师未易当也。'因教继冲去斥堠，封府库以待，悉献三州之地。宋太祖嘉其功，授光宪黄州刺史。"
㉜南平：荆南高氏割据政权的国号。高从让：荆南武信王高季兴之子。《十国春秋·荆南武信王世家》："从让，武信王第□子。入宋，授左清道率府率。"同书同卷："自梁开平元年武信王据有荆州，旋得归、峡，传袭四世五师，至宋乾德改元，国除，凡五十七年。" ㉝五代时，归、峡皆隶荆渚：五代十国时期，归州、峡州都在荆南政权治下。 ㉞石门关：据谭其骧《中国历史地图集》，石门关，在秭归西北约三十里。 ㉟巴东县：今湖北巴东。 ㊱自令廨而下皆茅茨：自县衙之外全都是茅草屋。 ㊲权县事秭归尉右迪功郎王康年：意谓秭归县尉王康年临时代理巴东县令。权，暂代。 ㊳尉兼主簿右迪功郎杜德先：谓杜德先为巴东县尉兼巴东县主簿。 ㊴寇莱公：寇准，曾封莱国公。中第后曾知归州巴东、大名府成安二县。晚年因得罪刘太后及权臣丁谓遭贬至安州，途中再贬为雷州司户。《宋史》有传。 ㊵秋风亭：《湖广通志》卷七七："秋风亭在（巴

东）县大江左，宋寇准建。” ㊶飉（liáo）飘：凄清寒冷。 ㊷复观亭名，使人怅然：因亭名“秋风”，故令人心情十分惆怅。战国宋玉《风赋》：“悲哉秋之为气也，草木摇落而变衰。” ㊸白云亭：《湖广通志》卷七七：“白云亭在（巴东）城内，宋寇准建。” ㊹莱公所植柏：《湖广通志》卷七七：“莱公柏在（巴东）县庭前，宋寇准为令，手植二柏，人比《甘棠》。” ㊺巴东了无一事：意谓巴东县事简人淳，县令几乎无事可做。 ㊻而阙令，动辄二三年无肯补者：然而巴东县经常缺少县令，动不动就是两三年没人肯来填补官阙。 ㊼止两派：仅有两股水流。 ㊽有年：庄稼丰收。《春秋穀梁传·桓公三年》邢昺注：“五谷皆熟，为有年也。” ㊾中熟：中等收成。 ㊿巫山：《读史方舆纪要》卷六六：“巫山，亦曰巫峡，在夔州府巫山县东三十里，为三峡之一……长一百六十里，所谓‘巴东三峡巫峡长’也。” (51)巫山神女：宋玉《高唐赋序》：“昔者楚襄王与宋玉游于云梦之台，望高唐之观。其上独有云气，崒兮直上，忽兮改容，须臾之间，变化无穷。王问玉曰：‘此何气也？’玉对曰：‘所谓朝云者也。’王曰：‘何谓朝云？’玉曰：‘昔者先王尝游高唐，怠而昼寝，梦见一妇人曰：“妾巫山之女也，为高唐之客。闻君游高唐，原荐枕席。”’王因幸之。去而辞曰：‘妾在巫山之阳，高丘之阻，旦为朝云，暮为行雨。朝朝暮暮，阳台之下。’旦朝视之如言，故为立庙，号曰‘朝云’。” (52)太华：东岳泰山和西岳华山。衡庐：南岳衡山和庐山。 (53)十二峰：巫山十二峰。《读史方舆纪要》卷六六：“世传巫山十二峰，曰望霞，曰翠屏，曰朝云，曰松峦，曰集仙，曰聚鹤，曰净坛，曰上升，曰起云，曰飞凤，亦作栖凤，曰登龙，曰圣泉是也。下有神女庙。范成大《吴船录》云：下巫山峡三十五里，至神女庙，庙前滩尤汹怒，十二峰俱在北岸，前后映带，不能足其数。十二峰各有名。” (54)唐夔州刺史李贻：此处有脱文，李贻当作“李贻孙”。《全唐文》卷五四四李贻孙小传：“贻孙，贞元时官夔州刺史，累擢至谏议大夫，充宏文馆学士，出为福建都团练观察处置使兼御史中丞。"群乌幸胙余：成群的乌鸦贪婪地吃着祭祀剩余的肉食。　㊺黧暗：黑暗。　㊻巫山：此处所指为巫山县。《读史方舆纪要》卷六九："巫山县，（夔州）府东百三十里。东至湖广巴东县百六十里。楚之巫郡也。秦昭襄王三十年，蜀守张若取巫郡，寻改置巫县，属南郡。"　㊼市井胜归、峡二郡：市肆街路远胜过归州和峡州。　㊽南陵山：《四川通志》卷二四："南陵山在（巫山）县南隔江，一名向南山。旧南陵县以此名。"　㊾施州：治今湖北恩施。正路：必经之路。　㊿"一百八盘携手上"二句：黄庭坚《新喻道中寄元明用觞字韵》："但知家里俱无恙，不用书来细作行。一百八盘携手上，至今犹梦绕羊肠。"　㉛汉永平中：东汉永平年间。永平，东汉明帝刘庄年号，公元58年至75年。　㉜予弟叔向嗣直自涪陵尉摄县事：吾弟叔向字嗣直由涪陵县尉前来代理巫山县令。涪陵，今重庆涪陵。　㉝予起戎州：我从戎州出发东行。按：黄庭坚谪居黔南，移戎州。元符三年遇赦，自戎州东行途经巫山，寓居于其弟黄叔向县廨。《山谷年谱》卷二八："建中靖国元年辛巳，先生是岁正月解舟江安。……与斌老跋云：'元符三年十二月，余尝发戎州。'……三月至峡，准告复奉议郎、权知舒州。四月至荆南。"　㉞细腰宫：古楚国离宫名，取"楚王好细腰，国中多饿死"。《四川通志》卷二六："楚王宫在（巫山）县东北一里，俗谓之细腰宫。"　㉟晡（bū）后：下午饭之后。古人一日两食，上午饭叫朝食，下午饭叫晡食。　㊱大溪口：长江水口名。《四川通志》卷二四："新崩滩在（巫山）县西五十里大溪口之下。"　㊲瞿唐峡：瞿塘峡，长江三峡之一。《读史方舆纪要》卷六六："瞿唐关在夔州府城东八里，以瞿唐峡而名，峡在城东三里，或谓之广溪峡，三峡之一也。瞿唐之名著，而广溪之称隐矣。……瞿唐峡为三峡之门，两崖对峙，中贯一江，滟滪堆正当其口，于江心突兀而出。

《水经注》：白帝城西有孤石，冬出水二十余丈，夏即没，秋时方出。谚云：‘滟滪大如象，瞿唐不可上，滟滪大如马，瞿唐不可下。’盖舟人以此为水候也。” (68)肩舆入关：乘坐小轿进入瞿塘关。 (69)白帝庙：《四川通志》卷二八上：“白帝庙在（夔州）府城东八里旧州城内有三石笋犹存。王十朋诗曰：‘白帝祠前石笋三，根连滟滪至门参。’后改祀大禹。”

(70)杨素：字处道，弘农华阴（今陕西华阴）人。隋代大臣。隋初为御史大夫。开皇八年（588）统军灭陈，拜荆州总管，进封越国公。杨广即位后，拜尚书令、太师、司徒。《隋书》有传。 (71)少陵为赋诗者：杜甫《陪诸公上白帝城宴越公堂之作》：“此堂存古制，城上俯江郊。落构垂云雨，荒阶蔓草茅。柱穿蜂溜蜜，栈缺燕添巢。坐接春杯气，心伤艳蕊梢。英灵如过隙，宴衎愿投胶。莫问东流水，生涯未即抛。”题下自注：“越公杨素所建。” (72)东屯：《四川通志》卷二六：“东屯在（奉节）县东。《舆地纪胜》：公孙述于东瀼水滨垦稻田，因号东屯。稻田水畦延袤，可得百许顷，前带清溪，后枕崇冈，树木葱蒨，气象深秀。杜甫《移居东屯诗》：‘白盐危峤北，赤甲古城西。’” (73)鱼复：旧县名。《四川通志》卷二：“奉节县，秦为鱼复县，汉置鱼复县，为江关都尉治……蜀汉章武二年，改曰永安。”永安宫：同书卷二九中：“永安宫在夔州府治东……蜀汉章武二年，昭烈征吴，为陆逊所败，还白帝，改鱼复为永安宫居之。诸葛亮受顾命于此。” (74)转运使丁谓：丁谓，字谓之，苏州人。《宋史·丁谓传》：“领峡路转运使，累迁尚书工部员外郎。会分川峡为四路，改夔州路。”薛颜：字彦回，河中万泉人。《宋史·薛颜传》：“丁谓招抚溪蛮，有威惠，部人爱之。留五年，诏谓自举代，谓荐颜为峡路转运使，累迁尚书虞部员外郎。始孟氏据蜀，徙夔州于东山，据峡以拒王师，而民居不便也，颜为复其故城。” (75)瀼西：奉节地名。《四川通志》卷二六：“杜甫宅在（奉节）县东北。陆游《高斋记》云：少陵居夔凡三徙，一在白帝城，一在瀼西，一在东屯。" ㊆八阵碛：即八阵图。《读史方舆纪要》卷六九："八阵碛在（夔州）府城南。《元和志》：在奉节县西七里。《太平寰宇记》：在县西南七里。《夔州图经》云：永安宫南一里渚下平碛上，周回四百十八丈，中有诸葛武侯八阵图，聚细石为之，各高五尺，广十围，历然棋布，纵横相当，中间相去九尺，正中开南北巷，悉广五尺，凡六十四聚。或为人散乱，及为夏水所没，冬水退，复依然如故。"

家藏文库书目（持续更新中）

大学　中庸
三国志选注译（上、中、下）
水经注
唐才子传
商君书
孔子家语
法言
随园食单
板桥杂记
抱朴子内篇
文中子中说
大唐西域记（上、下）
洛阳伽蓝记
地藏经　药师经
东坡志林
朱子读书法
武林旧事　附《增补武林旧事》
扬州画舫录（上、下）
徐霞客游记（上、下）
老学庵笔记　入蜀记
曾国藩家书
梁启超家书
郑板桥家书
王阳明家书家训
古诗十九首　乐府诗选

阮籍诗选
嵇康诗文选
庾信选集
孟浩然诗选
李杜诗选（上、下）
韩愈诗选
柳宗元诗选
杜牧诗选
苏轼诗文选
黄庭坚诗选
陆游诗文选
王阳明诗文选（上、下）
花间集（上、下）
晏殊　晏几道词选
欧阳修词选
苏轼词选
秦观词
周邦彦词
姜夔词
豪放词
婉约词
历代抒情小赋选
先秦散文选
唐宋散文选
晚明散文选

古文辞类纂（上、下）	儒林外史
唐人小说选	天工开物
牡丹亭　窦娥冤	千家诗
西厢记　桃花扇	帝鉴图说
喻世明言	四字鉴略
警世通言	声律启蒙　笠翁对韵
醒世恒言（上、下）	重订增广贤文　名贤集
聊斋志异	历代修身格言集萃
镜花缘	